陕西师范大学优秀学术著作出版基金资助

谨以此书

献给我的父亲母亲

转型期金融运行与
经济发展研究

Financial Functioning and Economic Developing
During China's Transition

刘　明/著

科学出版社

北　京

内 容 简 介

本书以学术史与理论演进为分析中国问题的逻辑起点,对利率政策作用机制、货币需求与货币均衡动态做系统分析,围绕货币流通速度变化对货币供给、利率、通货膨胀、投资、经济增长等变量协同趋势进行刻画并提出货币政策建议。指出 1998~2002 年通货紧缩是经济调整的重要机遇期,应着力解决全社会金融资产分布失衡、收入分配悬殊、消费增长缓慢等深层次问题。书中逐一分析 20 世纪 30 年代大萧条、东南亚金融危机及近期全球经济金融危机,提出重建国际货币体系的基本思路。通过对资产选择理论及其模拟实验的评价概括市场经济有效的条件,以模型实现描述实际期货市场有效边界并解释市场效率损失的机理。本书的学术贡献亦在于:首次揭示出马克思货币理论中隐含的利率运动规律;以马克思《资本论》第一卷文本谱系寻绎为方法论特征,消解"重新建立个人所有制"命题及公有制范畴,对马克思所有制理论做全新解读;诠释马克思生态思想的当代意义及其对经济学科进步的隐喻。

本书适合金融理论工作者、金融管理部门和金融业界人士阅读,亦可作为经济学专业高年级本科生、研究生教学参考用书。

图书在版编目(CIP)数据

转型期金融运行与经济发展研究/刘明著. —北京:科学出版社,2017.9
ISBN 978-7-03-051074-7

Ⅰ.①转… Ⅱ.①刘… Ⅲ.①经济转型期–金融运行–经济发展–研究–中国 Ⅳ.①F832

中国版本图书馆 CIP 数据核字(2016)第 303100 号

责任编辑:徐 倩/责任校对:王晓茜
责任印制:徐晓晨/封面设计:无极书装

科学出版社 出版
北京东黄城根北街 16 号
邮政编码:100717
http://www.sciencep.com

北京京华虎彩印刷有限公司 印刷
科学出版社发行 各地新华书店经销

*

2017 年 9 月第 一 版 开本:B5(720 × 1000)
2017 年 9 月第一次印刷 印张:19 3/4
字数:400 000

定价:128.00 元

(如有印装质量问题,我社负责调换)

（摄于 1979 年 3 月，西安·陕西师范大学）

刘明，陕西渭南人。恢复高考后先后就读于陕西师范大学化学系、中国科学技术大学系统科学与经济管理系运筹学研究班（金融工程方向）。经济学硕士。陕西师范大学西北历史环境与经济社会发展研究院教授，博士生导师，陕西师范大学金融研究所所长。中国宏观经济管理教育学会副会长，中国数量经济学会常务理事，陕西省经济学学会副会长。研究领域为货币经济与金融市场、宏观经济运行与调控和马克思经济理论。主要著作有《转型期金融运行与经济发展研究》《农产品价格波动、通胀预期与货币政策》《农贷配给、农户意愿与农业资本市场——基于农户调查、农贷与农业资本市场数据计量分析》《农村金融体系重构与西部金融发展若干问题研究》《中国转型期货币流通速度分析——基于引入一阶替代变量的观测》《论后危机时代的国际货币体系——解读美国式危机》《论利率运动规律——对马克思利率理论的重新探讨》《马克思所有制理论若干范畴译名与释义考辩》《双重异化、新陈代谢断裂与生态冲突求解——马克思生态观之当代意义》。

作者《黄金价格与经济活动——中央银行是否应增持黄金储备》一文手稿

序

　　本书书写着笔者独立思辨的落英缤纷，也承载着学术历程的艰涩与愉悦。笔者与众学子交流读书心得，述及为文倘若达致至情至性境界，必能笔走龙蛇，动辄数万言。不过，无论对理论命题还是现实经济的论说，若能行云流水，笔底生风，必经过长期精研经典，殚精竭虑，经历许多心灵的困顿与磨砺、亢奋与震撼。"向来枉费推移力，此日中流自在行"，因果自明，在眼前昨日，更在往时久远。"文章平易者多浅近，渊深者多艰涩。"书中各章多为对中国经济金融的观察，但又从理论史角度演绎论证。一些内容执著于抽象意义的"形而上"分析，指向却仍离不开家国意识。其中不乏平易浅近之说，但若读者偏好对社会经济热点的循迹追踪，只觉理论枯燥无趣，则难免生出渊深艰涩之感。当然，对于道行深远的学界方家，笔者实乃不揣浅陋罢了。因艰辛备尝，或偶有创见，凡伏案钩沉写作间隙，静夜漫步故园之时，心底颇有怡然气象。

　　本书对原有内容做了重要修改。未收入前版"西部地区金融安排与农村金融改革"的内容，以使主旨集中于宏观层面。增加了"全球金融不稳定与东亚货币合作""后危机时代的国际货币体系"，以使对 20 世纪 30 年代迄今世界范围发生的三次金融危机做全面分析。增加"中国农产品期货风险溢价与市场效率"，作为对"现代资产选择理论研究"所评介资本资产定价模型（capital asset pricing model，CAPM）的一个应用。补充"双重异化、新陈代谢断裂与生态冲突求解——马克思生态观之当代意义"，并将前版关于马克思利率理论和所有制理论的研究整合为"马克思经济理论三论"，恢复公开发表或在全国学术会议宣读时的原题目。所收入的对马克思所有制理论的研究内容恢复了笔者最初呈现给学术界的全貌，即增加对《资本论》第一卷 11 个中外文版本逻辑关系的考证结论及版本源流谱系图，以便读者对《资本论》第一卷不同语种（涉及德文、法文、英文、俄文和中文五种文本）、版次的源流与译介传承关系有清晰认知，对《资本论》第一卷不同文本的地位做出判断，由此建立客观、科学理解马克思所有制理论的基础。

　　很有可能，读者在阅读本书时急切想知道笔者所研究问题为何，笔者自命题的研究结论如何。导论部分即满足读者上述阅读需求，尽管所列示结论仅为书中大观，而非全部。

　　"人生得一知己足矣，斯世当以同怀视之。"不可奢求机缘凑巧与笔者默然相对的每一位读者苟同书中观点，但退而论之，凡能寻一僻静处屏息阅读本书几页或某章节，抑或有雅量亦有余暇品味拙作大半，无论质疑之、批判之、附议之、慨叹之，当笑呼之曰：知我者，莫如君。吾思之而成文，君阻隔而读吾心，岂非知己？

　　　　　　　　　　　　　　　　　　　　　　　　　　　刘　明
　　　　　　　　　　　　　　　　　　　　　　2017 年 5 月 5 日
　　　　　　　　　　　　　　　　　　　　　　于长安若虚斋

目　录

第一章 导　论

改革给中国经济发展注入了极大的活力，无论从国民经济总量和人均收入等经济指标还是从经济结构判断，中国在改革开放以后已发生了翻天覆地的变化，变革的浪潮也波及和浸润到思想文化与意识层面。我们曾经年轻的生命与祖国风雨相伴，我们总是期待和猜测着明天会是什么样子，我们感到脚下亲切的泥土是那样凝重。但我们庆幸，我们亲眼目睹了祖国已经走过的改革历程。

笔者从 20 世纪 90 年代中期开始从理论、政策两个角度观察中国经济问题。关于经济学术研究凯恩斯曾经说过一段颇有启发的话，大意是说人们都是在旧的学说体系下被熏陶出来的，旧的理论方法和思想已经深入人心，所以，问题不在于如何建立新说，而在于如何打破旧说。笔者长期关注经济金融理论和现实经济问题，对于时下流行的理论和经济政策实践或有心得，所以不揣冒昧，撰著成书，与学界交流。

一

企业部门、社会居民和金融系统对利率变动的反应体现中国转型经济的特点。中国利率机制尽管尚未完全市场化，但由于市场框架已基本形成，中央银行利率调节手段趋于灵活。到 2004 年，在决定利率水平方面，金融机构已经被允许在一定范围浮动，货币市场利率除存贷款利率外则基本放开。在原有体制惯性作用下宏观调控部门确定利率水平更多是考虑企业、银行、财政三方利益的均衡，较少考虑市场资金供求与价格水平变动。在 20 世纪 90 年代以后，融资机制变化及国际利率变动使中央银行调节利率要考虑的因素复杂化。1996～2002 年，利率调节的方向是对经济运行的积极适应，八次降息累计的力度显著，具体下调幅度接近企业利润率水平，对通货紧缩起到不可或缺的缓冲作用。存在的问题是一旦预见到通货紧缩，中央银行要打破货币政策适宜进行微调的思维定势，加大利率调节的节奏与幅度，1997 年的实际经济情况既有这种必要也有可能。根据理论分析和实际因素及我国货币政策特点判断，中国在 1997 年以后未进入"流动性陷阱"，原因是利率没有到不能再降的低水平、经济增长速度较高及存在非完全市场化的利率机制。

在中国体制转轨过程中利率具有结构化效应，利率变动对城市影响较农村更为显著，对非公有制经济影响较公有部门更甚。在改革开放时期前 20 多年中实际利率上升最初具有"麦金农效应"，较高经济增长受到实际正利率动员储蓄的支持，其后实际利率上升起到抑制经济增长的作用，一定程度上说明企业"货币幻觉"消失。1997 年底出现通货紧缩之后，国家信用成为利率政策的重要传导渠道。

二

现代货币需求理论仍然是分析中国转型经济的重要理论基础。持久收入、机会成本变量分别对货币需求的交易动机、预防动机产生影响，中国货币需求的主要特点是货币贮藏职能日益明显，从而通过流通速度变化导致货币供给内生倾向增强，货币内生从"政治内生""体制内生"向潜在的微观层次转化。体制变迁使货币需求的机会成本变量出现不稳定，交易性货币需求也不限于商品和劳务，而是扩展到金融需求。除了滞后变量与当期变量以外，对机会成本变量，如价格、利率的预期也影响着货币需求。国内对货币需求的研究目前还没有将预期不确定性、金融创新和金融交易纳入计量模型中。

根据魏克塞尔、米尔达尔等对货币均衡的分析，判断中国货币均衡问题比较可行的途径是，综合货币供给、总供求变动观察通货膨胀率的稳定性，物价水平显著上升或短期内通货膨胀率陡降甚至进入通货紧缩，表明货币供求失衡。中国自 20 世纪 80 年代中期到 1999 年经济两起两落，与经济起落伴随的是货币供给由扩张转为紧缩，存在较为明显的不稳定性。在经济运行收缩期间，货币政策在一定程度上陷入被动局面，1998 年货币政策扩张但各项货币指标收缩充分说明了这一点。

引入货币流通速度变化率进行分析可以得出一系列结论。在中国，货币流通速度变化是对货币需求或货币供给变动后使货币短期失衡的一种不容忽视的调节机制，尤其当货币供给异常变动时，货币流通速度及其变化率总是改变自身与实际利率、通货膨胀率和投资增长率的相对运动方向，流通中现金的表现尤为突出。现金流通速度与经济周期关系较为清晰，超前周期 1~2 年，原因是市场需求变动首先在现金流通速度上有所反应。1993~1996 年现金流通速度高达 30.46%，是货币市场创新的直接后果。广义货币流通速度变化率与经济周期较好地保持一致，这既有可能说明广义货币有较强内生化特征，也可能说明控制广义货币对影响实际变量更为有效。类似地，广义货币流通速度变化率与名义、实际投资增长率均较好同步变化。但当投资周期性上升时广义货币存在规模节约——即流通速度变化加快，在周期性下降过程广义货币流通速度下降相对趋缓，说明存在规模不经济，这两个方面也是广义货币内生化的反映。

我们选择国内生产总值（gross domestic product，GDP）/M_2 作为货币收入流

通速度，所以，对货币收入流通速度下降趋势的解释也同时解释了货币化率（M_2/GDP）上升的趋势。比较美国 1839～1939 年货币收入流通速度下降并参照塞尔登的有关解释，说明中国货币化率上升并未达到难以理解的地步，麦金农所谓的"中国之谜"实际上不存在。

相关分析的政策含义是中央银行进行货币数量控制要考虑货币流通速度变化的抵消作用，在广义货币内生性增强条件下逐渐转向以利率作为中介指标。

三

中国 1991～1999 年经济周期出现新的变化，经济周期变形与通货紧缩都是经济体系深层次一系列变动的结果。经济史中温和的通货紧缩可以与经济稳定增长甚至快速扩张并行不悖，但严重通货紧缩对经济发展造成的损失难以估计。中国 1997 年底开始出现的通货紧缩持续约五年，1998～2002 年五年间零售物价年均下降 1.836%，最高年份（1999 年）下降 2.99%，可以判断为温和的通货紧缩。但由于劳动力人口就业压力及公有企业部门存在低效率问题，通货紧缩仍然产生了一些负面效应。考虑到温和的通货紧缩对企业的筛选机制及实际上导致国内企业降低成本、提高劳动生产率等因素，中国通货紧缩既有不利一面，也有积极效果。就业增长率没有随经济增长率上升而上升是我国一个长期趋势，其中的因素涉及经济社会发展政策的制定是否将就业置于重要地位。换句话说，通货紧缩可能是失业增加的结果，而不是相反。

通货紧缩期间过剩的实质是消费与积累中消费比例明显下降，更深层次原因是社会不公平状况加剧，这已经引起有关国际组织的注意。中共十六大极为关注全社会收入分配问题，中共十六届三中全会更提出五个统筹，均与此有关。我们应该追求一种健康的社会发展模式，而不仅是经济增长。通货紧缩预示着要进行一次渐进但比较大的调整，中国的发展需要提高普通劳动者尤其是农民和技术工人的社会地位，需要通过分配和再分配机制从根本上改变低收入群体的生存状况。

应该同时认识到经济体制变迁中的积极因素，有关学者将中国经济周期在改革以后的变化总结为"高位-平缓型"，经济运行避免负增长，波动减缓，1991～1999 年收缩过程平均每年经济增长率下降约 1 个百分点，至 1999 年仍然保持 7.1% 的增长，说明宏观经济调控在一定程度上趋于成熟，经济体系内部抵御冲击能力加强。

中国经济运行的第九个短周期（1991～1999 年）变形说明经济已经步入后转型期，推动经济增长的模式由自上而下转变为自下而上，银行与企业预算约束在一定程度上硬化。同时还表明经济体系对外部依赖增强，在经济下滑过程中保持较高的增长带有明显的反周期政策痕迹。中华人民共和国成立以前，中国现代史的经济政治特点可能决定了 1953 年以后是我国第一个经济长波的开始，目前处于第二个长波的启动阶段，短周期的低谷（1999 年）既是第一个长波的结束，也意味着第二个长波近期开局良好，结构化效应比较明显。

四

社会变革涉及政治、文化、经济等不同层面，也辐射到了社会阶层、社会意识、社会交往形式等社会生活领域。制度变迁与连续 20 多年高增长之后经济进入新的发展阶段，一系列变革对政府职能变化和经济政策提出挑战。

政府职能改革的原则是必须遵循其职能目标，与宏观经济发展联系表现在下述方面：资源有效配置、经济增长、公平分配、国际经济关系协调。现阶段经济较快稳定增长所面临问题是虚拟经济对实物经济影响增强，世界经济活动对国内经济产生波及效应，资源约束、环境恶化和突发事件对经济发展形成制约。收入分配不公平现象也在显著影响经济效率，我国在人均 GDP 达到 1000 美元时出现过剩，在很大程度上是分配关系不合理的后果。

在新的条件下，财政政策宏观调控的职能重点是纠正市场失灵，在稳定、效率和公平之间，财政对实现公平目标具有不可替代的作用，在今后以至长期，财政宏观调控要以此作为政策的重要着力点。我国经济已经由短缺经济转变为过剩经济，财政宏观调控在很大程度上要发挥内在稳定器的功能，既要防止过热，也要防止过冷。迈入 20 世纪初出现经济结构失调并不说明总需求不足已经得到解决，所以财政政策可能有短期变化，但不能长期淡出。此外，财政调节要对公共物品生产及私人部门不具有优势但具有正外部效应的私人物品的生产提供支持，在开放经济条件下对外部均衡施加应有影响。规范转移支付要兼顾公平与效率原则，要将地方政府因满足公共需要所产生的支出与其财政收入能力的客观评估作为中央财政转移支付的依据。要加强研究论证，以立法措施作为规范财政转移支付的重要保证。

改革开放以后中国金融结构变化主要体现在国民财富的分配与积累向私人部门倾斜，但当财富积累进入再生产过程时却存在由国家主导下通过国有银行向国有企业的大量配置。金融结构变迁的教训在于存在收入分配格局市场化与资金配置格局中计划体制惯性还在起作用这种"二律背反"现象。结构变化中另一问题是私人部门（主要是居民）金融资产集中在储蓄存款中，潜在因素是直接融资市场不规范，上市公司绩效仍不容乐观，国家对各类公司债券发行控制过严。

经历 1998～2002 年通货紧缩以后，金融制度演进的特点是全面推进国有银行产权改革，通过对国有商业银行的重组上市，增强其市场竞争力并规范内控机制。

不过，金融制度演化不可避免地具有制度外生或外部秩序主导的特征，应注意维护与支持内生的非正式制度安排向正式规则的各种演进形式。实践将会证明，关于国有金融部门的股份制改革仅仅是一种按博弈规则论设计的弧形弯道，其功能是防止市场演化出现的某种偏离，但这并不代表最终证明其是有效的银行组织形式。换言之，在金融改革中要对民间金融采取一种更为宽容的态度。

五

与 20 世纪 30 年代大萧条比较，90 年代末爆发的东南亚金融危机与近期全球经济危机更多体现出全球经济失衡。对大萧条的经典解释分别是费雪的债务负担-通货紧缩相互作用机制、凯恩斯的有效需求不足理论，以及弗里德曼所声称的美国联邦储备局（以下简称美联储）货币政策失误。凯恩斯主义学者认为在总供给与总需求均衡模型中，社会自发消费和总投资（不受收入影响）作为总的自发支出在大萧条期间明显下降，从而导致产出下降。货币主义学者则认为，美联储没有适时满足 20 世纪 20 年代晚期证券市场交易增加的货币需求，所以尽管名义货币供给没有下降，却发生了实际的货币紧缩。1924 年以后公开市场业务成为受到青睐的政策工具，不过，公开市场操作首先面临的问题是对强力货币的影响受到会员行借入准备金的抵消。公开市场操作也具有不可逆性，在前期因为紧缩的公开市场操作受到损害的部门，在以后扩张性操作中无法得到补偿。公开市场操作在扭转衰退时是一种迟钝的工具。

预期理论被用于分析大萧条，争论问题包括通货紧缩是否被预期到，是预期抑或非预期的通货紧缩酿成大萧条。伯克南与罗默认为通货紧缩未被预期到，在1929～1930 年充满着对经济前景的乐观预期，经理人对实际利率的事前估计很低，不可预期的通货紧缩增加了债务实际负担，引起贷款违约。实际发生的通货紧缩降低了借款人净值，提高了债务-资本比率，诱致企业家冒险欲望膨胀，并降低投资水准，激化了破产的可能性，最终使总供给与总需求减少。新观点的挑战认为货币市场利率隐含通货膨胀预期信息，指出 1930～1932 年的通货紧缩有 3/4 被预期到。市场预期到了通货紧缩的持久性，从而引起由实物资产向货币的调整，导致负的净投资，使经济发生实质性的萎缩。对农产品期货价格中蕴含预期数据分离所做的研究支持上述结论。

东南亚金融危机对经济金融界的影响犹如打开了潘多拉盒子，有关危机的争议问题包括危机有无政治背景，如何由危机起因分析一国经济发展与民族文化特质之间的联系，国际货币基金组织（International Monetary Fund，IMF）援救危机的绩效如何，同时危机也促使经济金融理论更为关注国际资本流动及全球治理问题。对东南亚金融危机的外生冲击，主要指国际金融投机家携巨资对不同国家、地区的汇市、股市、期市进行投机性狙击。经济结构失衡因素包括产业结构、汇率体系、国际收支状况、金融市场结构等，甚至指向政治体制与民族文化的内在缺陷。克鲁格曼认为亚洲国家政府及 IMF 的错误政策反应从根本上激化了投资者的悲观预期，最终诱发危机。金融体系透明度差及金融系统监管不力也实际助长了危机发生的可能性。

理论界普遍认为对美国次贷危机引发全球经济金融危机缺乏"合理预期"，事实并非如此。斯蒂格利茨所著《喧嚣的九十年代：一部关于全球最繁荣十年的新历史》一册在手，我们会发现，危机的"伏笔"已昭然若揭。美国 20 世纪 90 年代繁荣和之后的衰退即预示着有一场经济灾难，美联储宽松的货币政策是一场"幸运的错误"，危机一旦来临势必更加深重。政府角色最小化造就疯狂的市场，期权激励引诱首席执行官（chief executive officer，CEO）虚增利润和鼓胀股市泡沫，资产证券化及对垃圾债券提供信用增级促使银行信贷无限放大。当冒险成为一种生活方式，美国投资者几乎普遍成为明斯基笔下的"庞茨"融资者，当事人净现金流普遍沦为负值。热衷金融套利成为"时尚"，人们普遍感到通过生产贡献价值并取得财富是漫长而难挨的等待。这一切孕育了危机。

"美国式危机"除美国体制内病因以外，国际货币体系中事实上存在的美元本位也难辞其咎。特里芬所指美元危机并未消除，美元作为国际清偿手段的结果是美国不断集聚的经常账户逆差，由此诱发国际经济失衡。第二次世界大战以后几乎全部有国际影响的货币金融危机均与美国主导的国际货币体系有关。后危机时代的国际货币体系调整无疑将涉及世界货币格局变动，包括原有各种世界货币元素的流通地位此消彼长和国际储备货币的重新安排。同时，适应区域经济一体化的区域货币合作也将重新布局，欧元即属于成功的范例。

六

微观金融结构和金融市场上投资者的资产选择行为是宏观金融效率的重要决定机制。现代资产选择理论以一系列 CAPM 为基本概念框架，在金融经济学领域引起一场革命。CAPM 已成为当代微观金融前沿理论的基础和经典，其基本特点是将风险因素引入资产组合决策并进行数学处理。对 CAPM 的检验实际上是对不同金融市场效率的检验，美国学者根据 CAPM 所做的市场行为检验实际上证明市场效率取决于市场规则、主体经济和金融意识与竞争潜能，市场规则要同时考虑约束、激励和信息传输机制等因素。约束意味着对投资者而言市场施加一定风险是必要的，没有风险的市场是最危险的市场。

由现代资产选择理论可以反思我国传统的经济学研究方法。CAPM 的发生与发展过程很好地体现了西方现代经济金融理论的假设、推理与演绎特点。遵循波普尔所谓的猜想-反驳原理，经济科学知识的增长也呈现出一种四阶段循环运动的序列变化过程，即问题→尝试解决→排除错误→新的问题。每一个过程是理论生成的阶段，但新的过程又代表着对原有理论的扬弃和创新。逻辑演绎过程并非无懈可击，在实际的理论史中也实际上被融进了经验、归纳方法，并对其生成结果进行检验。但不得不承认，其方法论优势是加速理论涌现和避免了归纳法的一系列缺陷。由资产选择理论体现的西方经济学方法论涵括的否定与反驳过程、真理度范畴对我们有一定的启发意义。

金融衍生市场在20世纪80年代以后迅速发展，这是对国际金融市场利率、价格、汇率波动的一种积极适应。从本质上讲，衍生工具同一般商品交换都具有交易双方发挥比较优势和增进个人及社会利益的机制优化特点，但衍生工具与市场既有锁定风险功能，又有投机套利功能，所以，衍生市场发展也可能加剧系统风险，在各类市场原生工具价值突然反转情况下尤其如此。从市场机制发展过程看，衍生金融市场出现有其内在必然性，我国曾经有过试办金融期货市场的经验与教训，商品期货市场也已经得到社会良好反映，需要做好认识上和有关市场规则方面的准备，把握机遇，兴利除弊，适时发展衍生金融市场，从而对现货市场和经济运行产生积极影响。

七

马克思货币理论中蕴含着"平均利率等于一般利润率"的思想，不过由于囿于特定时代的对于经济史的观察，马克思并未得出关于利率与利润率关系的最终结论。马克思观察到两种利率与利润率的历史图景：中世纪的高利贷；资本主义转变期借贷资本利息率和利润率的关系。上述两种历史图景中利息率与利润率的关系"倒转"，在高利贷占统治地位时期利息率决定并制约资本收益率，资本主义时代则是利润率决定利息率。法律、传统和习俗对利率的压制成为重要干扰因素，使人们难以观察到利率运动规律。经济规律在不同社会经济背景下的作用强度、作用方式和可观察、解析的程度存有差异。

将利息率决定规律表现方式及相应的利率与利润率的数量关系，区分为以下三个方面。

第一，资本主义以前阶段，高利贷利率远远高于利润率。生息资本垄断和封建贵族统治结合在一起造成对借贷者的超经济剥削。

第二，资本主义诞生以后的上升时期，平均利息率低于一般利润率。这是特殊社会背景下资本主义工业扩张的需要和封建贵族上层寻找寄托的需要相结合的产物。

第三，发达资本主义时代，利息率以利润率为中心上下波动，从长期趋势观察，平均利息率等于一般利润率。利润率决定利息率规律充分表现出来。由于资产阶级已经占据了统治地位，金融机构体系日益发达，不同资本出现融合，资本主义市场趋于成熟，各种金融工具令人眼花缭乱，资产选择与转换机制已经高效运行，这一切给资本主义插上了翅膀。

依据马克思理论对《资本论》第1卷法文版的说明，以及《资本论》第1卷英文版所蕴含的源自马克思本人的更多信息，可以判断：《资本论》第1卷法文版与英文版为《资本论》第1卷最终权威文本。依据英文版及法文版并参照其他中文译本，揭示出传统的对马克思所有制理论的分析结论存在误读，"重新建立个人所有制"命题的马克思原论为"重新建立个人所有权"，马克思对未来社会所有制的设想为"个人所有+共同占有"的社会所有制。其中，"个人所有"的个人即指劳动者。马克思在《资本论》第1卷中对未来社会所有制的猜想未涉及"公有制"范畴。

社会联合不形成对劳动者个人所有权的否定。马克思曾经"设想有一个自由人联合体，他们用公共的生产资料进行劳动，并且自觉地把他们许多个人劳动力当作一个社会劳动力来使用"。①马克思在此所展开的论证未涉及对未来社会的猜测，仅限于分析商品形式"把生产者同总劳动的社会关系反映成存在于生产者之外的物与物之间的社会关系"的拜物教性质。马克思先后列举了孤岛上的鲁滨孙、欧洲中世纪、农村家长制及自由人联合体四种生产方式。其中，欧洲中世纪和农村家长制生产是两种曾经的历史存在，孤岛上的鲁滨孙和自由人联合体的生产是两种完全假设的情况。马克思还设想了自由人联合体的生活资料是按劳动时间分配的，但他预先声明是"仅仅为了同商品生产进行对比，我们假定……"，并不附带对未来社会的猜测。若判断这里的假设隐含了对未来社会的猜测，即在自由人联合体中"用公共的生产资料进行劳动"，就没有理由怀疑孤岛上鲁滨逊的故事成为现实的可能性。若如此，未来社会的生产者究竟是联合还是孤立地进入劳动过程？

生态学马克思主义学者詹姆斯·奥康纳敦促经济学家运用马克思主义的强有力的方法，对生态危机的真正根源做出阐释——驱使自以为是的资本主义转向生态学社会主义方向。我国乃至全球生态问题日益严峻，学习马克思，以社会生产力与生产关系为切入点分析社会系统，深入到主导影响生态环境现象的社会结构、社会体制与生产体制变革层面，努力发现生态危机背后所隐现的社会结构因素，致力于促进制度变革和重构社会体制，是解决生态环境问题的必然路向之一。因此，生态危机挑战应该成为重建经济学的紧迫使命，除创设生态经济学等分支学科以外，也理应对经济学基础理论重新架构，选项之一是对政治经济学的学科范围和范畴体系进行拓展，将对生态危机的科学解构作为政治经济学必须直面的基

---

① 马克思，恩格斯：《马克思恩格斯全集》第23卷，人民出版社1975年版，第95页。

本理论命题。政治经济学思维应该触及新的历史条件下资本主义社会基本矛盾呈现方式及其全球意义；触及全球化背景下东西方共同面临的经济与生态危机根源及其破解之途；触及市场化条件下当代社会主义面临的"资本控制"问题——包括资本对经济社会形成控制的趋势、特征，以及政府对资本的符合社会共同福祉的控制，并由此对生态与资源环境政策提供价值指向。

第二章　转型期利率体系改革（Ⅰ）：利率理论

利率是金融运行与经济发展中物质资本积累之间的一种联系，也是货币如何影响经济这一问题的中心。在成熟的市场经济体中，利率成为货币市场与商品市场之间的重要传导变量。在经济发展的不同时期，决定利率的因素、利率对经济的作用机制不同，人们对利息、利率的认识也会发生变化。有关利率的理论渊源可以追溯到人类经济思想史的萌发时期，但随着现代金融体系和货币经济的发展，金融市场与商品市场之间及不同金融市场相互间的联系日益繁复，社会经济单位进行资产选择的序列不断丰富，虽然一些传统理论仍然具有潜在影响力，对利率理论的进一步研究产生着某种启迪，后继的不同理论家从中可以提取理论扩展的素材，但是，现代利率理论不断引入新的解释变量，实现"范式转换"，尽可能使用更为精致的分析技术，试图捕捉住主要的市场特征，促使理论在逻辑上更为清晰，从而增强了说服力并影响着政府的货币政策。

第一节　边际效用、边际生产力利率理论

边际分析方法产生以后逐渐成为微观经济学的基本工具之一。庞巴维克较早地将边际方法用于分析利息和利率问题，提出时差利息理论，从而赋予利率理论较为抽象的思辨色彩，在两卷本《资本和利息》（1884 年和 1889 年）及《利息理论的历史和批判》中庞巴维克详尽阐述了他的利率论，并对利率理论发展的历史做出了分析。此后沿不同方向发展出魏克塞尔、费雪以至马歇尔的利率理论，人们将其理论归为利率的生产力理论或实际利率理论。事实上，不同理论模式都涉及经济活动主体的主观评价，且可以观察到边际学派的重要影响。

一、庞巴维克时间偏好利率理论

庞巴维克首先分析只有消费者的交换经济，然后再将纯交换模型扩展到包含生产者的交换经济中。他认为消费者对现货的评价一般要高于对未来相同商品的评价，即消费者有正的时间偏好。用于交换的未来商品与现在商品的差额与现在商品之比，即消费者主观上所确定的利率。他又假定生产者由于技术原因低估将来商品的价值，为生产目的的贷款会促进迂回生产过程的发展和生产方法的变化，意味着资本密度增加和生产周期的延长，利率即等于生产周期延长的

边际产品。^①简言之，市场利率由生产者和消费者双方对现在和未来产品的相对评价决定。根据假定（正的时间偏好），市场利率必然为正数。

在《资本实证论》中庞巴维克将借款区分为消费借款和生产借款，两种借款利率（贴水的经济上限）的决定因素不同，在生产借款中"重要的问题是得到借款的人所采用的生产方法和得不到借款的人所采取的生产方法在生产率上是不同的"。^②但这一点被费雪称作"天真"的生产力论，批评的根据是随着历史的发展，生产率一般是提高的，但利率水平却未呈现出相同的趋势。不过，以下几点可以形成对庞巴维克生产力利率理论的辩护：其一，在特定历史时期生产方法的改进及发生在生产部门之间、同一生产部门内部的生产率差异的确是引起大量借款需求的因素；其二，在一个完整的商业周期中，尽管在低谷调整时期金融部门更多地与代表创新、技术进步的经济单位发生借贷关系，反映生产率变化的利率似乎有上升的动力，但其他诸如资金供给相对充足、低（甚至负的）通货膨胀预期抑制着利率上升，结果则可能导致了低的名义利率；其三，在不同历史时期资本积累呈加速趋势，现代金融体系活动也诱致资金日益丰裕；其四，或许更为根本的因素是生产率的变化率决定利率水平，而不是生产率水平的简单提高。我们假定不同历史区段为 Δt_1，Δt_2，Δt_3，Δt_4 等，相应的单位劳动所提供产品为 10，11，12.1，13.31，…，可以发现劳动生产率一直在提高，但生产率本身的变化率却维持在 10%。

此外，庞巴维克尽管不认可由剩余价值解释利息来源的劳动价值论，但还是看到了资本主义社会中存在高利"盘削"的情况，指出所有制关系和与之相关的资本所有权状况使利息"收益太过分了"。承认"我们近代社会财富十分不均的情况常常使我们有遭受剥削和盘剥的危险"。他还指出利息"即使在社会主义国家内，也不会消失""在新的社会组织中，可能由于所有制的变更，接受利息的人和分配到的份额有所变更"^③。

理论界曾经将庞巴维克视为马克思主义的"敌人"，至少就目前的分析看有失公允。庞巴维克对社会主义时期利息问题的预见也基本符合事实。

二、魏克塞尔"自然利率论"

强调实际生产因素被认为是庞巴维克利率理论中的古典主义部分，类似的分

---

① 庞巴维克将生产周期定义为生产单位产品的各种投入品在生产过程中的平均停留时间，这一点被 Hennings 认为是一个错误，因为这一定义使庞巴维克本人在不同场合陷入困境，也引起人们的激烈争论。但从资本密集引起技术变革并进而导致节约生产资料角度看，上述定义却又是合理的。我们或许可以将"迂回生产"视为生产分工细密化增强，从而生产周期在横向上是延长的。

② [奥地利]庞巴维克：《资本实证论》，商务印书馆 1991 年版，第 364 页。

③ [奥地利]庞巴维克：《资本实证论》，商务印书馆 1991 年版，第 354，362 页。

析被魏克塞尔继承和发挥，并进一步转化为边际主义的利率理论。魏克塞尔被认为是经济学中第一次应用总供求研究方法的人，是同时强调用投资与储蓄的关系解释货币价值的变化或价格波动的经济学家，其理论成为凯恩斯宏观经济学的重要来源，甚至在对某些具体问题作分析时，凯恩斯直接借鉴了魏克塞尔的相关结论，凯恩斯由此被认为是"后魏克塞尔主义"者。例如，在讲到利率与价格两者相互影响的关系时，魏克塞尔指出："在一个弹性的货币制度下，利率对于价格变动只会有微小的反应，两个利率之间的一个大致的差异可以保持到很长时期，而由此对于价格的影响则可能是很大的。"①凯恩斯在分析通货紧缩、经济萧条时完全接受这一主张，认为市场利率（相对自然利率）向下调整迟缓是导致经济衰退的主要因素。

魏克塞尔借用了庞巴维克的实际利率与自然利率概念，将利息率视为在两个不同时点上的一般商品的交换关系，用以分析利率变动对价格波动的影响。可以将魏克塞尔的利率理论看成价格形成与价格波动理论，在《利息与价格》一书中魏克塞尔明确指出："利率是商品价格的调节者。"

魏克塞尔怎样解释他所谓的自然利率？他是从分析实际贷款利率，即货币与价格的关系开始的，"贷款中有某种利率，它对商品价格的关系是中立的，既不会使之上涨，也不会使之下跌"，这种贷款利率也是正常利率或均衡利率，在量上"与如果不使用货币、一切借贷以实物资本形态进行，在这样的情况下供求关系所决定的利率必然相同"②。魏克塞尔将生产中假设通过实物资本借贷决定的利率称作"资本自然利率的现值"，这很容易使人联想到对资本未来收益进行贴现的问题，晚近时期瑞典学派的代表人物之一米尔达尔因而将"自然利率"解释为企业的预期利润率（事前估计）。③按照庞巴维克的资本利息理论，自然利率是指生产要素不直接用于生产消费资料而用于生产资本品以进行迂回生产时，实物资本的物质的边际生产率。

魏克塞尔详尽论证了货币利率、自然利率与价格三种变量之间的运动关系，货币利率与自然利率差异会影响价格，但价格变动却会使货币利率恢复到自然利率。其中自然利率是作为中介变量看待的，决定于生产的技术条件、生产要素价格和产品价格。但自然利率只有在货币利率达到均衡从而价格水平保持稳定时才可以间接地判断其等同于货币利率，当价格水平上升或下降时仅可认为自然利率高于或低于货币利率，其确切的水平是无法测定的。进而，魏克塞尔引入自然利率并非仅仅说明货币利率与价格水平的相对变化，而是要解释：货币利率变动直

---

① [瑞典] 魏克塞尔：《利息与价格》，商务印书馆 1992 年版，第 89 页。

② [瑞典] 魏克塞尔：《利息与价格》，商务印书馆 1992 年版，第 83 页。凯恩斯在《货币论》中则直接将第一段引文中贷款利率指为自然利率。见《货币论》（上），商务印书馆 1993 年版，第 167 页。

③ [瑞典] 米尔达尔：《货币均衡论》，商务印书馆 1995 年版，第 50 页。

接取决于货币的过剩或不足，但到底是怎样，最后决定于实物资本的过剩或不足。他认为联系货币与实物资本的环节是商品价格水平，唯一可能的解释途径在于货币利率与自然利率的差异对价格所起的影响。当货币利率与自然利率比较过低时，投资增加，价格上涨，贷款需求增加，现金持有扩大，货币供应不足，使货币利率恢复到正常水平，与自然利率相一致。在这种动态过程中货币处于被动地位，从长期而论，价格变动趋势决定于利率水平，衡量利率水平高低的是实际因素。在这种机制中货币数量不是价格变动的解释变量。但与魏克塞尔同时的瑞典经济学家卡塞尔坚持决定价格长期变动趋势的是货币存量。[1]

三、费雪"人性不耐与投资机会"利率理论

费雪继承了庞巴维克理论中的古典成分，以时际的消费者行为分析为基础，发展出综合时际选择和投资机会概念的利率理论。他认为消费者一般有正的时际偏好，即现在商品比未来商品有更大的边际效用，所以用"人性不耐"替代时间偏好概念。

不耐的程度"特别决定于早期收入项目与遥远收入项目数量的相对大小，或可叫作预期收入川流的时间形态"[2]。将来收入量越大，不耐程度越甚，人们则希望以较多数量的将来收入换取相对少量的现在收入，意味着利率水平较高。决定利率的另一条原理是投资机会原理，主要涉及物质技术方面，费雪本人承认这不是什么新观点。"投资机会"基于"选择"概念。选择是指个人可能有的任何收入川流，他可以使各种生产要素的投入产生相应收入川流，"一种投资机会就是从这样一种选择或任意收入川流改向另一种选择或任意收入川流的机会"[3]。放弃一种选择改向另一选择要投入成本并取得收获，利率即决定于收获超过成本的比率。费雪引入投资机会（而避免使用资本生产力范畴）的创新之处即在于此。凯恩斯承认"收获超过成本率"与他的"资本的边际效率"概念意义及目的完全相同。市场利率最后决定于消费者的时间偏好率与生产者的收获超过成本率。根据费雪所述交换原理、投资机会原理和"人性不耐"原理，利率的决定要能满足：第一，最好地利用投资机会；第二，对不耐作最好的调节；第三，使借款市场达到均衡并偿还借款。

费雪在其利率理论中对消费者跨时选择的分析被以"费雪图解"融入标准的教科书中。设即期与下一期消费分别为 C_1、C_2，两期收入分别为 y_1、y_2，r 为市

① Jonung L. Knut Wukseu and Guslav Cassel on secular movement in prices. Journal of Money，Credit，and Banking，1979，11（2）：165-181.该文对两人的观点利用瑞典与美国的历史数据作了实证考察。

② [美]菲歇尔：《利息理论》，上海人民出版社 1999 年版，第 53 页。

③ [美]菲歇尔：《利息理论》，上海人民出版社 1999 年版，第 119 页。

场利率（利率独立于单个消费者被决定），消费者面临预算约束为 $C_1+C_2/(1+r)=$ $y_1+y_2(1+r)$，预算线与无差异曲线（在费雪利率理论中为机会线与志愿线）的切点决定即期与下一期的消费组合，也同时决定消费者是借款抑或储蓄者的地位。这再次表明了边际分析在货币理论中的魅力。费雪对增加或减少不耐的个人的、社会的与人为的因素分析，实际上也揭示了影响社会储蓄倾向、资本积累的一些非经济因素，对涉及远见、自制和关怀后裔的国家与民族特征的分析甚至可以解释中国在 1997 年以后市场利率明显下降但储蓄却增势不减的矛盾。[①]詹姆斯·托宾则认为费雪在相关论述中已经清楚表述了"生命周期模型"，对遗产和预防性储蓄做了很好的分析。但是费雪对利率理论更为重要的贡献是他引入通货膨胀预期，从而对名义利率与实际利率加以区分，以 i、r、π^e 分别表示名义利率、实际利率和预期的通货膨胀率，可以由观察到的 i、π（实际通货膨胀率）计算 r 值（$r\approx i-\pi^e$）。设实际利率相对稳定，当出现通货膨胀预期后名义利率必然做出相应调整，费雪根据实证分析指出名义利率的调整是较为缓慢和滞后的。π^e 不可观测，但稳态均衡的特征是 $\pi=\pi^e$。上述稳态均衡也说明通货膨胀率本身是稳定的，按照莫里斯·阿莱对英国、美国约 300 年间价格变动与生产水平的长期、短期分析，很小变化的价格变动率（即 π）在长期趋势上不影响生产水平，但如果价格变动率在短期内有较大波动（被称作失常的通货膨胀或通货紧缩）也会影响经济增长，所以，费雪所论稳态均衡的通货膨胀率也是稳定增长的必要条件。[②]

四、马歇尔均衡利率模型

马歇尔对利率问题的分析是基于他所处时代的社会融资结构特征：第一，现代企业（指当时）运作的基始条件是需要有巨额资本，创办企业融资的方式分股权融资、短期借贷和长期借贷；第二，合股银行发放短期信贷倾向于有借款担保品，私人银行对抵押品的要求相对宽松，原因是后者主要以自有资本冒险（内在因素是掌握更多私人信息，从事关系融资——笔者）；第三，公司一般采取发行债券方式筹集长期借款，创业期公司尤其如此，债券是对有关企业财产的留置权，所以事实上起着借款抵押契据的作用；第四，股份公司债券行市决定长期借贷利率。[③]

马歇尔没有直接用边际分析框架解释投资-储蓄两维平面上的均衡利率的决定，但正如凯恩斯所述："然而他的学说似乎就是如此，人家如此教我，我也如此教人教了好几遍。例如《原理》中有以下一段：'利息即为市场上使用资本所付之代价，故利息（应为利率——笔者）常趋于一均衡点，使得该市场在给定利率下

① [美]菲歇尔：《利息理论》，上海人民出版社 1999 年版，第 63-70 页，第 295-299 页。
② [法]莫里斯·阿莱：《无通货膨胀的经济增长》，北京经济学院出版社 1992 年版，第 5-35 页。
③ [英]马歇尔：《货币、信用与商业》，商务印书馆 1996 年版，第 80-83 页。

对资本之总需求量，恰等于在该利率下资本之总供给量'。"①

马歇尔是 19 世纪西方新古典主义经济学集大成者，在利率理论中也不例外，从我们对庞巴维克到费雪利率理论的分析中均可以看到一点：均衡利率条件是投资等于储蓄。马歇尔的利率理论尽管未必与前述人物都有着直接的渊源关系，但他却抓住了自己所理解的普遍特征。不过，由他的《经济学原理》（1890 年）到《货币、信用与商业》（1922 年），人们有理由将他的抽象层次从供求平衡原理出发的均衡利率理论融入具体的债券市场的均衡利率分析框架中，利率变动已使得储蓄等于投资也就自然地转化为（或等同于）债券的供求相等。

基于债券市场的实际利率模型有如下特点：第一，企业通过发行债券筹集资金用于投资，计划投资水平等于计划的债券供给；第二，消费者将收入的一部分用于储蓄，储蓄形成对债券的需求，计划储蓄等于计划的债券需求；第三，上述投资与储蓄均为流量概念。所以，债券供给、债券需求分别反映企业发行新债券及消费者增加储蓄的愿望。供给与需求发生在同一较短的时间间隔中。

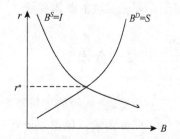

图 2-1 债券供求与均衡利率的形成

以 r^* 表示均衡利率，S 与 I 分别表示储蓄与投资，B^D 与 B^S 分别表示债券需求与债券供给，均衡利率的形成，如图 2-1 所示。

债券需求与债券供给函数决定均衡利率。均衡条件为

$$B^D = B^S \tag{2-1}$$

或

$$S = I \tag{2-2}$$

上述局部均衡分析的简单模型的结论即意味着均衡利率可以使储蓄与投资调节到相等。但在货币经济中这一结论很难成立，因为既存在货币供给变动导致储蓄与投资曲线的移动，也存在消费者将货币作为持有资产（部分替代债券）的情况。

凯恩斯对马歇尔利率理论的批评是储蓄与投资决定利率的前提是收入既定，没有考虑收入变动情况。而当利率由其他因素决定并变动之后，储蓄与投资二者其一或一同变动会改变收入水平，所以，马歇尔等古典学派的利率理论存在内在冲突。②若将 I、S 关于 r 的函数关系修正为各自与 r，y（收入）的函数，即

$$I = f(r, y) \tag{2-3}$$
$$S = \phi(r, y) \tag{2-4}$$

---

① [英]凯恩斯：《就业、利息和货币通论》，商务印书馆 1963 年版，第 150 页。凯恩斯此处所指《原理》，即马歇尔《经济学原理》一书。

② [英]凯恩斯：《就业、利息和货币通论》，商务印书馆 1963 年版，第 153，155 页。

令 $I=S$，当 r、y 中任一变量已知，即可求解另一变量。

作为传统货币数量论的最后一位杰出代表人物，马歇尔的现金余额理论是由新古典向现代货币理论过渡的非常耀眼的一环。就利率理论而言，此后罗伯逊等对实际利率理论加以继承，并部分地调和了在现代银行体系下的货币供求问题。凯恩斯则大致是"离经叛道"，转向了货币供求的利率理论。

第二节　可贷资金与流动偏好模型

以罗伯逊为代表的可贷资金模型及凯恩斯的流动偏好利率理论通过淡化甚至放弃实际因素的影响，将利率决定机制不断转向货币领域，但运用边际分析方法仍然是理论发展的基本踪迹。

一、可贷资金模型

罗伯逊、俄林等的可贷资金模型以分析新债券供给与需求的流量变化为基础，但除了债券需求、供给以外还引入货币供给与需求因素。计划储蓄与短期内（如一周）货币存量的增加形成可贷资金供给（债券需求）；其中 ΔM^S 可看成货币当局增加的货币供给。可贷资金需求（债券供给流量）等于为资本设备筹资并加上希望增加货币余额存量的人的贷款需求。

债券市场均衡的条件为

$$S+\Delta M^S=I+\Delta M^D \tag{2-5}$$

设储蓄与投资、货币余额存量增加都是债券利率的函数，ΔM^S 是外生变量。将式（2-5）写作：

$$I(r)+\Delta M^D(r)=S(r)+\Delta M^S \tag{2-6}$$

如图 2-2 所示，由 B^S 和 B^D 所代表的债券供给与债券需求分别等于两个相关部分的加总。由于 ΔM^S 恰好满足在 S 与 I 相等时利率水平为 r_1 条件下的货币余额存量的增加 ΔM^D，由 B_1^D 与 B^S 决定的利率水平与不含货币因素的实际利率相同。换言之，当 I、S 不变，货币存量增加与货币余额需求相同水平的增加，仅使可贷资金供给与需求曲线移动，均衡利率保持不变。但当货币存量与货币余额的需求不相一致，如 $\Delta M_2^S > \Delta M^D$（在 r_1 时），这时由 B^S 与 B_2^D 决定的利率将由 r_1 下降到 r_2，同时有 $I>S$。相反的情况是 $\Delta M^D>\Delta M^S$，出现 $S>I$ 的情况。这也是新古典学派比古典学派货币理论的一个进步。

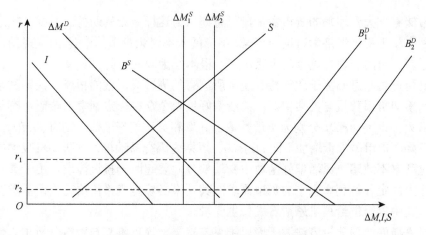

图 2-2　可贷资金模型中的均衡利率变动

上述分析说明：第一，利率水平由实际因素，即投资与储蓄和货币供求因素共同决定，货币供给变动会改变利率；第二，在引入货币后即使达到均衡利率，全社会计划储蓄与投资也可能不相适应。

二、凯恩斯流动偏好利率理论

凯恩斯除批评其师马歇尔的利率论存在假设前提与论证过程的矛盾之外，对他以前的各家利率理论均做出了批判论证，他认为资本边际效率决定利率是循环论证，因为资本边际效率部分地决定于投资量，而计算投资量要以利率为已知条件。

凯恩斯对古典利率理论总体上的批评集中于以下三点。

第一，卡塞尔等已经承认一定收入的储蓄量未必随利率变动而变动，即储蓄主要是收入的函数，而投资随利率变化。如此，在 $I-r$ 空间上当投资需求曲线及与收入相对应的储蓄曲线同时变动时可能无交点。这就暗示：投资曲线与储蓄曲线不能唯一地确定利率水平。[①]

第二，古典学派当论及货币问题时认为货币数量增加至少在短期会降低利率，但没有解释货币数量改变影响投资需求表或收入一定条件下的储蓄量改变问题。所以就导致了价值论与货币论两套不一致的利率理论。

第三，古典学派对经济体系中各变量间的因果关系判断错误。消费倾向、资本边际效率表和利率尽管相互间存在影响，但对于投资与储蓄而言均是自变量。传统分析方法却将投资与储蓄作为自变量看待。

对新古典理论试图调和古典理论中的货币论与价值论，从而将可贷资金供给

---

① [英]凯恩斯：《就业、利息和货币通论》，商务印书馆1963年版，第154-156页。

由正常储蓄扩大到增加的货币数量，凯恩斯认为这样做无所助益。最终，凯恩斯认为利率属于货币经济学讨论的范畴，不应闯入不讨论货币的论著中，马歇尔《经济学原理》中的利率理论令其大惑不解，根本原因即在于此。

凯恩斯将利息归因于放弃持有现金所享有的周转灵活性的报酬，决定利率的两个因素即货币数量与灵活偏好。灵活偏好反映公众在一定利率下希望持有货币量的函数。设 m、r、l 分别为货币数量、利率和灵活偏好函数，则有 $m=l(r)$，当利率下降，货币需求量增加，即 $l'(r)<0$。短期内因交易动机、预防动机吸纳的货币量对利率不敏感，灵活偏好函数中变动部分主要起因于投机需求。由于灵活偏好实际上决定各种利率水平的货币需求，其结果必然是货币供给与货币需求决定利率。其中货币供给被凯恩斯看成外生变量。

凯恩斯的心理分析方法源于庞巴维克与费雪。庞巴维克与费雪分析了人们对现在消费品相对于未来消费品的正时间偏好，凯恩斯则着眼于预期未来利率变化，在预期基础上判断放弃灵活周转的安全性如何，决定目前是持有货币还是非货币资产，在货币存量既定条件下决定利率。凯恩斯将货币职能重点由媒介功能转向价值贮藏功能。

流动偏好理论将利率作为货币现象看待引发了凯恩斯与罗伯逊、俄林等之间的争论。较为普遍的看法是两种理论的实质差别是分别着眼于存量分析与流量分析。劳伦斯·哈里斯认为凯恩斯论述了货币的需求与供给，可贷资金模型集中在债券的需求与供给上，"若考虑到利率是债券价格的表现时，凯恩斯的做法是奇怪的"[1]。此说有失公允。凯恩斯在《就业、利息和货币通论》中论述心理、预期因素对利率的影响时是同时穿梭于货币与债券市场进行分析，这两个市场在现实中互相吸纳、输送资金，从而使投机者适应利率变化实现资产替代，凯恩斯本人未尝看不到这一点。在一般均衡框架中，存量分析与流量分析、债券市场与货币市场分析可以达成一致。[2]只不过，在他的理论中利率是货币需求的决定因素，货币需求与货币供给又一同决定利率，在论述中有时脱不出货币需求分析与利率分析浸润一体的漩涡，似乎也有了他所批评的古典理论中循环论证的疑点。问题是经济变量中清晰的、单方面的因果关系往往并不存在。

第三节　金融抑制论的利率理论

金融抑制论的重要理论支点是认为发展中国家存在边际收益递增，并以此为主要依据质疑主流经济学的实物与货币资产仅有替代效应的货币利率思想，并以

---

[1] [美]哈利斯：《货币理论》，中国金融出版社1989年版，第387页。

[2] [英]凯恩斯：《就业、利息和货币通论》，商务印书馆1963年版，第145，168页。

一系列发展中国家和新兴工业化国家为例说明保持正实际利率、推行利率自由化是促进经济发展的必然选择。

一、互补模型与政策主张

金融抑制理论的代表人物麦金农认为在不发达国家内存在经济的分割性，这种分割性导致货币与实际投资之间的互补效应。利率机制成为发挥互补作用的重要渠道。

（一）货币与实质资本互补模型

以分割性和资本边际收益递增作为分析的基础，麦金农从消费和投资的时际分布出发，首先说明实际货币余额（广义货币，包括现金、存款、债券）与投资率有正向变动关系，依次建立了货币与实质资本互补的利率——投资模型。这一理论模型是理解麦金农货币与利率理论的关键，也是利率在发展中国家与发达国家有不同作用的主因。

我们仅从下式即可以了解麦金农互补模型的一般机理：

$$I/Y = F(\bar{r}, d - \dot{p}_e)$$

其中，I/Y 表示投资率；$\bar{r}$ 表示资本的平均收益率，在不发达国家，$\bar{r}$ 存在潜在的上升趋势；d 表示货币的名义收益率；$\dot{p}_e$ 表示预期的通货膨胀率；$d - \dot{p}_e$ 表示预期货币资产的实际收益率。有

$$\partial F / \partial \bar{r} > 0, \quad \partial F / \partial(d - \dot{p}_e) \geqslant or < 0$$

麦金农关于利率理论的基本观点——货币与实质资本互补就包括在后一个偏导数中。

第一个偏导数表明投资率是资本平均收益率的增函数，但反过来却未必成立。如果当投资率增加时资本边际收益和内部收益也增加，有 $d\uparrow \to (d - \dot{p}_e)\uparrow \to m/p\uparrow \to I/Y\uparrow$，货币与实质资本的互补效应占优势（$m$ 为名义货币资产余额，p 为价格水平，m/p 为实际货币余额）。

利率在这一过程中起到了导管或沟通渠道的作用，故互补效应的优势在资本边际收益及内部收益达最佳状态后即告结束，货币与实质资本的替代效应转而处于优势地位，在转折点 $\partial F / \partial(d - \dot{p}_e) = 0$，超过这一点则有 $d\uparrow \to (d - \dot{p}_e)\uparrow \to m/p\uparrow \to I/Y\downarrow$。

（二）金融抑制论的政策主张

分割性、资本边际收益递增、货币与实质资本互补决定了金融抑制论者麦金

农的若干政策主张。

首先，通过提高实际利率可以诱发新投资机会的利用，促进技术进步与创新，提高资本存量的质量。货币资产最适当的实际收益率为正数，进而，在互补性或渠道效应相对替代效应占优势的情况下，实际利率可以高于资本平均收益率，从而为驱动社会收益率的增加保持一定的利率张力。其次，操作实际利率的政策工具优于使用通货政策（即控制货币数量）。用紧缩性通货政策抑制物价上涨或以膨胀性通货政策刺激实质资本形成是错误的，原因在于分别会造成经济衰退和通货膨胀。就此而言，麦金农倾向于弗里德曼的货币理论。最后，麦金农将大量引入国外直接投资并许以种种优惠称为"塞壬的歌声"，概因其主要弊端是将具有高收益的投资机会廉价让给了外国资本家，结果阻滞了民族工业的发展。所以，投融资应建立在自力更生的基础上。

二、争论与相关检验

针对金融抑制论的争论主要集中在利率对推动经济发展所起的作用如何，人们以历史为判据进行检验，检验的结果对政策的影响是确信无疑的。

弗莱研究了 1965～1976 年 61 个发展中国家的储蓄和投资函数，结果表明提高实际利率除对储蓄和投资有正的影响外，也提高了资本存量的利用率。实际利率每低于均衡利率 1%，实际经济增长会丧失 0.5%。费歇尔对 40 个发展中国家 1960～1972 年的储蓄率、通货膨胀率和经济增长率进行了研究，发现通货膨胀率越低、越稳定（实际利率的不确定性由之减少）的国家，储蓄率对资本形成的影响越大。勒索尔德对 1800～1979 年美国的实际利率进行了研究，仅有间断的 11 年为负值，且限于战争年份。美国在此期间取得了可观的收入增长率。吉利斯等对亚洲、西非洲和拉丁美洲的 19 个欠发达国家的实际利率做过研究，当实际负利率超过 3%～6%，就成为生产的障碍。

麦金农本人以韩国和中国台湾为例从正面证实了他的结论。中国台湾 31 年平均实际利率为 5.5%，其中仅有 5 年为负利率。韩国在高速发展的 1968～1978 年 11 年的平均实际利率为 9.78%（储蓄存款或一年定期存款利率）。

总之，大多数计量检验倾向于支持麦金农的互补理论或"渠道效应"论，即保持一定的实际正利率、稳定通货有利于增加实际货币余额、提高投资率和资本存量的质量，促进经济发展。

三、简要评论

麦金农的利率理论与政策的主要贡献有两点：第一，在理论上正确地批判了新古典学派和凯恩斯学派仅认为货币与实质资本是互相竞争的替代品，替代效应似乎是形成均衡利率的唯一力量，这不符合发展中国家的情况。发展中国家不存在发达的资本市场，处于分割状态，启动市场中的利率机制会诱导货币与实质资本积累的互补效应，从而提高资本存量及增量的使用效率。第二，麦金农主张高利率政策，反对使用扩张性的货币与财政政策，这是他分析发展中国家普遍存在的资源短缺，生产力不足，并同时观察资本主义世界长期交替使用货币、财政扩张与紧缩政策终于引致"滞胀"之后得出的重要政策结论，足以使广大发展中国家引以为鉴。

但是，任何理论都有它的不足。首先，金融抑制论对发展中国家的经济发展中遇到的困难估计不足，高估了利率的储蓄弹性。其次，麦金农反复指陈政府干预的弊端，推崇市场机体在经济发展中聚集和利用货币资本的作用，但给人的印象是基本要取消政府对金融体系与市场的干预，实行全面的"金融自由化"，难免失之偏颇。经济史已经证明，仅仅依靠自由市场发展经济是不可能的。最后，金融抑制论被人们认为是"自力更生的发展理论"，应为发展中国家所记取。但他认为从根本上改革金融体制，发挥利率的积极功能，尽可舍弃外国资本，却未必可以为许多发展中国家制定政策时作为参考。

第四节 利率期限结构理论述评

凯恩斯在研究利率理论时提出有关利率决定不能仅指某一特定种类利率，而是要涉及一组利率或利率体系。利率期限结构理论假定各种债券除到期日以外无其他差别（如对违约风险可不予考虑），在这一背景下研究各不同期限债券利率差别，以及与期限相应的利率变动的影响因素如何。明确利率期限结构及形成原因对货币政策具有何重要意义，如货币政策怎样影响利率？要在什么方向上改变何种期限的利率？由于利率期限结构中蕴含金融组织、金融市场和主体金融行为等结构化特征，所以，揭示利率期限结构在一定程度上意味着对利率形成机制和货币传导途径进行更为深入的了解。

影响利率期限结构的主要因素有三种：对未来利率变动方向的市场预期；债券预期收益中可能存在的期限溢价（或流动性溢价）；由法律限制及由行为偏好决定的结构化特征使不同期限资金供求市场处于分割状态。根据上述三种因素区分出纯预期理论、期限溢价理论和市场分割理论。各种理论均面临着对三种收益率曲线的解释：向上倾斜的收益率曲线、水平的收益率曲线和向下倾斜的收益率曲线。

一、纯预期理论

所谓纯预期理论是不考虑对因期限延长引起的不确定性增加予以补偿的市场

预期理论。预期理论的基本结论是目前各种期限利率中所隐含的远期利率是对未来即期利率的准确预测，不论人们所投资的证券期限长短，投资取得的单一时期的预期收益率相同。投资于一年期债券与投资于五年期债券在一年末再出售，两种投资方式的收益率相同，这说明不同期限债券投资间存在替代（到期的收益率不变）。预期理论最先由费雪提出，其后由弗莱德里奇·A.卢兹进一步发展。关于预期理论清晰的分析框架要借助远期利率概念。

对于正式合同，远期利率是双方同意在未来某特定时期借贷货币所采用的利率。根据预期理论的基本结论，"不同期限贷款的利率体系可以化成为一种标准形态，它由短期利率（一星期贷款的利率）及一系列远期短期利率组成"[①]，由即期利率获得的远期利率信息称为隐含的远期利率。即期利率与隐含的远期利率的关系可表述为

$$(1+_tR_n)^n=(1+_tR_1)(1+_{t+1}r_{1t})(1+_{t+2}r_{1t})\cdots(1+_{t+n-1}r_{1t}) \qquad (2\text{-}7)$$

其中，R 为即期利率；r 为远期利率；$_tR_n$ 为时点 t 时 n 个期限的即期利率；$_{t+1}r_{1t}$ 为由 $t+1$ 时点开始的一个期限贷款的远期利率。

由式（2-7）可推导出隐含在时间 t 上利率期限结构中的从 $t+n$ 时点起一个期限单位贷款远期利率的公式[②]

$$_{t+n-1}r_{1t}=(1+_tR_{n+1})^{n+1}/(1+_tR_n)^n \qquad (2\text{-}8)$$

从时点 $t+n$ 起 j 个期限的隐含的远期利率可由式（2-9）计算：

$$_{t+n}r_{jt}=[(1+_tR_{n+j})^{n+j}/(1+_tR_n)^n]^{1/j}-1 \qquad (2\text{-}9)$$

纯预期理论的假设条件是债券市场高效，有很敏感的投机者群体会使隐含远期利率与预期未来利率达到一致。

二、期限溢价理论

希克斯认为资金以证券形式而不是以货币形式持有时包含成本与风险，成本指交易的麻烦，风险则来源于票据（债券在性质上等同票据）在到期前进行再贴现时面临的不利市场条件，如利率波动和价格变化，尤其价格变化可能侵蚀本金。短期证券较少涉及二级市场，或在二级市场面临本金受损可能性较小，所以利率主要是补偿投资麻烦产生的成本。长期证券即使不考虑违约问题，利率也要在成本上再附加风险报酬。[③]这意味着随着债券期限延长有正的风险溢价。据上述分析，

---

① [英]希克斯：《价值与资本》，商务印书馆1982年版，第135页。希克斯具体推导了远期利率，他将一周作为期限单位。

② [美]詹姆斯·C.范霍恩：《金融市场：利率与流量》，东北财经大学出版社2000年版，第91-92页。

③ [英]希克斯：《价值与资本》，商务印书馆1982年版，第156-157页。

长期债券利率所隐含的远期利率包括两个部分：根据纯预期理论得出的预期未来利率（如果是短期，在希克斯看来是投资麻烦引起的成本）和期限溢价。

因此，远期利率是对未来利率有偏差的估计，比未来利率高出溢价额。故有

$$_{t+n}r_{1t} = _{t+n}P_{1t} + _{t+n}L_{1t} \tag{2-10}$$

其中，P 和 L 分别为预期未来利率和希克斯期限溢价。期限溢价是时间间隔的递增函数，但递增的比率随时间变化的趋势是递减的，即收益率曲线的二阶导数为负，原因是随着期限延长，风险并非是线性增加的。

三、市场分割理论

市场分割理论认为借款者和贷款者的行为偏好导致各种长期市场与短期市场处于分割状态，从而决定了收益率曲线的形态。限制金融中介的规制条件、个人或机构金融行为特征均形成不同期限证券市场间资金流动的障碍。例如，商业银行由于强调流动性而偏好中短期贷款，拥有长期负债的保险公司则偏好较长期限的债券。债务方的借款期限与其经营业务特点与借款用途相关，一般都要求债务期限与预期现金流相匹配。

市场分割理论提出的"期限偏好"解释将特定期限的利率决定局限于该期限债券的供求状况，各种期限的债券市场彼此孤立。假如有四组不同期限市场，这四种市场各自集中了有相对呆板（或固定）的期限偏好的借贷双方，它们不关心其他期限债券的收益状况。市场通过供求平衡决定利率。将不同组别债券各自形成的市场利率联系起来即得到收益率曲线（图2-3）。

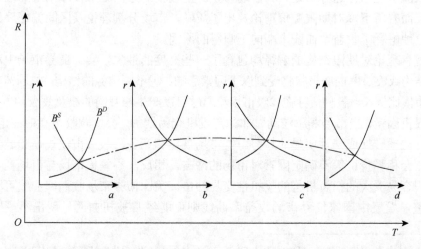

图 2-3　完全分割市场的收益率曲线（a、b、c、d 代表四组期限不同债券市场）

市场分割假说的政策含义是，当货币当局对短期或长期市场利率施加政策影响时不会导致收益率曲线整体向上或向下移动。但这种政策作用范围是有限的，因为不同期限利率差额达到一定水平即会诱导人们改变期限偏好。[①]莫迪利亚尼提出期限结构的区间模型，是对纯预期理论、期限溢价理论和市场分割理论的一个综合。区间模型一方面同意希克斯的观点，认为收益结构是基于纯预期理论的债券回报并根据风险溢价加以修正。所不同的是，希克斯假定所有投资者都对短期证券感兴趣，引诱他们做长期投资就必须以高收益率补偿与二级市场不确定性有关的风险，莫迪利亚尼认为现实中人们未必都有短期偏好，正如分割市场假说指出的，交易者一般都有不同期限偏好。设投资者具有因为在 n 期内不投入其他用途的资金，从而有 n 期偏好，将此资金投入 n 期债券即可以准确衡量期末终值。倘非如此，有两种选择：第一，连续投资于短期证券，终值将面临 $t=2，3，\cdots，n-1$ 期短期利率波动的影响，即隐含远期利率不是未来短期利率的无偏估计；第二，当投资于 $t \geqslant n+1$ 期证券，到 n 期要通过二级市场赎回现实货币时将面临未到期债券卖价的希克斯-凯恩斯不确定性。结果，风险厌恶者会保持特定期限偏好进行套期保值。[②]

四、评述与相关检验

纯预期理论对三种收益率曲线的形状似乎均可以做出解释：当预期未来短期利率上升，目前市场较长期证券收益率较高，收益率曲线向上倾斜；预期未来短期利率不变，收益率曲线成水平状；预期未来短期利率下降，收益率曲线向下倾斜。但纯预期理论没有解释为什么市场中向上倾斜的收益率曲线更为常见，希克斯期限溢价理论在这方面是一种合理修正。但在正的方向处于极端期限的证券收益率反而有所下降对期限溢价理论提出了质疑，市场分割理论及区间偏好理论至少部分地解释了收益率曲线末端向下倾斜的原因。

现有理论对期限结构的解释均包含了一些高度的抽象，实际证券市场中利率期限结构或收益率曲线形状将受到以下因素影响：①不同债券的结构，如国债与公司债市值比例，当各种债券在二级市场流通时可以产生相互间的波及效应。②不确定的投机因素，当市场利率波动时非稳定投机交易增加，会影响收益率曲线走向，将稍许波动转换成一种明显的趋势。③市场规模和竞争，较大市值规模和健全竞争机制会稀释投机等不确定因素对市场的冲击。相反，小规模市场与市场竞争存在障碍容易受大的投资机构的投机性交易冲击。美国债券市场收益率曲线可能较为规整，发展中国家债券市场收益率曲线则可能经常被扭曲而呈现出不规则形

① [美]弗兰克·莫迪利亚尼：《莫迪利亚尼文萃》，首都经济贸易大学出版社 2001 年版，第 172-174 页。
② [美]詹姆期·C. 范霍恩：《金融市场：利率与流量》，东北财经大学出版社 2000 年版，第 91-92 页。

态。反映期限结构的收益率曲线不规则状况的背景使债券价格波动性显著及短期、长期利率经常偏离均衡利率和呈相对不稳定状态。④短期与长期收益率不稳定表现为利率方差及长期、短期利率的协方差增大，如果以实际利率理论并结合预期理论分析，市场对资本投资未来价值评价和未来生产机会的不确定性增强。

第三章　转型期利率体系改革（Ⅱ）：利率政策

中国自改革开放以后不断尝试用利率作为调节货币政策的重要手段，1997年以来利率政策的调节效果大为引人注目。正确总结利率政策调节所产生的微观与宏观效应是进一步在利率市场化进程中把握好利率工具的基础。本章以我国利率政策实践为基础，重点分析1997年底出现通货紧缩以后的利率调节效果，对曾争论的中国是否出现"流动性陷阱"加以判断，结合理论分析对转型期利率作用机制的演进特点进行归纳。笔者的基本看法是否定中国出现"流动性陷阱"，并充分肯定利率连续下调对宏观经济的积极效应，并对使用计量方法的局限加以澄清。

第一节　利率作用机制

一、利率对经济决策的影响

利率对经济的作用可以概括为调节经济循环和产业选择，对于后者，杜尔阁曾做过很好的分析："我们可以把利率看成一种水平，低于这一水平，一切劳动、一切农业、一切工业、一切商业都将陷于停顿。正像一片汪洋大海，山岭的高峰突出水平面，形成了肥沃和已耕种的海岛。假设这一片汪洋大海一旦退潮，随着水位的下降而逐渐显露出来的，首先是山坡，其次是平原和溪谷，它们上面都长满了各种各样的产品，如果海水上涨一尺，就足以淹没大片土地；如果海水低落一尺，也就足以使它们适于耕种。"[①]利率影响经济决策的渠道有以下四个方面。

（1）利率影响消费的时间形态。利率是不同时间形态的收入流得以交换的重要条件。这实际上是对费雪相应结论的应用。

（2）利率体系决定社会资产的分布与结构。人们可以以货币、有价证券、不动产形式持有财富，遵循的原则是边际原理，即所持有的各种资产的比例使得各种边际收益相等。利率不仅代表有价证券的收益率，也决定着货币的机会成本及各种不动产未来收益流的现值。

（3）利率影响生产的结构与特征。长期利率下降将导致长期投资（包括耐久消费品）增加，原因在于较低利率使各种长期投资所产生未来服务流的现值上升。

---

① [法]杜尔阁：《关于财富的形成和分配的考察》，商务印书馆1961年版，第76页。

相反，长期利率上升会导致投资行为短期化，不利于资本品的生产，但会相应地使资源向消费品生产转移。林达尔指出，利率下降时"各种投资获得利润的可能性的改变，将产生以下趋向：存货量倾向于增加，而生产倾向于转向较长时期的投资方面"。[①]

（4）利率影响非人力财富与人力财富之间的比率及应急储备的规模。当利率水平下降，对技术设备的生产相应增加，会加快非人力财富的积累，也会由于机会成本下降而诱致人们用于应急储备的规模增加。

二、利率作用于实体经济的机制

如果抛开完全的市场机制而关注宏观经济管理层面，货币政策对于社会总需求的影响可以通过四种途径：利率、资产结构、汇率与信贷市场及数量化评级的影响。在这四个方面中货币政策对商品与货币市场及生产过程的影响最为直接的是利率渠道。[②]低利率会刺激投资和家庭对汽车、住房等耐用消费品（不动产）的购买，原因在于利率是将投资的未来现金流及耐用消费品未来服务流的收益转化成现值的贴现率，低贴现率必然意味着未来收益的现值增加，从而使既定价格的投资（或家庭购买）的吸引力更大。不过，从货币政策角度考察，政府当局通过影响利率而影响市场总体的流动性和生产过程可能遇到两个问题：第一，中央银行与借贷市场的关系只涉及短期利率，但影响投资的主要是中长期利率，货币政策对商品与劳务的效应受到用于贴现的中长期利率的影响。所以，中央银行在短期利率市场上的操作与中长期利率的变动关系就成为利率政策是否能实现政府调节意图的关键环节。第二，最终影响投资和家庭购买耐用消费品的是实际利率而不是名义利率，实际利率事实上把商品市场因素与货币市场因素综合在一起。倘若中长期名义利率已经很低，但人们预期有严重通货紧缩，结果实际利率偏高。这一分析的背景是利率对经济体的影响不能孤立于价格运动，利率的调节功能不仅取决于自身变化，而且必须考虑到两者的相对变化。

短期利率对长期利率产生影响，从而，由长期利率变动影响经济活动要经过两级金融市场：资本市场与货币市场。在资本市场上，投资对资金的需求首先由投机者满足，包括投机者的闲置资金，投机者向货币市场借入（可以通过经纪人）。投机者可以将新增长期证券转手给长期投资者，后者将长期证券作为收入资产。投机者是长期投资机会的发现者，他们对长期投资者而言是资本

① [瑞典]林达尔：《货币和资本理论的研究》，商务印书馆1991年版，第126页。

② [美]本杰明·弗里德曼：《货币与财政政策效应：金融市场的作用》，载中国人民大学财政金融研究中心：《黄达-蒙代尔讲座》第一辑，中国人民大学出版社2003年版，第129页，但米尔顿·弗里德曼认为货币供给变动影响实物市场更为直接，无需通过利率发挥作用。

市场的"启蒙者"。投机者从货币市场向资本市场输送资金是由于货币市场短期利率显著低于长期证券投资的收益率。但这一过程必然会抑制长期市场的利率水平。

流动资本和存货构成货币市场的资金需求（未考虑上述投机因素），折旧计提、长期投资资金闲置、银行信用扩张可以弥补货币市场资金供给不足。货币市场缺失会导致流动资本、存货占压资金向长期市场寻求供给，这将会对长期利率产生不利影响。此外，在缺乏货币市场条件下，短期资金会直接、长期地进行资本市场投机，这无疑会加剧长期利率波动，从而导致投资与国民收入波动。所以，短期资金适宜作为长期资本市场的润滑剂，起到滚珠作用，不能直接抵充长期资本使用。

货币市场对金融调节的重要意义在于，在直接资本市场对金融体系形成一定程度替代条件下，中央银行通过对短期证券市场资金供求、短期利率的影响，可以间接影响中长期债券利率或股票市场收益率。中央银行也可以通过再贴现影响商业银行的信用扩张，但商业银行与长期资本市场关系较货币、资本市场上的一般投资（投机）者更为松散，因此降低了中央银行对长期资本市场的影响时效。短期市场中的经纪人贷款规模的扩张与收缩被认为与商业活动有正相关性。[①]所以，除影响短期利率外，中央银行对经纪人贷款、信用交易加以操控也是影响投资活动及收入水平的重要手段。

中央银行通过公开市场业务既可以直接影响货币数量，也可以影响利率，因为公开市场业务会增加新的对债券供给、需求的因素。但公开市场业务只涉及短期债券，中央银行能够直接施加影响的是银行短期利率，对更为重要的长期利率的影响甚小。[②]凯恩斯这一分析意味着中央银行公开市场业务可以将中长期债券作为标的物，更为直接地调节长期利率，从而增强货币政策效果。

蒋硕杰认为货币市场灵活有效的调节机制是长期资本市场发挥效能的条件，只有当货币市场业已被证明不再可靠时，人们才会放弃对经济体系自动调节所抱有的期望。在这种情况下只有依赖政策措施，但政策效能发挥如何仍然与各市场变量间的互动和反应相关。蒋硕杰在综合流动偏好理论和可贷资金理论基础上得到政府恒定注入赤字（A）、中央银行储备货币（ΔR）为零时的政府支出乘数为

$$m_g = \frac{1}{1-(i+c)+\dfrac{i'+c'}{\beta+s}} \tag{3-1}$$

其中，i 和 c 分别为投资倾向与消费倾向；i' 和 c' 分别为投资和消费关于利率的一

---

① 蒋硕杰：《筹资约束与货币理论》，北京大学出版社 1999 年版，第 42-43 页。

② 凯恩斯：《就业、利息和货币通论》，商务印书馆 1963 年版，第 169 页。

阶导数；β 和 s 分别为闲置货币与商业银行货币供给的利率弹性。可以看出，支出乘数大小既取决于投资倾向与消费倾向，又取决于利率诱致效应。早期凯恩斯主义认为 β 和 s 无限大，所以政府支出的扩展过程独立于货币市场，也与利率无关，仅取决于投资倾向和消费倾向。传统货币数量论则认为 β 即使不为零时也很小，假定 ΔR 为零，货币当局采取措施抵消商业银行增加的存款货币，s 也为零。若如此，$(i+c')/(\beta+s)$ 无限大，则乘数无限小。[①]这里得出的政策启示是：在非充分就业条件下市场调节失灵，有必要借助于财政扩张、货币数量与利率调节的政策组合措施。

第二节 中国利率体系改革历程及面临的问题

一、政策回溯与评述

我国以 1995 年《中华人民共和国中国人民银行法》《中华人民共和国商业银行法》的制定、实施为标志，对银行体系开始进行实质意义的改革，并于 1996 年年中开始利率市场化改革（此前同业拆借利率已有松动）。为了对我国利率政策的实践做出历史纵深的把握，以温故而知新，有必要对 20 世纪 90 年代中期以前中国利率政策问题做出理论与实践上的归纳。

（一）对 20 世纪 90 年代中期以前利率政策的回顾与反思

我国 1956 年以后出现过三次高通货膨胀。第一次是"三年困难时期"，经济严重衰退，供给短缺，黑市价格飙升，人民生活水平下降。1988 年的价格改革方案出台，就遇到物价水平骤升，通货膨胀加剧。无独有偶，1993～1994 年的金融机构及税制改革一拉开帷幕，就遇到改革开放以来的第二次，也是最严重的一次通货膨胀，对社会、经济的影响也尤为严重。在这种背景下，理论界又一次提出改变不合理的利率体系，扭转低利率和负实际利率状况的紧迫性，但作为货币政策重要工具的利率杠杆究竟怎样操作，各界人士的看法不尽一致。当时，甚至出现持有不同观点的双方中一方在媒体上对另一方的学术人格进行怀疑的情况。

我国 1980 年以前的综合存款利率维持在一个百分点稍高的水平，1980～1987 年为 2%～4%，1988 年与 1989 年提高幅度较大，分别达到 6.64% 和 9.18%，但扣减通货膨胀因素之后存在实际负利率，1993 年物价陡升后的综合名义利率

---

① 蒋砚杰：《筹资约束与货币理论》，北京大学出版社 1999 年版，第 67-75 页。

扣减通货膨胀率也是负利率。[①]宏观经济形势和体制改革一直受到通货膨胀的困扰，原因是多方面的，但低利率、负利率导致的投资饥渴症及需求膨胀无疑是重要因素。1988 年通货膨胀中，当挤兑存款、抢购风潮在全国蔓延时，中央银行从当年的 9 月 1 日起提高存款、贷款利率，9 月 10 日又对三年以上定期存款实行保值贴补率措施，使储蓄存款由下降转为上升，平息了挤兑风潮，抑制了物价水平上升的趋势。这一事实说明利率与物价的关系：调节利率水平，物价将趋于反向变化。

概括起来，我国的低利率、负利率政策至少造成以下影响：首先，诱发通货膨胀，恶化宏观经济环境。其次，新增投资需求由于低利率的补贴效应，资本边际收益较低，原有企业的边际收益呈下降趋势，最终使社会收益率下降，引致资源短缺和浪费。再次，诱发失业率上升，因为货币资本的价格被人为扭曲而偏低，人们更愿意增加资本投入而相对减少对劳动力的使用，从而增加了资金供求的矛盾，这一情况有悖于我国的资源禀赋特征。最后，形成财富的不当转移。利率与价格均具有分配功能，我国的低利率与反复出现的通货膨胀加剧了财富在分配上的差距。此外，低利率还引起金融体系内、外的寻租行为。

就低利率造成的影响而言，有必要废弃低利率、负利率，使存款利率保持一定的正数，这在理论上已达成共识。但在当时货币政策操作上存在的困难是，我国两万多家国有大中型企业产值占国民生产总值（gross national product，GNP）的 42%，上缴利税占财政收入的 50%，调高利率会增加它们的负担。如果提高存款利率同时维持较低贷款利率，又会造成银行业利润下降甚至亏损。[②]

以上理由是否成立？

首先，正如上述分析，国有企业资本收益率较低或负担利息能力低，是长期的低利率作用于投资选择或是过去以财政拨款方式投资的一种滞后效果（不排除其他甚至更重要的因素），而不是高利率造成的。对企业存在的问题，只能视具体情况而通过技术改造、政策性放款、价格与税制改革和兼并与破产途径去解决，不能因此降低一般利率水平。

其次，对企业不堪利息负担、调高存款利率会影响银行利润要做进一步分析。国有大中型企业享受低息贷款事实上是一种补贴，但这种补贴却未必能用于企业发展。一部分大中型企业自改革开放以来经营的财务业绩不佳，在一定程度上是因为大幅度增加对内部职工的支付、管理成本的上升、企业办社会甚至领导干部寻租，无需以低利率政策对这种现象予以默许。对于银行也有类似原因，个别年份、个别种类的存款、贷款利率倒挂对利润的影响，远不及贷款

---

① 我国 1979～1995 年有八年是负实际利率（一年期存款），见本书附表 2-3 相关数据。
② 周正庆：《中国货币政策研究》，中国金融出版社 1993 年版，第 231 页。

损失造成的相应影响。企业与银行在市场经济中要增强应变能力，对每年的盈利应合理使用，按国家法定和自身发展及应付不确定性的需要，留有一定后备基金，不能"分光吃净"。

（二）确定利率水平的主要依据

第一，只有根据一般利润率或资本收益率确定平均利率水平，才有可能真正发挥利率的积极功能。企业成本水平直接考虑的是企业投入而非产出，一旦企业因其他要素投入（如劳动力、原料等）成本增加时，在现有情况下，就只有使资金这一稀缺的生产要素贬值。这两种确定利率的方法导致的经济效果必然大不相同。

第二，利率水平的制定要充分考虑经济周期阶段的特点，采取"逆风向"调节措施。例如，美国当工业经济部门开工率达到85%时，即认为经济正在走向过度繁荣，可能会面临通货膨胀问题，美联储立即调高利率，以减缓增长。

第三，银行利润不能在确定利率水平之前予以考虑。理由是：银行利润不只包括存款、贷款利息差额，现代商业银行日益依靠改善服务质量、增加服务项目、发展"金融百货公司"来获取利润，存款、贷款在某种程度上成为银行从事其他服务的一种信息资源。另外，银行是市场经济的中枢，它不同于一般的企业，银行的利润目标应该通过发挥自身特殊功能，与企业同呼吸、共命运，促成宏观经济良性循环而达到，而不应独立地追求利润目标，希望旱涝保收。魏克塞尔认为银行的首要任务不在于赚取很多钱财，其对社会的责任比对私人的责任不知要重要多少倍。[①]至少这对我们有所启发，银行在很大程度上运用的是社会资本而非私人资本，银行利润是微观经济活动和宏观经济运行最佳结合点的一个函数。

第四，当其他因素确定之后，利率应该与物价挂钩，在通货膨胀频发的情况下，可考虑实施利率指数化调节政策。而且，利率调整相对价格变化要具有超前性。我国在这一点存在的问题是：由于考虑企业成本问题，利率对通货膨胀的抑制作用未能充分发挥，依据价格变化对利率调整的节奏迟缓。发达市场经济国家利率调整频繁，甚至几天、半个月调整一次，每次调节幅度大体在0.25个百分点，对市场形势反应迅捷。我国利率调整的时间间隔较大，每次调整幅度1～2个百分点，对宏观经济形势反应比较迟缓。

二、中国利率市场化进展及面临的问题

利率市场化意味着通过市场确定金融要素价格，从而优化资源配置，提高金

---

① 魏克塞尔：《利息与价格》，商务印书馆1992年版，第153页。

融效率，促进经济发展，增进社会福利。利率市场化无疑是我国金融改革的一个焦点。2000 年，中国人民银行负责同志在有关场合提出准备用三年时间实现利率市场化；2002 年 11 月，在党的十六大上中央提出要"积极推进利率市场化改革，优化金融资源配置"；中央银行行长周小川在 2003 年中央银行工作会议上再次提出加快利率市场化改革的任务，要求进一步发挥利率、汇率的杠杆作用，稳步推进利率管理体制改革，研究并制订利率市场化改革规划。这些都足以表明中央政府和货币管理当局对利率市场化改革给予了高度重视，也反映了利率市场化不是金融领域中的局部改革问题，而是金融体制甚至总体经济体制改革进程的全局性、战略性的一环。从目前的进展看，利率市场化改革已经取得了一系列重大突破，但走完渐进改革之路仍需时日。

（一）中国利率市场化改革进展

中国利率市场化改革的目标是使原有利率管理体系逐渐过渡到中央银行，不再统一规定金融机构的存贷款利率水平，而是运用货币政策工具调控货币市场利率，进而间接影响金融机构存贷款利率。

我国利率市场化改革的步骤选择从货币市场起步，其中二级市场先于一级市场，先外币后本币，先贷款后存款，先长期后短期。贷款利率先扩大浮动幅度，而后全面放开，存款利率先放开大额和长期存款利率，而后放开小额和短期存款利率。先放开外币利率是因为外币利率调整取决于国际金融市场，如再限定外币利率会使中资商业银行经营外币业务时处于被动地位。先放开长期利率，后放开短期利率，有利于控制商业银行的流动性风险，使商业银行与企业资金来源趋于长期化，这一点实际借鉴了韩国的经验。韩国过早放开资本项目可自由兑换，又出现利率市场化顺序安排失误，即先放开短期利率，引致商业银行与企业举借大量短期债务从事长期投资，在亚洲金融危机期间外国债权人拒绝对其短期债务延期，结果酿成金融机构支付危机并很快诱发货币与金融危机。如何适时放开存款利率是利率市场化的难点。因为吸纳存款是商业银行盈利的重要源泉，一旦放开存款利率，缺乏约束力的商业银行容易采取高息揽储，出现恶性竞争。结果有两种可能：其一，在支付高存款利息的情况下抬高贷款利率，致使企业部门融资成本骤升，生产经营陷入困境；其二，在企业借贷需求小于可贷资金供给条件下，贷款利率下降，利差显著缩小，商业银行利润缩减甚至亏损。究竟出现上述哪一种情况，取决于借贷市场上银行部门是具有垄断地位还是处于竞争态势。即使出现前一种情况，从长期看，最终也会危及银行自身的生存。在顺序安排上将放开存款利率放在最后阶段，被证明是可取的利率市场化的国际经验。

自 20 世纪 90 年代中期，我国利率市场化改革已经取得一系列进展，尤其在货币市场方面成绩较为显著，主要体现在银行间市场、国债发行与债券回购和贴现市场。对贷款利率陆续扩大浮动范围，对部分地区存款利率也开始规定浮动上限。利率改革的时间流程为：1996 年 6 月 1 日对银行间同业拆借利率取消行政性定价；1997 年 6 月银行间债券回购利率基本放开；1998 年贴现利率和转贴现利率在再贴现利率基础上由商业银行加点生成；1998 年 8 月国家开发银行发行债券实行市场定价；1999 年对中小企业贷款利率最高上浮幅度扩大到 30%，贷款利率下浮幅度保持 10%不变；1999 年 10 月，中资商业银行对中资保险公司大额定期存款实行协商利率（最低起存金额 3000 万元，期限在五年以上，不含五年）；2002年初，全国八个县农村信用社贷款利率最高浮动幅度扩大到 100%，存款利率最高可上浮 50%。根据国务院 2003 年颁发的农村信用社改革试点方案，也已经在全国八省市试点地区允许农村信用合作社贷款利率上浮 100%。

（二）利率市场化改革所面临的问题

第一，我国货币市场距离完全市场化还有很大距离，存在市场分割现象。主要表现在票据贴现利率、转贴现利率采用再贴现利率加点生成，仍带有明显的非市场化色彩，导致票据作为短期货币市场工具与同业拆借利率、国债发行及回购利率脱节。对票据适用范围有严格限制，使票据市场没有发挥应有作用。就目前而论，中央银行通过公开市场操作可以有效调控货币市场利率，但由于存贷款利率没有实现市场化，货币市场利率的变动还不能对金融机构的存贷款利率产生实质性影响，导致货币政策的利率传导渠道遭遇梗阻。[①]进而言之，货币市场利率作为短期利率，其变动目前不能有效传导到各种长期利率并影响实际经济活动。货币市场集聚着各种竞争因素，是连接中央银行货币政策操作、金融机构信贷与筹融资行为、企业与家庭部门的金融市场的神经中枢，要加快实现利率市场化，还需要进一步致力于构建竞争充分、机构多元、工具齐全、交易规范公正和信息公开透明的货币市场。

第二，商业银行体系总体上还没有形成自我约束、自负盈亏、自我发展机制，国有商业银行在信贷市场上仍然具有垄断地位，非银行金融机构大多受到国有资本的控制，但国家作为出资方与经营者的委托-代理关系没有得到较好解决，对代理人有效的约束-激励机制没有完全建立起来。在这一背景下，全面放开利率很可能出现金融机构在利润动机驱使下盲目扩张资产规模的状况，金融业出现过度竞争，引致社会资金供需平衡处于失序状态，最终酿成系统风险和国家风险。面临

---

① 戴根有：《中国央行公开市场业务操作实践和经验》，《金融研究》2003 年第 1 期，第 56 页。

加入世界贸易组织（World Trade Organization，WTO）以后贸易服务业缓冲期结束，国有金融业与外资金融机构之间将形成无国界的竞争，但在人力资源、风险管理技术、内控机制等方面，内资机构均存在很大差距。

第三，目前的金融监管（包括银行业监管）框架还没有制定适当的针对利率市场化后的相关规则。例如，在利率市场化条件下是否存在孳生高利贷问题；在新的市场环境中怎样判断一笔贷款是不是高利贷；如有发生，监管部门如何干预，换一种说法，利率的自由化有无限度；与利率市场化伴随的必将是放松对不同金融机构从事业务范围的政府规制，那么，在混业经营趋势下，不同监管部门的职能怎样协调与融合；发生于国内不同金融市场及国内与国际金融市场之间的各种套利活动必将对监管部门提出挑战，如何降低监管机构对信息的依赖，减少监管成本。

第四，宏观金融调控将面临更大的不确定性。银行信贷活动有顺经济周期的特征，即在经济复苏、繁荣时期扩张信贷，在经济紧缩、萧条时期收缩信贷。而在利率完全市场化后，中央银行对一般资金利率只能通过调控货币市场利率施加影响。这势必使中央银行对宏观金融波动的控制能力及对经济运行的"逆风向"调节能力减弱。当然，利率市场化条件下，从长远看中央银行控制宏观金融、调节经济景气的能力也有可能增强，否则，利率市场化问题至少就现在而言是没有意义的。在管制利率体系中，中央银行主要通过信贷、投资、消费等数量指标观测、确定货币政策决策，把握政策调控的方向。在利率市场化以后，中央银行除继续进行数量指标观测外，可以通过利率变动做到及时判断资金供求状况，结合社会一般利润率数据，考虑利率水平的均衡状况和实际经济活动的可持续性，并根据货币市场利率期限结构与收益率曲线分析出各种预期信息，对潜在的不稳定因素采取超前调节或冲销措施，防患于未然。

第五，不确定是否存在利率大幅度上升的初始冲击效应。实现市场化后，利率水平波动将给金融管理部门、金融机构以至企业带来风险。除此之外，部分人士担心利率市场化后可能会出现利率大幅度上扬的局面，从而导致金融秩序混乱和企业经营困难，这种短期效果有转化为长期经济停滞的可能性。据 Honohan 对若干发展中国家的分析，利率自由化导致了货币市场实际及名义利率的短期波动性增强，不同国家的利率受到国际市场利率变动的影响，国库券和银行利息差受利率自由化影响后增长幅度变大，其后果是使国有部门等受到优惠信贷政策扶持的部门利益明显受损。[①]但个别国家在金融自由化后利率水平下滑。黄金老认为，我国在利率市场化后，利率显著升高的可能性不大，金融监管部门和金融机构无法适应不规则波动的利率环境是利率市场化的主要风险。理由主要是我国银行业

---

① Honohan P：《利率在自由化实施时会如何变化：一个统计回顾》，载 Caprio G，Honohan P，Stiglitiz J：《金融自由化：距离多远？多快实现？》，中国财政经济出版社 2003 年版，第 38-58 页。

虽然具有垄断地位，但庞大的分支机构体系使大银行间处于激烈竞争状态。[①]

笔者认为，在判断利率放开后短期内利率水平变动时应该把握以下方面：①我国利率市场化实际上从 1996 年已经开始，目前的进展在一定程度上淡化了全面放开利率后的短期冲击效应。②无论是从国内储蓄存款的存量和流量分析还是从国际资本流动的态势观察，近期制约中国经济发展的主要因素不是资金供给不足问题，这事实上形成对利率飙升的抑制。③决定利率水平的直接机制是资金供求，但最终要受到社会总供给、总需求均衡状况的约束，对总供给、总需求进行调节以保持平衡是避免利率大幅上扬的必要措施。我国改革开放以后放开粮食价格与 1988 年的价格改革，从不同角度证明了这一点。④为了将短期内利率水平攀升控制在一定范围内，中央银行应该对在公开市场操作及再贴现放款中增强吞吐基础货币的能力有充分的准备，将数量控制与基准利率调节有效结合。⑤通过同业协会等组织加强金融机构的行业自律，在利率全面放开的一定时期内仍需加强对国有大银行信贷行为的控制。⑥需要加强对短期资本和投机资本的管理，将资本项目自由化与利率自由化分步实施。

第三节 利率政策调节效果分析

在 1997 年亚洲金融危机以后，中国宏观经济运行在 1997 年 10 月出现历史上第一次通货紧缩，新的经济特点导致 1998 年政府将经济政策的方向调整为积极的财政政策和稳健的货币政策，放弃此前实施的适度从紧的货币与财政政策（1993年提出）。但交织着国内与国际经济，制度变革与体制转轨，企业与银行微观机制重塑，家庭、居民预期增强等各种不同因素的国民经济运行问题显得日益纷繁复杂和难以捉摸，遂引起人们对货币政策效果的争论。1996 年 6 月 1 日至 2002 年已先后八次下调存贷款利率，并增加利息税，利率下调对投资、消费及经济增长的效果成为争论的焦点之一，我们试就这一问题加以分析。

一、利率水平变动总体评价

（一）存款利率变动分析

我们主要以一年期名义利率、实际存款利率为例说明存款利率变动趋势，并分析其与 GDP 增长率、通货膨胀率的关系。

[①] 黄金老：《利率市场化与商业银行风险控制》，《经济研究》2001 年第 1 期，第 23 页。

（1）改革后名义利率变动在 1978～2003 年经历了两次上升和下降的波动过程，第一次是 1979～1992 年，第二次是 1993～2003 年。两次名义利率波动的幅度分别为 **7.88%** 和 **9%**。名义利率的波动大体反映了价格水平的变动，但并未与价格水平、经济增长、投资增长呈现出近似的周期性特点。名义利率的调整在价格水平出现大的波动时的迟滞效应更为明显（图 3-1 和图 3-2）。

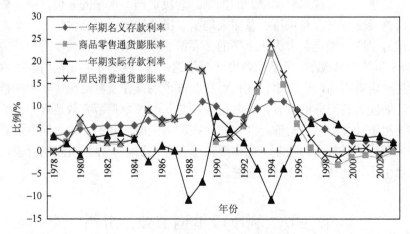

图 3-1　一年期名义、实际存款利率和商品零售及居民消费通货膨胀率

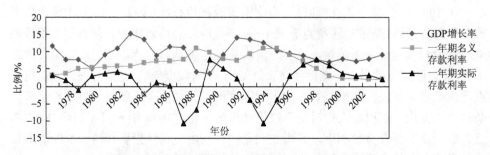

图 3-2　一年期名义、实际存款利率与 GDP 增长率

（2）一年期实际存款利率波动呈现出周期性特征，在 1990 年以前与经济增长周期存在滞后关系，如图 3-2 所示，实际利率的高点和低点分别超前于经济增长波动的峰值和谷值一年。但这种迹象并非必然表明实际利率对经济周期有制约作用，由图 3-1 可以看出，实际利率的波动是通货膨胀率波动和名义利率调节落后于通货膨胀率的结果。名义利率相对通货膨胀率具有水平化特征，通货膨胀率与实际利率近似于围绕某一轴线向上下方向凸出的对称的两条曲线。当名义利率达最高点时，实际利率达最低点，原因是名义利率高点对应更高的通货膨胀率，与通货膨胀比较有更显著的落差，这在改革开放以后两次通货膨胀高峰时期（1988 年和 1994 年）

非常明显，实际利率分别下降到-10.83%和-10.72%的水平。实际利率的波动幅度1988～1990 年达 18.64%，1991～1998 年达 18.36%，远远超出名义利率的波动范围。其他长期存款的名义利率、实际利率变动的特征与一年期利率相似。

（3）1997 年以后低、负通货膨胀率（通货紧缩），名义利率持续高于通货膨胀率，也从而使实际利率高出名义利率，这在以前时期利率的运行轨迹中从未发生。

（4）实际利率以 1994 年为分水岭明确改变了与经济增长率的相对运行关系。在 1994 年以前，实际利率尽管与经济增长率存在一年滞后关系，但总体上是顺经济周期的，1995 年以后，实际利率呈现出逆经济周期运行特点（图 3-2）。按国内有关实际利率目标区的讨论，认为应将一年期实际存款利率维持在 2%左右，而 1996年分别由名义利率扣减零售物价和消费物价上涨率后的一年期实际存款利率为 3.07%和 0.88%，算术平均值为 1.98%，分别已经达到政策操作区间以内。零售商品和消费品通货膨胀率分别为 6.11%和 8.3%，也分别达到 1994 年提出的将通货膨胀率降到 10%以下的目标。1996 年的投资增长率为 14.46%，是 1981～1996 年的第三个低点，当年经济增长率达到 9.6%。尽管通货膨胀率与 GDP 增长率两种指标似乎都有向下调整的余地，但综合其他经济变量水平并考虑到紧缩政策的滞后效果，1997 年应该采取怎样的货币政策与财政政策值得深思，作为以后金融宏观调控的借鉴（见本书第七章第二节对通货紧缩的分析）。

（二）贷款利率变动分析

（1）各种期限贷款的实际利率和存款实际利率的变化节奏几乎完全相同，实际利率波动的高点与低点出现在同样年份。原因在于中央银行对各类别存贷款名义利率统升统降，而实际利率是名义利率扣减同一通货膨胀率的结果（图 3-3）。

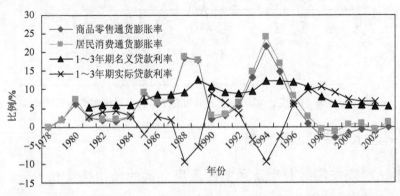

图 3-3　1～3 年期名义、实际贷款利率和商品零售及居民消费通货膨胀率

（2）在 1990 年以前投资与实际利率循环方向近似一致，1991～2003 年却呈现出相反倾向。这说明 1990 年前后，企业对实际利率变动的反应方式发生了变化，

1991 年以后实际利率成为约束企业生产的条件之一（图 3-4）。

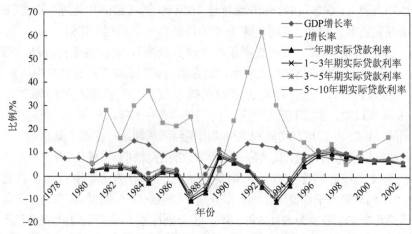

图 3-4　各期限实际贷款利率与 GDP 增长率及 I 增长率

（3）以 3～5 年期贷款利率为例，说明名义贷款利率、实际贷款利率与通货膨胀率之间的关系和对存款利率的分析结果相同（图 3-5）。

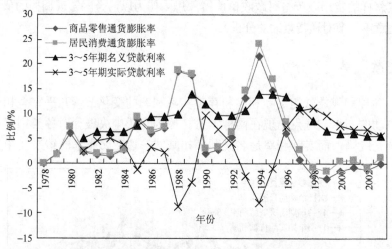

图 3-5　3～5 年期名义、实际贷款利率和商品零售及居民消费通货膨胀率

二、利率总水平变动趋势分析

（一）名义利率与实际利率及通货膨胀率之间的结构性变化

比较各类别存贷款名义利率、实际利率与分别按照商品零售价格指数和消费品价格指数计算的通货膨胀率（两种通货膨胀率运行轨迹一致，但消费品通货膨胀率略高于零售物价通货膨胀率），在三者关系中，名义利率是当出现通货膨胀率

不稳定后起到平滑实际利率及通货膨胀率的变量。但名义利率对通货膨胀率和实际利率的"黏合"作用非常不充分，这一方面有我国利率管理体制方面的原因，但正如魏克塞尔等反复论述过的，名义利率即使在自由浮动利率体系中相对于价格水平的调整也是迟缓和不充分的。原因至少有以下两方面。

第一，名义利率不能为零。事实上，我国名义存款利率虽然达到 20 世纪 80 年代以来最低点，但一年期与三年期名义存款利率仍分别维持在 1.98% 和 2.52%，扣减税率以后为 1.584% 和 2.016%；各期限名义贷款利率一直维持在 5% 以上。这一因素导致了通货膨胀率下降到接近零甚至转为通货紧缩之后，名义利率与实际利率、通货膨胀率的相对关系发生变化，使实际利率＞名义利率＞通货膨胀率。名义利率对银行比对消费者更为现实，因为对消费者、企业而言，即使存款利率为零，还可以享受银行提供的服务和安全，甚至可以接受实际负存款利率以免购买未来商品和生产投入品的库存费用。贷款实际利率为负并不直接影响银行利润，因为银行利润是由名义利息差决定的，自身并不买卖、经营商品，仅经营货币。消费者、生产者同时涉足商品与货币市场，实际利率对他们更为重要。

第二，名义利率的调整落后于价格水平的原因还在于通货膨胀的不确定性。假如通货膨胀率上升很高，如由 5% 上升到 20%，上升幅度为 300%，贷款利率也有可能上升 300%。因为贷款利率是由合同保证的，但通货膨胀到下年可能突然显著下降或者在今后某年（仍在贷款期限以内）转为负值，贷款经营的厂商的商品却不是以对应的期限事先完全按合同出售的。所以，与通货膨胀率以同一比例上升的名义利率难以被生产者接受，他们认为高通货膨胀率可能是昙花一现。这种解释也说明为什么短期借贷利率有时高过长期。

借出方虽然面临通货膨胀加剧从而使实际利率下降的风险，但已如前述，银行中介由于不介入商品市场，在很大程度上不受实际利率变动的影响。这也是银行中介比那些生产者之间的借贷能提供更为稳定名义利率的重要原因。

根据以上分析，部分学者提出将名义利率控制在高于通货膨胀率的水平上（且低于一般利润率，但对这一点论证的依据是错误的，见本书第二章第四节）。这仅在通货膨胀率较低或通货膨胀率较高，但本身却比较稳定的情况下才有可能，在高通货膨胀和通货膨胀率不稳定的情况下很难做到。要稳定实际利率水平，既避免负实际利率，又防止过高实际利率，仅靠调节名义利率不行，还要通过其他途径影响价格水平，避免通货膨胀率的极度不确定性。

（二）对各期限存贷款利率水平的一般趋势分析（1979～2003 年）

评价我国利率政策调节效果的前提是首先明确由政策主导的利率水平变化的方向是上升还是下降。而且，不仅观察由政策直接调节的名义利率，还要关注由名义利率和通货膨胀率一同决定的实际利率水平的变动。如果说名义利率尚可作为外生变量，那么，实际利率在很大程度上受市场机制决定的通货膨胀率的影响，主要是一种内生变量，中央银行对其施加的作用受到限制。

以 3～5 年期名义和实际贷款利率、商品零售物价及消费物价上涨率为例（图 3-5），可以观察到自 20 世纪 80 年代以来名义利率、实际利率、通货膨胀率三者有各种形式的高低排序，1998 年以后的情况最为特殊，即存在前文提及的实际利率＞名义利率＞通货膨胀率的情况，但这一情况的形成是从 1996 年开始的。在 1996 年通货膨胀率下降，尽管中央银行下调名义利率，实际利率却显著上升，由于价格水平相对、绝对下降的惯性很大（超出 1998 年通货紧缩以后的下降趋势），结果导致低名义利率和高实际利率及通货紧缩的格局。

据上述情形，我们并不着眼于分析每一时间段甚至每年的利率水平，而是重点分析人们颇有争议的 1996 年以后的利率问题。为此，我们将 20 世纪 80 年代至 2003 年这一期间分为三个时间段，分别比较存款和贷款的名义、实际利率水平。

分析表 3-1 和表 3-2，由于 1996～2003 年八次降息，名义利率 1996～2003 年的均值比 1980～1995 年下降，如一年期存款名义利率均值从 7.7684%下降到 4.0975%，下降了 47.25%，一年期贷款利率从 1981～1995 年的 7.9898%下降到 1996～2003 年的 7.0446%，下降了 11.83%。但是，一年期存款的实际利率却由 −0.5503%上升到 4.2775%，一年期贷款的实际利率由−0.4848%上升到 7.2246%。其他各种期限存贷款利率的变动趋势与一年期相同。

表 3-1　　中国分时期平均存款利率变动　　　　单位：%

存款	名义利率（1980～2003 年）	实际利率（1980～2003 年）	名义利率（1980～1995 年）	实际利率（1980～1995 年）	名义利率（1996～2003 年）	实际利率（1996～2003 年）
1 年	6.5448	1.0590	7.7684	−0.5503	4.0975	4.2775
3 年	7.4520	1.9661	8.8287	0.5100	4.6984	4.8784
5 年	8.3454	2.8595	9.9583	1.6396	5.1194	5.2994

表 3-2　　中国分时期平均贷款利率变动　　　　单位：%

贷款	名义利率（1981～2003 年）	实际利率（1981～2003 年）	名义利率（1981～1995 年）	实际利率（1981～1995 年）	名义利率（1996～2003 年）	实际利率（1996～2003 年）
1 年	7.6610	2.1967	7.9898	−0.4848	7.0446	7.2246
1～3 年	8.3237	2.8593	8.7669	0.2922	7.4927	7.6727
3～5 年	9.0300	3.5656	9.6287	1.1540	7.9073	8.0873
5～10 年	10.4820	4.3204	12.1226	1.3490	8.2262	8.4062

资料来源：见附录二中的附表 2-2 和附表 2-3

所以，1996~2003 年与 1995 年以前相比各种类别名义利率下降，实际利率显著上升，原因在于通货膨胀率低，在 1998 年以后转入通货紧缩。按商品零售价格指数观察，1998~2003 年连续五年出现通货紧缩（见附录二）。

第四节 中国是否进入"流动性陷阱"

一、何谓"流动性陷阱"

凯恩斯本人在《就业、利息和货币通论》中没有具体提到"流动性陷阱"这一形象比喻，只因希克斯结合凯恩斯有关论述第一次提出"流动性陷阱"问题，这种说法才在货币经济学、宏观经济学领域广为流传。既然如此，就有可能因为对《就业、利息和货币通论》不同部分的解读而对所谓"流动性陷阱"产生理解上的分歧。我们可以将"流动性陷阱"区分为狭义和广义两种。两种"流动性陷阱"除包含货币数量、利率之间关系外还牵涉两者变动所产生的货币政策效果。

狭义的"流动性陷阱"隐含着一种临界利率水平，在这一利率水平上人们普遍预期利率会上升，从而以货币形式持有全部资产并放弃持有债券。换句话说，当利率水平下降到某一点时货币需求的弹性无限大，货币供给的增加不能进一步降低利率。在图 3-6 中，利率下降到临界值 r_0 时，货币需求弹性无限大，在这种条件下当货币收入下降或价格水平下降导致交易性货币需求减少，货币需求曲线由 M_{d_1} 向左方移动到 M_{d_2}，但由货币需求和货币供给 M_{s_1} 决定的

利率仍是 r_0。相应地，当货币需求不变（即或改变也有相同结果），货币供给由 M_{s_1} 增加到 M_{s_2}，利率水平依然不变。[①]这种情况既破坏了价格与利率影响商品市场上的投资扩张与收缩、总需求变动，从而恢复充分就业均衡的机制，也削弱甚至销蚀了货币政策的效果。广义"流动性陷阱"指仍可通过增加货币数量降低利率，但由于现有名义利率水平到零之间落差有限，不足以抵消资本边际效率的下降，从而不能增加投资，阻碍货币政策的扩张效果。广义"流动性陷阱"包含一个

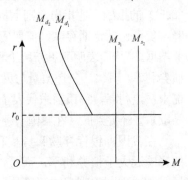

图 3-6 达到临界利率 r_0 时出现 "流动性陷阱"

利率区间而不是某一特定的临界利率。凯恩斯认为资本品的边际效率可以变动很大，而利率可能变化范围甚小，恐怕难以完全抵消前者的变动。[②]

---

① [美]劳伦斯·哈里斯：《货币理论》，中国金融出版社 1989 年版，第 216-218，236-237，266-267 页。
② [英]凯恩斯：《就业、利息和货币通论》，商务印书馆 1963 年版，第 140 页。

　　凯恩斯开出了通过货币数量调整降低利率、增加就业、扩张产出的一系列条件：①货币数量增加快于公众灵活偏好增加，从而取得降低利率效果；②利率下降快于资本边际效率下降是利率下降引致投资增加的因素；③避免消费倾向下降是投资增加引起就业量增加的重要条件；④为了持续维持低利率以使经济达到充分就业状况，就必须再增加货币供给。因为最初的就业增加会推动价格上涨，进一步导致利率增加，从而有可能中断向充分就业调整的过程。①更宽泛地讲，上述任一条件不满足，都可以导致广义或狭义"流动性陷阱"出现。

　　克鲁格曼结合日本 20 世纪 90 年代初以后的情况所定义的"流动性陷阱"中名义利率为零或接近于零。②但凯恩斯的相关论述中，名义利率为零仅仅是"流动性陷阱"的一种特例，名义利率接近于零则过于含混。

二、中国未进入"流动性陷阱"

　　判断中国 1997 年之后是否进入"流动性陷阱"要考虑狭义与广义两种"流动性陷阱"，同时要区分中国与凯恩斯进行货币利率分析的金融市场环境、利率决定机制的差异。

（一）中国不存在狭义"流动性陷阱"

　　凯恩斯分析利率问题时明确两点：其一，利率是放弃对货币的控制权换取债票（debt）的报酬。他指出原则上货币就是银行存款，根据他在同一场合更为明确的解释，货币包括定期存款，债票应该是指债券等待清偿的非存款票据，可以延伸到商业票据。③从而表明凯恩斯所论利率并非货币存款利率，也不是银行借贷利率，而是债券利率。其二，货币数量与灵活偏好是决定利率的两大因素。④即货币供给与货币需求决定利率，货币需求代表了放弃对债券的持有。凯恩斯这种分析的背景是其师马歇尔曾经提到的，在英国曾经以发行企业债券为筹资的主要形式。

　　在我国，银行存款和贷款利率对社会投资、企业部门及公众的资产选择行为的影响远大于债券利率，而且，银行利率由货币管理当局严格控制而并非通过市场机制决定。就利率水平而论，一年期存款名义利率由 1997 年的 7.135% 渐渐下降到 2003 年的 1.98%，而克鲁格曼发表《日本陷阱》一文时，日本一年期存款利

---

　　① [英]凯恩斯：《就业、利息和货币通论》，商务印书馆 1963 年版，第 147 页。

　　② [美]保罗·克鲁格曼：《萧条经济学的回归》，中国人民大学出版社 1999 年版，第 98-110 页，载李扬，王国刚，何德旭：《中国金融理论前沿Ⅲ》，社会科学文献出版社 2003 年版，第 146 页。

　　③ [英]凯恩斯：《就业、利息和货币通论》，商务印书馆 1963 年版，第 142-143 页。

　　④ [英]凯恩斯：《就业、利息和货币通论》，商务印书馆 1963 年版，第 143 页。

率已经由 1997 年的 2.14% 下降到 1998 年的 0.27%（但经济仍未复苏），综合论之，中国不存在狭义 "流动性陷阱"，以存款利率替代债券利率进行分析，这一判断仍然成立。

（二）中国不存在广义 "流动性陷阱"

即使抛开严格的理论逻辑，不考虑利率决定机制问题，中国也没有出现广义 "流动性陷阱"。因为，第一，自 20 世纪 80 年代以来，中国仅在 1989 年出现负投资增长率（指固定资产投资为-7.22%，见图 3-4），1997～2003 年均有正的投资增长率，1999 年投资增长率达到低点，但也在 5.1% 的水平。第二，假如选择 1997 年为利率调整以刺激投资的起点（即不考虑恢复性调整情况），一年期存款名义利率由 7.135% 降低到 2003 年的 1.98%，一年期贷款利率由 9.804% 降低到 2003 年的 5.31%，两种利率分别下降了 5.155 个百分点和 4.494 个百分点，下降比例分别为 72.25% 和 45.84%，落差不可谓不大。

狭义 "流动性陷阱" 仅仅涉及利率能否因货币供给增加而下降，广义 "流动性陷阱" 则涉及利率下降对投资、产出和经济增长等实际变量的影响效果问题。所以，有必要进一步分析降低利率对经济的总体效果。

第五节　1997 年以后利率政策的传导机制

一、降低利率对刺激投资和达到充分就业无效

我国国内学者认为利率降低对推进经济增长无效的观点在某种程度上是对凯恩斯理论的先入为主的误解。尽管公共工程开支是充分就业政策的一个重要组成部分，但凯恩斯无论在《就业、利息和货币通论》还是在《货币论》中都一直重视低利率在上述政策执行过程中的重要作用。在 1937 年出版的《如何避免衰退》一书中，凯恩斯甚至呼吁 "我们必须像回避地狱之火一样地避开它（即高息贷款）"。有关学者注意到凯恩斯在《就业、利息和货币通论》中鼓吹增加政府开支以增加投资、扩大需求，但凯恩斯对这一问题很少展开论述，其原因在于《就业、利息和货币通论》的目的是提供一种能说明各种政策的理论。[①] 笔者认为，凯恩斯的政策思想是在萧条期间同时使用扩张的货币与财政政策，包括持续地降低利率和增加货币数量，以及增加公共工程开支。

---

① [美]邓·帕廷金：《凯恩斯，约翰·梅纳德》，载[英]约翰·伊特韦尔，[美]默里·米尔盖特，彼得·纽曼：《新帕尔格雷夫经济学大辞典》（第三卷），经济科学出版社 1992 年版，第 26，41 页。

如前所述,利率降低所产生的投资扩张效果取决于利率水平与资本边际效率下降的相对大小。当由于各种限制使利率下降低于资本边际效率下降的程度时,凯恩斯主张通过各种政策组合以促使温和的物价水平上涨,从而改变企业的利润预期,提高资本边际效率。这被认为是凯恩斯在《货币改革论》《货币论》《就业、利息和货币通论》中的一贯思想。[①]无论如何,凯恩斯没有否认降低利率对经济复苏的积极效果。换言之,仅仅靠降低利率还不够,但若不降低利率,局面将更为糟糕。

二、1997 年以后利率发挥调节功能的传导机制

从我国 1997 年以后利率调整的幅度及具体的经济表现观察,很难否定利率政策的调节效果。这一时期利率调节作用的发挥主要通过下述四种渠道。

(一) 利率降低为发行国债提供了低成本机会

如果不考虑政府支出与净出口,在总需求构成中消费相对稳定,引起总需求波动的主要原因是投资的不稳定,总需求波动进而引起经济增长率的起伏不定。政府支出的主要职能是在一定范围平衡投资波动引起的总需求波动,从而稳定宏观经济。尤其在经济出现衰退迹象、企业部门与公众出现悲观预期、资本边际效率显著下降情况下,政府可以通过增加财政支出兴办公共工程及从事部分生产性项目,承担投资风险。政府投资的目的不是商业利益,所以不受资本边际效率的约束,也不必要求投资的预期收益率至少等于现行利率。但是,利率水平高低决定了政府融资的利息成本,对政府投资的规模具有决定性影响。[②]当政府支出的较大比例是由政府债务来支持的,利率决定的债务成本必然影响到财政的稳定性。

我国 1998 年以来通过发行长期国债投资于基础设施、西部大开发、生态环境建设、国有企业技术改造等项目,在很大程度上避免了投资大幅度下降,有效地增加总需求,在出现通货紧缩以后使经济保持了较快增长。大规模发行国债的条件是银行存款显著增加,但贷款增长不足,银行系统出现数量可观的"存差",物资供给充裕而物价持续走低,利率水平也明显下降。将 2002 年 7 月 1 日与 1995 年 7 月 1 日比较,法定一年期贷款利率共下降 6.75 个百分点,降幅为 56%。1998~2003 年共发行了 7800 亿元国债,若全部按三年期,国债发行利率平均下降 5 个百分点,由于下调利率而减少的国债利息负担为 1170 亿元。

---

① 凯恩斯:《货币论》,载刘济源:《货币论》所撰中译本序言,商务印书馆 1986 年版,第 21 页。
② [英]凯恩斯:《就业、利息和货币通论》,商务印书馆 1996 年版,第 140 页。

（二）降低利率显著地增加了企业的利润空间

我国法定流动资金贷款利率经过八次下调由 1995 年 7 月 1 日的 12.06%下降到 2002 年 2 月 21 日的 5.31%（表 3-3），累计下降 6.75%。如果以一年期流动资金贷款利率作为企业债务成本指标，再假定国有企业负债占总资产比率为 65%，则由于降息给企业形成的利润空间为 4.39%。据张平和张晓晶测算，中国国有企业平均利润率在 20 世纪末低于 5%。[1]如此说来，若不是 1996 年以后连续八次降息，全国国有企业平均而论接近零利润水平甚至亏损（因为利润率下降意味着更加依赖较高利率贷款以维持企业生存）。民营企业的经营状况也将非常困难。我们是否可以做出以下判断：降息在显著水平上维持了企业部门的正常生产，是在通货紧缩环境下增加企业投资的重要条件。人们不难想象维持原有较高名义利率会有什么经济后果。

表 3-3　中国金融机构法定流动资金贷款利率（1995 年 7 月 1 日至 2002 年 2 月 21 日）

单位：%

降息次序	1	2	3	4	5	6	7	8
时间	1995 年 7 月 1 日	1996 年 5 月 1 日	1996 年 8 月 23 日	1997 年 10 月 23 日	1998 年 3 月 25 日	1998 年 7 月 1 日	1998 年 12 月 7 日	1999 年 6 月 10 日	2002 年 2 月 21 日
利率	12.06	10.98	10.08	8.64	7.92	6.93	6.39	5.83	5.31
变动		-1.08	-0.90	-1.44	-0.72	-0.99	-0.54	-0.54	-0.54

资料来源：《中国统计年鉴 2002》

（三）利率逐步下调减轻了人民币升值的压力，有利于增加外贸出口

20 世纪 90 年代中期以后，全球面临通货紧缩风险，日本、美国等发达国家和一些新兴工业化国家都先后调低利率，在这一背景下，我国也顺势而动，一再降低利率水平，比较有效地避免了短期资本流入导致外汇市场上本币升值的压力，对于促进外贸出口创造了良好的货币金融环境。[2]

（四）降低利率有利于改变人们对市场的预期

当宏观经济出现衰退迹象，从松的货币政策与财政政策的持久性有利于坚定

---

[1] 张平，张晓晶：《直面符号经济》，社会科学文献出版社 2003 年版，第 42 页。
[2] 我国尽管对资本项目实行较严格管制，但有迹象表明，国际游资通过外商投资、外贸出口等渠道可以绕过外汇管制流入我国。

市场信心,改变人们的悲观预期。我国自 1996～2002 年八年中连续八次降低利息,加征利息税,两次下调存款准备金比率,1998 年之后保持了积极的财政政策和稳健的货币政策的连续性,坚定了企业和公众对景气繁荣与保持经济(较快)增长的信心。到 2003 年经济形势出现明显转机,表明人们对市场的信心已经基本恢复。

我国在 1994 年出现高通货膨胀以后,政府实行从紧的货币与财政政策,到 1997 年通货膨胀率由 21.7%下降到 0.8%,这一过程混合其他因素成为形成通货紧缩预期的条件,尽管 1996 年以后中央银行对名义利率进行恢复性下调,但产业部门仍然估计到存在较高水平的事前实际利率,所以抑制了企业借款投资的积极性,从而形成通货紧缩预期的自我实现机制。假如在市场机制中,货币当局不施加任何影响,市场资金供求决定的名义利率面临通货紧缩也会下降,从而具有自发调节的作用,但这种调整是缓慢和滞后的。所以,中央银行货币政策发挥作用的条件或相对于市场的优势是利率下调的节奏与幅度超前于通货紧缩水平,适时改变、扭转人们的预期。我国经过 20 多年的市场取向的改革之后,企业与居民预期行为得到了强化,这一倾向必然影响到市场运行的内部机制,货币理论与政策分析必须重视人们心理预期的变化。[①]尽管对连续八次降低利率在节奏、幅度的把握上仍需讨论,但持续的利率调整对改变人们的悲观预期的效果不可忽视。

三、有关利率效果的计量分析

武剑利用递推模型做出估计,中国 1979～1998 年资本对经济增长的贡献度平均为 53.3%,1999～2010 年和 2011～2020 年还将分别上升到 60.1%和 64.4%。[②]这说明无论改革开放前 20 年还是后转轨时期资本要素对中国经济的持续增长都是最重要的,也符合发展中国家的基本特征。投资是资本形成的最终手段,所以,检验利率调节宏观经济效果的主要途径是通过检验利率与投资的关系,考察利率对资本使用的刺激作用。大体说来,在经济周期的上升过程,利率水平上升有利于增加储蓄并提高资本积累,而在经济周期性衰退过程,降低利率则有利于充分利用生产过程析出的过剩资本,填补投资、消费需求的缺口。

据彭晓峰与阴永晟的分析,1996 年以后连续八次降息,但固定资产投资仍未见起色,1993～2001 年一年期贷款利率与扣除国家预算内投资后全社会固定资产投资增长率之间的相关系数为 0.565,但未通过显著性检验,相关关系不成立。他们综合利率对投资、消费、产出、净出口的计量检验得出的结论是我国经济已经

---

① 刘明:《对大萧条成因的争论及其启示》,《人文杂志》1997 年第 5 期,第 58-59 页。

② 武剑:《货币政策与经济增长——中国货币政策取向研究》,上海三联书店、上海人民出版社 2000 年版,第 37 页。

陷入"流动性陷阱"，认为通过降低利率刺激经济增长存在一定的局限性。[①]曾宪久借鉴西方学者对利率与产出的实证检验结果，肯定了凯恩斯的货币政策传导理论，即货币政策经由利率渠道可以影响产出，通过线性回归分析发现，我国 1978～1998 年名义利率每上升 1%，GDP 下降 0.7%，实际利率每上升 1%，GDP 增长0.22%，说明在我国利率作为货币政策传递渠道具有可行性。货币需求与投资需求在大多数年份有明显负利率弹性，但平均弹性却很小，指出利率对投资需求的刺激作用未充分凸显出来，货币需求的资产弹性很小的原因是货币需求结构中投机性需求相对很小。[②]

我国经济转型期的特征之一是由制度创新、管理体制、金融市场和企业行为结构变化引致经济变量各自变动特点及相互间关系均处于非稳定状态。王召通过邹氏转折点检验（Chow's breakpoint test）发现 1989 年是改革以来利率与投资关系变动的显著分界点，回归结果显示，1978～1988 年实际投资对实际利率几乎没有弹性，实际投资主要受收入影响，1989～2000 年样本期实际投资的利率弹性为负，说明利率对投资的作用向着市场化方向演进。[③]实际上，从 1999～2003 年实际利率与投资的相对变动关系可以很直观看出两者成负相关的情况，所以，1999年可以被视为新的最佳临界点(图3-4)。沈坤荣和汪建将改革开放以后分为 1978～1989 年和 1990～1999 年两个时期，指出前期较高的经济增长速度在很大程度上得到高实际利率的支撑，1990 年以后，由于市场类型发生变化，实际利率对经济增长速度的作用即使有也是反向作用，[④]这在 1999 年以后表现得更为明显。

不同学者对利率变动的效应区分国有企业和非国有企业两个子集进行计量分析发现，非国有企业的投资利率弹性较强，系数显著为负，这说明非国有企业投资符合经济理性。[⑤]还有学者的研究也表明，利率对民间投资的影响为负，且在5%的水平显著。

李焰用 1978～1998 年的数据分别检验储蓄对名义利率和实际利率的反映，结果表明名义利率对储蓄不存在确定的影响关系，实际利率对城镇居民储蓄率影响系数为 0.249，且显著性很高，t 值为 2.098。[⑥]有学者根据 1995～1999 年数据所作分析证实，储蓄对名义和实际利率变动均无弹性，但研究表明利率调节对贷款结

① 彭晓峰，阴永晟：《人民币利率调整与 GDP 增长的相关性研究》，《经济科学》2002 年第 5 期，第 26-33 页。
② 曾宪久：《凯恩斯的货币政策传导理论考察——兼论我国货币政策传导的利率效应》，《经济体制改革》2000年第 3 期，第 155-158 页。
③ 王召：《对中国货币政策利率传导机制的探讨》，《经济科学》2001 年第 5 期，第 75-84 页。
④ 沈坤荣，汪建：《实际利率水平与中国经济增长》，《金融研究》2000 年第 8 期，第 25-34 页。
⑤ 王松奇，宋飞：《金融改革中的利率市场化与中国经济增长》，载李扬，王国刚，何德旭：《中国金融理论前沿》，社会科学文献出版社 2003 年版，第 84-85 页。
⑥ 李焰：《关于利率与我国居民储蓄关系的探讨》，《经济研究》1999 年第 11 期，第 36-49 页。

构有明显影响，有利于增加中长期贷款和基建贷款，从而与同一时期宏观经济政策目标一致。此外，降低利率对货币供给中 m_2 影响不显著，但却通过影响 m_1 而提高了货币流动性比率（m_1/m_2）。

一些研究还表明农村居民消费对利率变动的反映不如城镇居民敏感，这既反映了城乡居民具有不同的支出结构，也反映了两者在总储蓄中所占份额有显著差异。

四、转型期利率作用机制演进及计量方法的局限

（一）现有对中国利率政策等宏观经济效果的计量分析表明，利率效应主要体现为结构化效应而不是总量效应

有关利率对货币供给、贷款、消费、储蓄、投资的计量检验均说明这一问题。但可以推测至少部分结构化效应随后将引致总量变动，如对贷款结构中中长期贷款的刺激作用，其后续效应是固定资产投资总量的增加及产出的增加。[①] 其中，对城乡消费及对国有部门、非国有部门投资不同的刺激效果反映了我国城乡二元经济结构和产权多元化趋势的转型经济特点。如果降低利率相对明显地刺激了非国有经济投资，无疑符合宏观经济调控的目标。

（二）从时间序列观察，我国前改革开放时期利率调节的作用呈现出一种不断转化和演进的机制，即利率作用机制不是一成不变的

将我国经济体制演化分为前改革开放时期和后改革开放时期，1978～2002 年为前改革开放时期，其中又可约略以 20 世纪 90 年代为界区分为两个阶段。在前一阶段实际投资主要受收入水平影响而对利率缺乏弹性，在后一阶段实际投资体现出利率弹性，其原因主要包括以下三个方面。

第一，改革初期，社会消费倾向较高，由收入水平决定的资本积累规模有限，实际投资主要受积累规模制约；第二，改革开放前期投资高度集中于政府和国有企业部门，政府和国有企业投资总体上对利率反应不敏感甚至完全不相关；第三，前改革开放时期的第二个阶段，随着社会消费倾向（或储蓄倾向）变化，资本积累加快，投资主体多元化趋势愈渐明显，社会储蓄向投资转化的渠道也由财政筹

---

① 2003 年出乎预料的高增长率即是明证。至于怎样认识 2003 年信贷扩张与固定资产投资超高速增长则另当别论。参阅汪小亚，卜永祥，徐燕：《七次降息对储蓄、贷款及货币供应量影响的实证分析》，《经济研究》2000 年第 6 期，第 11-18，77 页。

融资转向以金融中介为主。这些因素在一定程度上提高了社会对利率的敏感度。

（三）前改革开放时期两个阶段的过渡体现出"麦金农效应"和中国企业部门"货币幻觉"的消失

在第一阶段，较高经济增长速度受到高实际利率（尽管 1995 年前后实际利率呈现出由低到高的变化）的支持，第二阶段实际利率上升则起到相反作用，说明前改革开放时期的十年中国投资增长与实际利率水平上升之间具有麦金农所称的"互补效应"，即使经济增长主要受到政府意向及对企业部门"放权让利"改革模式的推动，提高实际利率的"互补效应"也至少部分地成立。之后"互补效应"消失，与之对应，除了存在名义资产与实物资产和货币资产与实物投资的"替代效应"之外，可以认为投资主体在预期增强情况下"货币幻觉"消失，即由仅重视名义变量转为重视实际变量。尤其当出现通货紧缩以后，名义利率降低，但金融资产的实际利率显著上升，实物资产投资的收益下降，相应地增加了企业的债务成本和产出成本。

（四）中国在 1997 年通货紧缩之后货币政策存在国家信用传导渠道

笔者认为，对中国货币政策在这一时期的传导机制分析既不能简单套用以成熟市场经济为背景的货币理论观点，也不能断然否定西方货币理论对货币政策传导渠道的概括和归纳。在利率、银行信贷和汇率三种渠道中，自 1998 年中央银行取消贷款规模控制以后，商业银行自主性增强，银行信贷渠道似乎更具有市场经济中货币传导的角色特征，但利率渠道、汇率渠道仍以不同方式对货币政策的实施效果产生影响。有管理的浮动汇率机制虽然被指责有固定汇率之嫌，但几乎不变的汇率事实上受到利率水平持续下降及外汇储备大幅度增加的支持，稳定的人民币汇率水平在加入 WTO 以后支持外贸出口快速增长，避免了部分人士所担心的入世后外贸出口陡然下降的局面。

中国在这一时期货币政策传导的更为重要的特征是存在国家信用渠道，政府通过债券形式融资的规模之巨、持续时间之长前所未有，对拉动投资、促进经济持续较快增长的作用怎样估计也不会过高。如前所述，这一举措的主要背景条件之一是名义利率下降。[①]此外，中央银行 1998 年之后更为活跃地开展公开市场操作，增强了国债的流动性，拓展了国债的发行市场和二级市场。

总结而论，国债连接着财政政策和货币政策两个方面，很好地体现着财

---

① 笔者认为，政府债券与银行信贷一样，主要重视名义利率，因为政府本质上也不是生产者。

政政策与货币政策组合、搭配的结合点，不能孤立地将国债仅当作一种财政手段看待。

（五）计量方法的困难与局限

国内学者对利率调节效果的计量分析存有分歧，关于产出和投资的利率弹性尤其如此。但通过计量分析考察利率效应面临以下困难。

（1）计量方法对样本数据有一定要求，如弗里德曼与施瓦茨关于美国、英国货币与经济的统计分析，数据样本期间涵盖约 100 年。中国的利率与投资、产出等数据则局限于 1978 年以后，个别学者甚至使用五年数据做统计分析。[①]

（2）即使认可 1978 年以后样本期间满足计量分析在技术方面的要求，由于转型期利率作用机制不稳定，长期分析得出的结果既不能以统计规律揭示未来经济变量间的因果关系，也不能发现利率作用机制在不同"短期"演进的特点和规律。如此看来，短期和小样本分析即使在计量技术上不允许，在实际中却可能更具有价值。

（3）在经济转型期影响投资、储蓄、产出的因素很多，但多数学者在验证利率效果时采取了单变量回归方法，这就有可能将其他遗漏的解释变量对投资和产出的影响效果归结到利率因素。

凯恩斯认为，资本边际效率与利率共同决定投资，但资本边际效率在很大程度上取决于预期因素。目前，尚无人将预期、资本边际效率与利率均作为解释变量检验各因素对投资、产出的影响效果。[②]但即使能这样做，在据其做出因果解释时仍要慎重，因为计量经济学的统计相关与经济事实的逻辑具有本质上的不同。任何一对经济变量（甚至其他变量）之间都可能具有统计相关性，却未必有事实因果关系；任何一组变量可能统计上不相关，却可能存在某种事实上的因果关系。

（4）计量经济学的一项未竟任务：中国 1997 年以后不连续下调利率会怎么样？1993 年诺贝尔经济学奖得主福格尔教授在某种意义上已经做了类似的工作，他利用演绎方法——"反事实度量"和"间接度量"，向人们证明美国 19 世纪 90 年代以兴建运河替代历史上修筑铁路可以取得更好的经济绩效，从而否定了经济史学界热衷于对美国修筑太平洋铁路的赞美。笔者相信，对我国利率这一轮调节做出"反事实度量"的话，投资、产出对利率下降仍然体现不出学者们希望有的某种弹性，但相应的投资与产出绝对不是事实上已经呈现出的数量。弹性可能是无意义的。利率与经济变量的上升或下降的经济效果具有非对称性。

---

① 汪小亚，卜永祥，徐燕：《七次降息对储蓄、贷款及货币供应量影响的实证分析》，《经济研究》2000 年第 6 期，第 11-18，77 页。

② 武剑引入预期收入不确定性、居民收入、利率对储蓄作广义最小二乘法估计。武剑：《货币政策与经济增长——中国货币政策发展取向研究》，上海三联书店、上海人民出版社 2000 年版，第 37 页。

第四章　货币需求理论演进与中国货币需求分析

西方货币需求理论大致经历了传统货币数量论、凯恩斯主义和货币主义及两大派别货币需求理论在当代的发展三个阶段，历时约百年。我国改革开放以来经济社会处于大变动时期，在某种程度上来看，我国社会微观之于宏观的货币需求变动是一般市场经济国家货币需求变动的一个缩影。所以，研究我国经济转型期货币需求问题最好是借鉴西方货币需求理论，尤其是当代西方各国政府和理论界在货币需求实证方面做出了大量的尝试，尽管不同结果呈现出分歧，但对我们仍然有重要的启发意义。社会投资呈现多元化趋势并向私人部门转移，收入水平较快提高，金融市场对政府垄断金融资源的替代均成为影响货币需求变动的新的因素。

第一节　货币需求理论演进述评

一、货币需求理论发展的历史脉络

在早期经济学文献中，尽管已经涉及对货币需求的分析，但至 1900 年以前，在穆勒、魏克塞尔甚至费雪的著述中所强调的是实际货币余额而不是货币需求本身。瓦尔拉斯可能是一个例外，他就利率对现金余额的需求与供给的调节作用及货币市场均衡做出了具体分析，但他更多的是将货币作为一种特殊商品看待，以分析商品市场出清和一般均衡问题，主要目的不在于研究货币需求变动。在英语文献中马歇尔（1871 年）最早提出货币需求范畴分析现金余额，其后由庇古（1917 年）明确展开论述。

早期货币数量论以费雪的交易方程式（$MV=PT$）为开端。与其说交易方程式是一种货币需求理论，不如说是一种关于货币数量所产生价格效应的初始的分析模式。弗里德曼赋予早期货币数量论以货币需求的含义，并作为自己研究货币需求的逻辑起点。从弗里德曼所著《货币数量论的重新表述》中我们可以循其轨迹发现：第一，早期货币数量论表征着一种进行经济理论研究的方法，而不是一个定义完整的理论的象征；第二，尽管存在着货币数量论的"再生"趋势，但以弗里德曼为代表的现代货币数量论学者的目的"更在于创立一种特殊的数量理论'模型'"，而不是简单地复活传统理论。弗里德曼指出，"数量理论首先是一种货币需求理论"，这种重新表述，一方面表明弗里德曼借捍卫货币数量论引起人们对货币问题在解释经济活动（尤其短期波动）时的重要作用的注意；另一方面也预示着，现代货币数量论在研究方法、理论诉求的目标以至政策意蕴上与传统货币数量论不可同日而语，甚至大相径庭。或许，弗里德曼在某种程度上是为了展示货币理论对经济的解释力而对理论史加以"假借"。[1]尽管货币主义从早期货币数量论里找到了反对凯恩斯主义的话语基础，但在他们进一步的深入研究著述中很少再提到早期货币数量论。弗里德曼曾指出，由他发起的货币理论革命"成功地将古典货币数量论奉为经典"，但事实更像是他们亲自塑造了经典的货币理论。[2]

上述评判如果是针对马歇尔、庇古为代表的剑桥学派的现金余额方程式及其蕴含的货币思想，可能会有所抹杀。剑桥学派虽然也假定货币需求主要取决于要进行的交易量，但却强调人们持有货币的意愿，并明确持有通货与交易量的比率受到预期投资收益的影响。马歇尔（1926 年）也曾经表述过货币需求与预期的通货膨胀率负相关，这一思想被坎南（Cannan，1921 年）加以论证，坎南还进一步说明货币需求是一种存量概念。这些均预示了凯恩斯与其后继者及货币主义的某些发现。

拉文顿（Lavington，1921 年）在研究货币需求时，将边际方法引入消费、持有货币和生息债券之间达到最优化选择的分析。[3]费雪（1930 年）在《利息理论》中进一步说明了借贷市场的边际均衡问题。[4]希克斯（1935 年和 1939 年）在拉文顿、费雪、凯恩斯（1930 年）之后进一步明确和奠定了货币需求的边际分析方法。他考察了一个代理人关于在一个时点上持有货币与债券相对数量的决策。对于当其他资产的收益超过货币时个人仍愿意持有货币，希克斯将其解释为货币可以提供其他资产所不能给予的便利服务，并说明投资有价证券所需的交易成本使得在很短时间内无利可图。他还指出，个人总财富会影响其货币需求。[5]

凯恩斯（1936 年）对货币需求理论明确区分了交易、预防和投机三种持币动机，并引入了"流动性偏好"范畴以概括货币相对于其他资产能提供服务（或保留一种未来投资机会）的优势，货币作为财富贮藏的一般形式，其特征就在于使持有人能避免无法兑现债务承诺的风险。[6]影响货币需求变动的主要因素是债券市场利率波动，这在宏观经济分析中具有重要意义。凯恩斯货币需求理论的指向是通过分析债券市场揭示国民收入、投资支出和充分就业之间的关系。麦卡勒姆指出，凯恩斯的《就业、信息和货币通论》"对货币需求本身的分析在基本原理方面

---

① [美]米尔顿·弗里德曼，菲利普·卡甘，约翰·J. 克莱因，等：《货币数量论研究》，中国社会科学出版社2001 年版，第 1-2 页。

② [美]米尔顿·弗里德曼，罗斯·弗里德曼：《两个幸运的人：弗里德曼回忆录》，中信出版社 2002 年版，第 307 页。

③ Lavington F.1921.The English Capital Market. London：Methuen：30.

④ 费雪：《利息理论》，上海人民出版社 1999 年版，第 181-205 页。

⑤ 但这一点在马歇尔（1929 年）相关著述中已经从国家层面上加以论述。

⑥ 费尔南多·J.卡迪姆，De. 卡丹尔赫：《后凯恩斯流动偏好理论的发展》，载[美]保罗·威尔斯：《后凯恩斯经济理论》，上海财经大学出版社 2001 年版，第 27 页。

并不是最原始的"[1]。凯恩斯本意在借货币需求与利率理论表明，货币机制在何种条件下能够对实际经济活动施加影响，在什么情况下货币机制的功能与作用发挥会出现障碍。凯恩斯潜在地回答（或否定）了货币中性问题。

鲍莫尔（Boumol，1952 年）与托宾（Tobin，1956 年）此后对凯恩斯有关交易性货币需求的解释做了修正，即决定于交易量的货币需求数量由于收入和支出的非同步性要受到债券利率、债券与货币的转换成本的影响。鲍莫尔利用数学中的最优存货理论，假定已知债券-货币转换成本（与一次交易规模无关）、债券利率，所有支付以货币形式进行，经济单位要解决的问题是使债券交易成本与持有货币的机会成本之和最小，等价命题是减去交易成本后的利息净额最大，其模型化结果是货币需求对收入和利率的弹性分别为 0.5 和–0.5。惠伦（Whalen）同样利用存货模型推导了预防性需求与收入、债券交易成本及利率之间的关系，并得到立方根公式，货币需求关于收入和利率的弹性分别为 1/3 和–1/3。

米勒（Miller）和俄尔（Orr）（1966 年）将随机过程引入存货理论分析预防性货币需求。两人与鲍莫尔、托宾同样假定有两种资产，债券交易成本固定，重要区别在于米勒-俄尔模型中现金流量是随机的而不是以固定频率和数量均匀分布的。在他们的模型中现金流无偏差地遵循一种随机过程，即在既定时间间隔内出现正的或负的 M 美元现金流的概率相等。米勒和俄尔给出货币余额的下限（被标准化为零），最优化决策体现为确定持有货币的上限 h 和归还水平 z。当货币余额达到上限或下限时经济单位将 h–z 元现金转换为债券或将 z 元债券变现。最优归还水平为

$$Z^* = [(3b/4r)\sigma^2]^{\frac{1}{3}} \tag{4-1}$$

其中，σ^2 为现金余额每日变化的方差（$\sigma^2 = m^2 t$）。[2]

凯恩斯尽管已经考虑到了预期问题，但没有明确将风险因素纳入他对投机性货币需求的分析。马科威茨在汲取费雪（1906 年）、希克斯（1934 年）思想的基础上，于 1952 年提出有关风险资产的现代投资组合理论，所依赖的条件仅限于风险资产的收益分布（即期望值—方差）。[3]托宾将马科威茨的投资组合理论综合，进而对投机动机的货币需求进行分析，证明在存在条件收益的确定资产情况下，包括货币在内的对各种资产的需求函数决定于所有资产的期望收益率及收益率的方差和协方差。托宾将包括货币在内的一揽子资产的资产组合选择概括为分离定

① [英]约翰·伊特韦尔，[美]默里·米尔盖特，彼得·纽曼：《新帕尔格雷夫货币金融大辞典》（第一卷），经济科学出版社 2000 年版，第 595 页。这里的理论概述参考了其中的相关词条。

② [美]本杰明·M.弗里德曼，[英]弗兰克·H.哈恩：《货币经济学手册》（第一卷），经济科学出版社 2002 年版，第 293 页。

③ 刘明：《现代资产选择理论及相关检验评析》，《陕西师范大学学报》1997 年第 1 期，第 42-47 页，《投资与证券》1997 年 2-3 期合刊全文转载。

理：第一，根据马科威茨模型，确定风险资产组合中各单个资产的权重，并相应决定包括货币在内的有效投资边界（或有效集）；第二，结合投资者效用函数（或无差异曲线），在风险资产组合与现金之间分配投资，形成具体的资产组合需求。[①]

如果将货币所提供服务当成资产收益看待，希克斯实际上是将货币当成一种资产纳入到货币需求分析中，这在弗里德曼对货币数量论的重新表述中显得更为清晰。弗里德曼明确指出，"货币是一种资产，是持有财富的一种形式"，货币以给持有者带来便利性、安全性等方式产生收益。此外，以短期存款存在的货币形式可能被支付利息。[②]弗里德曼与凯恩斯及鲍莫尔、托宾、米勒与俄尔都将债券收益视作持有货币的机会成本。弗里德曼率先将恒久收入、预期通货膨胀率等引入影响货币需求的变量集合，并将机会成本范畴扩展到不动产、股票、实物商品等广义资产范围。现代货币数量论的主要实证结果是货币需求函数长期稳定。

二、货币需求理论的比较分析

货币需求理论的发展历程表明，不同学者日益重视货币的价值贮藏功能，将货币作为一种资产，而不仅是交易媒介看待，从而引入机会成本及风险与不确定性概念，并普遍采用边际方法，将货币需求归结为一种最优化决策问题进行求解。

尽管早期货币数量论之后的货币需求理论将分析视角由主要关注国家范围或国民经济总体中的商品流通转向对家庭、企业等微观经济单位和资产市场的分析，但这使得人们感觉货币需求由宏观货币理论转向了微观货币理论。笔者认为，这实际上仅意味着分析方法的变化和引入解释变量的扩展，是一种对资产市场发展和金融相关比率不断提高的反映，货币需求理论在经济学理论体系中与货币供给理论一起，本质上就是一种关于宏观经济的货币理论，并不存在独立于宏观经济学的微观的货币需求理论。尤其自凯恩斯以后到弗里德曼为代表的货币主义学者，他们对货币理论的微观分析完全是作为宏观经济与货币金融分析的必要前提和基础，货币主义学派对货币需求理论的验证也基本上是以宏观经济与金融数据为分析对象，就是上述认识的一种明证。理论发展的逻辑及不同理论体系，在经济与社会环境中的地位就使得不同国家、不同历史时期的货币政策受到不同货币（需求）理论的支配。我们也承认，资产选择分析方法恰当地体现了货币需求理论与当代微观金融市场理论之间的紧密联系，但人们一般不会混淆由资产选择方法发展出的宏观的货币需求理论和微观金融市场的资产定价模型。

---

① 刘明：《猜想-反驳图式：由现代资产选择理论透析西方经济学的方法论特征》，《江西社会科学》1997年第 7 期，第 92-96 页。

② [美]米尔顿·弗里德曼，菲利普·卡甘，约翰·J.克莱因，等：《货币数量论研究》，中国社会科学出版社2001 年版，第 2，4 页。

当然，也存在为数不多的位于两端之间一些难以区分的过渡性理论模型，托宾分离定理即为其中一例。

早期货币数量论、凯恩斯主义货币需求理论和现代货币数量论无疑是货币需求理论发展历程中引人注目的三个路标，我们有必要进一步分析三种理论之间演化的某些内在逻辑及分歧与冲突，并就影响甚著的现代货币数量论的若干方面予以强调。

（1）剑桥学派与费雪的货币需求理论在关于交易数量影响货币数量的分析方法上存在显著差别。费雪探讨是什么因素决定经济体系完成一定量交易额所需货币数量，剑桥学派从主观选择的立场出发，研究个人为进行交易所希望保持的货币额。后者的研究引入了机会成本、个人偏好和其他限制条件等不确定因素。简言之，剑桥学派强调的是想要（want to）持有，而费雪强调的是必须（have to）持有的货币数量。[①]相应地，剑桥方程式（$M=kPY$）中的系数 k 与费雪交易方程式中的 V 虽然在数学形式上互为倒数，但 k 在多种变量作用下不是一个稳定量值，V 则被预设为常数。

（2）至少从凯恩斯和弗里德曼本人来看，他们均沿袭早期货币数量论的方法而将货币供给视为外生变量（或独立变量）。熊彼特由此认为，尽管凯恩斯声称他放弃了货币数量理论，但实际上没有完全摆脱数量理论的紧身衣。[②]

（3）凯恩斯借鉴剑桥方法将货币需求看成经济单位的选择行为，他基本同意交易性货币需求相对稳定，同时又意识到，为交易、预防性动机持有货币所带来的便利和持有其他资产的收益比较此消彼长，从而使交易、预防性货币需求也受到利率的影响。不过，他认为利率对投机性货币需求的影响更为显著，仅仅基于交易动机做出对货币需求的预期会将人们引入歧途。[③]

（4）现代货币数量论与凯恩斯的货币需求理论如果从先验的理论设定看并无本质分歧，两者之间的冲突主要体现在货币需求的利率弹性上，但这种冲突源于货币主义所做出的经验分析和统计推断。在相关理论模型中，凯恩斯学派将影响货币需求的因素归结为收入和利率，现代货币数量论则将影响货币需求的因素扩展、细分为规模变量（财富 w 和收入 y）、机会成本变量（各种利率和通货膨胀率）、其他变量（个人偏好、影响生产的技术条件等变量，统称 u）。其中，实际中未完全定义的变量 u 很难被引入模型中。

（5）尽管我们强调了两种货币数量论大异其趣，但也不否认，马歇尔有关收入、财产、价格水平影响货币需求的分析成为现代货币数量论的直接来源。[④]我们

① [加拿大]戴维·威廉·莱德勒，《货币需求：理论、证据和问题》，上海三联书店 1989 年版，第 67-68 页。

② [美]约瑟夫·熊彼特：《经济分析史》第三卷，商务印书馆 1994 年版，第 505 页。

③ [加拿大] 戴维·莱德勒：《货币需求：理论、证据和问题》，上海三联书店 1989 年版，第 71、118-119 页。

④ [英]马歇尔：《货币、信用与商业》，商务印书馆 1996 年版，第 47-48 页。

还可以通过以下引文发现凯恩斯学派的流动偏好、机会成本概念，甚至存货模型的思想发源地：

在没有任何辅助通货的信用手段时，每一个商人就必须依靠他以货币形式保存的购买力，这样一有机会，就能用来进行赚钱的买卖。他会根据直觉和经验权衡大量窖藏的利弊。他知道，如果他保有的购买力太少，他会经常感到手头很紧；如果保有的购买力太多，又将减少他的物质收入来源，而且很少能够非常有效地利用他的全部现有购买力。①

这一段引文也说明货币理论研究者认为，传统货币数量论仅仅是一种宏观分析似乎有欠公允。

（6）现代货币数量论关于利率与财富、收入及名义利率与实际利率、通货膨胀率的关系做出了非常有意义的分析。

第一，弗里德曼在讨论持有货币的各种机会成本时，假定债券与股票收益率随时间变动的百分比相同或等于零，从而推出债券与股票收益率（利率）、通货膨胀率（预期的）有如下关系：

$$r_b = r_e + \frac{1}{p} \times \frac{\mathrm{d}p}{\mathrm{d}t} \qquad (4\text{-}2)$$

即"货币"利率（名义利率）等于"实际"利率加上价格变动百分比。②这里借用了费雪的理论，但弗里德曼强调"与通货膨胀最相符的特征之一似乎就是这一方程无法成立"。这里蕴含两点：其一，人们对通货膨胀的预期事实上落后于实际通货膨胀率；其二，名义利率调整落后于通货膨胀率。所以，当出现较高通货膨胀时，实际利率下降；当出现通货紧缩时，实际利率上升。弗里德曼在以后的著述中证实了这一点。③其中的形成因素是存在"货币幻觉"、资产市场分割和缺乏适当的套利机会。

第二，弗里德曼将 y 看成包括来自货币储备与直接拥有实物资本商品的某些估算收入，从而将 y/r 解释为总财富的估计值（即 w，r 为代表货币储备与实物资本商品的综合利率），所以有如下关系：

$$W = \frac{y}{r} \qquad (4\text{-}3)$$

可以将式（4-3）看成通过收入流贴现估计财富额的方法。笔者认为，这种方法是针对财富度量问题测算困难的解决方法，对于宏观经济计量分析有重要

---

① [英]马歇尔：《货币、信用与商业》，商务印书馆 1985 年版，第 49-50 页。
② [美]米尔顿·弗里德曼，菲利普·卡甘，约翰·J. 克莱因，等：《货币数量论研究》，中国社会科学出版社 2001 年版，第 9 页。
③ [美]米尔顿·弗里德曼，安娜·施瓦茨：《美国和英国的货币趋势》，中国金融出版社 1991 年版，第 592 页。

意义。其中的综合利率，最初弗里德曼认为仍然是无法观察的，但在《美国和英国的货币趋势》中，弗里德曼与施瓦茨利用美国、英国两国100多年的序列数据分析，证明名义资产与实物资产收益率虽然在历史上有差别，实物资产实际收益率高于名义资产实际收益率，两种资产名义收益率较为接近，但在第二次世界大战以后，两种资产收益率差距趋于缩小，原因是"货币幻觉"消失和套利机会的增加。①这说明两种资产利率在当代有趋同倾向，从而综合利率也不是不可观测的。

三、简短评述

凯恩斯主义与货币主义的货币需求理论先后对货币政策产生了重大影响，形成所谓"相机抉择"与"固定规则"的货币政策。从半个多世纪以来西方国家宏观经济管理的实践看，凯恩斯主义仍然没有丧失对经济政策的重要影响力，日本新一轮经济衰退中，宏观经济政策的选择即是如此，我国在1998年以后的情况也不例外。美国在20世纪80年代初，实施的货币主义的政策试验被证明是失败的，也很难找到哪个国家的货币政策是按严格的"固定规则"制定与实施的。不过，以现代货币数量论为基础的政策主张，在一定程度上对发达国家习惯于使用扩张的货币政策解决经济衰退是一种积极的校正，对货币政策的具体操作也提供了一系列有益的实证分析结论。就理论与实证的相互作用而论，现代货币数量论对以后有关货币需求、货币供给的经验研究提供了方法论指向，开辟了新的货币理论研究领域。进而，货币主义试验的失败也是由于不合时宜，因为20世纪70年代中期以后，西方国家（尤其美国）经济体系中影响货币需求函数的一些变量，如货币流通速度很不稳定，以至出现所谓的"失踪货币"问题，而现代货币数量论者，对货币需求的实证研究的背景是在20世纪50年代以前。

弗里德曼本人对货币需求函数稳定性的解释做出了一些限制：其一，货币需求函数稳定并不意味着每单位产出所需要的实际货币量或货币流通速度稳定不变，这就是所谓的稳定性存在于所需要货币数量与决定这一数量的变量之间的关系中；其二，必须严格限制货币需求函数中引入的变量，使得对相关变量的引入具有实证意义。②弗里德曼是否暗示引入变量应该与货币需求相关甚至具有稳定性？给人的印象是，他对货币需求函数稳定性这一理论硬核预设了保护带。如果

---

① 刘明：《论利率运动规律》，《陕西师大学报》1995年第4期，第43-50页，《理论经济学》1996年第1期全文转载。

② 米尔顿·弗里德曼，菲利普·卡甘，约翰·J.克莱因，等：《货币数量论研究》，中国社会科学出版社2001年版，第17页。在同一场合弗里德曼先讲到数量理论家接受货币需求高度稳定的经验假设，其后又讲数量理论家将货币需求函数看成是稳定的。但按照他的限定，将货币需求稳定与货币需求函数稳定不加区分是值得怀疑的。

发现函数不稳定，可能是引入变量有问题，而不是理论有问题，即使找不到合适的解释变量，理论仍然立于不败之地。

货币需求理论的历史演进过程实际上标志着货币理论的研究进展，给我们提供了大量富有价值的理论成果。但对各种理论模型的实证分析结论往往莫衷一是而令人感到扑朔迷离，现代货币数量论曾经给出令人信服的经验结果，但 20 世纪 70 年代中期以后，情况发生了变化。耐人寻味的是，恰好在这一期间货币主义却盛极一时。[①]

在借鉴某一种货币需求理论（有时是两种以上）制定货币政策时，不可不加区分地套用理论，对于转型经济的国家，更需对影响货币需求的一些短期、可变因素加强研究，使货币政策不断适应宏观经济环境与微观经济单位行为结构的变化。

第二节　对货币需求的实证研究

满足经济运行中对货币的需要是货币政策的主要任务之一，这就自然要求我们客观地对经济体系中货币的需要量做出估算。要达到上述目标仅仅应用相关的货币需求理论还不行，必须参照理论，选择影响货币需求的某些主要变量，确立一定的货币需求模型或货币需求函数，应用历史数据对货币需求函数的稳定性加以检验。按照货币主义的方法，假如货币需求函数是稳定的，从而可以很好地拟合历史数据，货币当局即可奉行"固定规则"的货币（供给）政策。对货币需求函数或与之有关变量间关系的检验由来已久，但各个时期的实证检验显然缺乏逻辑一致性，导致这一问题仍然处于一个颇有争议的领域。或许正因为如此，才增强了货币政策要求对货币需求函数进行研究的紧迫性。在货币主义兴起之后，货币需求理论的进展主要体现在对货币需求的计量分析和经验检验两个方面。

一、较早时期检验

与弗里德曼同时期的一些学者，对货币理论所做的实证研究支持了货币主义观点，其中一些是直接针对货币需求函数的稳定性和货币流通速度的。[②]

---

① 人们还未能完全观察到使货币主义学派也颇感困惑的货币需求的严重不稳定。

② 由于克莱因与勒纳卡是从供给角度讨论货币量、货币流通速度对价格水平的影响，在此不做出介绍。对早期研究较宽泛的评述参阅戈德费尔德：《货币需求的经验研究》，载[英]约翰·伊特韦尔，[美]默里·米尔盖特，彼得·纽曼：《新帕尔格雷夫货币金融大辞典》（第一卷），经济科学出版社 2000 年版，第 601-602 页。

（一）菲利普·卡甘对机会成本变量、预期通货膨胀率的检验

菲利普·卡甘对奥地利和德国 20 世纪 20 年代初及其他五个国家在不同时期处于超级通货膨胀条件下实际现金余额（即 m/p）和价格水平的关系做了统计分析。[①]卡甘原则上支持弗里德曼的货币需求理论，认为"意愿的实际货币余额与实际财富和当前实际收入按同一方向变化，但是与货币以外的资产的收益变化呈相反（原中译文为"相同"，疑误。——笔者）方向变化"。在普通通货膨胀中，实际现金余额并不会下降反而会上升，这使得解释货币需求的机会成本假设似乎不成立，但事实更可能是在规模变量与机会成本变量及其他变量处在比较均衡情况下（如机会成本比较稳定）规模变量发挥主要影响，一旦机会成本和其他变量极不稳定，将导致各变量对货币需求的影响力此消彼长。弗里德曼认为，这种情况不会破坏货币需求函数的稳定性，卡甘则指出"实际余额是实际收入和其他变量的函数，但不一定是线性的"。超级通货膨胀提供了一种观察价格水平变动、预期通货膨胀率作为机会成本变量如何影响货币需求的更为清晰的视域，这时，其他变量的影响几乎可以被忽略。

卡甘所做出验证的基础是现金余额方程。其基本结论包括以下两个方面。

第一，超级通货膨胀期间波动很大，且足以解释实际现金余额剧烈变化的机会成本仅为货币贬值率或价格的变化率，由此得出的进一步结果是，实际现金余额的变化起因是预期的通货膨胀。

第二，两类时滞延缓了现金余额需求对通货膨胀做出的反应，即预期通货膨胀率和实际通货膨胀率之间的时滞及人们在预期通货膨胀率出现后由实际的现金余额向意愿现金余额调整需要的时间。随着预期加速适应实际通货膨胀率的变化，持有货币金额的耗减是递增的。弗里德曼指出，这是在高度不稳定情况下对货币需求稳定性所做出的重要证明。[②]

（二）理查德·T.塞尔登对收入流通速度的检验

理查德·T. 塞尔登在总结前人研究成果的基础上集中考察了货币的收入流通速度（一定时期总货币收入除以平均总货币存量之比，即 $v_y=y/m$），这一问题非常重要，因为货币数量的某种变化是在流通速度变化的基础上对价格水平与收入产生各种影响的，如果放松早期货币数量论的假定，这一点在交易方程式与现金余额方

---

① 卡甘将超级通货膨胀定义为自价格上涨超过 50%的月份开始到跌至这一数额以下的前一个月，并且在这一数额以上维持至少一年。

② [美]米尔顿·弗里德曼，菲利普·卡甘，约翰·J. 克莱因，等：《货币数量论研究》，中国社会科学出版社 2001 年版，第 20 页。

程式中均清晰可见。自 20 世纪 30 年代以后，人们认识到货币流通速度易变且不可靠，导致的结果是基本上放弃将货币政策作为经济稳定的一种主要工具。[①]

塞尔登利用美国的历史数据做了计量验证，仍然以现金余额方程式作为基本方程，他将货币需求看成与交易总量对应的意愿货币数量，即 $D_m=M/PT$，解释变量包括持有货币的机会成本及预期偏好。塞尔登得出一系列结论：①美国一个多世纪中 V_y 一直下降，但这种下降并不是连续的。通常在商业扩展时期上升，在收缩时期下降。对于 1839～1951 年的情况，很难用一条回归趋势线适应所有数据。这反映了 V_y 在不同历史时期的变化有不容忽视的差异。②在 20 世纪，持有货币的机会成本不是流通速度的一个重要的决定因素，人均实际收入的增长才是决定 V_y 长期下降趋势的主要因素。③与第一点相似，实际国民收入长期增长一直伴随着单位产出实际现金余额的增长（这是流通速度下降的同义语），从而实际余额需求的收入弹性大于 1。④价值贮藏是持有货币的一个很重要的动机，如果这个动机很强，交易的增加可能会降低 D_m（即 K），从而提高交易流通速度（V_t）和收入流通速度（V_y）。[②]此外，金融交易也会影响货币需求和货币流通速度。

塞尔登的研究结果对现代货币数量论是一种强有力支持。弗里德曼通过对永久收入与测定国民收入（扣除双重计算后的现期收入，塞尔登实际使用的是测定国民收入）的比较说明，流通速度在循环周期中的升降与他本人的及塞尔登本人的流通速度长期下降的结论完全一致。此外，塞尔登还提到了诺伯顿的一项研究，研究结果表明 V_y 每年下降 1.33%，诺伯顿由此提出的货币政策结论是，货币当局为预期的 V_y 的降低而增加货币数量 1.33%，另外，再为实际经济增长而增加货币数量 3.6%。V_y 对其趋势的偏离是因为未能遵照这一规则。[③]我们由此很容易联想到弗里德曼推崇的货币政策规则。

二、实证研究的新进展

在货币政策的制定、实施中，运用货币总量目标的条件是货币需求函数稳定，包括货币主义在内的一些学者所做出的实证研究结果表明，适当考虑时滞的收入、利率等变量，可以对货币需求做出至少表面上是合理的解释，但 20 世纪 70 年代中期（1974 年是分界点）以后，根据传统货币需求函数所做出的估计显著地大于实际的货币余额，从而出现所谓的"失踪货币"现象。其后经过修正的传统货币

---

① [美]米尔顿·弗里德曼，菲利普·卡甘，约翰·J. 克莱因，等：《货币数量论研究》，中国社会科学出版社 2001 年版，第 191 页。

② 这可能意味着交易增加时（价格水平也往往上升）执行价值贮藏功能的货币向交易媒介功能转移，成为后者的一种储备，使货币需求对交易产生一个弹性空间。

③ [美]米尔顿·弗里德曼，菲利普·卡甘，约翰·J. 克莱因，等：《货币数量论研究》，中国社会科学出版社 2001 年版，第 204 页。

需求函数，虽然能解释 20 世纪 70 年代的样本，但得出的估计参数的性质很不合理。尤其在 20 世纪 80 年代，伴随可观察的货币流通速度的下降，根据现有的美国货币需求模型估测的货币余额持续低于实际值。①上述变化的原因与背景包括两个方面：其一，宏观经济运行环境变化，20 世纪 70 年代以后，一些国家面临供给冲击（如石油危机）、严重且不稳定的通货膨胀和高利率，出现经济衰退和通货膨胀并发的"滞胀"格局；其二，布雷顿森林体系崩溃后，西方国家普遍推行浮动汇率制，金融创新和放松金融管制导致市场规制等制度层面出现深刻变革。

对货币需求做进一步实证研究基本上是沿两个方向展开：一种是对原有货币需求函数的各种变量、函数形式重新考察；另一种是试图引入新的变量以体现金融创新和放松管制的影响，对货币需求函数内容做更多的修正。后一种方法在实际尝试中出现了一些难以克服的困难。沿着上述两种方向，西方学者对与货币需求函数相关的货币的界定、规模变量与机会成本的计量问题及如何引入技术变量（金融创新）都做出了许多分析研究。有关的经济计量工作的主要进展反映在利用局部调整模型估计长期货币需求，包括对局部调整模型进行修正、考虑预期在构造动态结构中的作用、全面的滞后分布模型、加进长期关系的动态模型、缓冲存量模型等。这里仅对局部调整模型及其扩展形式做简要介绍。

（一）未经修正的局部调整模型

局部调整模型是以成本最小化为基础，按"合意"货币余额存量确定失衡成本，按实际的货币余额存量变动并引入通货膨胀率估计调整成本，从而确定持有货币余额的总成本：

$$C=\alpha_1[\ln M_t^*-\ln M_t]^2+\alpha_2[(\ln M_t-\ln M_{t-1})+\delta(\ln P_t-\ln P_{t-1})]^2 \qquad (4\text{-}4)$$

其中，C 为调整成本；$M_t = m_t P_t$，M_t 为名义货币余额存量，m_t 为实际货币余额存量；$M_t^* = m_t^* P_t$，M_t^* 为"合意"的名义货币余额存量，m_t^* 为"合意"的实际货币余额存量；P_t 为价格水平。式（4-4）中第一项和第二项分别为失衡成本与调整成本。②

通过对 M_t 求成本最小化条件，当 $\delta=1$ 时，可以得到实际局部调整模型（actual partial adjustment model，RPAM），当 $\delta=0$ 时则得到名义局部调整模型（name partial adjustment model，NPAM）。进一步分析可以得到 m_t^* 的一个水平变量表达式：

---

① 这里估测货币余额低于实际值是指 M_1（狭义货币），由于 1981 年 1 月推出可转让支付命令账户（negotiable order of withdrawal account），M_1 中容纳了部分实际上属于储蓄性质的存款。参阅丹尼尔·L. 桑顿，考尼特·C. 斯通：《金融创新：前因与后果》，载[英]凯文·多德，默文·K.刘易斯：《金融与货币经济学前沿问题》，中国税务出版社 2000 年版，第 111-112 页。值得注意的是，桑顿与斯通在文中揭示了 M_1 收入流通速度在 20 世纪 80 年代以前的 35 年间稳定增长，这与塞尔登研究的历史区间中收入流通速度下降形成反差。

② Friedman B M. Financial flow variables and the short-run determination of long-term interest rate. Journal of Political Economy，1977，85：661-689.

$$\ln m_t^* = (b_0 + b_1 \ln y_t + b_2 \ln r_t + b_3 \ln \pi_t) \tag{4-5}$$

其中，y_t 代表交易量；r_t 代表利率水平；$\pi_t[\pi_t = \ln(p_t/p_{t-1})]$ 代表通货膨胀率。式（4-5）中实际上容纳了货币需求理论中的规模变量和机会成本变量。

将成本最小化条件与 $\ln m_t^*$ 的表达式合并即可以得到局部调整模型的估计方程。在模型中对部分参数（如 δ）的识别存在困难，其主要缺陷是包含的不变弹性在 20 世纪 80 年代放松金融管制以后显得不合理。

（二）全面的滞后分布模型

由于各经济变量可能存在沿时间路径的依存性质，即使被解释变量也存在根据历史形成预期并不断调整的过程，所以，包括被解释变量的全面的滞后分布模型在货币需求函数的估计中得到广泛运用。例如，实际余额的自回归分布滞后模型为

$$\ln m_t = a + \sum_{i=0}^{n_1} b_i \ln m_{t-i} + \sum_{j=0}^{n_2} [c_j \ln y_{t-j} + d_j \ln r_{t-j} + f_j \pi_{t-j}] \tag{4-6}$$

式（4-6）是局部调整模型的推广，它可以容纳各自变量的不同的调整模式，如可以通过改变 n_1、n_2，或将 y、r、π 分开考虑。如果考虑滞后变量的影响衰减最快，而 π 的影响衰减最慢，对 r、y、π 可以分别设定 n_k。

三、金融创新对货币流通速度的影响

部分学者认为，"失踪货币"与金融创新引致的货币流通速度变化有关。丹尼尔·L.桑顿和考尼特·C.斯通对金融创新的微观机制、宏观影响及金融创新对货币流通速度的影响做了很好的概述。[1]桑顿认为金融创新影响了货币流通速度，使流通速度具有一定程度的不可测和不确定性，从而导致货币需求不稳定。至少，货币当局依据原有经验估测货币需求并控制货币供给，通过规定货币增长率的长期目标实现通货膨胀率、经济增长率的长期目标的能力减弱了。有关金融创新对货币需求的总体理论影响上存在一些分歧，桑顿用设问方式回答了这一问题，指出："在 20 世纪 80 年代的美国，有某种事物显然已经影响了货币的需求与供给。如果不是金融创新，那又能是什么呢？"[2]金融创新在存款账户上的主要体现是1981 年 1 月 1 日在美国全国范围引入 NOW 账户，从而混淆了 M_1 与 M_2 的界限，影响到 M_1 的收入流通速度，降低了货币政策将 M_1 作为中介目标的实际意义。由此，桑顿从传统的货币需求函数出发，对金融创新影响 M_1 收入流通速度的途径做

---

① 丹尼尔·L.桑顿，考尼特·C. 斯通：《金融创新：前因与后果》，载凯文·多德、默文·K. 刘易斯：《金融与货币经济学前沿问题》，中国税务出版社 2000 年版，第 95-126 页。

② 凯文·多德，默文·K. 刘易斯：《金融与货币经济学前沿问题》，中国税务出版社 2000 年版，第 123 页。

出了理论上的解释。

以 S 表示储蓄额，以 θ 表示储蓄向活期存款转化部分（如 NOW 账户中的一部分）占 S 的比例，有

$$M_1^* = M_1 + \theta S \qquad (4\text{-}7)$$

狭义实际货币余额为收入和利率的函数，即

$$(M_1/P) = f(y,i) \qquad (4\text{-}8)$$

令 $s = S/P$ 为实际储蓄余额：

$$s = S/P = g(y,i) \qquad (4\text{-}9)$$

或者

$$s = y^n g(y,i) \qquad (4\text{-}10)$$

据式（4-8）和式（4-9）得到：

$$M_1^*/P = f(y,i) + \theta g(y,i) \qquad (4\text{-}11)$$

M_1^* 的流通速度为

$$V^* = P_y/M_1^* = 1/[f(i) + \theta y^{n-1} g(i)] \qquad (4\text{-}12)$$

在式（4-12）中，如果 $\theta = 0$，金融创新对 M_1^* 的流通速度有影响。但如果 $V(i)$（M_1 的收入流通速度，随利率变化）因金融创新发生变化，则 M_1 对利率(i)的弹性也会发生变化。如果 $\theta \neq 0$，则 M_1^* 流通速度的利率弹性与 M_1 流通速度的利率弹性将有所不同。若 $n \neq 1$，M_1 的收入流通速度会随收入水平的变化而变化。[1]

金融创新意味着金融系统中发生了一系列有关市场、工具、结构、技术的变革，金融业务范围也不断向非传统领域扩展，在新的经济与金融环境中怎样将不确定性、金融创新因素适当融入到有关货币需求的计量模型中，并在同一模型中综合交易需求与资产组合需求，是实证研究尚未解决的重要课题。

第三节　体制转轨与中国货币需求分析

对货币需求问题的研究是货币当局制定货币政策的主要依据，在这一点与西方所不同的是，我国处于体制变动与转轨时期，制度变迁是货币需求潜在而又重要的解释变量，这导致人们所能发现并得到普遍认同的与货币需求保持长期均衡而又稳定的解释变量少之又少，货币需求函数及货币需求本身可能都是不稳定的。所以，更为重要的不是分析某一特定阶段的货币需求函数，而是如何发现在体制转轨、制度变迁中影响货币需求的解释变量本身的变动，进而用其分析货币需求函数迁移的一般趋势。

---

[1] 凯文·多德，默文·K.刘易斯：《金融与货币经济学前沿问题》，中国税务出版社 2000 年版，第 112-114 页。

一、体制变迁背景下的货币需求变动

改革开放以后，体制转轨最引人注目的变革是社会产权重组或所有制改革和相应的分配制度变革。这一社会巨变彻底改变了社会财富、社会资本的结构，也改变了人们的利益关系和社会产品的流转过程。原有计划体制中的产品调拨、统购统销的物流机制被普遍的商品市场的交换机制所取代。

伴随市场机制不断深化、发展的是原先被阻断的价值形成与实现机制得以恢复，产生于商品生产、商品交换的货币职能也重新复归，货币在计划体制下的职能退化为一种记账单位，一种几乎丧失价值、价格内涵的纸制符号，在向市场体制转轨过程中，货币逐渐凸显出其价值尺度、交易媒介和价值贮藏功能。

在我国传统的计划体制中，货币需求基本上是货币供给的一个被动的结果，或者货币需求外生于货币供给。一方面，因为由内在机制决定货币需求的基础——货币职能被窒息；另一方面，货币需求主体调整货币需求的经济关系、经济变量被扭曲，如收入分配、价格、利率等。更为严格地讲，在计划体制下，家庭、企业很少（或没有）形成经济剩余，也不是进行独立决策的经济单位，从而只能附属于政府或者国家，银行则成为国家的出纳机构，金融交易活动基本上被禁止。从而，计划体制下不存在典型进行资产组合选择的货币需求主体。这一切在市场运行过程中必然被重新安排。

（1）随着财富积累向居民、企业部门转移，居民与企业在交易动机不断强化的基础上依次产生预防、投机性货币需求动机，因而也就具备了影响货币需求变动的微观基础，货币需求由外生于货币供给而渐次转化为一种内生机制。

在体制转轨过程中，金融部门的重组、改革也不断得到强化，商业银行等金融组织从大一统金融体制中蜕变并分离出来。20世纪80年代以后，中央银行独立于商业金融组织，商业银行一方面成为连接中央银行（货币供给源头）与生产、消费体系（货币需求方）的主要界面；另一方面与证券、保险等金融机构构成除企业、家庭之外重要的货币需求主体。

（2）国家满足货币需求的渠道发生变化。从一个角度观察，政府支出规模及其占国民经济总量的比例在经济发展中趋于上升，但在分配格局变动中政府赤字也相应增加。除政府支出规模直接影响交易性货币需求以外，在新的中央银行制度约束下，财政赤字不能通过向中央银行透支弥补，而主要通过发行债务、证券筹资，这必然影响市场资金利率，从而影响货币需求的机会成本变量。从另一角度观察，国家债务形成微观经济单位选择资产组合的一个主要因素，由国家信誉担保的政府债券的利率成为近似无风险利率，被作为资产组合收益率的一种基本标度。以国家债券作为主要交易工具的公开市场，也成为货币供给与货币需求、财政与金融、中央银行与金融机构、企业及家庭之间的重要结合部，构成货币均衡动态中的重要枢机。正因为如此，有学者提出"对于国债的规模可否脱离开财政赤字筹资而有单独的政策考虑等问题，均需重新认真研究"[①]。

（3）我国在体制转轨过程中，对国际市场、国际交换的参与不断加强，国际借贷、跨国直接投资与证券投资等不同形式的资本流动必然影响货币需求及供给，人民币境外流通及不同国家、地区间利率、通货膨胀率和汇率的差异与变动也诱使货币替代的规模和频率增加，从而导致影响货币需求的变量增加，货币需求趋于不稳定。

（4）金融市场对内、对外开放的拓展和新金融工具的涌现，使资产选择空间扩大，货币的替代资产增加，传统的在货币资产和消费之间的组合选择，转向为在一种具有不同流动性、风险和收益率的资产和消费之间的选择。体制变迁使价格水平以致市场利率波动性增强，货币需求的机会成本变量也趋于复杂多变。此外，交易性货币需求已不限于商品和实物资产市场，由金融交易产生的货币需求呈迅速增长态势。

（5）除了改革开放前后两个时期中国货币需求具有不同表现之外，改革开放以后货币需求的决定机制继续发生着一种循序渐进的变化。对于改革开放以后的情况，由于20世纪90年代中期中国社会由温饱开始向小康型过渡，加之1988年实行全面的价格改革，20世纪90年代初以后财政、金融体制和利率市场化改革加快，中央银行利率调节趋于灵活，股票与国债市场规模扩张，家庭、企业经过20世纪80年代和90年代两轮通货膨胀和市场疲软、经济萧条的洗礼，预期行为得以强化。据此可以推断，20世纪90年代中期前后货币需求会产生一些结构性变化。1997年底以后，持续数年的通货紧缩进一步使货币需求与若干经济变量的后向关联增强，即除了当期与滞后解释变量之外，对变量的预期值也成为货币需求的重要影响因子。货币需求主体在宏观经济运行周期性波动中"边干边学"，使得金融意识和资产选择行为日趋成熟。

二、货币需求解释变量特征

从体制背景归纳影响货币需求及其变动的因素，对货币需求进行模型化研究，为调控货币供给提供经验依据，可以提供理论指向和大致的分析框架。一些学者对中国货币需求问题也进行了计量与实证分析，我国货币需求基本上遵从规模变

---

① 李扬：《国债规模：在财政与金融之间寻求平衡》，载李扬、王松奇：《中国金融理论前沿》（Ⅲ），社会科学文献出版社 2003 年版，第 232 页。

量、机会成本变量、其他解释变量的分类方法。到目前为止，关于规模变量及机会成本对货币需求的影响容易取得一致，对其他解释变量如何影响货币需求的结论并未统一，甚至存在明显分歧。这种情况与西方学者的研究现状颇为相似。

邓乐平和殷孟波选取 1956～1996 年的年度数据并利用双对数方程对货币需求（M_1，M_2）的收入（GNP）弹性进行研究，结果表明 M_1、M_2 的收入弹性分别为 1.185 和 1.317，且有较好的拟合度。[①]易纲根据 1952～1989 年数据将我国人均实际国民收入作为解释变量，用混合价格指数折算的实际人均 M_2 对收入的弹性系数接近 1，当引入货币化水平（城市人口百分率变动）后 M_2 的收入弹性系数下降为 0.75。[②]有关的说明是，货币化进程解释了部分货币需求增长。比较塞尔登对美国长期数据的研究，弗里德曼认为，实际国民收入的长期增长一直伴随着单位产出的实际现金余额增长，即实际余额的收入弹性大于 1，说明现金余额是一种奢侈品，"这一完全合理的结论似乎也为其他国家的证据所证实"[③]。假如 M_2 为货币存量，其中包括存量财富以货币方式持有所形成的货币需求，此外，在当期收入中消费倾向递减也会导致金融资产积累呈现出递增状况，从而使得发生的货币流量比率超出收入流量比率。

我国改革开放以后到 20 世纪 90 年代末，交易性货币需求与物价指数有较稳定的正向变化关系，1977～1996 年 M_1、M_2 对零售商品价格指数的弹性分别达到 3.247 和 3.680。[①④]

易纲选择预期通货膨胀率（稳态预期）作为机会成本变量，实际零售额作为收入变量的替代，选取 1983 年 1 月至 1989 年 4 月季度数据，用半对数方程证明，伴随着预期通货膨胀率的上升，人均货币需求降低。部分学者对利率作为货币需求的解释变量表示怀疑[②]，或者认为将利率作为机会成本变量的具体指标选取困难，从而不易观察货币需求的利率弹性。[①]现实因素或许在于，对利率最为敏感的投机性动机对我国而言还远远不够强烈，人们的收入水平还不足以使交易、预防需求对利率做出较敏感反应。有关分析表明，交易性货币需求具有在居民收入水平越过温饱线后才对实际利率做出反应；预防性货币需求具有当收入水平越过温饱线的差额（即 $\Delta y = y - y_0 > 0$，y_0 为温饱线）大于 $2b_t/r$（b_t 为当期生息资产转化为货币的手续费，r 为利率），且达到一定高度时才与利息率存在反向变动关系。[④⑤]我国 20 世纪 90 年代以来，股票市场成长较快，股票价格对长期实际货币需求

① 邓乐平，殷孟波：《中国货币需求的研究现状及发展》，载李扬，王松奇：《中国金融理论前沿》（Ⅲ），社会科学文献出版社 2003 年版，第 53-54 页。

② 易纲：《中国的货币化进程》，商务印书馆 2003 年版，第 101 页。

③ 米尔顿·弗里德曼，菲利普·卡甘，约翰·J. 克莱因，等：《货币数量论研究》，中国社会科学出版社 2001 年版，第 20 页。

④ 杨小勇，龚晓莺：《再论交易性货币需求的决定》，《复旦学报》2001 年第 6 期，第 96-101 页。

⑤ 杨小勇，龚晓莺：《再论预防性货币需求的决定》，《社会科学研究》2002 年第 6 期，第 31-34 页。

具有显著的、正的财富效果，货币化进程已不再是影响货币需求的主要因素。①相关研究还表明，中国货币需求波动的主要原因是利率结构变化和通货膨胀冲击的结构变化。②

三、评述

目前国内对货币需求的研究还无法将居民对收入、支出预期的不确定性和金融创新、金融交易规模等影响因素引入解释变量。问题是既不能将国民收入总量波动，也不能将居民个人收入波动平均得到的收入波动方差作为预期不确定性变量的数值，除了容易犯"拼合错误""拆分错误"之外，按凯恩斯的分析不确定性不等同于风险。③一般来讲，计量模型中将实际的对 M_1、M_2 的统计量作为必须做出解释的货币需求数量看待，但这种"有支付能力"的实际发生的货币需求是否反映微观主体和宏观经济发展，客观上所要求的真实货币需求很成问题。事实上，对 M_1、M_2 的统计量是被当作货币供给看待的，如果认定其反映了实际货币需求，就等于完全认同货币内生论的观点，也意味着货币均衡是一种由利率和价格进行调节的自然常态。若如此，研究货币需求还有什么意义？也就没有必要研究货币均衡了。这实际上落入极端后凯恩斯主义关于货币问题认识的泥沼，即反用萨伊定律，认定在货币领域需求能够自动和充分地创造自己的供给。④

现有对货币需求利率弹性的实证分析，使人们不难联想到对利率调节的经济效果的各种分析结论，它们均难以给人们一种清晰而且逻辑上一致的感觉。如果加以调和，将两种极端的看法（其一，货币需求无利率弹性；其二，中国存在"流动性陷阱"）结合在一起，反映中国货币需求的流动性的偏好曲线就成为一条折线（图4-1）。进而，如果考虑到1988年通货膨胀之后大幅提高利率引致储蓄存款大幅增加的状况，反映中国货币需求的流动性偏好曲线可能有如图4-2所示的形式，表明货币需求对利率仅在两个极端做出完全反应（货币需求口径为 M_2），在中间地带则完全没有反应。即使这些图式符合经济事实的表象，但其对以后的经济与金融运行有无预见功能呢？所以，需要注意的是，中国对货币需求的研究可能落后于经济环境的变化。

---

① 王志强，段谕：《股票价格与货币需求关系的实证分析》，《东北财经大学学报》2000 年第 3 期，第 49-52 页。

② 刘勤，顾岚：《中国货币需求波动研究》，《统计研究》1998 年第 3 期，第 60-65 页。

③ [美]斯蒂芬·罗西斯：《后凯恩斯主义货币经济学》，中国社会科学出版社 1991 年版，第 19-20 页。

④ [美]斯蒂芬·罗西斯：《后凯恩斯主义货币经济学》，中国社会科学出版社 1991 年版，第 15 页。

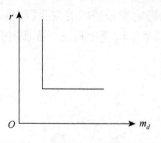 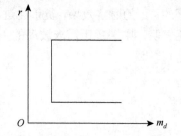

　图 4-1　调和的流动性偏好曲线　　　　图 4-2　仅有极端反应的流动性偏好曲线

　　观察中国理论界对货币需求研究的现状，存在的问题是，理论研究不足，实证分析则往往就事论事，给人以琐细纷繁而不得要领的感觉。对一些观点和思想"破得多，主论较少，争论较多，定论很少，对某一问题具体的分析研究较充分，而对整体体系的构建还比较欠缺"。①这一问题其实不只存在于货币金融理论界，而是反映了中国经济学界的一个通病，其根源既有客观因素的制约，也有学者们从事研究的价值取向和功利追求的问题。

---

　　① 李扬，王松奇：《中国金融理论前沿》，社会科学文献出版社 2000 年版，第 31 页。

第五章　货币均衡与中国宏观经济运行

货币失衡往往是经济不稳定的重要因素，尤其是在经济过热或过冷条件下，中央银行货币供给面临两种不同方向的货币信贷压力。本章对货币外生与内生、外在与内在货币范畴加以区分，对中国货币供给内生因素的变化进行初步探讨。我们并不赞成极端的货币内生理论主张，后凯恩斯主义的货币政策主张，与货币内生观点至少存在表象层面的不和谐。对中国货币均衡可以做出各种判断，但不同角度观察都会涉及价格水平变动。通过价格水平变动判断，中国总供求失衡与货币失衡一般表现为显著的通货膨胀和陡然下跌的通货膨胀，甚至出现通货紧缩。

第一节　货币均衡条件

货币均衡方法是以利率为中心分析物价变动的原因与后果的一种方法，其基本分析框架萌芽于亨利·桑顿（Thronton，1802 年），形成于魏克塞尔，之后被米尔达尔加以修正。尽管受到各种质疑，但货币均衡方法仍然是当代货币政策制定、实施中，通过调节利率来稳定物价水平这一举措的重要理论基础。

一、魏克塞尔提出的货币均衡条件

实际上魏克塞尔本人并未使用货币均衡这一概念，明确提出"货币均衡"的是米尔达尔。但是，我们从魏克塞尔的分析中可以归纳出货币均衡的含义：货币均衡是指货币利率水平使投资等于储蓄和价格水平稳定的一种状态。相应的，货币利率在量上等于自然利率，魏克塞尔又称之为"正常利率"。这一定义已经部分地包含了货币均衡的条件。按照米尔达尔的说法，魏克塞尔将货币理论的重点由肤浅的支付机制转向分析价格形成的内在逻辑。[①]显然，魏克塞尔所指货币均衡与当代宏观经济理论中的货币（市场）均衡有很大不同。在这里，均衡状态包括商品市场（主要是消费品市场）的状况，这状态本身是在资本市场上形成的。根据米尔达尔的诠释，魏克塞尔有关货币均衡的观念被赋予双重任务：一方面，被作为理论分析中一种纯粹的工具；另一方面，又表示一种明确的货币政策计划，努

---

① [瑞典]米尔达尔：《货币均衡论》，商务印书馆 1995 年版，第 26 页。

力达到货币均衡成为货币政策的准则。[①]

　　形成正常利率的条件包括迂回生产过程中的生产率、资本市场和商品市场的情况。米尔达尔综合魏克塞尔的论述，将货币均衡条件概括为，货币利率必须满足：①等于实际资本的边际技术生产率（即自然利率）；②使储蓄的供求相等；③保证稳定的价格水平，主要是消费品的价格水平。[②]

　　魏克塞尔认为，三个货币均衡条件之间存在前后制约关系，货币利率如果偏离自然利率即意味着投资不等于储蓄，最终会引起价格波动。货币失衡引起的价格运动的表现有两种形式，即累积的通货膨胀和累积的通货紧缩。在市场机制中，均衡的恢复是迟缓的，最终要依赖货币利率的调整。正因为如此，魏克塞尔主张货币当局应充分运用货币手段，稳定物价水平。

　　魏克塞尔的货币均衡条件存在内在矛盾，这一点被与他同时代的戴维森（Davidson）在有关评论文章中指出。戴维森认为，如果考虑技术变化及生产率增加，货币利率等于自然利率与价格水平稳定两者之间就难以同时达到。如果价格水平不变，自然利率则显得过高，从而诱使储蓄减少和投资增加，出现价格水平上涨的压力。[③]

　　古斯塔夫·卡塞尔（Gustav Cassel）对长期价格运动的解释是，金属货币供求变动引起价格变动，这与魏克塞尔将价格波动解释为货币利率相对于自然利率的失衡不同，卡塞尔也似乎得到了更多的实证上的支持。Jonung 等将卡塞尔与魏克塞尔的分歧看成是隐含的货币主义与凯恩斯主义在早期的争论，即凯恩斯主义认为影响价格变化的是利率水平失衡，货币主义认为影响价格变化的是货币数量失衡。[④]

二、米尔达尔对货币均衡条件的修正

　　米尔达尔对魏克塞尔货币均衡条件的修正体现在以下三个方面。

---

　　① [瑞典]米尔达尔：《货币均衡论》，商务印书馆 1995 年版第 39 页。

　　② [瑞典]米尔达尔：《货币均衡论》，商务印书馆 1995 年版第 37 页。魏克塞尔本人并未明确是何种物价水平，但在米尔达尔看来，在储蓄与投资中，易变的是储蓄也从而是消费（因为提供净储蓄的是消费一方）。投资变动是消费变动的续发效应。所以，倘若价格稳定是货币均衡的条件之一，应予强调的是消费价格稳定，这一点被国内学者忽略了。载陈岱孙，商德文：《近现代货币与金融理论研究——主要流派理论比较》，商务印书馆 2000 年版，第 133 页。

　　③ 见《货币均衡论》中文版第 160 页脚注②。戴维森批评的实质不在于揭示货币均衡条件的矛盾，因为魏克塞尔已经论证了自然利率是易变的，当生产及技术变动后即意味自然利率变动，使货币利率产生适应性变动仍然可以恢复稳定。戴维森认为通过价格水平调整恢复自然利率更为合理。双方争论的现代意义为：有无必要将稳定价格水平作为货币政策目标。有意思的是，魏克塞尔和戴维森两人以后的政策思想都发生了改变，魏克塞尔主张推行通货紧缩的货币政策，戴维森则主张稳定价格水平的货币政策。

　　④ Jonung L, Wicksell K, Cassel G. On secular movements in prices. Journal of Money, Credit and Banking, 1997, 11（2）: 179.

第一，自然利率不是独立于货币利率的，而是受到货币利率的影响，因为货币利息要记入生产成本。他指出"货币利率也必须包含在用来确定自然利率的公式中"，"企业家所预期的绝对的未来货币价格，必然决定魏克塞尔心中所有的生产率关系"。[①]所以，纯技术意义的自然利率在货币经济中很难确定，按上述解释甚至不存在。

第二，米尔达尔对货币均衡的第二个条件予以肯定，而且，第一个均衡条件要以第二个为前提，而不是相反。潜在的因素是，当投资等于储蓄时，难以确定的自然利率水平可以通过货币利率观察到。

第三，价格水平稳定与货币均衡未必一致。货币均衡所决定的是相对价格关系，但绝对价格水平可能会由于其他因素而发生变动。

此外，米尔达尔确定"事前"（ex-ante）和"事后"（ex-post）一组范畴，认为魏克塞尔累积过程中的所有变量作为事前计算才有意义。如果按照事后计算，则经济体系始终处于均衡状态，累积过程就不可能发生。与此相联系，米尔达尔以"实际资本收益率"代替"自然利率"，实际资本收益率是事前计算的量，是"预期利润率"，"自然利率和货币利率相对照的任务，是要说明累积过程是如何通过企业家行动的反应而发生的，所以很明显，只有预期收益率对这个理论才有直接联系"。[②]由此，我们可以联想到凯恩斯的"资本边际效率"概念。

三、货币非均衡如何影响真实经济活动

从魏克塞尔货币均衡条件涵盖的意义来看，即投资等于储蓄，价格水平稳定（包括确定一组相对价格和绝对价格水平），货币均衡也就对应一定的产出与就业，从其推崇稳定物价水平的货币政策主张也可以说明，货币均衡意味着充分就业。但按照凯恩斯在《就业、利息和货币通论》中的观点，与货币均衡一致的自然利率就像失业水平一样多，所以货币利率等于自然利率对寻求达到充分就业的目标而言没有重要意义。凯恩斯由此推出"中性利率"，即与充分就业一致的自然利率。[③]从更广泛意义上讲，凯恩斯的重要成就是解释经济均衡与非自愿失业同时并存的现象。我们将凯恩斯的理论理解为，货币均衡未必导致产出达到充分就业水平。那么，货币非均衡或者货币市场向均衡的调整是否影响及如何影响真实经济活动，或者如何解释货币非中性的命题？不过，一旦涉及这一长期众说纷纭的领域，任何理论试图有什么突破，并赢得普遍认同无疑十分困难。比较一致的看法是，在工资与价格调节滞

---

① [瑞典]米尔达尔：《货币均衡论》，商务印书馆 1995 年版，第 48 页。
② [瑞典]米尔达尔：《货币均衡论》，商务印书馆 1995 年版，第 51 页。
③ [英]凯恩斯：《就业、利息和货币通论》，商务印书馆 1963 年版，第 204 页。

后情况下，货币条件变动会对产出、就业产生冲击（正向或负向的）。有关凯恩斯主义、货币主义、合理预期学派对货币政策（货币供给）有效性命题的不同观点已被人们所熟知，我们仅对赞同货币非中性的具有一般性的个别观点及判别标准做出简单介绍。

莫迪利亚尼认为，在一个工资富有弹性的经济中，长期均衡利率完全由实际因素决定，即由储蓄倾向和投资边际效率决定（长期均衡利率对应一定产出水平，货币从而是中性的——笔者）。如果工资是僵硬的，长期利率决定于一种循环系统，即长期均衡利率仍然决定于储蓄与投资倾向，但储蓄与投资倾向又决定于货币收入及常备货币量，而后者又反过来决定于利息率。进而，"在一个工资僵硬的系统中，不仅利息而且几乎每一个经济变量都同货币数量有关"。[①]为了较清晰地揭示莫迪利亚尼所述各变量间复杂的结构，我们绘制图 5-1。

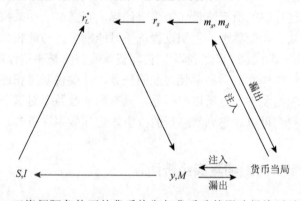

图 5-1　工资僵硬条件下的货币均衡与货币政策影响经济活动的机制

如图 5-1 所示，S、I、M 分别为储蓄倾向、投资边际效率和常备货币量；r_L^* 和 y 分别为长期均衡利率与货币收入。在 r_L^*、S、I、M 和 y 的循环决定机制中，y 既可以看成资本实际收益的货币价值，也可以看成直接来源于货币资本总收入的利息收入（按照长期均衡利率）。货币当局可以通过公开市场操作及信贷扩张与收缩改变短期利率（r_S）和经济系统的常备货币量，从而影响真实经济活动。货币当局无疑也能够通过改变货币供给，甚至实施利率管理来影响短期利率，进而影响长期均衡利率。较低的利率可以刺激对资本密集的、节约劳动的设备投资。[②]在这一点，弗里德曼的看法与莫迪利亚尼相同，弗里德曼也予以明确，有关货币政策是否中性的命题的答案是否定的，货币中性在一定假定条件下才有可能（如莫迪利亚尼所指工资是弹性的）。[③]可以认为，

① [美]弗兰科·莫迪利亚尼：《莫迪利亚尼文萃》，首都经济贸易大学出版社 2001 年版，第 48 页。

② [美]弗兰科·莫迪利亚尼：《关于稳定政策的争论》，北京经济学院出版社 1991 年版，第 149 页。

③ [美]本杰明·弗里德曼：《货币与财政政策效应：金融市场的作用》，载中国人民大学财政金融政策研究中心：《黄达-蒙代尔讲座》（第一辑），中国人民大学出版社 2003 年版，第 128-143 页。

在货币非中性论者眼里,货币非均衡(相对于货币均衡)、货币由非均衡向均衡的移动过程及不同货币均衡位置均具有价格水平效应和产出与就业效果。

格罗斯曼(Grossman)认为,要解释货币同真实经济活动的联系,应当既能说明货币政策对真实经济活动的影响,又能说明货币政策对通货膨胀的影响。他列出了判断货币影响真实经济活动的一般特征为:①现时的货币总量与后来的真实经济活动和通货膨胀相关联;②货币同真实活动的相关在短期内十分密切,在长期内则趋势减弱,而货币同通货膨胀的相关则在短期内不甚密切,在长期内则渐趋加强;③真实活动同不可预见的实际发生的货币总量的相关较为密切,而通货膨胀则同可预见的货币总量的相关较为密切。①可以看出,上述特征几乎包括了分别与凯恩斯主义、货币主义、合理预期学派观点保持一致的内容。可见,货币对真实经济活动的影响基本上取决于具体的经济环境,既涉及市场的流动性,也涉及相关的经济制度,更重要的是,还要取决于经济行为主体对货币变动做出响应的机敏程度。

第二节　货币供给的外生与内生

有关货币供给内生性与外生性的争论贯穿于货币理论史,争论的焦点在于两个方面:第一,货币当局能否控制货币存量;第二,货币存量与价格水平、实际产出、就业、利率等一组变量之间的因果关系如何。究竟是货币存量决定价格水平、利率、实际产出等,还是价格水平、利率、实际产出决定货币存量。货币外生论者认为货币当局可以完全控制货币供给,货币存量决定价格水平、利率、实际产出等;相反,货币内生论者认为中央银行不能控制货币供给,价格与产出等一组变量(或某一变量)决定货币存量。国内相关的研究主要集中于中央银行是否能够控制货币供给,但事实上对第二个问题的回答已经蕴含了对第一个问题的解释,基本问题是货币与其他变量因果关系的方向。与这一问题相应的是货币中性及货币政策有效性命题。坚持货币内生容易导出货币中性与货币政策无效的观点。②

一、外在、内在货币与货币的外生、内生问题

外生货币及内生货币是一组对货币供给机制加以概括的理论范畴。早期货币数量论者大卫·休谟探讨了黄金流入对现实经济活动及最终对物价的影响,他虽然持有货币外生观点,但在商品货币条件下,货币的外生性源于黄金流动而不是

---

① [英]约翰·伊特维尔,[美]默里·米尔盖特,彼得·纽曼:《新帕尔格雷夫货币金融大辞典》(第二卷),经济科学出版社2000年版,第715页。

② 当联系到以费雪等为代表的传统货币数量论,问题并非这样简单,因为传统货币数量论尽管持货币外生的观点,但在他们看来货币数量仅影响价格水平及名义收入,不影响实际产出,即货币仅是实际经济的"面纱"。

货币政策控制。詹姆士·斯图亚特则持有与之对立观点，认为经济活动水平可以使货币供应量与之相适应，货币内生性的途径为：其一，预期持有股票收益增加的人使货币退出储藏；其二，银行对票据可接受性增强从而影响货币数量。[①]早期内生论已涉及了货币内生性的两个实质问题，即贮藏货币向流通领域的转化，通过货币流通速度的改变实际调节着货币供求，银行信用创造构成了货币内生性的主要根源。

格利和肖在《金融理论中的货币》（1960 年）一书中提出的外在货币（external money）与内在货币（inherent money）概念与外生货币、内生货币范畴有何不同？笔者认为，这两对范畴间存在某些明显差异。

外生货币（或称为货币外生）与内生货币（或称货币内生）是对货币供给机制的一种理论概括与抽象，一旦明确以后对货币作为研究的对象物并不在数量上区分为"外生的货币"和"内生的货币"。外在货币与内在货币是特指现金与存款货币中两种不同部分，并以其揭示社会债权、债务关系和资产结构。格利和肖所指内在货币，由货币系统的资产中国内企业债券组成；外在货币由私人部门（不包括银行）对政府的净债权组成。[②]对外在货币在数量上的另一种表述为私人部门持有现金及私人部门存款中未被银行贷款抵销的部分。非私人部门持有的现金及私人部门存款中被银行贷款抵销的部分为内在货币。[③]外在货币也实际上决定了私人部门的资产净值。内在货币不能对私人部门净值做出贡献。

格利和肖认为内在货币不是私人部门净资产的观点引起了一系列争论。这里关注的是外在、内在货币除了上述区分之外，与货币外生、内生有无某些方面的联系。尽管货币内生、外生理论并不将社会货币资产在数量上区分为外生、内生两个部分，但我们可以认为，外在货币在量上的增加，同时反映为现金在狭义货币（M_1）及广义货币（M_2）中所占比重的增加，其最终来源在于，中央银行基础货币投放及私人部门存款的增加，有更多部分是由于商业银行体系增持政府债券而吸收了更多的存款资金。所以，外在货币扩张综合反映了货币当局等政府部门对货币存量的影响力，标志着货币外生的一种趋势。相反，内在货币在数量上的扩张，意味着银行派生存款货币能力的增强，标志着货币内生趋势的增强。

由外在货币与内在货币的划分思考货币外生、货币内生问题，可以推知，实

---

① 转引自：梅格纳德·德赛：《内生货币与外生货币》，载[英]约翰·伊特维尔，[美]默里·米尔盖特，彼得·纽曼：《新帕尔格雷夫经济学大辞典》（第一卷），经济科学出版社 1992 年版，第 738 页。

② [美]约翰·G. 格利，爱德华·S. 肖：《金融理论中的货币》，上海三联书店、上海人民出版社 1994 年版，第 72 页。

③ [美]劳伦斯·哈里斯：《货币理论》，中国金融出版社 1989 年版，第 43 页。这里私人部门包括家庭、企业，不包括银行。私人持有现金同为政府债务。

际上纯粹的货币外生或内生理论均很难成立。尽管可以将两组范畴联系起来加以分析，但我国国内相关文献中存在将外在货币、内在货币与货币外生、货币内生问题不加区分的混用的情况，甚至认为两组范畴同一。[①]

二、后凯恩斯主义货币内生理论主要观点

后凯恩斯主义是从批判货币主义和新古典凯恩斯主义的货币理论开始，发展货币内生性理论的。现代货币数量论有三个方面的重要认识：第一，经济会自然趋于充分就业；第二，货币的收入流通速度是稳定的；第三，货币存量与收入水平的因果关系是货币数量决定名义国民收入。凯恩斯否定了前两个命题，对于货币与收入，尽管凯恩斯认为两者之间的关系不稳定，货币流通速度受利率影响，但他仍然承认货币存量决定收入水平。货币主义与新古典凯恩斯主义之间的主要分歧，除了货币流通速度的稳定性以外，还表现在货币传导机制方面。货币主义认为，货币数量通过实际余额效应对实际部门产生影响，新古典凯恩斯主义则认为，货币数量通过利率变动作用于投资及乘数效应对实际部门产生间接影响。[②]

货币主义与凯恩斯主义都认为，中央银行可以外生地决定货币供给数量。如果循此路径，即可以将货币数量控制作为重要的政策工具以达到货币政策目标。所不同的是，新古典凯恩斯主义——如萨缪尔森相信斟酌使用货币政策，并配合适当财政政策对经济进行微调，即可以实现物价相对稳定下的充分就业，而货币主义提倡置短期问题于不顾，使货币供给增长率等于经济长期的自然增长率，并根据货币流通速度长期缓慢下降的趋势加以调整。遗憾的是，在20世纪七八十年代，两种政策均先后被证实失败。

早期银行学派，即曾坚持货币内生主张的学派，尽管他们没有明确提出货币内生概念，凯恩斯在《货币论》中也流露出货币供给内生的思想，但在《就业、利息和货币通论》中改而以货币外生作为理论推理的假设前提。米尔达尔在《货币均衡论》中明确指出，不是支付手段总量决定价格水平，而是价格水平决定对支付手段的需要，货币流通速度在动态过程中也不能被认为是固定不变的。[③]米尔达尔实际上否定了货币数量与经济水平及收入之间存在稳定关系的货币数量论观点。

米尔达尔还提出，信贷是价格水平决定的主要因素。信贷是构成支付手段的主要部分，或至少决定货币的流通速度。这些观点被英国拉德克利夫委员会1959

---

① 王兰芬：《内生货币供给理论分析与实证检验》，《南开经济研究》，2001年第3期，第63页。混淆的部分原因可能在于翻译原著时对外在、内在货币与内生、外生货币未予区分。载[美]劳伦斯·哈里斯：《货币理论》，中国金融出版社1989年版，第37-55页，第313-333页。

② 这一部分的叙述主要参考斯蒂芬·罗西斯《后凯恩斯主义货币经济学》中有关章节。

③ [瑞典]米尔达尔：《货币均衡论》，商务印书馆1995年版，第18-19页。

年发表的一份报告中所证实。拉德克利夫委员会认为，货币流通速度没有任何限制，金融结构变化使货币供应量在很大程度上已经变得不甚重要，只有控制经济体系中的一般流动性，才能获得有效的货币政策效果。[①]20 世纪 70 年代以后，后凯恩斯主义学者相继确立了货币内生理论，他们提出的货币政策主张（实施有选择的信用控制）无疑受到米尔达尔和拉德克利夫委员会报告的影响。

据上文所述，对货币内生论的基本观点可进一步概括为：①货币数量内生于经济系统，而非货币当局可以控制。内生机制在于银行部门的信用创造——银行可以创造活期存款；银行系统为客户提供的透支安排；据估计美国允许透支的规模银行已超过 M_1；货币供给扩张的重要经济动因也在于工资机制；货币供给成为工资率的函数。②货币流通速度没有上限。在金融制度及金融结构无明显变化情况下，货币流通速度由于超额货币需求，沿 V_i（货币流通速度函数）曲线增加，当金融结构变动（金融创新）后，V_i 曲线向右方移动。货币流通速度不稳定从货币供给方面破坏了货币数量与价格水平及名义收入的稳定联系。③存在与传统（及现代）货币数量论所预示的反向因果关系，即价格水平与名义收入决定货币存量。货币供给行为对货币需求的"顺从"是通过两种途径表现出来的，其一为直接增加货币数量，其二为提高货币流通速度。当货币供给可以总是满足增加的货币需求时，货币供给曲线（相对利率水平）是水平的。这就是"逆萨伊定理"。④资本主义经济存在内在不稳定性，自然经济不会达到充分就业。

三、温特劳布和卡尔多货币内生理论

人们看到的经济现实是，中央银行作为货币供给的源头，即使货币内生命题似乎有事实上的依据，但不同国家都没有放弃货币当局对货币数量的控制。无论是否由于上述因素，后凯恩斯主义学者在以后放松了货币内生论的限定条件，在关于中央银行能否控制货币存量的提法上发生了变化，甚至有些模棱两可。但后凯恩斯学者对货币与经济变量的反向因果关系仍予以坚持。

温特劳布货币内生模型的机制是所谓的"工资定理"，即物价是工资的函数，两者成正相关，当工资增长率超过劳动生产率的增长率时，诱使生产企业提高价格水平，若产出给定不变，名义收入增加，假定货币流通速度不变，货币需求增加。

货币当局面临货币需求变动的选择，将影响到经济活动水平。假如拒绝增加

---

① 对拉德克利夫委员会所指流动性有两种解释：一种是认为流动性与流通速度属同一概念，载斯蒂芬·罗西斯：《后凯恩斯主义货币经济学》，中国社会科学出版社 1991 年版，第 89 页；另一种是根据报告作者之一塞耶斯所下定义，认为流动性指广义信用，载孙伯银：《货币供给内生的逻辑》，中国金融出版社 2003 年版，第 30 页。

货币供给，过度货币需求将导致利率提高，投资减少。结果是名义收入不变，价格水平上升，实际产出下降和失业增加，超额货币需求被消除，经济运行进入滞涨（stag-flation）局面。在这种情况下，中央银行对货币的支配力量是以社会损失为代价的。温特劳布认为，在现代民主社会，这被认为是不可接受的。[①]在以维持实际产出和充分就业为政策目标的背景下，中央银行迫于政治当局的权威，只能被动地充分满足增加了的货币需求。从而货币政策对经济活动承担着"支撑职能"，货币供应也相应地发挥"支撑作用"，温特劳布的货币供给理论，实际上是一种"政治内生"理论。

对温特劳布源于"工资定理"的货币内生模型的争论集中在两点：其一，由于货币内生性最终被归结为政治因素，所以被喻为"隐蔽外生性的一种形式"。温特劳布假设负责的政治领袖不允许经济偏离充分就业状态，罗西斯认为这只是一种自由派的幻觉。[②]其二，是否任何增加的货币需求都会被货币供给的增加予以满足？抑或是 $\Delta M_s < \Delta M_d$，其差额的一部分或全部是由货币流通速度的上升补足的。争论主要在于前者，温特劳布内生货币供应模型对此是肯定的，但温特劳布在后期的相关著述中放弃了货币供始充分满足货币需求的看法。

卡尔多的货币内生理论带有更多的论战色彩，他将批判的锋芒指向货币数量论的当代货币主义形式，认为其政策主张是在西方国家造成大量失业而引起灾难和痛苦的一种"邪恶精神的降临"，是一种尼采意义上的堕落，即在试图摆脱困境时本能地喜欢"坏的解决办法"，而不能"发现好的解决办法"。[③]卡尔多货币内生模型被认为是温特劳布模型的变体，但其内生性的政治原因被弱化为中央银行的最后贷款人职能，即货币当局担负着维护金融体系安全的责任，就势将保证金融部门的偿付能力。如果以贴现窗口作为货币投放的主要渠道，卡尔多认为，中央银行不能在突然关闭贴现窗口时避免金融崩溃的怪影。

在卡尔多模型中，决定货币需求的因素已经由工资上涨率扩展到需求压力、国内投资、出口、财政政策和公共部门借贷需求等因素。进而，货币存量决定于货币需求。货币存量变化和货币流通速度可以相互替代。

其他后凯恩斯主义货币理论家对温特劳布、卡尔多的货币内生理论也提出了一些不同的观点，如罗西斯指出货币流通速度伴随利率做出相应变动是不稳定的，他也不同意卡尔多提出的利率由中央银行外生决定的看法。虽然明斯基承认金融创新引致的制度变化会造成对货币需求的适应，但他认为"这种制度变化可能会也可能

---

① [美]斯蒂芬·罗西斯：《后凯恩斯主义货币经济学》，中国社会科学出版社1991年版，第86-87页。
② [美]斯蒂芬·罗西斯：《后凯恩斯主义货币经济学》，中国社会科学出版社1991年版，第87页。
③ [美]斯蒂芬·罗西斯：《后凯恩斯主义货币经济学》，中国社会科学出版社1991年版，第71页。卡尔多实际否定了货币主义所推崇的"固定规则"的货币政策思想。

不会是融资能力增加到好像这里并不存在中央银行的限制那样一种程度"。①

四、简短评论

在货币主义理论还有凯恩斯的《就业、利息和货币通论》中，货币可以外生于经济体系而由中央银行操控是主流观点，但这是有关货币如何"诞生"这一问题的一个方面。当代货币内生理论使人们看到了，基本金融制度、金融结构变化和金融创新浪潮冲击所产生的削弱了中央银行货币控制能力的另一方面问题，这无疑是一种理论上的进步。后凯恩斯主义学者对货币流通速度的研究，反证了弗里德曼的有关结论具有很大的局限性，即弗里德曼所实证的货币流通速度相对稳定仅仅是描述了一定历史时期的事实，并不具有普遍性，经济事实远非经济规律。不过，我们既要看到货币内生理论的某些合理成分，也要避免认为中央银行对货币存量控制完全丧失能力的错误认识，抽象理论总是与经济现实存在一定距离的。实际上，当代货币内生论者不但没有脱开与凯恩斯理论的渊源关系，还将他们自己奉为正统的凯恩斯主义，他们不但没有从货币内生理论推出货币当局"无为而治"的政策主张，而且将中央银行维持充分就业、保证金融体系稳定的职能作为理论前提，坚持放弃货币存量控制，转而以利息率作为货币政策中介指标，提出实施直接的选择性信贷控制和有差别的准备金率，并结合收入政策以实现价格稳定下的充分就业目标。联想到我国，20 世纪 90 年代末以后到 2004 年的经济运行状况，后凯恩斯主义的政策思想无疑具有积极的借鉴意义。罗西斯甚至明确指出，资本主义不稳定性的根源不全在于同货币——信用经济有关的问题，人们还可以在分配机制中找到求解的门径，必须对资本主义的政治与经济权力进行根本改组。②我们不能不说罗西斯的分析令人深思。

第三节　货币供给、货币需求与宏观经济运行

一、中国货币供给内生因素的变化

按温特劳布、卡尔多对内生货币供给理论的阐释，中央银行或为了维持充分就业而被动地满足货币需求，或为了维护金融体系稳定而承担最后贷款人职能，对出现流动性危机甚至濒临破产的商业银行等金融机构施以援手而投放货币。这样，货币供给的内生特征在我国表现得尤为突出，且更多地体现为一种"体制内

---

① [美]明斯基：《中央银行和货币市场变化》，《经济学季刊》1957 年第 5 期，第 171 页。
② [美]斯蒂芬·罗西斯：《后凯恩斯主义货币经济学》，中国社会科学出版社 1991 年版，第 131 页。

生"，政府作为投资主体及对国有部门（银行与企业）政治上、经济上的双重责任，1984 年确立中央银行职能以前的财政透支，20 世纪 80 年代以后中央银行与地方政府间的"财政包干"制，1995 年以前国有商业银行经营性与政策性业务的混淆，1998 年底以前中央银行体制背景下地方政府对中央银行地方分行信贷政策的干预，这些都成为货币供给"体制性内生"的重要基础。中央银行为维护金融稳定，而合并、关闭金融机构，处理坏账提供的再贷款，2000 年达到再贷款总额的 40%，2002 年达到 50%以上，结果扭曲了中央银行进行货币调控的意图。

　　20 世纪 90 年代中期以后，货币市场与资本市场发展加快，由于货币存量积累，微观主体对外部流动性的变化形成一定的自适应与调节机制。随着我国外贸依存度增强和资本流动规模增大，在现有汇率体制下，外汇占款与外汇储备及资本流动对货币供给的外在制约强化。在中央银行与商业银行、企业、居民户共同参与货币供给的机制演进中，各自的影响力此消彼长。在我国，间接融资仍然是社会资金融通的主要方式，货币控制主要是通过银行信贷渠道作用于经济运行。[①]但伴随着金融制度变迁，商业银行信贷行为在一定程度上游离出中央银行政策调控意图。例如，在 1998～2000 年，中央银行实行的是较为扩张的货币政策，M_2累计增长 74%，但由于商业银行的"惜贷"行为，信贷累计仅增长 48.6%；2003年由于货币信贷增长势头加快，中央银行频繁进行公开市场操作以图收缩信贷，但全年货币信贷增长率成为亚洲金融危机后的第一个高增长年份，出现了多年未见的贷款增速高于货币增速的现象。财政部门在停止透支后，以发行债务方式弥补短期赤字并筹集长期建设资金，这在表面上没有增加（或减少）货币供给，但却改善了金融市场的信贷可得性和流动性。中央银行主要依靠传统的再贷款渠道控制货币的能力受到削弱，对商业银行信贷规模的指令性限制也已经取消，在此背景下，不断加强对再贴现窗口与公开市场操作等数量调控手段的使用力度，并辅之以灵活的利率调节措施，对法定准备金比率的调整节奏也趋于频繁。比较而论，由于体制与经济环境的变化，目前货币政策的紧缩措施仍然容易收到成效，扩张性政策效应则相对滞后。2003 年下半年到 2004 年和 1998～2000 年，两个期间的实际经济运行分别说明上述两种情况。我们可以认为，从根本上否定中央银行对货币数量的控制力不符合事实，但货币供给内生的因素无疑已经由"政治内生"向潜在的微观机制和"经济内生"转移，长期看来，中国货币内生的机理有与一般市场经济国家趋同的迹象。

　　表 5-1 为中国 1994～2000 年外汇储备与基础货币投放增长情况，从中可以看

---

　　① 2003 年国内非金融企业部门（包括住户、企业和政府）贷款、国债、企业债券和股票融资（可流通上市股票的筹资部分）的比重为 85.1∶10∶1.0∶3.9。资料来源：中国人民银行调查统计司，见中宏网 2004 年 2月 25 日。

出，中央银行基础货币投放受到外汇储备增长率波动的影响。

表 5-1　中国外汇储备与基础货币增长情况（1994～2000 年）　　单位：%

年份	1994	1995	1996	1997	1998	1999	2000
外汇储备增长率	143.5	42.57	42.71	33.19	3.62	6.70	7.05
基础货币增长率	30.96	20.57	29.52	13.93	2.29	7.29	8.54

资料来源：www.pbc.gov.cn

二、对货币均衡问题的判断方法

如何判断货币供给是否适应货币需求或货币均衡问题？按经典的货币理论可以观察利率水平，借以判断货币利率与自然利率是否相等，价格水平是否稳定，社会投资是否等于储蓄。也可以测算国民经济总量增长是否达到潜在增长率，并进而判断货币供求平衡问题，或根据潜在经济增长率确定均衡的投资增长率。但是，上述不同方法都存在一定局限性，如在我国，借贷利率基本上由中央银行确定，货币供求数量平衡可能无法用利率指标加以判断，即使在市场利率体系中，自然利率如何确定也很成问题。[①]由特定年份投资与储蓄的关系判断货币均衡在理论和实践上都讲不通，因为，在货币经济条件下，储蓄以货币积累为载体，投资以货币形态为起点，二者在动态中可以保持一致，但在特定时点上的不一致情况则很正常。

如果以价格水平变动来权衡货币供给对货币需求的适应状况，就会涉及通货膨胀目标区的确定，但在转轨经济中通货膨胀目标区不易确定。按照卡塞尔的观点，存在货币均衡条件下的价格水平上涨。但以我国的实际情况判断，经济周期波动受明显的货币冲击影响，经济波动形态中价格水平的显著变化可以印证货币供求均衡问题，高通货膨胀（或通货紧缩）、总供求失衡往往蕴含有货币失衡的因素。当然，在价格放开之前，货币供给冲击在价格上的反映可能出现迟滞，在价格体制全面改革（1988 年）和市场化进程加快之后，货币数量变动的价格表现既可能反应敏感，也可能由于对经济前景的悲观预期而反应迟钝。所以，根据价格水平判断货币均衡不能局限于当期货币流量变动。对有关问题加以重视，价格水平变动仍可作为判断中国货币均衡状况的一个标志。

三、总供求变动与货币供给、通货膨胀的动态过程

我国在改革开放初期影响价格水平的主要货币指标是流通中的现金（M_0），1979 年以后，货币流通量增加很快，1978 年年末货币流通量为 212 亿元，到 1983 年

---

① 黄达：《货币供给与宏观调控》，中国人民大学出版社 1997 年版，第 39-40 页。

年末则达到 529.8 亿元。1984 年情况更为突出，原计划全年净投放货币 80 亿元，但由于下半年投放猛增，12 月当月投放量超过原计划全年投放量。1984 年年末货币流通量为 792.1 亿元，是原计划投放量的 3.28 倍，是 1949～1983 年总投放量的 49.51%。1984 年 M_0、M_2 增长率均是中华人民共和国成立以来至今为止的最高点，M_1 增长率为 34.32%，达到 20 世纪 80 年代的最高点。1985 年的零售物价指数上涨 8.84%，尽管达到 1978 年以来的高位，但应该看到，由于计划价格还占有主导地位，货币投放累积的通货膨胀潜能并未完全释放出来。

在当时对 1984 年货币投放是否过多的问题有不同看法。部分人士认为，货币增长超越经济增长是经济发展的要求，且以广东货币投放量占全国首位但未见物价上涨为据说明这一问题。但即使考虑到货币超前增长有货币化进程加快的因素，观察 1979～1983 年 M_0 增长率均值为 20.30%，1984 年 GDP 增长率为 15.2%等因素，1984 年货币投放过多的事实仍然不容置疑。其中的形成因素是工资性现金支出迅猛增加，行政经费控制不严，基本建设规模过大等。[①]货币供给增加、社会总需求扩张与价格水平上涨在改革开放初期短缺经济中相互加强与推进。

为了保证金融运行与经济发展循序步入良性互动的轨道，自改革开放以来至 1984 年的货币管理事实上有些混乱与严重失调，改革开放呼唤中央银行体制的出台，根据国务院相关法规，在 1984 年明确了中国人民银行的中央银行地位与职能。对此后的货币供给与经济运行状况可以区分为五个时期加以分析。

（一）1985～1989 年，货币政策从紧缩转为扩张，出现高通货膨胀

1985 年春季政府采取了紧缩政策，抑制总需求膨胀与经济过热，但 1986 年 3 月政策出现犹豫和摇摆，未能坚决执行紧缩方针，各项货币指标增长迅速，M_0、M_1、M_2 分别增长 23.34%、29.28%和 13.96%，固定资产投资贷款增长 44.6%。结果使这一时期的总需求从相对下降转为上升，总需求膨胀与高经济增长并存，经济结构扭曲和资源配置状况恶化，经济效益显著下降。在 1988 年价格全面改革的背景下，多年累积的通货膨胀压力被释放出来（由于政府采取了一系列措施，这种释放仍然是不完全的），1988 年和 1989 年零售物价通货膨胀率分别达到 18.53%和 17.78%。

（二）1990～1991 年，社会总需求回落，经济走入低谷，物价水平上涨被有效控制

面对高通货膨胀诱发的社会不稳定局面和经济秩序失调的状况，政府 1989

---

① 吴敬琏，李剑阁，丁宁宁：《经济改革初战时期的建设方针与货币政策——当前货币流通形势和对策》，载吴敬琏，胡季：《中国经济的动态分析和对策研究》，中国人民大学出版社 1989 年版，第 1-11 页。

年开始采取了较为严厉和全面的货币与财政紧缩措施,1989 年、1990 年两年 M_0、M_1 增幅显著下降,1989 年 M_0、M_1 分别增长 6.62% 和 9.84%,增速比上年分别下降 14.34 个百分点和 36.88 个百分点;1990 年 M_0、M_1 增长率分别为 8.91% 和 12.82%,均远远低于 20 世纪 80 年代的平均水平。1989 年和 1990 年货币流动性比率(M_1/M_2)分别下降 9 个和 7 个百分点(1978～2002 年平均下降约 2%)。紧缩政策使通货膨胀很快得到抑制,1990 年零售物价上涨率从 1989 年的 17.78% 突降到 2.11%,但 GDP 增长率由 1988 年的 11.3% 在两年中先后下降到 4.1% 和 3.8%。1989 年是改革开放后经济发展中少有的低增长、高通货膨胀年份,1990 年则保持了低增长和低通货膨胀,出现所谓的"市场疲软",显示短期总需求不足。人们以后回顾,认为这一时间段政策搭配的方向没有问题,但力度过大和"一刀切"迹象比较明显,没有适时进行充分的结构调整,使得其后的货币供给又步入快速扩张轨道。

(三)1992～1995 年,总需求膨胀和经济过热,通货膨胀达到自改革开放以来的最高点

政府对经济增长、经济发展的意向转趋强烈,1989 年以后政府制订的国民经济发展计划将经济增长率由原先的"八、九不离十"调整到 5%～6%。在 1992 年,国际、国内政治经济环境变化条件下认同"发展是硬道理"的基本思路,放弃过度紧缩的经济政策。继 1991 年之后,货币供给增长很快,其中 1992 年、1993 年 M_0 增长率分别为 36% 和 35.7%;1993 年 M_1 增长率为 43.85%,成为改革开放以来迄今增长率最高的年份。随之而来的是 1988 年以后的第二轮通货膨胀高峰,1994 年消费物价上涨率和零售物价上涨率分别达到 24.1% 和 21.69%,1995 年货币供给(M_0、M_1)明显下降,但仍然维持在 15% 左右。这一期间(1992～1995 年)维持了高经济增长,各年度 GDP 增长率依次为 14.2%、13.5%、12.6% 和 10.2%,是除 1963～1966 年之外第二次经济增长连续四年保持在 10% 以上的时段。经济发展中较为严重的问题是出现房地产泡沫。从社会层面看,1988 年和 1994 年两轮通货膨胀均显著扩大了收入分配的差距。据统计分析,反映我国收入分配情况的基尼系数 1995 年达到 0.45,超过了西方七国集团各国同一指标的数值。

(四)1996～1999 年,通货膨胀率下降并进入通货紧缩格局,出现明显的总需求不足

1999 年 GDP 增长率为 7.1%,是改革开放以后的次新低谷水平。政府在 1998 年确定综合运用财政与货币政策扩大内需的方针,政府行为成为支撑经济增长的重要力量。对如何判断这一时期经济运行中的货币因素争议颇多。中央银行负责人

最初（1999 年 3 月）答记者问时曾经认为，1997 年以后出现的价格水平下降不构成通货紧缩，其依据是通货紧缩有两个标志：价格水平下降；货币紧缩或货币供应小于货币需求。但我国 1997 年、1998 年狭义和广义货币增长率均大于经济增长率与通货膨胀率之和。这一解释是以名义货币需求增长率等于经济增长率加通货膨胀率为依据的，但 $\dot{M} = \dot{Y} + \dot{P}$ 只是说明影响货币需求的两个主要因素，作为具体的货币需求（从而货币供给）的计算公式有很大的局限性，因为其他一些因素叠加起来"会使货币需求增长率距 $\dot{Y}$ 和 $\dot{P}$ 的算术相加值很远"。[①]此外，1998 年各种物价指数均下降，若货币供给仅以满足当期经济增长率与物价上涨率（实际上是下降率）之和为尺度，隐含地认识是货币当局可以任由物价水平下降而无所作为。在出现通货紧缩后中央银行应该将货币供给扩张到显著大于由 $\dot{Y}$ 与 $\dot{P}$ 计量的所谓"货币需求量"，以诱使产生通货膨胀预期，克服利率调节的局限性。

1996 年以后，经济形势变化的基本经济因素是城乡间、地区间和阶层、各人间收入分配关系不合理。在改革开放进程中经济主体面临不确定性增强。消费者预期未来支出具有刚性，预期收入波动性增加。生产的结构性矛盾及外部冲击的负效应凸显出来（1998 年 8 月以后出口出现负增长）。总需求不足的矛盾在通货膨胀率较高的 1995 年已经表现出来，据有关统计分析，1995 年已有 90%的零售商品供大于求。

客观而论，对 1992～1999 年中国经济波动所显示的一些积极因素应该予以肯定（见本书第七章有关分析），但就中央银行货币管理职能而论有没有可能做得更好？由于 1996 年消费品价格、零售商品价格和工业品价格水平均已达到短期宏观调控的目标区以内（即 1994 年确定的将通货膨胀率控制在 10%以下），投资增长率自 1993 年以来也处在下降趋势中，1997 年似乎应该采取中性货币政策或适度从松的货币政策，但截至 1997 年底，中央经济工作会议仍宣示继续实施适度从紧的财政与货币政策。[②]从 1997 年的情况判断，尽管广义货币增长率连续三年下降，但狭义货币和流通中现金增长率持续两年上升，M_1 增长率已明显超出目标值。可是，1997 年及其后 1998 年的价格水平出现向下的运动，1997 年全年工业品价格指数下跌 0.3%。[③]M_2、M_1 和 M_0 增长率在 1995～1997 年变化的非同步性给中央银行判断货币均衡带来一定困难。如果说 M_1、M_0 对价格的影响更为敏感，那么 1997 年、1998 年的价格水平变化没有分别反映出 1996 年、1997 年 M_1、M_0 的增长情况，似乎出现了中国式的"失踪的货币"。可能因素是金融交易稀释了货币

① 黄达：《货币供给与宏观调控》，中国人民大学出版社 1997 年版，第 25-26 页，其中，$\dot{M}$、$\dot{Y}$、$\dot{P}$ 分别表示名义货币需求增长率、经济增长率和通货膨胀率。

② 但会议上又提出采取新的更有力的措施解决失业问题，从而释放出调整宏观经济政策的意向。

③ 1996 年 3 月第八届全国人民代表大会第四次会议通过的《中华人民共和国国民经济和社会发展"九五"计划和 2010 年远景目标纲要》提出"九五"期间实行适度从紧的货币政策，将 M_1、M_2 年均增长率分别维持在 18%和 23%左右。

增量，以及其他影响价格的力量增强。货币供求往往并不直接影响总需求和价格水平。这些给转轨经济中的货币宏观调控提出了新的问题。

（五）2000～2003 年，经济处于新一轮经济周期的上升阶段

投资需求增长仍然是 1998 年以来经济保持较高增长的主要拉动力量，原材料、能源和进口商品价格上涨及货币、信贷快速增长导致产生通货膨胀压力。经济运行状况引起了理论界和政府部门人士的一系列争议。例如，2003 年经济运行状况是全面过热还是结构失调？下一步将面临的是通货膨胀还是通货紧缩？期间关于"非典"对经济增长的影响、货币政策的传导机制、人民币汇率问题均展开了讨论与争鸣。笔者认为，2003 年我国经济形势主要反映为一种结构失调或局部过热，表现为房地产、钢铁、汽车等领域投资扩张太快。而同时，2003 年消费需求较快增长仍然是恢复性的，净出口对总需求与经济增长的贡献度明显减弱。通货膨胀压力仅仅反映短期、浅表的经济运行失衡状况，通货紧缩则仍然是反映深层次经济矛盾的一种趋势。观察价格水平，2003 年消费品价格上涨 0.91%，零售商品价格上涨 0.86%，固定资产投资价格上涨 2.29%。[①]零售价格水平实际上是从 1998 年以来连续五年下降过程中刚走出来。将不同种类价格水平变动进行比较可以发现：推动总需求的各种因素中可能存在生产、投资"一头热"的情形。

我们既要看到在地方政府行为扭曲下投资领域中所残留的原有体制的严重弊端，也要看到影响总需求的分配领域中的问题远远未得到纠正，消费者预期的方向没有从根本上被扭转。所以，在面临短期通货膨胀压力条件下既要治"标"，也更不能忽视治"本"。简言之，通货膨胀是短期矛盾，通货紧缩是长期问题。还有，近期通货膨胀是否预示着埋下了今后通货紧缩的种子？我国生产、分配关系在一定程度上脱离了消费大众和低收入阶层，通货膨胀与通货紧缩只是同一问题两种不同形式的反映。2003 年货币与信贷增长均较快，广义货币、流通中现金和基础货币增长率分别为 19.6%、14.3%和 16.7%，全部金融机构贷款增长 21.43%。中央银行较为灵活地运用公开市场操作，于 2003 年 8 月 23 日提前约一个月宣布上调存款准备金率一个百分点，适度调低存款准备金利率，扩大贷款利率浮动区间，密切监测房地产贷款情况，对商业银行贷款进行风险提示和窗口指导，进行了一系列货币政策的积极探索。应该说，今后不但要注意如何把握货币政策松紧的时机选择和力度问题，而且要深入研究怎样形成政策工具组合，提高金融宏观调控效率与政策机制的设计问题。

---

① 中国人民银行：《2003 年货币政策执行报告》，中国宏观经济信息网，2003 年 2 月 25 日。

　　回顾 1996 年以来金融运行与经济发展的情况，我们发现必须重视影响货币政策制定、实施的体制环境（包括政治的和社会的因素），具体有两个方面：其一，在主导思想上要增强货币政策的独立性，以免除不必要的干扰，缩短时滞，提高效率；其二，严格对各级政府干预货币与信贷政策的法律约束。相关的约束条款可以在《中华人民共和国中央银行法》和《中华人民共和国行政法》中予以明确。正如理论界所指出的，货币传导机制及效率可能不是一个纯粹的经济与金融问题，2000 年 6 月 5 日中央银行 121 号文件《关于进一步加强房地产信贷业务管理的通知》和 8 月 3 日国务院第 10 号令《关于促进房地产市场持续健康发展的通知》分别引起广泛的反对之声和被奉为"救世之方"，一方面这一现象的产生可能意味着中央银行宏观调控意图与政府政策导向由于各自对经济形势判断不同而出现分歧；另一方面，也可能反映了强势利益集团在宏观决策中的主导倾向在起作用。[①]如果将 2002 年 8 月至 2003 年信贷扩张及个别行业投资膨胀的背景因素仅仅理解为所谓官员的"政绩工程"，是一种非常肤浅的认识（或许有所讳言），深层次原因是经济利益关系在起作用。由于产业部门、商业银行和地方与部门政府层面的一些个人纠合成的集团寻求集团利益与宏观经济运行的契合点，将一次总需求与价格水平的正常变动扭曲为一次短暂的局部经济过热。一些人担心出现中国式的"裙带资本主义"，这样的担心可以说不无根据。

---

① 江其务：《论宏观经济金融形势与金融支持经济发展的战略》，《陕西师范大学学报》2004 年第 1 期，第 16 页。

第六章　中国转型期货币流通速度分析

直接以可观测货币存量或流量分析货币需求，将统计量直接视为货币需求量，其潜在前提是货币供给完全内生，但这并不符合事实。货币流通速度是研究和分析货币需求变动趋势与特点的重要尺度，但问题是，在短期内货币流通速度对经济事件反应未必敏感，从而不易观察（主要是广义货币）。所以在本章分析中，除货币收入流通速度之外，还引入货币流通速度变化率，将其作为对货币需求（也是对货币供给）做出敏感反应的适应性变量。通过具体分析得出有关货币流通速度及其变化率与宏观经济运行、投资增长、利率、通货膨胀率关系的一系列结论。有关分析在一定程度上削弱了人们认为中国货币需求函数不稳定的一般看法。

第一节　概念框架

一、货币流通速度和货币存量、货币流量

分析货币的流通速度问题是出于研究货币数量如何影响价格和收入水平的目的，由于货币数量变动是在货币流通速度变化的基础上对价格与收入水平产生影响，所以，孤立地研究货币数量与经济变量间的关系，不能充分说明货币与实际经济运行的联系。货币流通速度实际上有两重含义：第一，单位货币在一定时期平均的周转次数，即货币在完成各类交易中的转手率；第二，货币数量相对于收入量（或交易量）的比例关系。在具体应用时，人们是按第二种意义处理的，因为交易资料难以收集。实际上，货币流通速度加快（减慢）更可能反映的是贮藏货币向现实流通货币——作为媒介手段的转化（或相反），未必就是现实流通货币本身周转率的变化，尽管后一种因素也存在。

按照塞尔登的定义，"货币流通速度（V）是一个时期中货币的流量与该时期中货币平均存量的比率"。在介绍现代货币数量论的货币需求理论时，我们已经说明，塞尔登所使用的货币的"收入流通速度"是一定时期中总货币收入与平均总货币存量之比，但除此之外，还有货币的"交易流通速度"，是指一定时期中总的货币交易量决定的货币流量与平均总货币存量的比率，即 $V_t=PT/M$，其中 P 是一般物价水平，T 是所有货币交易的实际价值。[①]若如此，货币流量在数量上有两种

---

① [美]理查德·T.塞尔登：《美国的货币流通速度》，载米尔顿·弗里德曼，菲利普·卡甘，约翰·J. 克莱因，等：《货币数量论研究》，中国社会科学出版社 2001 年版，第 191-192 页。

外延范围，既可能是流通领域中由货币完成的交易总量的名义货币价值，也可能是经济体系中的货币收入总量，究竟属于哪种取决于所使用的流通速度类别。但这里对于流量与存量的区分，无论选取货币收入流通速度还是交易流通速度，货币流量均不同于劳伦斯·哈里斯所定义的由货币存量变动导致的货币流量范畴。[①]现实中的货币存量，实际上即货币供给，货币存量变动（流量）即为货币供给变动。而流通速度中的货币流量，并不代表货币供给变动，而是反映一定时期与生产流通环节联系的全部货币交易（在交易流通速度中）或部分货币交易（在收入流通速度中）。

二、指标选取和分析路径

（一）选择 GDP 作为收入的替代指标

我们仍然循着塞尔登的分析思路。由于总体货币交易数据不易获取，加之收入流通速度直接将货币数量与收入水平联系起来，这正是经济学所关心的问题，所以，选择货币收入流通速度作为分析对象。与塞尔登所不同的是，我们选取 GDP 作为收入指标，而放弃国民收入或净国民生产。由于国外直接投资既是国内按交易或者货币收入计量的重要影响因素，又是对国民收入增长不可忽视的贡献因子，选择包含国外直接投资生产的 GDP 作为国民收入指标是一种很好的替代。

（二）对流通中现金（M_0）、狭义货币（M_1）、广义货币（M_2）的流通速度（分别记作 V_{y_0}、V_{y_1}、V_{y_2}）作个别比较分析

塞尔登考虑到他所分析的一定历史时期或由于缺乏活期存款的统计数据，或由于存款分类很不可靠，以及活期存款与定期存款相互转移，加之对于货币流通速度的长期趋势分析，他认为选择 M_2 作为货币存量指标较为合适。[②]但就中国的货币统计而论，塞尔登所述各种因素还不足以造成显著影响。塞尔登、弗里德曼与施瓦茨等分析货币问题的长期趋势所涉及的样本区间一般达 100 多年，比较而论，我们选择中国改革开放以后作为分析的时间区间，即使发现

①　[美]劳伦斯·哈里斯：《货币理论》，中国金融出版社 1989 年版，第 25 页。
②　[美]理查德·T.塞尔登：《美国的货币流通速度》，载米尔顿·弗里德曼，菲利普·卡甘，约翰·J. 克莱因，等：《货币数量论研究》，中国社会科学出版社 2001 年版，第 259-260 页。

M_2 流通速度的一些特征，也并不代表更长时期趋势。实际上我们认为，鉴于分析中国货币问题的客观上的限制及转型期货币流通速度的不确定的特征和不稳定性，短期分析可能更有意义，塞尔登本人也注意到了"过渡"期货币流通速度的不稳定性，过渡期无疑属于短期。我国的现实情况是 M_0、M_1 比 M_2 的流通速度更为灵敏，其内在原因可能在于 M_2 中的定期存款有更多的价值贮藏功能，转换成本高，限制条件相对严格，M_0、M_1 主要执行交易媒介职能，具有"飞翔"货币的性质。

据以上分析，有必要对 M_0、M_1、M_2 分别做出分析，并尽可能将它们加以比较。

（三）引入对货币流通速度变化率的分析

货币流通速度变化率，可近似地被看成是货币流通速度沿时间维度变动的一种放大了的形式（图 6-1 和图 6-2）。物体运动的速度和加速度都被用以反映物体位移相对于时间的关系，货币流通速度与货币流通速度变化率具有类似的意义。我们引入货币流通速度变化率是因为对其观察更为清晰，但前提是，影响货币流通速度变化和影响货币流通速度变化率的因素基本一致。当然，二者的变化方向也可能不同，如货币流通速度是上升的，但比之上一年上升的幅度下降了，则货币流通速度变化率是下降的（如 V_{y_0} 和 ZV_{y_0} 的变化），这表明影响货币流通速度上升或下降的主导因素出现此消彼长，或者解释变量自身变动出现反转。

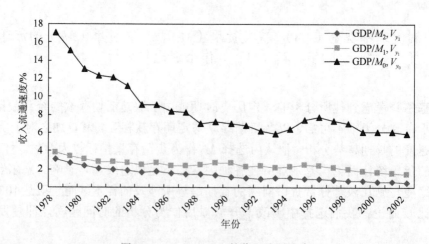

图 6-1　M_0、M_1、M_2 的收入流通速度

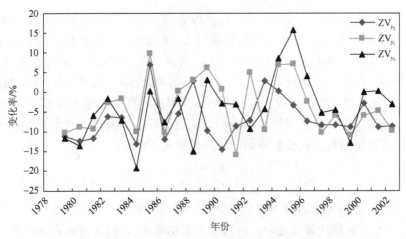

图 6-2 各层次货币收入流通速度变化率

（四）选择利率（名义利率、实际利率）和通货膨胀率作为影响持有货币的机会成本变量

我国货币市场利率数据（同业拆借、债券回购）只是在 20 世纪 90 年代初以后才出现，加之比较中央银行公布的存贷款基准利率，后者对货币流通速度的影响可能更为显著，所以，选择一年期存贷款利率作为利率变量取值。由于我国各类存贷款利率走势基本一致，所以究竟选择何种期限和同期限选择何种利率，不影响分析。通货膨胀指标主要选择零售价格通货膨胀率。

三、货币流通速度及其变化率变动与货币均衡的关系

塞尔登认为，对 V_y 的分析涉及与交易量有关的货币需求。但由于交易量也与总货币收入发生联系，而以货币收入作分子计算货币需求（即 $D_m = Y/M$）至少包括了交易总量的一部分（或者子集），所以，V_y 的上升或下降，既可以反映收入和支出的频率，在一定程度上也反映与交易有关的货币需求变动。更重要的是，我们可以将 V_y 上升或下降看成决定于收入的对贮藏货币的需求与决定于交易总量的对作为媒介手段的货币需求之间的转移。

怎样理解货币流通速度变化与货币均衡的关系？对此，塞尔登并没有给出答案，他根本没有涉及货币供给、货币均衡问题，甚至在提到货币流通速度与货币需求的关系时，也无意认真澄清两者的关系，只是说"人们经常遇到一个在货币流通速度下降时期出现的货币需求上升的说法"。[①]按照塞尔登对货币需求的定义：

① [美]理查德·T.塞尔登：《美国的货币流通速度》，载米尔顿·弗里德曼，菲利普·卡甘，约翰·J.克莱因，等：《货币数量论研究》，中国社会科学出版社 2001 年版，第 191 页。

$$D_m=M/PT \tag{6-1}$$

D_m 为剑桥方程式中与全部交易联系的 k，而 $k=1/V$。所以货币流通速度上升意味着货币需求下降的说法并没有错（反之则不是）。但这并不能说明是 V 自身变化的起因，我们关注的是某些因素引起货币需求变动，这时当货币供给做出相应调整（而且被货币需求吸收），仍然保持货币均衡，货币流通速度则不发生变化，如果流通速度发生变化，说明原有货币均衡被破坏，失衡状况的形成因素是货币需求比较货币供给有过剩或者不足。为此借助式（6-2）：

$$M_sV=M_d$$
或
$$M_s=M_d/V \tag{6-2}$$

M_d 和 M_s 分别为货币需求和货币供给，等式表明处于货币均衡状态。当由于其他有关 M_d 的解释变量（利率、价格等）变动使 M_d 出现上升或下降趋势时，向均衡的调整有三种途径：M_s 变动或 V 发生变动，或二者同时变动。我们假定 M_d 的解释变量是外生的，为了方便暂不考虑第三种调节，那么很容易得出结论：如果 M_d 上升，当 M_s 不变，V 上升，形成对超额货币需求的补足，V 是系统内部的一个调节变量（犹如天平的游标）。相反的情形也同样成立，即当货币供给过量，V 下降从而使一部分货币退出流通。M_d 上升或下降的动机是在 M_s 稳定的约束条件下货币流通速度变动的直接原因。通常塞尔登提出的说法并没有错，但我们在分析货币流通速度时却不能说由于货币需求上升，货币流通速度下降，也不能说由于货币需求下降，货币流通速度上升。

据上述分析，在观察货币流通速度变化时，除联系货币需求的机会成本、规模变量，还需同时注意货币供给变化。

第二节　中国货币流通速度分析

一、货币收入流通速度与经济运行分析

比较中国 M_0、M_1、M_2 的收入流通速度在 1978～2002 年的变化（图 6-1），发现三种流通速度沿时间历程，对各相关因素反应的敏感度是依次减弱的，但仍然存在一些相似的特征。

（1）货币流通速度在 25 年间呈现出下降的趋势，但在短期内表现出上升或下降趋势的特点，在经济扩张期上升（或者下降的节奏减缓），在经济收缩期下降。这与塞尔登所分析的美国 20 世纪的情况相似。广义货币流通速度的变化趋势虽然平缓，但在 1985 年、1988 年、1993～1994 年都表现为上升。在经济增长达到繁荣的顶峰时，因为货币当局判断经济"过热"而紧缩银根，但由于货币交易和收入增加（通货膨胀率较高，实际利率水平很低），货币需求增加，超额货币需求由

于货币流通速度上升而得以满足。

（2）虽然各层次货币收入流通速度变化与经济运行中的扩展、收缩期大体一致，但其转折点被货币供给增长率的异常波动打乱。在1992年开始的新一轮高速经济增长中，M_0的流通速度被推迟到1994年由下降转为上升，是由于1992年、1993年M_0增长率分别达到36%和35.7%，而1994年下降为24.28%。同样的，V_{y_0}在经济高速增长的1988年仍然下降，是因为当年M_0的增长率高达46.72%，1989年M_0增长率陡降至9.84%，但经济仍然维持一定增长，加之通货膨胀率较高，从而V_{y_0}上升。三种流通速度中只有V_{y_1}超前于1992年上升，是由于1992年唯独M_1增长率显著下降，M_1由1991年的38.59%下降到1992年的17.48%。[1]

（3）要判断货币流通速度变化与经济周期的关系，对M_0的分析最为清晰。以1981年作为起点，M_0的收入流通速度已经呈现出四个周期，即1981~1984年、1985~1988年、1989~1993年、1994~1999年，大体领先宏观经济周期1~2年。对这种情况的解释是：经济增长周期的复苏以市场需求活跃为起点和诱发因素，而市场需求活跃必然反应在M_0（在我国仍然是重要交易媒介）的流通速度上。说明M_0流通速度可以作为经济景气的领先指标。V_{y_0}在1984年、1985年、1988年、1989年均上升但变化很小，在1993~1996年却上升了30.46%。比较1993~1996年M_0增长率，各年度分别为35.70%、24.28%、8.19%、11.63%，四年间M_0增长率锐减，远低于1979~2002年20.66%的平均（算术平均）增长率。相应的经济运行状况是经济高增长、高通货膨胀、低实际利率，意味着用于交易的备用货币的需求应该增加。面临紧缩的货币政策，货币流通速度提高的潜在机制是货币市场交易趋于活跃。1993年12月31日上海证券交易所推出债券回购业务，1993年下半年中国人民银行牵头成立35个大中城市融资中心，1996年1月全国统一的银行间拆借市场正式成立。1996年10月以后同业拆借市场有所萎缩，1997年12月比上年同期下降了75.63%。[2]金融创新机制影响着V_{y_0}的变动。

（4）从流通速度变化率与GDP增长率的轨迹观察（图6-3），M_2流通速度变化率与经济增长率变动的拟合最好。M_0、M_1流通速度变化率的趋势在1987年以前与M_2大体一致，但1988~1992年两者相互之间及与M_2流通速度均呈交错状（图6-2和图6-3）。其中的影响因素包括1988年M_0超常增长及在1988年高通货膨胀和1990年经济收缩期各自有不同表现。M_2收入流通速度V_{y_2}的上升与经济扩展的时间比较一致。这些似乎表明M_2及与之相关的V_{y_2}、ZV_{y_2}比M_0、M_1的相关指标具有更显著的内生化和稳定性特征。

---

[1] 相关数据及来源见附录二中附表2-1~附表2-4。

[2] 钱小安：《中国货币政策的形成与发展》，上海三联书店、上海人民出版社2000年版，第53-57，第64页。

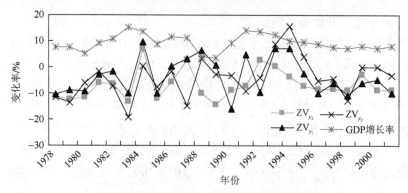

图 6-3　GDP 增长率与 M_0、M_1、M_2 流通速度变化率

（5）由于选择 GDP/M 作为货币收入流通速度，V_{y_2} 就恰好是货币化比率（M_2/GDP）的倒数，图 6-1 中 V_{y_2} 的下降趋势同时表明货币化比率在改革开放以来的上升趋势。V_{y_2} 从 1978 年的 3.07 下降到 2003 年的 0.53，货币化比率则从 1978 年的 0.33 上升到 2003 年的 1.89。V_{y_2} 平均每年下降 6.53%，货币化比率则每年上升 6.53%。

（6）使货币收入流通速度长期下降的因素分析：不存在所谓"中国之谜"。我们所使用 M_2 的收入流通速度与货币化比率的倒数关系是目前所分析问题的一个重要基础。麦金农曾经将中国在财政迅速下降同时快速的货币供给没有导致爆发式的通货膨胀称为"中国之谜"。他本人解释这是一种多要素的合力作用，包括国有银行体制对政府的融资功能、国有企业剩余在银行账户中可以随时冻结、政府实行的价格双轨制、农业部门实际上成为政府的贷款者、非国有部门对高经济增长的贡献、高储蓄率及他一贯主张的正实际利率在中国产生的互补效应等。[①]其他学者对这一问题的主要解释是货币化进程稀释了大量货币。

研究者对"超额货币供给"的理解是，货币存量增长率超过了经济增长率加上通货膨胀率，这实质上与货币化比率提高是同义语，与广义货币收入流通速度较快下降有相同意义。对广义货币收入流通速度下降的解释也就同时解释了"超额货币供给"和货币化比率提高的问题。塞尔登在总结使交易流通速度（V_t）与收入流通速度（V_y）离散的原因时所谈到的几点，已经解释了货币化比率上升的原因，即：①金融交易相对于收入是上升的；②非金融交易相对于收入是上升的（由于纵向分工深化）；③非货币收入的实物交易向货币经济转移（即国内学者所指货币化进程）；④持有货币的机会成本下降（如利率水平下降）；⑤个人实际收

---

① [美]罗纳德·I.麦金农：《经济市场化的秩序——向市场经济过渡时期的金融控制》，上海三联书店、上海人民出版社 1999 年版，第 271-285 页。

入增加。①当人们的财富存量增加，一部分财富以货币资产方式持有（货币价值贮藏功能的体现），而货币化比率的分母中没有计入非当期收入和财富。此外，随着资本有机构成的提高，产业部门用于周转的常备货币量的调节范围虽然扩大了，但常备货币量相对于生产规模可能是上升的。联系塞尔登提到的第二点，由于中国是从计划体制向市场经济转轨，原先在一个企业部门生产的产品可能被不断地拆分到不同的作为独立交易单位的企业，所以相对一定收入水平的交易规模是扩大的，交易性货币需求也扩大了，但收入流通速度未包括全部交易。

假如不考虑财政下降因素，麦金农所谓"中国之谜"潜在地指中国货币化比率迅速上升（或 M_2 收入流通速度快速下降）。我们试选择一个参照系，比较中国货币化比率的变化是否达到常人难以想象的水平。为此，再回到塞尔登的分析，塞尔登对在他以前有关美国货币（M_2）收入流通速度的研究做出了详尽的比较，其中，对沃伯顿的研究结果较为推崇，认为其研究结果较少有人质疑。沃伯顿对美国 1839～1939 年货币流通速度的回归斜率估计为–0.0628，即货币流通速度每年下降 6.28%，这与沃内特及沃伯顿本人对可比时期用其他方法计算的斜率–0.0586 和–0.0594 相当接近。②也就是说，美国在 100 年中货币化比率每年提高6.28%，这与中国在 26 年间每年年均提高 6.53%没有实质性的差别。在收入流通速度中是使用国民收入还是使用 GDP 不会产生实质性影响。

鉴于上述分析，所谓"中国之谜"实际上不存在。

二、货币流通速度对投资增长的反应

M_2 流通速度变化率与名义、实际投资增长率的相对变动关系见图 6-4。投资

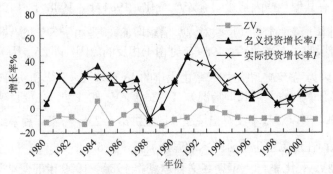

图 6-4　M_2 流通速度变化率与名义、实际投资增长率

① [美]理查德·T. 塞尔登：《美国的货币流通速度》，载米尔顿·弗里德曼，菲利普·卡甘，约翰·J. 克莱因，等：《货币数量论研究》，中国社会科学出版社 2001 年版，第 237-238 页。

② [美]理查德·T. 塞尔登：《美国的货币流通速度》，载米尔顿·弗里德曼，菲利普·卡甘，约翰·J. 克莱因，等：《货币数量论研究》，中国社会科学出版社 2001 年版，第 196-202 页。

的名义、实际增长率的变动基本上一致，原因在于，名义增长率上升、下降时通货膨胀率也上升或下降，投资的名义增长率与实际增长率未完全亦步亦趋，是由于各年度间名义投资增长率与通货膨胀率变动幅度的差异。

ZV_{y_2} 与投资增长率的高点与低点吻合很好，与名义投资增长率尤其如此，因为名义投资增长率反映了交易性货币需求。[①]其中 1991～1998 年 ZV_{y_2} 波动的幅度明显低于投资增长率的波动幅度，名义投资增长率在上升和下降过程中平均波动幅度为 62.76%，而 ZV_{y_2} 平均波动幅度为 14.15%。造成这种差别的主要因素是货币供给增长率的波动，M_2 增长率在 1978～1990 年均值为 24.57%，而 1991～1993年均值达 28.95%。此外，可能意味着在投资增长率上升和下降期间存在货币需求的规模节约与规模不经济倾向。

三、货币流通速度对利率的反应

在对利率调节效果进行分析时曾提到计量模型的某些缺陷，对货币流通速度与利率的相关分析如果采用计量模型，由于其他因素变化引起个别年份样本值产生异常变化，在样本数量有限时无疑会影响到分析的可靠性。

（一）M_0 流通速度变化率与一年期实际存款利率

ZV_{y_0} 与一年期存款利率在 1992 年以前有同向变化的迹象，但对不同年份作具体分析，有其他一些因素影响着 ZV_{y_0} 变化，1984 年、1988 年和 1992 年 ZV_{y_0} 没有因为实际利率下降而上升（反映对 M_0 需求增加），是由于各年度有超额的货币供给，ZV_{y_0} 下降吸收了超额供给；1989 年则由于相反的原因，即 ZV_{y_0} 因为实际利率上升而下降，是因为当年 M_0 供给增长率由上年的 46.72% 急速下降到 9.84%（还应考虑到较高通货膨胀率及收入增长率情况）。1993 年 ZV_{y_0} 的变动，主要反映了通货膨胀率的上升。1994 年以后基本没有出现超额现金供给，ZV_{y_0} 与实际利率维持了反向变动的趋势，从而在现象上也符合基本的理论预测（图 6-5）。

M_0 流通速度变化率与一年期名义存款利率 1988～1999 年的变动呈现出一致。但这并不必然反映两者之间在事实逻辑上的因果关系，而是反映了 ZV_{y_0} 与通货膨胀率之间的关系（图 6-6）。

---

① 当然，投资增长产生的货币需求不仅涉及 M_2，如 1993 年名义投资增长达到改革以来最高水平，M_1 增长率同时达到最高（43.85%），M_0 增长率也很高（35.7%）。

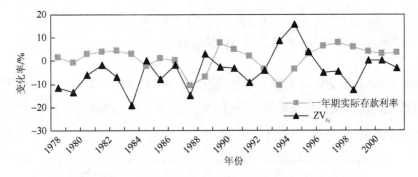

图 6-5　一年期实际存款利率与 M_0 流通速度变化率

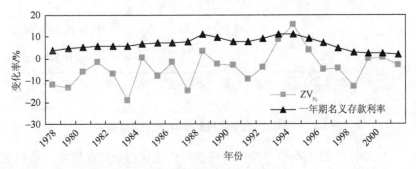

图 6-6　一年期名义存款利率与 M_0 流通速度变化率

（二）M_1 流通速度与一年期实际存款利率

如同对 ZV_{y_0} 的分析，M_1 流通速度变化率在 1980～1984 年及 1991 年、1993 年均由于 M_1 供给增长率变化而改变了与实际利率的关系，但 1985～2002 年两种变量基本上呈反向变动（图 6-7）。对个别年份（如 1994 年）的解释除了货币供给与实际利率之外，仍要参考通货膨胀率。

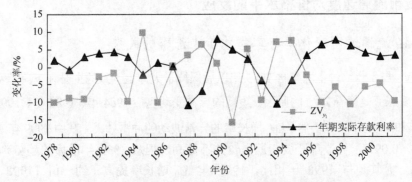

图 6-7　一年期实际存款利率与 M_1 流通速度变化率

（三）M_2 流通速度变化率与一年期实际存款利率

1980～1984 年的情况类似于 ZV_{y_1} 的变动，1985～2002 年 ZV_{y_2} 与实际利率较 ZV_{y_1} 更好地呈现出反向变动趋势，尽管 ZV_{y_2} 在 1984 年、1986 年、1990 年波动的强度受到广义货币供给的影响（图 6-8）。

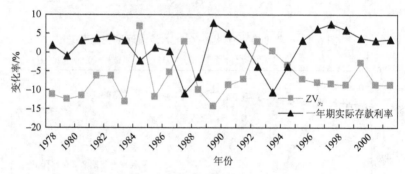

图 6-8　一年期实际存款利率与 M_2 流通速度变化率

M_0、M_1、M_2 供给的不稳定性依次递减，内生化特征依次递增，从而对货币流通速度变化率的冲击效果强度的差别是三种变化率与实际利率关系稳定性的重要决定因素。

货币流通速度变化率间接但更加清晰地反映了货币流通速度及货币需求与实际利率间的相对运动（尽管时滞不同）。货币供给在中国是改变货币流通速度与实际利率关系（可观察的）的重要变量。引入通货膨胀率并不改变货币流通速度及其变化率与实际利率的关系，原因在于通货膨胀率上升时实际利率一般是下降的，但前者上升（下降）与后者下降（上升）均导致货币流通速度加快（减慢）。

四、货币流通速度对价格水平的反应

（一）M_0 流通速度变化率与零售物价上涨率的关系

ZV_{y_0} 与零售物价上涨率自 1985 年以后保持了大体上一致的上升和下降趋势，说明通货膨胀率是解释 ZV_{y_0} 的原因。短期的异常变动包括 1984 年、1988 年、1992 年、1995 年和 1999 年，这仍然是 M_0 增长率的异常波动的冲击效果。其中 1999 年 M_0 增长率为 20.09%，与改革开放初期比较并不算高，但从 1995 年以后的趋势判断仍然很高，尤其是与 1998 年相比，1999 年 M_0 增长率提高了约一倍（1998 年为 10.09%）。1995 年 ZV_{y_0} 也没有伴随通货膨胀率下降而下降，是由于当年 M_0 增长率由上年的 24.28% 骤降至 8.19%（图 6-9）。

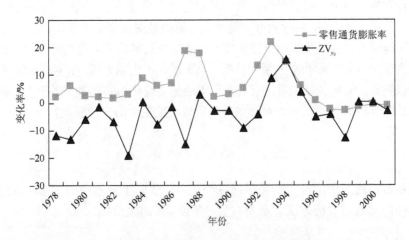

图 6-9　零售通货膨胀率与 M_0 流通速度变化率

（二）M_1 流通速度对价格水平变动的反应

与对 M_0 的分析相似，ZV_{y_1} 与零售通货膨胀率 1985 年以后大体保持一致，通货膨胀率可以解释 ZV_{y_1} 的变化。特殊的年份是 1984 年、1989 年、1991 年和 1993 年，其中 1989 年 M_1 增长率锐减，其他年份 M_1 增长率大幅上升，分别改变了当年 ZV_{y_1} 与通货膨胀率的相对关系（图 6-10）。

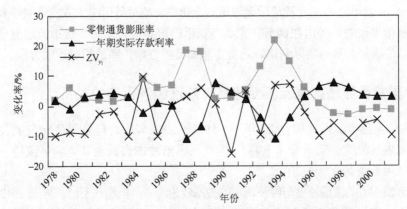

图 6-10　通货膨胀率、一年期实际存款利率与 M_1 流通速度变化率

为了同时比较 ZV_{y_1} 与通货膨胀率、实际利率的相对变动关系，在图 6-10 中绘制了一年期实际存款利率曲线。零售物价上涨率与一年期实际存款利率呈现出显著

的逆向运动关系，由于价格水平基本上顺经济周期波动变化，名义利率调整虽然由中央银行掌握，但也是根据经济景气状况和物价水平变动做出判断，具有顺经济周期特点，所以可以认为，实际利率变动的直接原因是通货膨胀率变动。据以上分析，货币流通速度变化率（及货币流通速度）与通货膨胀率的关系已实际蕴含了对货币流通速度变化率和实际利率关系的分析，只不过在得出结果后，将两种相对变动的方向加以倒置。但从现象上看，有关货币流通速度变化与实际利率的分析，在一定程度上是对分析通货膨胀率如何影响货币流通速度变动的一种替代。

第三节　结论及政策含义

选择货币流通速度及货币流通速度变化率，实际上是对中国货币需求问题的一种间接但有效的分析方法。现将有关分析结论归纳如下。

一、货币流通速度及其变化率若干特点

结论 1：货币流通速度变化率是对货币流通速度本身变动在方向和速率两个维度上的综合反映，能更好地反映流通速度与货币需求、货币供给、利率、通货膨胀率及实际经济变量的相对运动。

结论 2：中国各货币层次结构比率已经发生了变化，M_0/M_2 从 1979 年的 18.08% 下降到 2002 年的 9.34%，M_1/M_2 从 1978 年的 80.41%下降到 2002 年的 38.31%，分别下降了 48.34%和 52.36%。这表明随着货币存量增长，货币的贮藏功能愈益明显，从而形成货币流通速度长期下降但短期波动的重要基础。

结论 3：货币流通速度及货币流通速度变化率，是对货币需求或货币供给变动从而产生货币失衡的一种内在调节。尤其当货币供给异常波动时，货币流通速度及其变化率总是改变自身与实际利率、通货膨胀率及投资增长率的相对运动方向。

二、中国货币流通速度及其变化率与宏观经济运行的关系

结论 4：货币流通速度在 25 年中（1978～2002 年）与经济景气状况的关系是在经济扩展（收缩）期上升（下降）。但货币供给冲击会改变其方向，流通中现金与狭义货币表现得尤为突出。

结论 5：M_0 的流通速度与经济周期的关系较为清晰，但超前于经济周期 1～2 年。原因在于，市场需求活跃是经济周期复苏的起点，而需求变化必然首先反映在现金流通速度上。

结论 6：发生于货币市场的金融创新机制是现金流通速度在 1993～1996 年提高 30.46%的重要解释变量。这预示着货币流通速度在长期下降趋势中，于今后

某一时期由于经济环境变化还会显著上升，从而至少部分地抵消中央银行紧缩银根的政策效果。

结论 7：广义货币流通速度变化率与经济增长较好地保持一致。这既说明 M_2 具有较强内生化特征，也说明 M_2 在影响实际变量方面可能更为有效。

结论 8：对货币收入流通速度下降趋势的解释，同时解释了货币化比率上升或超额货币供给问题。与美国 1839～1939 年的情况比较，并参考塞尔登对交易流通速度与收入流通速度离散的五点解释，中国货币化比率上升的速度并非难以理解。所谓"中国之谜"事实上不存在。

结论 9：M_2 流通速度变化率可以较好地适应名义、实际投资增长率变动所产生的货币需求变化。相关分析还说明，在投资增长率周期性上升阶段存在货币需求的规模节约，在投资周期性下降时存在货币需求的规模不经济。

三、货币流通速度变化率对实际利率和通货膨胀的反应

结论 10：中央银行现金供给在 1992 年后向"规则"化发展。根据是 M_0 的流通速度变化率在 1992 年以前具有与实际利率同向变动迹象，1992 年以后转趋反向变动，1992 年以前 M_0 供给异常波动是主要影响因素。

结论 11：M_1、M_2 流通速度变化率均于 1985 年后和实际利率呈现出反向变动，结合对 M_2 流通速度与 GDP 增长率的分析，说明 M_0、M_1、M_2 的稳定性和内生化特征依次递增。

结论 12：通货膨胀率是货币流通速度变化率的解释变量之一。通货膨胀率与实际利率相对于货币流通速度变化率的变动可以很好地从反面加以相互印证，因为通货膨胀率上升或下降是实际利率下降或上升的直接原因。

四、政策含义

结论 13：中央银行货币政策必须考虑货币供给在货币流通速度基础上发挥作用，货币流通速度变化率与利率、通货膨胀率及货币供给的关系沿时间流程的一致性，削弱了理论界认为中国货币需求函数不稳定的相关结论。解释变量不稳定，不意味着被解释变量与解释变量间的关系不稳定。

结论 14：各层次货币供给中，与宏观经济目标相关性较强的是 M_2。在货币供给外生条件下，可以将数量控制的中介指标选择为广义货币增长率；但在 M_2 内生化特征不断增强条件下，不妨选择利率中介并控制通货膨胀率，通过对实际利率施加影响，从而影响货币需求以实现货币均衡和经济均衡。

第七章　通货紧缩背景下的经济周期分析

　　主张低的其或被认为是适度的通货膨胀的经济学者大有人在，那么低的通货紧缩是否完全不受欢迎？事实上魏克塞尔曾向政府推崇其通货紧缩方案，历史上有过通货紧缩与稳定增长甚至经济快速扩张并行不悖的情况。在货币发行不再直接作为政府融资手段以后，通货膨胀似乎也不能给国家财政再带来"红利"，但由于庞大的劳动力人口和公有企业部门比较脆弱，人们可能更为偏好通货膨胀，比较而论，20世纪八九十年代喊出的"通货膨胀——人民的灾难"却更能顺应民心。问题可能在于，我们如何从价格水平不稳定的表象，洞察经济与社会机器运转的内部机制。

第一节　理　论　述　评

一、如何认识通货紧缩

（一）通货紧缩与货币制度历史

　　在历史上通货紧缩与金本位联系在一起，分为两种情况：其一，由于黄金供给相对于商品生产不足而引起长期的价格水平下降；其二，出于对金本位在政策上的偏好。由于金本位条件下黄金具有自发调节机能从而可提供一种价格稳定机制，一些国家政府试图维护、恢复金本位或者纸币的可兑换性，有意推行通货紧缩政策。例如，1873～1896年金本位国家经历了持续的通货紧缩，物价每年下降1%～2%。瑞典、英国在1920年6月至1922年11月批发价格下降57%和53%，美国1920年5月至1921年6月批发价格下降了44%。但是，在当代人们心目中仍记忆犹新的通货紧缩是1929～1933年美国的情况，每年价格下降8%，这与美联储为了防止黄金外流采取的一系列政策有关。[①]

（二）通货紧缩的经济后果

　　1873～1896年的通货紧缩在相关国家没有引起明显的负的产出效应，历史上

---

① 引用数据来源于[美]戴维·莱德勒：《通货紧缩》，载[英]约翰·伊特韦尔，[美]默里·米尔盖特，彼得·纽曼：《新帕尔格雷夫经济学大辞典》（第一卷），经济科学出版社1992年版，第588-590页；Boianovsky M. Wicksell on deflation in the early 1920s. History of Political Economy, 1998, 30（2）: 219.

价格水平显著下降偶然也伴随着经济扩张，但 1920 年初的通货紧缩对总体经济活动产生了强烈的负面效果，1929~1933 年美国的通货紧缩使产出下降了近 1/3，失业率由最初的 3.2%上升到 1933 年的 24.9%。[①]

通货紧缩通过两种途径导致收入（或产出）与就业水平的下降。一种是通过利率变动或"费雪效应"，即通货膨胀和通货紧缩一旦出现会产生预期效果，分别引起名义利率上升或下降，但名义利率变动往往落后于价格水平变动。更可能的情况是发生通货紧缩以后名义利率下降受到零利率的限制，从而使借款成本上升。另一种是马歇尔指出的货币工资是向下黏性的，价格水平下降使实际工资逆周期变动从而降低就业水平。

（三）有无好的通货紧缩

有无好的通货紧缩？有许多经济学家对这一问题的回答是肯定的，前提是通货紧缩是温和的。马歇尔（1889 年）认为温和的通货紧缩好于通货膨胀，因为前者既有利于劳工的收入再分配，又可减少劳资谈判的麻烦。罗伯逊（Roberson，1928 年）指出在价格下降后政府可以将从劳动生产率提高得到的收益向依靠固定货币收入的退休人员倾斜，从而赞成通货紧缩。弗里德曼则认识到了通货紧缩增加持有无息货币的实际收益，有助于货币体系的有效运转。但比较而论，支持非通货膨胀（disinflation，即低而持续的通货膨胀）的讨论更为深入，赞成温和通货紧缩的理论及政策主张在当代似乎已经销声匿迹。

二、通货紧缩理论：从费雪、凯恩斯到弗里德曼

与通货膨胀比较，经济理论史关于通货紧缩并未构造出标准的理论范式。相关的分析散见于有关分析经济衰退、萧条的文献中。

在费雪之前，魏克赛尔、卡塞尔、凡勃伦、霍特里和熊彼特已经认识到企业过度负债具有通货紧缩效应，通货紧缩则进一步加剧企业债务负担。费雪对债务-通货紧缩的交互作用与强化过程做出了深入论证，其基本机制是过度负债→债务清算→债务人廉价出售商品与资产归还银行贷款→货币乘数下降，存款货币收缩，货币流通速度下降→价格水平下降→企业净资产缩水，破产过程加速，利润减少或亏损增加→普遍的悲观预期→货币需求增加和货币流通速度下降。整个过程伴随着货币利率（名义利率）下降和实际利率的上升。[②]

---

① [美]多恩布什·费希尔：《宏观经济学》，中国人民大学出版社 1997 年版，第 376 页。
② 柳永明：《通货紧缩理论》，上海财经大学出版社 2002 年版，第 135-137 页。

许多学者对凯恩斯的萧条与就业理论存在不同理解。比较一致的看法是,凯恩斯由资本边际效率递减、边际消费倾向递减和流动性偏好规律推出有效需求不足,有效需求不足是经济衰退、产出下降和失业增加的根源。Malinvaud 通过非均衡分析得出结论,认为凯恩斯主义失业是由于货币工资和商品供给价格过高,持久性失业是由于货币工资和商品价格没有保持与就业和销售成比例下降。后凯恩斯主义者 Minsky 认为 Malinvaud 对凯恩斯理论的认识是一种谬见,凯恩斯分析的关键主张是,当总需求不足引起失业时,工资与价格弹性使事情变得更为糟糕。因为工资与价格下降使债务人负担急剧增加,他们需要获得现金偿付到期债务。[①]很显然,由总需求不足及工资与价格弹性、债务负担做出进一步分析,会导入费雪的债务-通货紧缩交互作用机制。

弗里德曼认为,美国 1929~1933 年大萧条中,通货紧缩的源头是 1928 年年中以后,美联储一直维持不同寻常的货币紧缩,但真正导致深度和长期萧条的是美联储对 1930 年和 1931 年两次银行倒闭风潮反应迟钝,甚至采取错误的清理整顿政策,银行倒闭的扩散引起货币存量下降,现金/存款比率和银行准备率显著提高,消费者普遍的恐慌心理也使消费与投资急剧下降,结果加剧了通货紧缩。实际上弗里德曼认为,作为中央银行的美联储应当发挥最后贷款人职能,向濒临倒闭的银行提供流动性资金。[②]弗里德曼与施瓦茨的实证研究论据引起诸多争议,但豪尔与弗格森(1998 年)对美国货币与经济史的数据重新做出了研究,证实银行倒闭对通货紧缩与萧条持续的时间都起了至关重要的作用,美联储采取了错误的政策。[③]

三、魏克塞尔反论

魏克塞尔对 20 世纪 20 年代初发生于英国、美国、瑞典等国严重的通货紧缩的分析结论为:①债务负担增加导致了大量破产事件;②工资与价格弹性产生了消极影响,包括加剧了债务负担问题,这两种因素对通货紧缩产生了自我强化和维持作用;③人们的心理恐慌对通货紧缩推波助澜;④美国产生通货紧缩的原因是第一次世界大战后正常商品供给恢复很快,但战争引起的消费标准下降,供求关系作用的结果是通货紧缩。魏克塞尔不同意卡塞尔提出的各国中央银行限制性信贷政策导致

---

① Minsky H P. The financial-instability hypothesis: capitalist process and the behavior of the economy// Kindleberger C P, Lafague J P. Finacial Crises: Theory, History, and Policy. Cambrige: Cambrige University Press, 1982: 15. 见本书附录一中译文。

② [美]米尔顿·弗里德曼:《资本主义与自由》,商务印书馆 1988 年版,第 44-50 页。

③ Hall T E, Ferguson J D. Great Depression. Michigan: The University of Michigan Press. 1998: 161-164. 可参阅刘明:《对大萧条成因的争论及其启示》,《人文杂志》1998 年第 5 期。国外一直有学者否定货币紧缩论,见柳永明:《通货紧缩理论》,上海财经大学出版社 2002 年版,第 146 页。

通货紧缩的解释。瑞典由于 1920 年恢复金本位而推行了通货紧缩政策。

　　魏克塞尔以 1873~1896 年通货紧缩为据,认为事先预知的(previously announced)通货紧缩或通货膨胀均不产生实际效果,原因在于各种经济合同会对预料到的价格水平做出适当调整。基于这一背景,魏克塞尔于 1918~1920 年在瑞典货币政策专家委员会一再推崇他的通货紧缩方案,认为借此可以达到两个方面目的:其一,使价格水平逐渐退回到战前水平,是对第一次世界大战期间通货膨胀引起的大规模财富转移的一种适当的修正;其二,通货紧缩有助于瑞典恢复金本位。卡塞尔和凯恩斯都不同意魏克塞尔的设想。卡塞尔(1922 年)认为一种简便的、有计划的通货紧缩是不可能的,因为市场主体会推迟花费,从而助长剧烈的价格下跌。凯恩斯则认为,生产引致成本与出售所获进款的间歇造成向下的预期,价格下降必然会给商人和生产者造成损失(凯恩斯混淆了名义损失和实际损失)。[1]魏克塞尔所说修正是由于通货膨胀引起的财富大规模转移,包括恢复第一次世界大战战前合同的价值。

　　将魏克塞尔的政策主张与马歇尔、罗伯逊等的思想加以比较分析,是否给我们一种启示:简单否定通货紧缩未免有些草率,在一定条件下,通货紧缩具有积极的经济效果。

第二节　关于中国通货紧缩的十个问题

　　改革开放以来,中国物价水平变动的历史表明,在 1982 年、1983 年两个年份,按工业品物价上涨率衡量就已经出现了通货紧缩,只不过当时处在计划经济体制下,加之两个年度物价仅分别下降了 0.2%和 0.1%,人们没有对其从通货紧缩角度加以认识。由于中国货币存量的快速积累,20 世纪 90 年代中期一些学者认为,随着货币化进程减慢,货币化水平抑制超额货币供给诱发通货膨胀的效果逐渐降低,过了某一折点,货币供给增长就会引起加剧的通货膨胀。易纲、谢平和唐才旭、张杰分别认为折点出现在 1985 年、1992 年和 1988 年。[2][3][4][5]尽管在每个折点之后都的确出现过至少一次较高的通货膨胀,但中国货币化水平在 1985 年、1988 年、1993 年和 1994 年转为下降后都再次转为上升。货币化水平提高既反映非货币经济向货币经济转移及非实物的金融交易规模增大等因素,也反映随着存量财富、持久收入增加,人们对货币资产偏好的增加,货币化上升一般总伴

---

[1] Boianovsky M. Wicksell on deflation in the early 1920s. History of Political Economy,30(2):221-225.

[2] 参见图 6-1 中 M_2 收入流通速度变化。

[3] 易钢:《中国经济改革进程中的货币化过程》,载易纲:《中国的货币化进程》,商务印书馆 2003 年版,第53-84 页。

[4] 谢平,唐才旭:《关于中国货币乘数的预测研究》,《经济研究》,1996 年第 10 期,第 25-33 页。

[5] 张杰:《中国的货币化进程、金融控制及改革困境》,《经济研究》,1997 年第 8 期,第 20-25,78 页。

随着通货膨胀率下降，而在高通货膨胀时期，由于相应的 GDP 增长加快，而 M_2 增长相对平稳并落后于 M_1、M_0 增长（观察 1984~1985 年、1987~1988 年、1992~1993 年数据均如此），所以货币化进程将减慢（对应 M_2 流通速度上升）。在货币供给增长率下降但人们的货币偏好增强、经济增长率下降更为明显的情况下，就可能表现出货币化水平进一步提高和通货紧缩。

对中国 1997 年底以后出现的通货紧缩，理论界已经做出了大量的分析，这里仅提出十个方面的问题进行讨论。

一、并非二择其一：中国通货紧缩的两面性

如果将每年价格水平下降 1%~2% 看成温和的通货紧缩，中国 1998~2002 年五年间零售价格水平年均下降 1.836%，最高年份下降 2.99%（1999 年）；消费品物价五年间平均每年下降 0.38%，最高年份下降 1.4%（1999 年），其中 2000 年、2001 年有轻度通货膨胀（0.4%，0.7%）；工业品物价 1997~2002 年六年间平均每年下降 1.25%，最高年份下降 4.1%（1998 年），其中 2000 年物价上涨率为 2.8%。经济增长率一直维持在 7%~8% 的较高水平。实际投资增长率 1998 年、1999 年下降到 3.27% 和 4.68%，但 2000 年、2001 年稳定恢复到接近 18%。由上述判断，中国经历的是温和的通货紧缩，远不是剧烈的通货紧缩，与 20 世纪 20 年代和 30 年代美国、欧洲的情况大相径庭，与近期日本的情况也很不相同。

但中国在通货紧缩过程中，所面临的严重问题是失业率较快上升，农民收入下降，企业部门由于高负债，实际债务负担显著增加。据估计 1998 年全国城镇实际失业人口为 1540 万~1600 万人，真实失业率在 7.9%~8.3%。[①]不过，按经济增长与就业增长的关系看，中国在 1980 年以来就业率相对经济增长率下降是一种长期趋势，可能意味着资本、技术对劳动力的替代，并非完全与通货紧缩相关。1980~1989 年经济年均增长 9.3%，就业率平均每年增长 3%；1991~1995 年经济年均增长 12%，就业率年均增长 1%；1996~2000 年经济年均增长 8.3%，就业率年均增长仅 0.1%。对低就业增长（或可称为发展递减的增长）的分析探讨要反思改革开放的总体设计和发展战略中，是否将增加就业作为重要的社会发展目标。

我们需要从根本上明确区分的是，通货紧缩是一系列经济问题的后果，还是通货紧缩是某些问题产生的根源。例如，失业与通货紧缩两者谁为因，谁为果？通货紧缩事实上加剧了失业问题，但不能由此推论说中国失业问题是通货紧缩的后果。

樊纲根据 2000 年以后价格水平下降伴随着投资增长率上升，而 1998~1999 年价格水平下降伴随的是投资增长率下降，将两个区间分别定为通货紧缩和"有

---

① 胡鞍钢，吴群刚，沈炳熙，等：《中国挑战通货紧缩》，中国计划出版社 2001 年版，第 10-11 页。

效降价"。[1]笔者实际上承认 1997 年以来，一直存在体制改进和产权结构优化，伴随买方市场而来的是企业技术进步、成本降低和全要素劳动生产率的提高。此外，政府在通货紧缩期间利用社会资源加快城乡基础设施建设，极大改善了公共产品的供给。

所以，一方面，中国通货紧缩加剧了一些原有的经济与社会矛盾；另一方面，也产生了一些积极效应。片面地用"坏的通货紧缩""好的通货紧缩"很难说是对中国通货紧缩问题准确的概括。

二、价格变动有无周期律

价格水平运动是宏观经济总量周期变动的一个分支运动，两者综合地反映了总需求与总供给均衡的动态过程。据经济史及我国改革开放以后的情况分析，价格水平也呈现出周期性变动的特点。价格管理体制、产出膨胀与收缩的程度、生产与消费者预期及货币金融政策共同决定了价格水平波动的幅度。中国自 1997 年以后，通货紧缩是在市场供求定价体制下前期产出过度扩张而此后相对收缩，投资过热此后发生相对衰减和间歇的一种必然结果。

三、货币政策有无可置疑处

此前已有分析，实际上笔者认为政府应该在 1997 年（甚至 1996 年）放弃从紧的货币政策，无论从货币供给（M_1、M_2）或物价变动看均应如此。此外，1999 年 3 月时任中国人民银行行长戴相龙，对我国出现通货紧缩不予认同，实有误判形势之嫌。[2]1998 年执行积极的财政政策和稳健的货币政策（实际是扩张的货币政策）以扩大内需，但各层次货币供给增长率全面下降，说明政策调节方向的变化一旦落后于经济形势，就有可能陷入漩涡而难以自拔。市场失调也具有路径依赖惯性，一个重要因素是心理预期对投资、消费向下的抑制作用导致信贷紧缩与货币乘数下降，魏克尔塞在分析 20 世纪 20 年代通货紧缩时已经意识到这一点。

四、企业部门能否除去国有金融的"金腰带"

通货紧缩在很大程度上是国有企业融资严重依赖国有银行，融资低效导致银

---

① 樊纲：《通货紧缩、有效降价与经济波动——当前中国宏观经济若干特点分析》，《经济研究》2003 年第 7 期，第 7 页。

② 可能的情况是官方担心承认通货紧缩不利于引导市场预期好转。但这只是自以为是的做法。

行巨额不良债权所致。回顾对企业、金融部门的改革举措，政府的思路是一方面促使国有银行商业化经营，但另一方面却"命令"、动员银行向低效率的企业部门注资，这其中虽然也有体制渐进转轨的内在根源，但另一方面的做法岂不是"二律背反"？卡勒梅瑞对美国与加拿大进行了比较，认为加拿大在 1929~1933 年金融动荡和通货紧缩中损失较小，原因在于企业部门负债率低。[①]我国改革开放的进展目前仍然陷于国有银行与企业部门的"连环扣"中，国外人士比喻中国国有企业被套在国有银行的"金腰带"上。这一问题不从根本上解决，通货紧缩的学费就白交了。2003 年的信贷扩张或许说明问题还没有得到解决。

五、中国是否遭遇"蒙代尔三角"

我国在亚洲金融危机之后发现国际游资经由中国香港潜入内地，对 A 股市场形成一定冲击，随着人民币在境外流通不断扩展，以及预期人民币升值引致抽逃资本回流，各种测算说明短期投机资本已经初具规模。加入 WTO 缓冲期过后，对资本项目管制也将放松，资本自由流动是一种趋势。外汇体制实际上是盯住美元的固定汇率制，外汇占款及被动地增加外汇储备使中央银行的货币管理在一定程度上失去弹性。所以，虽然我国没有完全进入"蒙代尔三角"，但中央银行在面对货币数量控制目标与维系固定汇率水平时，无疑会落入两难境地。所以，改革汇率体制的问题议事理应提上日程。

六、由通货紧缩再论利率调节

非专业人士甚至经济学界也有一些人习惯于观察名义利率，但在通货紧缩中，名义利率与实际利率逆向变动，名义利率下降，实际利率上升。为了说明这一问题，我们将存款、贷款利率做出一定分期，比较不同区间的平均利率期限结构(图 7-1 和图 7-2)，通过比较说明按 1980~2003 年、1980~1995 年和 1996~2003 年的分期，1996~2003 年的名义贷款利率最低，但实际贷款利率最高。平均的名义、实际存款利率期限结构也相类似。选择处于经济周期的两个高峰年份(1988 年和 1992 年)和两个低谷年份(1990 年和 1999 年)进行比较，说明在高峰年份名义利率很高实际利率却很低，低谷年份正好相反，1999 年名义利率最低，但实际利率最高。其中的决定因素是通货膨胀或通货紧缩水平(图 7-3 和图 7-4)。中国 1997 年以后实际上存在"向上的金融抑制"。

①　Calomiros C W. Financial factors in the great depression. Journal of Economic Perspectives, 1993, 17(2): 61-85.

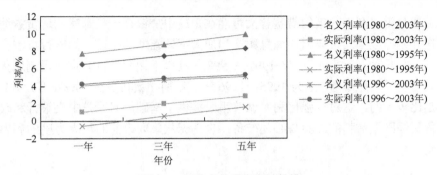

图 7-1 平均存款利率期限结构

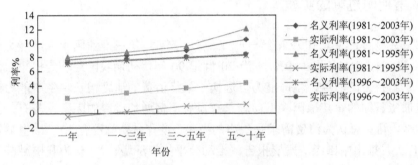

图 7-2 平均贷款利率期限结构

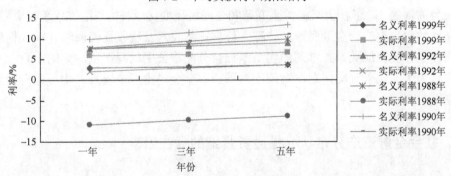

图 7-3 1999年（低谷）、1992年（高峰）、1988年、1990年存款利率期限结构

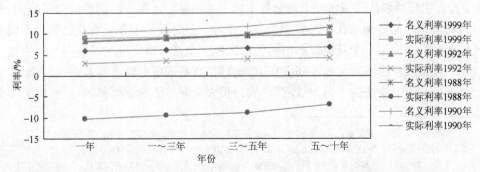

图 7-4 1999年（低谷）、1992年（高峰）、1988年、1990年贷款利率期限结构

上述分析对利率政策的借鉴意义可能在于：中央银行一旦觉察到通货紧缩趋势，在开始即应果断采取增加调息频次和加大下调幅度的路径，如能否每季度调一次，每次下调一个多百分点？1997～1998 年利率下调两个百分点对遏制通货紧缩而论力度显然还不够。因为 1995～1996 年一年期存款利率在 10%左右，调节的基数是比较大的，这对于强化利率调节手段提供了基础。问题是中央银行和政府对通货紧缩既无前瞻的经验与心理准备，也就无从采取事前的加大力度的利率调节措施。

七、紧缩期间过剩的实质

据有关测算，我国 1999 年第一产业、第二产业、第三产业闲置生产能力已分别达到 42.9%、24.4%和 34.9%。[①]当 20 世纪 90 年代初期我国经济走出短缺，市场供需基本持平的时候，生产能力以远快于最终消费的速度增长。生产能力过剩是形成通货紧缩的直接原因。但问题是有没有消费增长过慢的因素，若有，其原因是什么，马克思认为消费需求是生产的源泉，没有需要就没有生产。[②]世界银行 2003 年 9 月推出中国经济发展报告《推动公平的经济增长》，认为我国减少贫困的速度放缓和分配不公平现象加剧。产能增长过快是以抑制部分人群收入与消费增长为前提的。除了社会产权关系变革和分配机制变化以外，利用工程承包寻租、走私、炒卖房地产、金融腐败、特殊人群非正常收入及税收征管漏洞在很大程度上扭曲了社会分配关系。过剩的实质是社会分配不公平状况严重。党的十六大文献中极为关注收入分配问题，党的十六届三中全会提出五个统筹，均与此有密切关系。

八、社会金融资产分布状况是通货紧缩的潜在因素

人们曾经担心的中国高储蓄"出笼"将诱发超级通货膨胀的事情不但没有发生，反而出现持续的通货紧缩。高储蓄实际上并不完全反映一般居民的储蓄倾向，因为我国 80%储蓄集中在 20%人手里。由于城、乡之间，工业、农业之间和不同区域金融发展的不平衡及银行部门的信贷选择，全社会信贷资产长期向大、中城市和工业领域及经济发达地区高度集中，这种信贷格局既是经济利益差别的结果，一旦形成又进一步产生"马太效应"，成为扩大分配差距的重要机制。[③]实际上中

① 胡鞍钢，吴群刚，沈炳熙，等：《中国挑战通货紧缩》，中国计划出版社 2001 年版，第 13 页。

② 马克思，恩格斯：《马克思恩格斯全集》第 12 卷，人民出版社 1965 年版，第 741-742 页。

③ 章奇，刘明兴：《中国的金融中介增长与城乡收入差距》，《中国金融学》2003 年 12 月。笔者发现金融中介增长对城乡收入差距的负面作用主要体现在 1989～1998 年。

国长期存在从落后地区、农村向发达地区、城市的资金逆向流动问题。朱镕基同志曾讲过，中国农村市场大的不得了，那么生产体系为何遭遇市场瓶颈并被卷入通货紧缩，上述分析可见一斑。

九、通货紧缩是否不利于生产

熊彼特曾指出经济萧条、通货紧缩有利于创新型的小企业的涌现与成长。原因至少有两点：第一，相对企业家在历史年份形成的资本积累，从事新投资的成本降低；第二，资金供给面相对宽松。熊彼特强调，银行部门在衰退期间对那些创新的企业家提供必要的流动性资金，充分满足他们的贷款需求。从上述意义上说，通货紧缩有利于优胜劣汰，使生产重新焕发生机。但遗憾的是银行习惯于偏好成熟的（甚或是已显颓势的）大企业和已有传统融资关系的企业。两方面的工作要同时做，使退出与进入遵循市场法则。

十、通货紧缩是否预示着要进行一次大调整

无论在经济还是社会层面均如此。中国的发展需要提高普通劳动者——尤其是农民和技术工人的社会地位，需要在分配和再分配机制上根本改变低收入群体的生活状况。要调整消费与积累的比例关系，高储蓄、高投资、高消耗推动的高增长在今后不可取。要追求一种健康的社会发展模式而不仅是经济增长。虽然不好将我国持续 4～5 年的通货紧缩与美国 1929～1933 年大萧条加以类比，但美国社会在大萧条以后对政府管理体制与社会发展政策层面的重大调整仍可以成为我国的借鉴。

第三节　经济周期理论与周期变形

一、经济周期理论概述

（一）经济周期的一般特征

经济周期指国民收入等宏观经济总量指标在一定时期顺次经历繁荣、衰退、低谷和复苏，并重新步向繁荣的往复过程。经济周期不同于物理学中的物体运动周期那样，表现出齐一性的规律，具有固定的周期长度或频率。正如哈伯勒指出：

"每个周期都是历史上的一个个体。"但是,不同经济周期仍然有一些共同的现象,如在每次经济复苏、高涨并达到繁荣阶段,产量和就业就有所增长,在衰退期相应指标则有所下降。在生产与就业的周期起伏中存在两个特征:第一,产量与价格水平的平行运动;第二,生产资料生产与消费品生产相比较,前者的周期波动更为显著。①

(二)有关经济周期的主要争论

经济周期理论在 20 世纪 30 年代引起西方经济理论界普遍重视,研究的焦点集中于形成经济周期的原因,争论主要在两个方面:其一,经济周期是由外生还是内生因素引起;其二,是货币还是实际变量波动引起全面的繁荣与萧条的相互转化。其中"外生"与"内生"之争同经济因素与非经济因素的区别密切相关。联系到就货币本身的"外生"与"内生"在货币经济学领域长期纠缠不清的情况,对于经济周期原因的两种争论实际上交织在一起。外生因素包括气候变化(影响农业收获)、新发明等,内生因素包括投资波动等。在进行实际分析时,往往很难区分特定因素属于外生还是内生,除前述的货币供给外,政治因素既可能是外生的,也可能是内生的,政治动乱可能起于宗教文化冲突,也可能起于深层次的经济社会矛盾。但对于战争、灾害等外部冲击引起的经济波动,哈伯勒并不将其置于经济周期理论的研究视野,而是将其归结为非学术研究的经济波动。

对经济周期的纯外生因素或纯内生因素的解释均难以令人满意,事实上这些解释也无法成立。一方面历史观察说明即使没有显著的外在力量,经济周期运动也仍然有继续存在的强烈倾向;另一方面,经济周期趋势一旦出现,经济周期运动会由于各种外在冲力的影响而持续获得发展。由此,哈伯勒用摇椅说明经济周期运动:摇椅的结构与外在刺激共同决定摇椅做持续的有规律的摆动。②

(三)经济周期的分类

按照经济周期长度所做出的分类蕴含了经济周期性波动的原因。其大致情况如下。

(1)短周期,又称基钦周期,平均为 40 个月左右,即 3~4 年。主要起因是生产部门对存货的调整,所以又称库存周期。美国经济学家基钦(Joseph Kitchin)

---

① [美]哈伯勒:《繁荣与萧条》,商务印书馆 1963 年版,第 303 页。
② [美]哈伯勒:《繁荣与萧条》,商务印书馆 1963 年版,第 23-26 页。

1923 年首次系统地研究了这种周期。

（2）中周期或裘格拉周期，从繁荣到繁荣或从低谷到低谷为 7～12 年。周期波动与设备投资有关，故又称为投资周期。法国经济学家裘格拉（Juglar）于 1860 年首次系统地研究了这种周期。

（3）中长周期，由波峰（类似于繁荣）到波峰或从低谷到低谷经过 17～20 年。美国经济学家库兹涅茨（Kuznets）于 1930 年首次研究了这种周期，将其主要原因归纳为房屋建筑业的波动，所以又称库兹涅茨周期或建筑周期。

（4）长周期或长波，持续时间为 40～70 年，平均约 50 年，产生原因主要是技术革命浪潮的推动。俄国经济学家康德拉季耶夫（Kondratieff）于 1925 年首次研究了这种周期，也称康德拉季耶夫周期。

对经济周期的研究较为集中地体现在马克思主义经典作家有关经济危机的理论中。马克思将大约 10 年一次的主周期（即裘格拉周期）的形式与固定资本周转周期的长度联系，对以后人们所谓的"设备投资周期"做出了明确概括。在 1857～1858 年撰写的《政治经济学批判大纲》中马克思指出："按照巴巴格底的说法，英国机械平均再生产的年限是五年，其实也许是十年。简直可以毫无疑问，自从固定资本大规模发展以后，工业所经历的大约以十年为期的循环周期是和这样规定出来的整个资本再生产段落有密切联系的。"①按照马克思的观点，机器大工业生产和货币经济是产生经济周期的两个重要因素。传统的马克思主义经济学认为，除主周期之外的三种提法都是非马克思的观点，但至少可以证实，马克思与恩格斯已经观察和分析了短周期现象。马克思在《贫困和自由贸易——日益迫近的商业危机》一文中指出："现代工商业在其发展过程中产生历时五年到七年的周期性循环。"②不过，由于马克思和恩格斯都努力寻找唯一一种周期长度，用以概括资本主义的经济活动，所以在确认十年周期理论后将五年周期纳入十年周期的轨道，认为它只是波动。③

二、周期变形是世界市场扩展与反周期政策的效果

萨缪尔森在其《经济学》中"经济周期和预测"一章前引用莎士比亚戏剧中的台词："亲爱的布鲁特斯，错处不在于我们的生辰八字——而在于我们自己……"他要说明什么?可能有两种含义：第一，周期性波动的根源主要在经济体系内部；第二，经济波动呈现周期性变化是经济运行的既定格局，这种格局不会像恐龙一

---

① 马克思：《政治经济学批判大纲》第三分册，人民出版社 1963 年版，第 375 页。

② 马克思，恩格斯：《马克思恩格斯全集》第 8 卷，第 41 页。

③ 薛敬孝，王翼：《资本主义经济周期——理论与预测》，人民出版社 1992 年版，第 16 页。

样灭绝，但经济制度演化、经济体系内在的调节与控制能力都可以影响经济周期的形态。

萨缪尔森对凯恩斯以后时代经济周期的新特点做出了归纳：严重的经济萧条已不再出现；经济衰退的时间短暂，次数减少；同一经济周期在不同国家同时出现的情况已成为过时的情形；衰退已不仅是经济活动的绝对量的下降，而且往往表现为经济增长速度低于充分就业的增长速度。鉴于第四个方面的变化，经济周期理论中区分出了古典周期与增长周期。萨缪尔森提到将凯恩斯主义作为经济周期的分水岭，事实上在暗示地肯定采用财政与货币政策进行"逆风向"调节所取得的成功，使当代经济周期由古典周期转变为增长周期。[①]

除经济政策可以干扰、熨平经济周期以外，世界市场的出现及相应的个别国家扩展其世界市场竞争力，也是促成经济周期变形的重要原因。英国在 1825～1938 年的 150 多年中，有四次周期被延长的情况，美国在 1860～1946 年的 80 多年中也有四次例外。英国 1867～1875 年、1893～1900 年，美国 1876～1884 年、1897～1903 年的短周期长度分别由 3～5 年延长到 6～8 年，都和当时具体的历史条件有关。世界市场的急速扩大，使短周期延长并与十年周期相重合。恩格斯对这一时期的周期变形问题做出了分析："自 1867 年最近一次的普遍危机爆发以来，已经发生了巨大的变化。由于交通工具的惊人发展——远洋轮船、铁路、电报、苏伊士运河——第一次真正形成了世界市场。除了以前垄断工业的英国，现在又出现了一系列同它竞争的工业国家；欧洲的过剩资本在世界各地开辟了无限广阔和各种各样的投资领域，所以资本比以前分散得更加广泛，并且地方性的过度投机也比较容易克服了。由于这一切，以前的危机策源地和造成危机的机会，多数已经被消除或大大地受到削弱。"[②]

三、伴随经济周期变形的经济变动

以美国为例，我们从萨缪尔森所提供的美国 1948～1975 年的经济周期图谱中观察出了两种事实：第一，在经济周期的衰退过程中各经济量如何变化；第二，与凯恩斯以后时代周期变形相关的经济活动特点是什么。

（一）周期性衰退的一般变化因素

（1）投资项目升降猛烈，消费的变化相对缓和。

---

① [美]萨缪尔森：《经济学》（上），商务印书馆 1979 年版，第 357 页。
② 马克思，恩格斯：《马克思恩格斯全集》第 25 卷，人民出版社 1974 年版，第 564 页。

（2）个人收入在 20 世纪 60 年代以前伴随经济衰退明显下降，以后却发生了变化。

（3）公司税后利润在衰退期间一般是下降的。但 1973～1975 年的衰退则相反，原因是新厂房和设备开支、零售量是增加的，批发价格指数仍呈上升趋势。

（4）几乎每次衰退之前股票价格先经历了一个下降过程。这说明，股票市场变动领先于实际经济活动。

（5）货币供给在衰退之前一般先经历一个下降过程，但衰退一般开始于货币供给由下降到上升的转折点之后。这说明货币供给变动在时间上既领先于经济活动，也领先于股票市场变动。可能由此说明货币供给是股票市场、经济活动波动的发源地，但或许也可以说明货币当局根据经济活动、股票市场变动采取的反周期调节政策在货币数量上有所表现。

（二）对美国 1961～1969 年短（主）周期的分析

美国 1961～1969 年没有表现出短周期的迹象，短周期与主周期重合，1961～1969 年出现持续九年的经济增长的上升阶段。这一期间各经济指标呈现出以下特征：①批发价格指数经历了先缓慢下降再上升的变化过程，整个期间略有上升，这实际上也延续了 20 世纪 50 年代以后的变化趋势，美国在这个时期似乎实现了近似无通货膨胀的经济增长；②个人收入在 1960～1961 年和 1969～1970 年两个衰退期仍略有上升，改变了过去在衰退期间个人收入下降的格局；③在整个区间就业率波动很小，在经济扩展阶段总体是上升的，在衰退期间（1969～1970 年）的失业率是上升的；④工业生产指数与就业率变动趋势相似；⑤这一期间房屋建筑业经历了大的波动。在 20 世纪 60 年代中期以后房屋建筑业的下降没有引起工业生产指数等宏观变量显著变化，但 20 世纪 60 年代末房屋建筑业再次下降却导致了经济衰退。事实上房屋建筑业的下降也是每一次短周期衰退的前兆。[①]

第四节　中国转型期经济周期变形分析

我国宏观经济运行自 20 世纪 50 年代初期至 2003 年共经历了九个周期（指短周期，但 1992～2003 年例外）。其中，改革开放前经历了五个周期，改革开放以后经历了四个周期，改革开放后的第五个周期已完成了上升波段（表 7-1）。

---

① [美]萨谬尔森：《经济学》（上），商务印书馆 1979 年版，第 353 页，图 14-2。

表 7-1　中国宏观经济周期变动（1953～2003 年）　　　　单位：%

周期序号	年份	经济增长率	经济增长率均值	最大波幅	周期序号	年份	经济增长率	经济增长率均值	最大波幅
1	1953	14.0			6	1977	7.8		
	1954	5.8				1978	11.7		
	1955	6.4	8.96	9.6		1979	7.6	8.02	6.5
	1956	14.1				1980	7.8		
	1957	4.5				1981	5.2		
2	1958	22.0			7	1982	9.1		
	1958	8.2				1983	10.9		
	1960	−1.4	−1.48	51.7		1984	15.2	11.5	6.4
	1961	−29.7				1985	13.5		
	1962	−6.5				1986	8.8		
3	1963	10.7			8	1987	11.6		
	1964	16.5				1988	11.3		
	1965	17.0	7.92	24.2		1989	4.1	7.7	7.8
	1966	17.0				1990	3.8		
	1967	−7.2							
	1968	−6.5							
4	1969	19.3			9[*]	1991	9.2		
	1970	23.3				1992	14.2		
	1971	7.0	13.13	20.4		1993	13.5	10.3	7.1
	1972	2.9				1994	12.6		
						1995	10.2		
						1996	9.6		
						1997	8.8		
						1998	7.8		
						1999	7.1		
5	1973	8.3			10	2000	8.0		
	1974	1.1				2001	7.3		
	1975	8.3	3.75	11		2002	8.0	8.1	1.8
	1976	−2.7				2003	9.1		

*可以将1991～1999年看成两个短周期的延续并与中周期重合

资料来源：《中国统计年鉴》（1993 年），中国统计出版社，第 35 页；《中国统计摘要》（1996 年），中国统计出版社，第 8 页；1996 年以后各年度《中国统计年鉴》及 2003 年度国家统计局公报。1953～1977 年为国民收入增长率，1978 年以后各年度为 GDP 增长率。我国没有 1977 年以前的 GDP 增长数据。但对两种数据的使用不影响对周期阶段的分析。对周期阶段的划分参考了刘树成：《中国经济周期波动的新阶段》，上海远东出版社 1996 年版，第 103 页

我国自 20 世纪 50 年代初至 2003 年 50 年间的经济周期波动呈现出一系列变化特征。

一、高经济增长与周期波动

改革开放以后，经济运行避免了负增长。改革开放以前 24 年间（1953～1976 年）经历了五个周期，其中三个周期出现了国民收入负增长、经济显著衰退的局面，国民收入负增长年份共六年，占该时间段的 1/4，经济平均下降达 9%，第二个周期的谷底为 1961 年，增长率为－29.7%。改革开放以后没有出现国民收入负增长的情况。这说明改革开放前后两个时期，我国经济周期形态已经由古典周期转入增长周期。

有关学者将我国宏观经济运行所发生的这种变化概括为"波动的总体趋势向'高位-平缓'型"发展。[①]根据表 7-1 分析，改革开放前 24 年（指 1953～1976 年，1977～1978 年为"文化大革命"与改革开放之间的过渡期，但为了方便与改革开放时期一并分析而不作为独立阶段），经济平均增长率为 6.35%，周期内经济波动幅度最大为 51.7%（1958～1961 年），在改革开放前经历的五个周期中平均最大波幅为 23.38%。不考虑包括"大跃进"（1958 年）和"三年困难时期"（1960～1962 年）的第二个周期，改革开放前四个周期平均的经济增长率为 8.14%，平均最大波幅为 16.3%。改革开放以后也经历了五个周期（表列第 10 个周期尚未列完，但若将 1991～1999 年当成两个短周期，则经历了约六个周期），平均经济增长率为 9.4%，周期内平均最大波动幅度为 5.92%。如果不考虑周期的划分，改革开放前后经济增长率较大波动幅度分别为 51.7%（1958～1961 年）和 11.4%（1984～1990 年），即使不考虑 1958～1961 年的情况，改革开放前最大波动幅度也达 30.5%（1966～1970 年）。

二、直面通货紧缩与周期变形

经济学家对经济周期的预测只是大致判断，若要做出准确预测则勉为其难。我国 1991 年以后，新一轮经济周期波动的趋势令人们始料未及，刘树成曾推测 1991 年以后周期的谷位在 1995 年或 1996 年，波谷年的经济增长率是 10.2%（1995 年）或 9.5%（对 1996 年预测值，实际值为 9.6%），本轮周期振幅为 4 个百分点，无论谷位出现在 1995 年或 1996 年都将是中华人民共和国成立以来最高的一次谷位。实际情况如何？ 1991～1999 年这一轮经济周期很快在 1992 年达到繁荣的高点之后，并没有按人们预期的那样，在 1996 年实现"软着陆"后出现向上的转折，从而进入新一轮周期的上升阶段，而是经济增长率一路下滑至 1999 年，GDP 增

---

① 刘树成：《中国经济周期波动的新阶段》，上海远东出版社 1996 年版，第 17 页。

长率从 1992 年的 14.2%下降至 7.1%。这是我国 1953 年以来一次典型的周期变形，其特点有以下几个方面。

（1）这一期间国民经济既经历了历史上最高的通货膨胀，又经历了未曾有过的通货紧缩。1994 年居民消费物价指数上涨 24.1%，1998 年则下降 0.8%；商品零售价格指数 1994 年上涨 21.7%，1998 年下降 2.6%，此后直到 2001 年一直下降，四年累计下降 7.68%。自 1997 年 10 月出现价格水平下降或通货紧缩的迹象。本轮周期中通货膨胀率的波动也是最大的，这意味着通货膨胀的不确定性增强，至少在 1996 年至 1997 年 9 月，人们没有预期到通货紧缩问题，甚至到 1998 年上半年人们还在谈论实现"软着陆"后"低通胀、高增长"的局面。

（2）自 1993～1999 年经济增长率连续七年下降，是历史上各周期阶段从未遇到的。除改革开放之前的第二个周期（1958～1962 年）经济增长率连续下降四年，改革开放以后的第三个周期（总体第八个周期）经济增长率连续下降三年，其他各周期连续下降最多只有两年。但是，这次 GDP 增长率下降累计 7.1%，平均每年下降约 1 个百分点，虽然连续下降七年，仍保持较高的增长率，1999 年的谷位也属历次周期的次高谷位（图 7-5）。本轮周期所表现出的从峰值徐缓回落的轨迹前所未见。

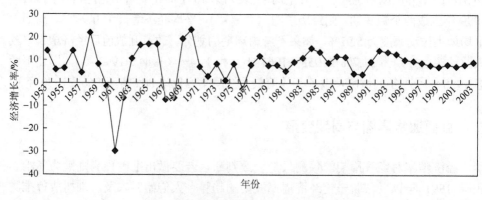

图 7-5　中国经济周期波动（1953～2003 年）

（3）即如前所述，本轮周期表现为短周期（即基钦周期）消失，或者两个短周期呈现出连续变化从而与中周期重合的迹象。

三、如何认识 1991～1999 年中国经济周期波动

进一步认识我国第九次（1991～1999 年）经济周期波动变形问题，对我们把

握以后国民经济运行的趋势和规律具有重要意义。

（一）本轮经济周期表明我国经济已经步入后转型时期

经济周期变形反映了转型经济的动态化特征，这种特征突出表现为经济波动、生产要素配置已经以市场为载体。传统体制赖以存在的生产关系已经发生了变化，产权制度改革引致分配领域中的相应变革，社会资本增量快速向非公有部门及生产者、劳动者转移，中央及地方政府不再直接垄断几乎全部社会资源，社会储蓄向投资的转化不再高度集中于政府→财政→企业渠道，而是转向银行中介、直接融资市场及生产者自筹资机制，中央政府动员社会资本已不能通过政治压力、行政统治与命令，而只能依赖经济杠杆。消费者已经获得了消费产权，挣脱了传统体制的"准供给制"。人们曾热衷谈论的"银行惜贷""企业慎投"表明，银行、国有企业部门经过改革开放的洗礼，尽管"体制内改革"尚难以满足政府的预期目标，但已经出现了预算约束硬化的若干迹象（且不论这种约束的程度及内在机制如何）。经济活动的周期波动必然以经济体制和经济制度为载体，也将反映出体制与制度变量的节奏和进展程度，1991～1999 年经济周期变形说明中国经济发展已经走过了两个阶段：第一个阶段是 1979～1990 年，是"摸着石头过河"、自发地走市场取向改革的尝试阶段；第二个阶段是 1991～1999 年，经历了党的十四大和十五大，是自觉加快市场化体制改革的阶段，市场体制的构架已基本形成。在这一背景下，经济增长已经由自上而下转变为自下而上的推动模式，由纵向注入→膨胀→收缩的机制，转化为横向扩散→放大→纵向与横向复调节的机制。

（二）与步入后转型期联系，中国经济对国际经济横向依赖加强

1978 年以来，我国对外贸易额年均增长率为 15%，1996～1997 年出口增长率达 20%以上（出口增长率达 30%～40%），2003 年进出口贸易占 GDP 已经达到 60%。这种因素使我国经济周期的趋势容易受到国际经济波动的干扰。在这种背景下，1997 年 7 月起于泰国、波及亚洲不同地区和国家的经济金融危机必然影响到了中国，1998 年全年中国外贸出口成为零增长。在总需求构成中企业投资、居民消费与净出口均增长乏力，从而对经济增长形成严重制约，使经济运行迟迟未能出现转折。同样的道理，中国经济在 2000 年走出低谷后重新获得良好的表现，除其他因素外，加入 WTO 后进出口贸易的扩展也具有不容忽视的影响。

（三）第九轮周期变形带有明显的反周期政策的痕迹

在经济竞争主体出现多元倾向和自由选择趋势下，政府作为宏观调控主体对国民经济运行加强了"反周期"调节，即在经济活动扩张阶段采取紧缩措施，当经济活动出现过度收缩时采取扩张政策。

我国经济 1953~1990 年经历了三次大调整，"三年困难时期"以后的第一次大调整，纠正了"大跃进"期间的经济结构失调问题；1981 年以后的第二次大调整，纠正"文化大革命"带来的结构失调；1988 年高通货膨胀后的第三次大调整，纠正改革开放头十年带来的产业结构失调问题。1993~1995 年迎来改革开放以后国民经济第二次大调整，也是 1953 年以来的第四次大调整，纠正 20 世纪 90 年代初全国房地产过热和金融市场混乱及一些传统产业产能严重过剩问题，这次调整的结果在 1996 年看来成效显著，经济实现了"软着陆"，在高增长、低通货膨胀同时出口势头良好，外汇储备增加，内外循环顺畅。但由于亚洲金融危机引发中国市场相对收缩，形成外部冲击与原来似乎合理的适度从紧的政策发生"共振"，使得维护经济均衡的政策取向与外部因素一起成为加剧宏观经济失衡的因素。所以，在本轮周期结束前的 1998 年、1999 年，宏观经济政策由"适度从紧"转向积极的财政政策和稳健的货币政策，实际上是"双松政策"。由上述分析可以看出，与"反周期"政策的转向相联系，说明国民经济的第四次大调整不同于以往的特点是"先抑后扬"。大调整前后两个阶段分别使用了两种政策（货币与财政），既避免了 1992 年经济高通货膨胀过后续发性的过热，也防止了亚洲危机以后经济出现"大落"甚至严重衰退的局面，从而使经济在较高水平上回落，熨平了经济周期。

（四）本轮周期既接续了中国经济第一次长波的结束，也成为第二次长波的启动阶段

如果将包含八个短周期视为长波（长周期）的特征，也暂不考虑中华人民共和国成立以后到 1953 年以至中华人民共和国成立前的历史，我国 1953~1990 年恰好经历了一个长波。[①] 若如此，1991 年是一个短周期的起点，其后到 1999 年，

---

① 考虑到下列因素，允许我们作这样的判断：第一，此前的商品货币经济很不发达，大机器生产也不是生产活动的重要特征。而这两方面按马克思的经济理论是经济周期的主要基础。第二，除了中华人民共和国成立后到1952 年国民经济恢复时期，中华人民共和国成立以前，中国社会除了日本侵华战争之外长期处于国内交战状态，经济活动处于无序境况，经济周期的连续性被打乱。所以，国民经济恢复以后的经济周期被重新安排。

也是新一轮长波的酝酿和准备过程的始发阶段。引致第一次长波的产业革命与技术革命的标志，体现为机器大工业对传统农业在国民经济中地位的替代，而第二次长波的技术因素应该是信息技术革命，推动长周期走向扩张阶段的动力是信息化和与其同时并举的、与第一次长波在深层次上有所不同的工业化。或者，以信息化带动完成工业化的过程，将是第二次长周期经济增长浪潮的一波接一波的冲击力量。

（五）本轮周期既是一种轻度的衰退过程，又是保持较高经济增速的平　　稳回落的周期

只有同时分析两个方面的问题，才可能对经济运行中的各种消极与积极因素做出全面、客观的判断。不论短周期、中周期、中长周期和长周期，其开始阶段的波形、轨迹都可能影响以后的发展，即经济周期的逻辑起点具有内在的后续效应，周期内部也具有路径依赖性质。我国第一、二两个短周期没有承接好，引起此后的也是中华人民共和国成立以来力度最大的一次经济大调整，其影响波及以后的若干个短周期内的经济活动，甚至，"文化大革命"的原发因素即孕育在第二个短周期中。由此观之，1991～1999 年周期的形态似乎对整个第二个长波是较好的铺垫。

根据存货投资、固定资产投资和产业结构升级指标数据对我国短周期、中周期和中长周期所做出的分析，发现我国 2003 年处于短周期波动的扩张期、中周期波动的衰退期和中长周期波动的复苏期，2003 年 GDP 增长处于中长周期波动的谷底，2004 年进入中长周期波动的复苏期。[①]这些预示着我国新一轮产业结构升级浪潮即将到来，经济也相应进入快速增长期，短期内不会出现大幅度波动现象，中央政府追求的在较长时期内平稳较快增长的经济运行目标有可能实现。可以预期（不考虑非经济因素），在第二个长波中国民经济发展可以避免 1958～1962 年、1988～1990 年那样的大起大落，从 2000 年起至今后约 50 年，GDP 增长率由近期确定的底线目标 7%，从趋势上看会平稳回落约 3 个百分点，我国仍然能实现 20 世纪 80 年代确定的第三步战略目标，国民经济增长与发展的社会福利效应则会远远超过第一个长波阶段。

最后，比较我国与美国经济周期波动的发展过程，美国 20 世纪 30 年代大萧条（1929～1933 年）之后经过了六个短周期，历时 29 年出现 1961～1969 年经济周期变形的情况，我国在经历 1958～1962 年短周期中的三年严重衰退、萧条

---

① 李建伟：《当前我国经济运行的周期性特征》，《经济研究》2003 年第 7 期，第 10-17 页。

（1960～1962 年）之后也经过六个短周期，历时 29 年，出现 1991～1999 年周期变形的情况；美国大萧条期间 GNP 累计下降 30.6%，我国 1960～1962 三年国民收入累计下降为 37.6%；美国在 1961～1969 年先有通货紧缩而后有通货膨胀，我国 1991～1999 年期间先有高通货膨胀而后出现通货紧缩；两个国家在周期变形期经济均有较好的成长绩效。这一系列既令人觉得有些相似又颇感扑朔迷离的因素，有无进一步分析、借鉴的意义，尚需要深入研究。当然，我们不是经济的"宿命论"者，对其中有无相似的必然性规律不便妄加揣测。

第八章　中国经济发展中的政府职能改革

在新的经济环境中，财政政策宏观调控的重点职能是纠正市场失灵，在稳定、效率和公平之间，财政对实现公平目标具有不可替代的作用，在今后以至长期来看，财政宏观调控要以此作为政策的着力点。规范转移支付要兼顾公平与效率原则，要将地方政府因满足公共需要所产生的支出与其财政收入能力的公正评估作为中央财政转移支付的依据。要加强研究论证，以立法措施作为规范财政转移支付的重要保证。改革以后，中国金融结构变化主要体现在国民财富的分配与积累向私人部门倾斜，但当财富积累进入再生产过程时，却存在由国家主导下通过国有银行向国有企业的大量配置。金融结构变迁的教训或许就在于收入分配格局市场化与资金配置格局中，计划体制惯性还在起作用这种"二律背反"。我国金融制度演化不可避免地具有制度外生或外部秩序主导的特征，但应注意维护与支持内生的非正式制度安排向正式规则的各种演进形式。实践将会证明，关于国有金融部门的股份制改革，仅仅是一种按博弈规则论设计的过渡形式，其功能是防止市场演化出现的某种偏离，但这并不代表最终证明金融部门的股份改革是有效的组织形式。在金融改革中对民间金融要采取一种更为宽容的态度。

第一节　环境变迁与制度演进中的政府职能改革

一、当代改革进程中经济与社会发展的一般趋势

我国国民经济在高度集中的计划体制下运行了 30 年，于 20 世纪 70 年代末进入改革开放新时期，目前我国已形成社会主义市场经济体制的基本框架，社会结构已经发生了翻天覆地的变化。这种变革既涉及社会政治、文化、经济等不同层面，也辐射到社会阶层、社会意识、社会交往形式等社会生活的诸多领域。

由市场作为配置资源的基础已经形成，产权制度变革与多元投资主体的涌现使分配机制发生了实质性的改变。在制度变迁与连续 20 多年高速增长之后，经济已经进入新的发展阶段，经济增长的模式已经不再是自上而下的由中央政府的经济计划甚至政治意识所推动，而是在社会总需求与总供给变动中经济活动主体关于国内、国际各种市场信息、宏观经济景气状况及经济政策的预期，对经济运行、经济增长发挥着重要的作用。生产的原发动力源于微观企业和消费者。经济系统

的不确定性增强，尽管避免了原有"政治周期"中经济的大起大落，但市场的内在不稳定在价格水平、就业、产出增长乃至金融系统、国际贸易等不同方面均可能表现出来，即市场扩展了增加经济不稳定的因素。

面临以产权安排与分配机制为主要表征的社会经济结构变化及市场环境中的非均衡发展，人们的社会关系在一定程度上从传统的、单一的纵向组织体制中解脱出来，对横向关系的依赖加强。自主意识的觉醒，竞争的加剧，围绕市场尺度所决定的物质生产与交换过程，使得不同主体对利益的分享远非是均等化的。对经济利益分享的差别必然伴随着人们社会与政治地位的变化，相应地出现新的社会阶层分化。

在社会变革中出现了民营科技企业的创业人员和技术人员、受聘于外资企业的管理与技术人员、个体私营企业主、中介组织从业人员、自由职业人员等社会阶层。与传统体制比较，产业工人、农业劳动者的地位发生了明显变化。从积极意义上讲，一方面，这是对管理、技术、资本的依重所带来的必然结果；但另一方面，在对改革总体认同的基础上不同区域、不同阶层对社会生活水平、生活质量的改变程度的感受与评价也表现出差异，从而对经济与社会发展的期望目标呈现出多样化特点。[①]这无疑增加了社会运行中潜在的政治压力，对基本社会制度、社会政策体系的创新提出了要求。

二、全球背景下国家与政府角色重新定位

由全球视角探讨国家、政府的职能改革问题就必须关注两个方面：其一，全球经济与政治变化的特点是什么；其二，国际经济政治关系的变化给我国带来什么影响。在当代社会条件下，一国的国内经济政策不能完全独立于全球经济与政治状况。

全球化已经成为世界范围的流行语。经济全球化的实质是生产要素在全球大规模的自由流动，是世界各国经济高度相互依赖和融合的表现。经济全球化的推动因素是不同经济体发挥比较优势、实现规模经济的内在要求，激励机制是生产要素在全球范围优化配置以提升增益。开始出现于 20 世纪 80 年代的金融全球化，大大加快了经济全球化进程，成为全球生产一体化的重要基础，极大地促进了世界贸易的增长。但是，对全球化所带来的利益的分享存在严重的不对等现象，其决定于国际交换中各种生产要素的相对价格和增值比率，以及不同国家经济体对市场的占有份额和控制力，国际贸易、金融市场运作的秩序与机制也成为重要的影响因素。具有技术领先优势的国家，其贸易商品也具有相对较高的价格和增值

---

① 陆学艺：《当代中国社会阶层研究报告》，社会科学文献出版社 2002 年版，第 39-40 页。

比率，从而获得更多的贸易利益；具有资本领先优势的国家，对全球金融市场具有较强的控制力，在金融市场的角逐中它们往往能趋利避害，成为主要的赢家。全球竞争力的排序大致是：发达国家、新兴工业化国家、发展中国家。所以，落后国家所具有的后发优势仅仅是一种潜在可能性，在实际的竞争过程中形势并不乐观。一方面全球化使世界获益；另一方面，却加速了发达国家与落后国家之间的两极分化趋势。有数据表明，发达国家与发展中国家人均 GDP 的差距 1985 年发达国家是发展中国家的 43 倍，1994 年扩大为 62 倍。1960 年以前，世界上 20%富人的收入是 20%穷人收入的 30 倍，到 1997 年全球化处于高潮时，这一比率增至 74 倍。全球化作为一种复杂的动态过程，其影响也渗透到政治与文化传统维度，对于推动不同地区、民族、国家间的政治与文化融合提供了契机，但由于利益分享在国家间和一国内部不同阶层间的双重失衡，却往往表现为错综交织的各种政治与文化冲突。在进入 21 世纪的时候，全球化是一把双刃剑。它是加快经济增长速度、传播新技术和提高富国与穷国生活水平的有效途径，但也是一个侵犯国家主权、侵蚀当地文化与传统、威胁经济与社会稳定的一个有很大争议的过程。以泰国为例，在东南亚危机爆发后，人们惊呼"亚洲虎病了"，讨论的焦点不仅是金融市场与经济动荡，还有泰国的"畸形文化"和广袤的农村地区的"边缘化"问题。泰国在搭乘全球化列车时，在很大程度上丧失掉了民族文化个性，农村地区和农业人口实际上被遗弃，促发了社会阶层间的离心倾向，加深了经济危机。

我国的对外开放实际上是对全球化的参与过程。由于民族文化的内在稳定结构，传统体制惯性的引力作用，以及对历史的借鉴等初始条件，我国的对外开放强调独立、主权、选择与循序渐进，在各种矛盾与冲突中坚定不移地以维护、扩展国家利益为政策的机轴。就目前而言，我国对外开放的政策基本上是成功的，对全球化的参与极大地增进了民族利益，推动了国内经济与社会的全面进步。

如果单纯从经济层面分析，全球化对我国的不确定影响集中在以下方面。首先，为达到内外均衡的经济政策协调受到国际因素的影响。这表现在我国的对外经济政策对本国与外国的影响可能一致，也可能不一致，从而受到外部的牵制。在东亚金融危机期间，我国承诺人民币不贬值，此举对稳定亚洲与世界经济有重要意义，也符合我国的根本经济利益。但近期，日本等国的一些经济学者试图转嫁经济衰退的责任，指责我国输出通货紧缩，对我国施加压力，要求人民币升值。尽管这种胡乱"投医问药"的不负责任的推论站不住脚，但有可能对我国经济政策的独立性造成某种程度的威胁。

其次，国际市场动荡将成为我国国内经济不稳定的重要根源，一些关键行业的命运堪忧。全球不同地区、国家的经济与金融危机可能通过价格、汇率、利率等不同机制传导到我国。就产业、部门而言，原先估计加入 WTO 后我国农业将受到严重影响，但实际上，我国金融部门相当脆弱，在金融全球化的竞争进程中，比较容易受到打击。国有金融体系的地位、市场份额可能被严重削弱，但民营金融业的发育非常迟缓，所以，存在国内金融资源、融通资金管道被国外金融业控制的危险。尽管我们不必惧怕让外国金融家给我们理财，但却不能不警惕"管家变东家"。

最后，对经济全球化的参与，事实上是国内不同区域、部门、阶层和个人间收入差距不断扩大的主因之一。要素收益与各种生产要素配置在经济空间上选择的范围呈正相关，商品进入市场交换的空间选择也具有同样意义。所以，在开放经济条件下，一国经济成长的收益分配大体上的优先次序为：国际贸易部门→国内商业部门→工业部门→农业部门。由上述优先次序各节点引申可以分析众多地区、部门与经济全球化的利益相关问题。此外，根据美国 100 多年的数据进行分析，不同商品的相对价格水平在长期趋势上与产品加工度呈正相关，原料、粗加工产品的相对价格沿时间维度走低是市场经济中价格运动的规律，其形成因素可能会追溯到贸易扩展过程中存在对初级产品的替代性，以及随着技术变化存在对初级产品的节约。我国的区域经济差距可以适用上述两种分析机制。欠发达区域远离国际贸易市场，被排除在国际分工圈以外，商业流通也不繁荣，农业在产业构成中占有很大比例，产出以初级产品为主。这些必然决定了我国参与全球化会拉大国内区域间的经济差距。

全球背景下，国家与政府维护主权独立的政治诉求将进一步强化，这恰巧是因为，全球化容易使国家主权受到伤害。尽管存在各个不同国家机构与制度同质化的迹象，也有人提出全球化即美国化的扩展，①但所谓在全球化趋势下"国家消亡"的观点令人怀疑，谈论出现一个统一的"世界政府"也为时尚早。经济全球化、区域一体化与国家主权独立，至少在一个可预见的、持久的历史时期将并行不悖。我国在新的形势下，处理国际事务的战略思维已经扩展，传统的非敌即友的旧思维模式已经过时，代之以"合作伙伴关系""战略伙伴关系"或"合作竞争关系"等新范畴。至关重要的是经济因素，由于全球化使各国经济联系形成牵一发而动全身的胶着状态，新的范畴体系或许已经超出了外交辞令的意义范围。这些也表明，全球化是一种合作与冲突共存、概念更新、范式转换的过程。

全球化是一种挑战。但我国的经济实力在改革开放多年后得到增强，国内机制更趋于灵活务实，我国全面广泛参与各种国际组织，提出"十加一"亚洲自由贸易区框架，积极并成功筹组上海合作组织，应邀出席八国集团峰会，这些表明，在一定程度上我国应对挑战游刃有余。通过多边机制，争取发挥主导作用，维护国家安全并寻求全球化利益，已经成为我国新的战略选择。如果从经济学的视角解释这种选择，即在国家安全指数与全球化利益之间试图达到边际均衡，寻找最佳结合点。

---

① 意指美国不遗余力地企图将世界上不同地区、国家转变为自身的势力范围。

三、对经济发展中政府管理职能与运行目标的再探讨

（一）关于政府职能的理论描述

当代西方经济学将政府干预存在的理由归结为以下七点：①福利经济学所推崇的帕累托效率，不能保证市场竞争导致的分配与广为接受的公平概念一致。②完全竞争市场是经典经济学的一个颇为极端的假定，更为可能的事实是，经济处于非完全竞争状态。政府应该对"自然垄断"行业进行直接限制或实行管制。③远期市场和保险市场的缺乏。假使经济处于完全竞争状态，保证帕累托效率的条件是对于未来所有有关时间和所有风险存在着系列完整的市场。而系列完整的远期市场和保险市场事实上不存在。④存在由市场不完全、信息不完善和市场失灵引致的市场非均衡。例如，国际收支失衡、宏观经济波动及无法预料的通货膨胀。⑤外部效应引起的非效率状况。⑥市场不能保证公共物品的供给。例如，国防和基础研究。⑦满足"有益"需要。即政府可以制定政策对生产施加影响，鼓励对"有益"商品（如教育）的生产而抑制对"有害"商品（如香烟）的生产。各种对政府管理职能与政策目标的探讨大体上都不超出上述范围。[①]

斯蒂格利茨把政府的经济职能划分为生产方面的作用和消费方面的作用。政府在生产上的作用影响着生产过程和生产手段，即"怎样生产"，在消费上的作用则影响着"生产什么"和"为谁生产"。政府在纠正市场失灵方面存在四大优势：①征税权，可以由政府限制生产某些产品；②禁止权，即政府能够直接禁止某些经济活动；③处罚权，政府通过法律制度限制有效合同的范围，并对违约合同的处罚做出规定；④低交易成本，即政府可以通过降低组织成本、以公共供给方式避免"搭便车"等途径取得低成本优势。[②]斯蒂格利茨在《关于公共部门和私人部门的四大谬论》一文中质疑"公营企业必定没有效率"的观点，对科斯的谬见，即"如果没有政府干预，人们自觉地联合起来可以解决任何无效率问题"明确予以否定。[③]斯蒂格利茨对政府角色的分析实际上是沿着理查德·阿贝尔·马斯格雷夫的理论路径进行的。马斯格雷夫在其经典著作《公共财政理论》中将政府的经济职能概括为三种，即稳定经济、收入分配和资源再配置。

① [英]安东尼·B. 阿特金森，[美]约瑟夫·E. 斯蒂格利茨：《公共经济学》，上海三联书店、上海人民出版社1995年版，第6-10页。

② [美]斯蒂格利茨：《政府在市场经济中的角色——政府为什么干预经济》，中国物资出版社1998年版，第33-34页，第74-76页。

③ [美]斯蒂格利茨：《政府在市场经济中的角色——政府为什么干预经济》，中国物资出版社1998年版，第62-68页。

资源再配置职能，即满足"公共需要"，提供公共物品。公共需要又包括社会需要和有益需要两类。社会需要指必须由政府预算提供，使用者可以免费得到的需要。所对应的私人需要指可以在市场上通过支付价格得到满足，不需要通过预算机制。马斯格雷夫所提出的有益需要是一个容易引起争议的概念，他本人在与布坎南等的公开论战中的"有益物品"概念对此也予以承认。①从现实看，有益需要既可能是社会需要，也可能是私人需要，对教育的需要即如此，因为在义务教育与非义务教育两种范围讨论这一问题，其结论是不同的。事实上，马斯格雷夫在以后的分析中又提出混合需要及混合产品的概念。由于社会需要存在消费者个人偏好显露的困难，他们不会根据对社会物品的真实评价自愿付费购买，所以市场机制不能解决社会需要的提供。显著的例子包括国防、司法制度与公共卫生。

从财政理论出发所分析的第二种政府经济职能是对分配的社会调节。在资本主义制度下个人的收入状况决定于资本和贡献（指劳动）两种要素禀赋取得的市场价格。财政对分配调整的功能基础主要是由资本禀赋（继承的和积累的）的社会差异造成的。调整的方向在于两个方面：其一为减少绝对收入分配上的不平等；其二为改善特定群体，如贫困者、青年人和老年人的生活状况。马斯格雷夫讨论了分配调整的技术问题，认为通过对初次分配的干预，如对产品和（或）要素价格的干扰会影响经济效率，而通过税收和转移支付机制以再分配手段进行调整具有比较优势。这里隐含着兼顾公平与效率的价值取向。

在《财政制度》一书中，马斯格雷夫对早先提出的政府稳定经济的职能进一步明确为"稳定与增长"职能。他将资本主义制度区分为古典制度和新古典制度。新古典制度是一种高级经济形式，主要的不同在于将古典制度的因素反映在金融领域。在古典制度中可以通过利率调节，使投资水平等于充分就业收入中的计划储蓄水平。而新古典制度"是以不断变化的金融松紧程度为特征的。投资率可能不及充分就业收入水平上的计划储蓄，导致一种不足的货币支出率"。②新古典制度框架中不会自动导致满足充分就业和物价稳定的需求水平，所以通货膨胀与失业均有可能发生。财政政策和货币政策结合可以维持适当总需求水平，从而实现经济稳定，财政预算政策还可以经由技术进步率和资本存量增长率而影响生产能力。如此，财政与货币结合作为稳定政策就要同时关注经济增长率，必须调整到"保证平衡增长，即这样一种状况：实际支出增长率与潜在增长率相适应"。马斯格雷夫也实际论证了松货币政策与紧预算搭配以促进经济增长的问题，从他的著述中可以发现凯恩斯思想的实质性影响。关于在就业不足条件下通过扩张信贷以

---

① [美]詹姆斯•M. 布坎南，理查德•A. 马斯格雷夫：《公共财政与公共选择：两种截然不同的国家观》，中国财政经济出版社 2001 年版，第 72 页。

② [美]理查德•A. 马斯格雷夫：《比较财政分析》，上海人民出版社、上海三联书店 1996 年版，第 210 页。

刺激产出的思想发端，至少可以追溯到亨利·桑顿 1802 年的著作《大不列颠纸币信用的本质和效用的探讨》。[①]

（二）经济和社会系统运行的目标与政府职能改革的方向

政府通过其职能与作用的发挥，追求的经济与社会发展目标，从宽泛意义上讲可以列出一个很长的序列，但与宏观经济运行的联系主要在以下方面：资源的有效配置、经济增长、公平的分配、社会资本的扩大、国际关系的协调。[②]对这一目标体系可进一步概括为效率、稳定与公平三个方面。从我国经济发展的实践看，进入 21 世纪后，影响稳定与增长的因素有所变化，效率与公平的制约关系也发生一定程度的逆转。这些要求我们重新认识政府职能，并对经济与社会发展政策做出适当调整。影响经济稳定与增长的新的因素，我们可以从以下五个方面加以归纳。

（1）符号经济或虚拟经济对实物经济影响增强。通过对金融系统做历史分期观察，表明金融市场变数在增加，爆发危机的可能性增强，带有规律性的是虚拟变量、国际游资及国内投机资本的影响日渐强化。新兴市场经济国家金融体系发育迟缓，不能充分适应变化了的经济环境。我国则潜在有明显的金融不稳定因素，经济体容易受到脆弱的金融部门的感染。

（2）世界经济波动对国内经济运行产生实质性影响。我国对外贸易依存度较高，加之我国 20 世纪 90 年代以来基本上是顺差国，净出口对总需求贡献率比较明显，在今后这一格局完全有可能发生变化。

（3）资源约束对经济高速增长的抑制作用。我国幅员辽阔，但从人均拥有量及经济长期高速增长的趋势权衡，资源供给短缺很可能成为我国经济高速发展的瓶颈。在当今，石油仍然是关乎一个国家根本利益的主要战略资源。我国目前靠进口满足石油需求的 1/3，到 2025 年这一比例可能上升至 2/3。[③]水资源短缺问题在我国部分地区也已经突显出来。

（4）一方面环境恶化破坏了生存条件；另一方面，增加了治理成本。恢复森林植被、治理土壤沙化等环境工程都将长期转移大量的生产收入。

（5）突发事件对宏观经济的意外冲击。自然灾害、大规模的疾病与食品卫生事件的突然爆发，均可能引发要素与人员流动的中断，阻碍商品与交易流动，形成人们对经济景气状况的悲观预期。我们也应注意到，在一些国家发生的恐怖袭

---

① [美]约瑟夫·熊彼特：《经济分析史》第二卷，商务印书馆 1992 年版，第 518 页。

② [日]长谷川启之，梁小民，刘更生：《经济政策的理论基础》，中国计划出版社 1995 年版，第 3 页。

③ "中国将取代日本成为世界第二大用油国"，《国际先驱论坛报》，2003 年 7 月 4 日。

击事件往往演化为全面的社会危机，成为干扰、破坏经济稳定与增长的主要因素。我国 2003 年第一季度 GDP 增长 9.9%，但由于"非典"迅速蔓延，经济增长很快回落，这次出现的国民经济在短期内的一起一落均出乎了人们的预料。

政府职能改革的方向是进一步深化政府机构改革，提高宏观管理体制的应变能力和调控效率。从国际层面上看，要加强政府之间的经济合作与国际政策协调。从国内方面看，要长期坚持财政与货币政策结合以加强对国内总需求和总供给均衡的调控能力，塑造熨平、冲销世界经济动荡导致我国宏观经济波动的机制。要继续通过各种外交努力和双边、多边贸易谈判拓展我国利用国外资源的空间，采取多种灵活机制，提高我国引进国外资源的竞争力，加大利用外汇储备增加石油等重要资源的战略性储备的力度，通过技术进步以达到对资源的节约和再生利用，要加快对有争议区域资源的联合开发。进一步加强对环境保护、生态系统养护的立法和执法。环境治理对全社会具有潜在、间接的长期效益，所以要继续增加对环境治理的资金投入。要协调地方、部门与中央政府的关系，建立能够对各种突发事件迅速做出反应的危机管理体制，要培养政府官员的诚信意识，增加信息的透明度，提高对各种灾害、公共卫生、政治与社会突发事件的预测、评估和应急处理能力，将其对国民经济稳定与增长的损害减少到最低限度。

在我国，效率与公平的相对关系已经发生了变化。我国收入分配不公已经制约着经济效率。分析这一问题需要考察收入分配差距与经济增长之间的联系，假如由于收入分配不公平而使经济增长停滞，潜在经济增长率不能实现，从而产能明显过剩，甚至长期衰退，即形成严重的社会生产的低效率。刘易斯认为，收入差距扩大会诱导高储蓄并推动经济增长，所以发展经济和帮助穷人的优先战略是帮助富人。刘易斯的"利益扩散理论"，实际上是我国坚持"让一部分地区、一部分个人先富起来"的政策依据，在改革开放初期社会分配格局处于极端平均状态时有其合理性。但目前分配制度、分配格局发生了很大变化，理应对刘易斯的理论及我们最初制定的政策加以修正。

克拉克发现，收入分配不均对经济增长有明显负面作用，收入差别与经济衰退有正向联系。阿尔塞尼亚和佩罗蒂认为，收入分配通过对政治稳定的冲击制约经济增长。戴宁格尔等认为，缩小收入和财富方面的差别可以通过金融市场、教育渠道促进经济增长。[①]凯恩斯在《就业、利息和货币通论》的末篇转而关注社会哲学层面，认为所处资本主义社会的缺陷，除不能提供充分就业外，就在于收入分配不公，对收入分配如何影响储蓄、消费并转而影响就业的机制做了很好的论证，认为在非充分就业条件下"重新分配所得，以提高消费倾向，则对于资本生

---

① 汤敏，茅于轼：《现代经济学前沿专题》第三册，商务印书馆 2000 年版，第 127 页。

产大概有利无弊"。①他主张通过强化所得税、遗产税等手段的再分配功能"去除财富与所得的绝大差异"，增加有效需求，拉动投资和促进经济增长。随着社会收入总量和人均收入总量提高，会出现消费倾向下降，但收入分配的改良也会影响既定人均收入下的消费倾向。我国在人均收入不到 800 美元时即出现全面的市场过剩，区域间、个人间收入分配差距快速拉大是其主要原因。按照凯恩斯的收入分配→储蓄与消费→就业与增长理论进行分析，并从我国现阶段经济运行的实际出发，我们实在无法为居民储蓄存款达到 10 万亿元而感到自豪。

　　1987 年 10 月党的十三大上提出"效率优先，兼顾公平"的收入分配原则。党的十六大继续坚持这一原则，且对解决收入分配悬殊问题提出了一些具体方针措施。我们面临的现实是公平状况恶化制约着经济发展，分配不公导致总体效率下降，经济处于非充分就业状态，潜在产出水平和增长潜能没有完全发挥和释放出来，所以在政策实施过程中，亟待解决分配不公问题，通过理顺分配关系，遏止收入差距进一步扩大，防止由此诱发社会与政治不稳定问题。按照西方经济学者的看法，通过干扰价格及工资决定机制影响分配与效率目标存在冲突，市场配置资源的优势正在于其价格机制。②所以，党的十六大提出"初次分配注重效率，再分配注重公平"有一定理论根据。但是，由于我国市场体制还没有完全建立起来，如我国目前的工资决定机制还远远不是市场化的，加之对收入悬殊的问题完全由再分配机制解决财政也会不堪重负。因为财政部门要加大对社会收入分配的调控力度势必要增加可用的筹码，但大幅度调高税率也会制约经济增长。所以，政府在初次分配领域也应有所作为，对垄断行业定价及一些特殊商品市场的定价做适当干预，可以制定工资指示线使低收入者的基本生活得到保障。

第二节　中国经济发展中的公共经济政策

一、转型期财政宏观调控的职能特点

　　传统的公共经济学（或财政学）仅从财政收支角度研究政府的经济行为，但进入 20 世纪政府经济职能不断扩张与延伸，从财政收支行为扩大到对私人市场经济的管理和调节，并直接介入生产领域，形成一定规模的公共生产部门，从而产生现代公共经济学理论。从研究内容上看，现代公共经济学除了研究原有财政学问题外，还研究公共部门本身存在的合理性问题，其活动的领域或范围是什么，以及公共部门产品定价和政府对宏观经济的管理与调节问题。

① [英]凯恩斯：《就业、利息和货币通论》，商务印书馆 1963 年版，第 321-322 页。
② [英]詹姆斯·E. 本德：《效率、公平与产权》，北京经济学院出版社 1992 年版，第 13 页。

现代市场经济发展的一般趋势是政府进行宏观经济管理的力度不断加大，宏观调控的手段日益多样化，宏观调控的水平不断提高。可以借鉴西方国家财政收支的规模与结构及财政宏观调控的变化趋势，探讨我国财政宏观调控的职能特点。西方国家的财政宏观调控特点如下。

一是国家财政收支绝对规模和相对份额不断扩大。法国、德国、日本、瑞典、英国、美国六个国家的政府支出在 1880 年约占本国 GNP 的 10%，到 1985 年平均提高到 47%。财政收支规模扩大是财政宏观调控作用不断增强的基础。这种趋势符合瓦格纳定律，即国家在国民经济中的活动范围呈扩大趋势。

二是中央财政收入在全部财政收入中所占比重在 20 世纪 30 年代以来，尤其是第二次世界大战以后明显提高。1985 年，美国中央财政收入占全部财政收入的比率为 60.1%，英国为 87.9%，德国为 64.2%，瑞典为 73.2%，澳大利亚为 79.1%。

三是在财政作为宏观调控政策手段的运用上，经历了过多依赖于扩大政府支出，对部分行业、企业实行国有化及颁布法令管理经济的方式，过渡到灵活运用税收、财政补贴、财政贴息、财政返还等间接手段调节宏观经济，使调控的层面扩展，调控的力度不断加大。

四是财政政策与货币政策进行联动设计搭配使用以调节社会总需求与经济结构，已经成为现代市场经济体制下宏观调控的主要特征。[①]

以上四个方面对我国财政宏观调控的走向均具有借鉴意义，在很大程度上预示了我国财政宏观调控今后的作用范围、影响力度、作用特点。我国经济体制现在仍然具备转型期的特征，经济周期波动的性质由政府推动的计划周期转变为由市场推动的商业周期，所以财政宏观调控尚需注意以下问题。

第一，财政宏观调控以市场配置资源作为前提和基础，财政宏观调控职能的重点是纠正市场失灵，而不能导致市场关系的扭曲。在稳定、效率与公平三种政府目标中，财政对实现公平目标具有不可替代的作用，在今后相当长的时期中，财政宏观调控要以此作为政府着力点。

第二，我国总体经济运行已经由"短缺经济"转变为"过剩经济"，由结构性失衡中供给方的"瓶颈制约"转化为"需求约束"，宏观经济调控从防止"过热"转变为防止"过冷"，加之我国就业压力很大，追求长期持续快速经济增长是政府的预定目标，所以，财政调控要解决的主要问题是克服有效需求不足的制约，防止通货紧缩趋势。党的十六大没有采纳有关积极财政政策"淡出"的主张，实际上反映了政府对国民经济发展中总需求与总供给均衡态势的基本判断。

---

① 刘溶沧：《调控与发展：理论及政策研究》，社会科学文献出版社 2000 年版，第 274-275 页。

第三，在国有资产管理职能已经分离情况下，对国有经济的布局和结构进行调整与管理仍然是财政宏观调控的一项主要任务。在国有经济占社会资产总量相对下降情况下，政府投资将主要体现在提供公共物品领域（如国防建设），政府对私人物品生产的投资将主要限于有正外部效应而私人生产不具有优势的领域，如基础设施、公共卫生及教育等。

第四，随着我国开放型经济迅速发展，商品和服务贸易、资本流动规模显著扩大，财政政策要在可能范围内对外部经济均衡施加影响，对提高我国吸引国际资本和调节外资结构发挥积极作用。国外学者把资本流动视为"资产组合的信贷流量""资产组合的股票流量""外国直接投资流量"，并以此为基础对三种资本流动形式做出了数据模拟试验，结果证明在无校正性税收条件下国际资本流入的优先等级排序（按对流入国的福利效应）依次为：第一位是直接投资；第二位是国外信贷流量；第三位是外国资产组合中的股票流量。他们提出基于以上排序安排对资本流入的补贴及税收征管制度。[①]在我国资本项目已渐次开放条件下，可以通过财政手段调整资本交易税影响短期资本流动，维护金融市场稳定。

二、经济发展中的财税改革与财政转移支付

（一）我国"放权让利"的改革模式与财政运行的现状

我国在市场经济体制改革的进程中，基本上采取了一种"放权让利"的模式，以财政"减税让利""财政拿钱"配合各项改革举措出台，以"分灶吃饭"调整中央与地方分配关系为主要举措，中国财政为启动改革做出了铺路搭桥式的贡献，这种改革的结果是财政支出增长的势头居高不下，财政收入占 GNP 比重下降，财政赤字自 20 世纪 80 年代中期从未间断。但仍然有各种对财政投入不足的抱怨，有大量财政支出的"欠账"现象。我国财政收入占 GDP 比重 1979 年为 31.2%，1995 年下滑至 10.7%，其后加强了税收征管，但 2000 年也仅回升至 14.9%。西方国家在 20 世纪 60 年代收占 GNP 的比例一般在 30% 以上，如英国 1961 年这一比例为 31.1%，德国为 34.9%，美国 1961 年为 26.7%，1968 年上升到 30% 略高。目前西方国家一般也在 30%～40%。1989 年中央财政收入占 GDP 的比重美国为 20.1%，法国为 40.9%，德国为 29%。我国 1979 年财政支出总额 1281 亿元，2000 年财政支出总额为 15 879.44 亿元，在财政收入占 GDP 比例显著下降情况下财政

---

① [以色列]阿拉夫·拉辛，埃弗瑞·萨德卡，[中国香港]袁智旺：《偏好本地的含义：资本流动的排序和校正性税收》，载《全球化经济学——从公共经济学角度的政策透视》，上海财经大学出版社 2001 年版，第 103-147 页。

支出大幅增长。

（二）1994年的财税改革

在1992年初邓小平南方谈话和1992年10月党的十四大召开以后，我国改革开放进入新阶段，已经由"放权让利"转向制度创新过程。在这一背景下开始了新一轮财税体制改革，以适应变化了的宏观经济环境和建立现代企业制度的微观领域的要求。

财政理论中有各种关于实行财政集权体制和分散财权的理由。我国财税改革的逻辑起点实际上是高度的集权体制，结合市场化改革趋向及我国幅员辽阔、不同区域经济发展不平衡等因素，改革的目标是建立一种综合财政集权与财权分散优势、集中与分散结合的财税体制。1994年财税改革的基本指导思想是正确处理中央与地方的分配关系，调动两个积极性，促进国家财政收入合理增长，合理调节地区之间的财力分配，正确处理政府与企业间利益分配的关系，并坚持统一政策与分级管理相结合、整体设计与逐步推进相结合的原则。这次财税改革的基本内容为以下三个方面。

（1）实行分税制体制，理顺中央与地方的分配关系，按照中央政府和地方政府各自的事权划分各级财政的支出范围，根据财权事权相统一的原则合理划分中央和地方收入。在划分税种的同时，分设中央与地方两套税务机构，实行分别征税。

（2）改革国有企业利润分配制度，为企业创造公平竞争的外部条件。

（3）全面改革税收制度，建立新型税制体系。包括建立以增值税为主体，消费税和营业税为补充的流转税制；统一内资企业所得税；建立统一的个人所得税制；扩大资源税征收范围；开征土地增值税等。

税制改革在规范中央与地方政府间财政分配关系的同时，明显减少了包干体制所带来的财政运行机制上的许多紊乱现象，为政企分开和国有企业转换经营机制在分配上提供了条件，改革的结果使国家税收大幅增加。税制改革后禁止财政向中央银行透支，财政赤字只能以发行国债方式加以弥补，这样做有利于割断财政赤字与通货膨胀的必然联系，规范财政与银行之间的关系。

（三）财税体制存在的问题和进一步改革的方向

我国改革以来财政一直处于紧运行中，1994年财税体制改革缓解了财政收支的困难，但没有从根本上扭转财政赤字上升的局面，尤其是1997年亚洲金融危机之后，尽管财政收入呈稳步上升态势，但财政支出增加得更快，并主要靠增发国债加以弥补。财政收入占国民收入比例偏低的情况没有得到很好改善，中央财政收入占全国财政收入比例仍然较低且不稳定，财政支出结构不适应发展社会主义市场经济、转变政府职能的需要。从财政管理角度看，大量收支游离于预算之外，形成"预算外财政"，甚至还有既游离于预算，又游离于预算外资金制度之外的制度外政府财政性收支，有人称之为"第三财政"，即各级党政部门及政府所属事业单位乱收费、乱摊派、乱罚款所形成的制度外支出。收费领域的混乱，"税""费"不分及"费"挤"税"和"费"大于"税"的情况侵蚀税基、转移利润，削弱了政府的宏观调控能力，扰乱了市场运行机制，加重了企业、农民的负担。国家对这些问题已经加大了治理力度，但任务还非常艰巨。

导致财政困难的根本原因在于，原有财政职能范围过于宽泛，财政支出规模超常，主要表现在财政除负担各种公共需要的支出外，还要向国有企业注入资金并弥补亏损，事无巨细、大包大揽。在整体改革进程中财政收入比重下降，但财政支出范围没有适当收缩，财政运行机制没有与体制变革实行衔接、配套。

根据上述情况及本章第一节有关政府职能的分析，我们同意一些学者提出的设想，即中国财政改革与发展的目标是构建公共财政体系，公共财政体系的特征是着眼于满足社会公共需要，具体职能为提供公共物品，调节收入分配，促进经济稳定增长；政府财政收支行为立足于非营利性。[①]

（四）关于规范政府间财政转移支付制度的几个问题

财政转移支付是重要的国民收入再分配手段。财政转移支付制度，即以各级政府之间所存在的财政能力差异为基础，以实现各地公共服务水平的均等化为主旨而实行的一种财政平衡制度。我国原有的以高度集中的统收统支为特点的财政转移支付制度已经被打破，但适应市场经济发展要求的规范的财政转移制度尚未完全形成。根据我国的实际情况，进一步健全、规范财政转移支付制度，应注意以下三个方面的问题。

第一，规范转移支付制度要兼顾公平与效率原则。鉴于改革开放以来，生产关系已经发生重大调整，分配格局及社会阶层结构都出现了显著变化，经济发达地区作为既得利益方，在经济增长与社会发展及市场竞争能力、利益分配机制等方面的优势，在很大程度上已经被固化。所以，财政转移支付制度在坚持公平与效率基础上，应更为突出公平。应充分认识到效率与公平并非仅仅是一维相关的，合理的公平程度的提高，可以促进效率，无论在微观还是宏观上均存在这一机制。

---

① 高培勇，温来成：《市场化进程中的中国财政运行机制》，中国人民大学出版社 2001 年版，第 209-214 页。

第二，要把对各级政府因满足公共需要所产生的支出与其财政收入能力的公正评估，作为中央财政进行转移支付的客观依据。在分税制基础上，要合理划分各级政府的事权，并测算财源，财政转移支付是对各级政府承担责任与其收入财源不对称的各级横向和纵向的平衡。衡量各级政府的公共支出需要的重要因素是所应提供的公共服务的范围和规模，如基础设施、教育、公共卫生等。

第三，规范财政转移支付制度必须以法制为基础。法制是规范应有之义。世界上多数国家都以立法形式对财政转移支付制度加以确认，并以此作为中央政府向地方政府进行转移支付的依据，其中对转移支付模式、转移支付因素及其测算，各地差异系数的确定及收入能力、支出需要的评估标准与办法都做了具体规定。这就使转移支付制度便于执行，既公开透明又有利于管理和监督。目前，我国财政转移支付制度还带有很大的"相机抉择"的特点，但毕竟容易受到各种主观随意尤其是"长官意志"的误导，有损公正与客观的要求，不利于提高财政转移支付资金的运作效率。

三、经济发展中的国家债务规模与结构

（一）我国国债规模的现状、成因与趋势

我国在改革开放以后恢复了国债发行，1981～1996 年共发行国债 6000 多亿元，当年发行国债规模从 1981 年的 40 亿元增加到 1996 年的近 2000 亿元。1997～2002 年六年发行总量达 7000 多亿元，明显超出前 16 年发行国债总规模。20 世纪90 年代以后，发行国债规模迅猛增加的主要原因是，"放权让利"的改革思路下财政收入占 GDP 比重不断下降和中央财政收入占全部财政收入比重下降，同时财政支出不断增加，财政赤字攀升。1987 年国务院已有明确规定，其后在 1995 年颁布《中华人民共和国中国人民银行法》，财政赤字不得再通过银行透支弥补。尽管财政收入状况有所好转，但由于采取积极的财政政策扩大内需、补充社会保障资金等举措形成的大量财政赤字只有靠发行国债弥补。我国仍存在通货紧缩压力，面临总需求不足的矛盾，就业状况不容乐观，私人投资短期内不会有明显增长，所以，要实现持续快速的经济增长目标，财政政策适逢广阔的作用空间，在这种情况下大幅度增税不可取，财政收入的增长势必不能满足支出的扩大。由之可以推断，今后国债发行大体上还要维持现有的规模。

（二）对"国债悖论"的解释

国内外均对我国国债规模的扩张表现出极大关注，部分人士担心，国债不断

累积会演化为国家债务风险。理论界通过实证分析发现，我国债务依存度与国债偿债率都很高，但国债负担率、国债余额占居民储蓄存款的比率较主要发达国家都很低，并将这种情况称作"悖论"。例如，1999 年以后中央债务依存度（国债收入/中央财政支出）一直在 50%以上，1997 年达到 57.7%，而国际公认的控制线（或警戒线）为 30%。由此，难免就有一些人士心存疑虑，有所非议；另外根据世界上发达国家的经验，国债累积额占 GDP 比例最高不能超过 45%，依据是发达国家财政收入占 GDP 比重较高，一般在 45%左右。如果将预算外收入包括在内，中国财政收入占 GDP 的比例约为 20%，那么国债累积额占 GDP 的上限应该是 20%，但实际国债累积额占 GDP 的比例一直维持在一位数，1996 年以前均低于 3%。如何解释所谓的"国债悖论"？如何判断国债规模？

上述情况实际上由以下因素决定：在体制转型期国民收入分配向个人倾斜，凸现了财政收支的矛盾；以经济周期循环的态势而论，1993～1999 年连续七年经济增速进入下滑通道，直到今日经济增长的基础仍不稳固，宏观经济在面临外部冲击的同时内需不足，财政政策在很大程度上承担着经济增长目标；从国内投资与储蓄关系看，居民储蓄余额增长势头不减，但私人部门投资增长乏力，这必然会影响到国民产出的价值实现，破坏再生产的顺畅循环，所以有必要把政府作为经济系统的赤字方，通过举债吸纳私人部门的储蓄盈余，以维护扩大再生产的流程。此外，发行国债或许可以达到一种间接的再分配效果，因为储蓄在高、低收入群体中的分布有很大差异，发行国债筹资兴建公共工程、实施扶贫开发和构建社会保障体系，即意味着国家作为代理人向"富人"借钱，为社会谋福利，符合"帕累托改进"的社会福利最大化要求。

所以，问题不在于国债规模偏高，而在于国民收入分配关系被扭曲。国家财政收入偏低、财政赤字攀升和国债规模不断扩大都只是必然出现的中间环节。解决问题的根本出路在于合理调整国民收入分配格局，逐步扩大财源，提高全部财政收入占国民收入的比重和中央财政收入占全部财政收入的比重，而不是简单地、消极地搞预算平衡，压缩国债规模。

国债乃政府服务于社会与民众之利器。我国正处于经济转型与宏观经济波动周期性走低、变形的交互作用时期，国内悲观性预期气氛浓厚，私人投资不景气，消费者预防性货币需求增加，国际市场不确定因素增加。倘若国家作为宏观调控者也顺经济周期而为，不敢逆风向行事，一味规避风险，经济与社会形势将如何？政府又能否兑现维护稳定增长、公平与效率的职能目标？故而，当微观投资者与消费者经济活动趋于冷淡，宏观经济呈疲态时政府举债扩大支出是利用国家的权威和信誉扮演战略投资家的角色，其所得即分布具有广泛性特征的社会收益。我国国债资金的运作已充分说明了这一点。

（三）国债结构要注意的一些问题

借债要还本付息，政府也概莫能外，我们的分析并不排除国债规模不断扩大存在的潜在风险因素。消弭风险除促进经济增长、增强国债资金运营效率和提高"两个比率"之外，还必须注意形成合理的国债结构。国债结构即指国家各种性质债务的互相搭配及各类债券收入来源的有机结合。国债结构主要考虑期限结构与持有者结构及利率成本。[①]

国债的期限结构指各种短期、中期、长期国债的相对水平。我国发行国债主要考虑的是政府对资金使用期比较长，从而将债务收入更多地拨回基本建设项目。如果考虑到对货币流通与经济运行进行调节，应该增加短期国债的发行，短期国债市场实际也是中央银行进行公开市场操作的一个平台。此外，对国债期限结构的设计要避免出现偿债高峰，尤其要避免在经济周期的下降与萧条阶段债务还本付息过于集中的情况。从总体上讲，我国目前发行国债以长期为主是受制于近期偿债能力不高，将国家债务风险在时间维度上加以延伸，在政策设计上是合理的。

为了缩小利息成本，可以在经济衰退、市场疲软、资金供过于求和市场利率下降时增发长期国债。相反，在经济繁荣、资金供不应求、市场利率上升时发行国债以短期为主。从持有者结构上讲，我国目前持有国债主体主要是国有银行、部分企业及高收入群体的个人。从发展趋向看，应该培育投资基金、共同基金等机构投资者作为稳定的国债债权主体。随着社会公众收入普遍提高，国债在银行、专业投资机构、企业、居民个人之间的分布趋向分散化，将有利于活跃国债二级市场，增加其流动性。

至于国家公债及国有金融与企业部门作为债务主体所负担的外债，按发展中国家的经验，期限结构上大体应维持在长期国债与短期国债比例为 8∶2 的水平上。麦金农指斥外债对于发展中国家犹如"塞壬（Siren）的歌声"不免言重，但拉美国家的债务危机，个别东南亚国家对大量短期外债依赖性不断增强诱发全面的金融与经济危机，这些均应引起我们的重视。

四、经济发展中的国家反贫困战略

（一）中国在 21 世纪所面临的"三位一体"的经济问题

诺贝尔经济学奖获得者缪尔达尔将不发达、贫困问题同不平等联系在一起，对于发达国家及不发达国家内部的贫困问题，他基本上归因为政治腐败、社会地

---

① 侯荣华，康学军：《中国财政运行的实证分析》，中国计划出版社 1995 年版，第 74 页。

位不平等、市场力量和过时的经济制度，指出"社会不平等是经济不平等的一个主要原因，同时经济不平等又加剧了社会不平等"，对于不发达国家内部当政者奉行的机会主义偏见，他尖锐地予以批评："赞成更大平等的郑重宣言与明显的更大不平等的趋势之间存在着自相矛盾的问题，对于这一矛盾的解释必须与不发达国家的权力分配联系起来。"[①]不平等、贫困化引起的社会动荡在南亚国家（如印度和巴基斯坦）和拉美国家（如哥伦比亚、玻利维亚）以不同方式表现出来，在前者是引起各种骚乱和共同的团伙暴力，在后者则达到了一个思想激烈冲突及激烈行动的阶段。对缪尔达尔所谓的平等不能理解为社会分配关系上的绝对平均主义，笔者认为，可以理解为政治权利平等、经济机会平等和分享社会公共物品平等，以及权力机构施政的公平、公正与透明。

我国在计划经济时期全社会成员对生产资料的所有权是高度平等和一致的，从而在经济权利上似乎是平等的，但长期不适当地奉行高度集中的计划经济体制，窒息了商品生产与交换机制，分配上搞绝对平均主义，结果在广大城乡导致了普遍的贫困化，人民生活出现困难。改革开放以后，我国在农业领域实行家庭联产承包责任制，使大片农村地区的人民解决了温饱问题，在部分发达地区农村已经进入小康社会。工业领域以产权与分配制度的改革为主要特征，极大地激发了企业和劳动者的积极性，市场机制的效率、效能较充分地发挥出来，人民群众的生活水平、生活质量得到很大提高。但是，由于各地区自然条件、资源禀赋的差异，市场经济发展的不平衡性，各部门、地区经济结构初始条件不同和国家经济发展战略与经济政策非均衡的推进效果，在原有计划经济体制下的部分贫困地区还没有走出贫困化的同时，农村、城市出现了新的贫困化群体和个人。

我国的贫困地区、贫困个人主要集中在农村，原因在于农村人均耕地面积少，部分农业地带气候条件恶劣，土地肥力不足甚至严重贫瘠化，农业资源贫弱，农业人口供养能力差，往往达不到自给自足。我国中西部农村地区的贫困化问题远甚于东部。据国家发展和改革委员会披露，上海、江苏、浙江、山东、福建五省（直辖市）农民人均收入在 20 世纪 90 年代中期是西北五省（自治区）农民人均收入的 2.5 倍。东部大片农村地区的城市化水平也已经很高，所以，对我国而言，贫困化、"三农"问题和西部地区经济发展落后的现象，在很大程度上是一个问题的不同方面，实际上也成为我国进入 21 世纪所面临的"三位一体"的三大经济与社会矛盾。

（二）中国政府反贫困战略的不同阶段及其效果

全面建设小康社会就必然要消除贫困现象，消除贫困则必须依靠政府的力量。

---

① [瑞典]冈纳·缪尔达尔：《世界贫困的挑战：世界反贫困大纲》，北京经济学院出版社 1991 年版，第 242 页。

中国政府的反贫困战略经历了不同的阶段。从 1978 年农村改革开始到 1984 年人民公社制度被完全废除，以经济的快速增长使贫困得到缓解。尽管此间农民收入不平等的差距在扩大，但基本上未超出合理区间，农村土地是极为平均地分配到户的，使 20 世纪 80 年代前期的以农业为主的农村经济发展有可能惠泽较广泛的农户。

1984 年，中国政府开始在全国范围内反贫困，反贫困战略的基本思路是在保持一定经济增长的前提下，通过具体的扶贫措施解决一部分特殊地区和特殊人群的贫困。由于贫困人口区域集中的特点，所以反贫困战略为区域发展带动战略，即先划出贫困区（以其为单位），然后通过加大投资，实行优惠措施，促进区域经济发展，再带动贫困农户增加收入。1994 年国家制订"八七扶贫攻坚计划"，要求用七年时间解决 8000 万人口的温饱问题，从而加大了反贫困政策的力度。1996 年全国扶贫开发大会提出扶贫要到村、到户，标志着反贫困战略在机制上的创新，减少了中间代理环节，节约了成本，可以避免反贫困资金转移向其他用途。[①]

可以按是否解决温饱问题划分贫困与非贫困的标准。按这一标准，到 20 世纪 90 年代中期，我国贫困人口比 20 世纪 70 年代末减少近 3/4，使中国贫困人口占世界贫困人口的比例从 20 世纪 70 年代的 1/4 减少到 1/20，农村贫困人口不到 6000 万人。据 2003 年 10 月出版的联合国开发计划署《2003 年人类发展报告》显示，我国在 20 世纪 90 年代有 1.5 亿人口摆脱了贫困，每天收入不足 1 美元的人口比例从 1990 年的 33%下降到 2000 年的 16%。但形势依然严峻，如果按每人年收入370 美元作为贫困线，我国农村人口的 17.5%（1.4 亿人）仍然处于贫困线以下，估计城市大约有 3000 万人口处于经济困难的境况。[②]

（三）中国政府反贫困战略的主要政策手段

财政补贴是政府实施反贫困政策的重要手段。早在人民公社时期就有支援穷社资金，1980 年国家开始设立支持"三西"（西海固、河西、定西）农业建设专项资金。

以工代赈是支持贫困地区公共设施建设的一种手段，主要是交通、水利、农田方面。同时有以提供短期就业机会为目标的扶贫计划，此项计划由国家计划委员会、省（直辖市、自治区）计划委员会于 1986 年实施，先后以粮食、布料、工业品作为报酬付给参加者。20 世纪 90 年代用于以工代赈的资金显著增加，已经

---

① 何炼成，李忠民：《中国发展经济学概论》，高等教育出版社 2001 年版，第 327 页。
② 如果按购买力平价计算汇率，中国农村贫困人口可能明显下降。

成为扶贫资金中的重要组成部分。

信贷扶贫资金是扶贫资金中数量最多的一项。它由多家银行发放，通过多种渠道，并为实现多种不同的目标而设立，始于 1984 年中国人民银行向老区、少数民族地区和边远地区发放的优惠贷款。1984 年中国农业银行发放的普通贷款也用于同样目的。1986 年中央通过中国农业银行发放的专项扶贫贴息贷款，它是条件最为优惠、规模最大、最重要的一项信贷扶贫计划，也是由专门扶贫机构直接管理的唯一项目，后又相继设立了用于扶持贫困县县办企业和牧区发展的优惠贷款。

农户小额信贷是中国人民银行再贷款支持的，由农村信用合作社推广实施，是解决农业发展资金不足的重要举措，约于 2000 年在全国广大农村开始试行。这一举措对解决农村贫困问题也具有重要意义，在一些地区已经收到良好效果。要进一步巩固和扩大反贫困战略的政策效果，就必须加大对贫困、不发达地区的资金投入，提供各种培训服务，努力提高人口素质，着力改善劳动者的知识与技能水平，帮助农民树立市场意识和经营观念。政府要引导和建立健全服务于农村、农业和农民的各种民间中介组织。对各种非农经济单位开展与农村的横向联系与共同开发给予政策上的优惠，进行大力扶持。要强化县、乡（镇）及村民委员会三级组织对农业发展的指导、协调与服务功能，适当淡化其"政治"机构功能，消除"官本位"色彩。

我国贫困化问题具有社会经济结构、自然地理区域和民族阶层性三大特征，反贫困是一个关系到区域经济协调发展，社会全面进步，民族团结和政治、社会稳定的全面性、战略性举措，是党和国家必须密切关注并逐步实现消除贫困目标的一项重大的战略任务。

第三节　中国经济发展中的金融与货币政策创新

一、全球金融一体化与中国金融改革发展

（一）全球金融一体化及其特征

关于资本在全球范围内流动性增强的趋势有一些不同的说法，如金融全球化、金融一体化、国际金融一体化等。对于金融全球化，正如我们在本章第一节已予以说明的，指资本跨国界大规模的自由流动。但"金融一体化"范畴可能会引起歧义，因为既可以将其理解为国家之间以区域为基础，通过成员国缔结有约束力的协议形成货币联盟，如欧洲联盟；也可以理解为如上文中所指的金融全球化。在世界经济与金融秩序的演化中两种意义的"金融一体化"实际上各有其存在的意义，且互相交织与推进。我们既可以将区域性金融一体化理解为个别国家之间

部分地甚或在完全意义上放弃"货币主权"这一物品从而获取货币稳定、规避汇率风险、促进要素流动与区域间分工的更大收益，也可以将其理解为面临金融全球化、资本跨国界的大规模移动所采取的"趋利避害"措施。因为国际投机资本甚至正常的国际资本流动更容易对独立货币体形成冲击。我们更多的是在金融全球化意义上使用全球金融一体化概念，并试图由此囊括、蕴含具有全球意义和影响的区域性金融一体化。

全球金融一体化的特征是促进了全球不同金融市场"游戏规则"、金融机构和金融制度的趋同化趋势，突出地表现为区域或全球范围的金融自由化。如果借鉴丁伯根在 20 世纪 60 年代对经济一体化做出的关于"消极一体化"与"积极一体化"的区分，金融领域的"消极一体化"表现为在金融自由化过程中势必要消除对不同来源资本的歧视与对资本流动的限制，"积极一体化"则表现为修订、改变已有的法律与机构和设置新法律及机构框架，以保障资本市场的高效率，适应区域内或全球性资本自由流动，从而实现宏观政策目标。[1]全球金融一体化会促使不同市场参数，如利率、汇率与价格水平逐渐逼近"一价定律"，即非如此，不同区域、国家的利率与价格水平的波动周期也日益呈现出正向相关，尽管在同一时点上相位不同。全球金融一体化极大激发、活跃了全球性金融交易，货币、证券资产与衍生金融工具交易的规模急剧膨胀。我们以发生在一国的国际资本交易占GDP 的比率的变化为例，美国债券与股票跨国界交易占 GDP 之比 1975 年为 4%，1995 年则上升到 135%，加拿大同一比率由 3%上升到 194%，意大利由 1%上升到253%。不同国家、地区货币市场、股票市场波动的传导效应更为明显。纳入全球化轨道的国家，金融体系、金融市场已经很难独立于国际货币体系。就微观层次而论，银行系统的存贷款利差缩小，依据传统的存贷款业务获取的利润份额有下降的迹象，竞争日趋激烈。

（二）中国金融改革与发展所面临的主要问题：体制非同质化与金融开放的冲突

党的十六大提出要正确处理"虚拟经济与实体经济的关系"，实际强调了要充分发挥金融改革与发展对实体经济的支持功能，实现金融与经济良性互动的循环机制，避免全球金融一体化所主导的金融部门"虚拟化"水平提高对实体经济造成伤害，防止我国特殊的金融系统风险转化为全面的金融与经济危机。

必须将当今中国的金融改革与发展置于开放视野。我国早前已先后成为世界银行、国际货币基金组织和国际清算银行的成员国。随着我国加入 WTO 并承诺

---

[1] [英]彼得·罗布森：《国际一体化经济学》，上海译文出版社 2001 年版，第 2 页。

履行《服务贸易总协定》（General Agreement on Trade in Services，GATS）的相应条款，我国金融体系将融入全球金融一体化进程。国内金融部门与国外同业的业务界限将彻底被打破，国内金融市场的工具与机制都将发生实质性变化，金融监管势必要奉行一系列国际惯例与准则，货币政策操作要顾及与国际方面的协调。面临这种变局，我国金融改革与发展明显滞后于总体改革进程。

国有银行的问题主要包括以下四个方面：其一，在现有产权关系制约的条件下，内部治理结构有严重缺陷，国家与"银行家"之间的委托-代理关系悬而未决；其二，银行除一系列秩序化规则约束外，还要执行政府不可预见的行政约束；其三，政府在不得已条件下采取了权责不对称的，如贷款终身责任制等极端化控制手段，使银行效率目标在很大程度上缺失，困守资产安全以求自保；其四，金融部门业务多元化与混业经营是现代金融业的发展趋势，但分业经营仍然是国内对商业银行管理的一项原则。

我国利率体系市场化仅局限于同业拆借和国债利率，对商业银行存贷款利率仍实行严格管制。这在很大程度上扭曲了资金价格，就资本项目开放而言，不利于发挥利率变动对资本市场流动的调节与疏导功能。现行有管理的浮动汇率制度，从实际执行结果看是一种固定汇率制度，在开放经济条件下资本项目将最终放开，僵硬的汇率制度不利于中央银行的货币调控。

事实上中国人民银行在银行监管职能被分离之后处于尴尬地位，因为从货币政策职能看中央银行发挥作用的范围受到限制。对中央银行独立性与一国经济成长相关性的统计分析，说明两者成正相关。但据业内人士讲，中国人民银行仅在公开市场业务上可以独立操作，不过公开市场业务的规模很小。这将导致中央银行致力于内外均衡的调控空间狭小。

我国对金融业采取银行、保险、证券分业监管体制，目前尚没有能统摄三方的中央级协调机构。中国银行业监督管理委员会与中央银行的关系协调也存在困难，若交由中央政府首脑处理，则不能不落入"人治"的格局。有关金融官员也坦诚指出分业监管容易导致监管"盲区"，今后金融混业经营的趋势更是如此。上述说明我国微观金融活动主体、货币管理与金融监管当局未必能适应金融对外开放的要求，货币与金融资产价格也远非是市场化的。在全球化坐标系中，我们将其称作体制非同质化与金融对外开放的冲突。这也是金融改革与发展面临的主要问题。

二、经济发展中的金融结构变化与金融制度安排

（一）对中国金融结构变化的分析

金融结构变化反映一个国家金融深化的程度，从政府职能的角度观察，金融

结构变化反映了政府与市场在资源配置方面的相对重要性。

1. 广义货币与 GDP 比例变动

可以由金融资产总规模与财富总量（存量或流量）的相关比例、金融资产构成与分布——包括不同种类金融资产相对数量和金融资产在部门间的分布，反映金融结构的变化。中国改革开放后总的倾向是金融资产与财富数量的相对规模上升，存在货币资产（现金与存款）向非货币资产（股票、债券、保险等）的转化，金融资产分布由银行部门向非银行金融机构及由国有部门向私人部门转移。

如果用广义货币与 GDP 之比，即 M_2/GDP 表示一国经济货币化程度，我国这一指标 1952 年为 14.9%，1980 年略高于 4%，1999 年则超过 140%。一方面这反映出中国货币化水平已经较高，但也表明中国居民金融资产结构还比较单一，在经济持续高速增长情况下企业、居民持有资产仍以货币资产为主，20世纪 90 年代 M_2/GDP 由 80%上升到 150%，其中的重要因素是城乡居民储蓄存款快速增长。

2. 中国股票市场的资本化水平

上海证券交易所和深圳证券交易所先后于 1990 年、1991 年成立，从而掀开了中国迈向市场经济的历史性的一页，无论从纯经济角度还是从意识形态角度看，这都是引人注目的重要的一步。上海证券交易所和深圳证券交易所在开市之初股票上市规模，无论从公司数量或市值看或许仅具有象征意义，甚至由于供给不足和巨量"超额需求"而于 1992 年出现深圳市的"8.10"事件。但是，20 世纪 90年代中期以后股票市场发展很快，股票市场总值占 GDP 比例从 1994 年还不到 10%很快上升到 2000 年超过 50%。不过，由于国有股不流通，流通总市值占 GDP 不到 20%，国有股在上市公司中"一股独大"，在很大程度上削弱了股票市场促使社会资金资本化和改进资源配置的功能。

3. 居民金融资产结构变动

我国居民新增金融资产在 20 世纪 80 年代初仅有储蓄存款、政府债券和手持现金。1985 年、1986 年、1987 年先后有了保险、企业债券和股票，国家 1986 年在全国八所城市开办国债柜台交易。到 20 世纪末居民持有股票占到金融资产中的14.05%，仅次于储蓄存款，居民手持现金占金融资产增量在 20 世纪八九十年代相对呈现下降趋势，可能说明居民对资金的时间价值变得更为敏感，金融机构办理存款、取款的便利程度增加和存款人无形成本下降。

4. 对中国金融结构变动的简要评析

经过分析可以发现，中国金融结构呈现出以下变动趋势与特点。

第一，中国货币化程度已经较高，但反映出的问题是融资格局仍然以银行中介为主要渠道，金融市场直接融资尚无法与金融中介分庭抗礼。就金融市场本身看，股票筹资相对发展较快，1992 年通过发行 A 股筹资额为 94.09 亿元，2000 年增加到 856.64 亿元。但企业发行债券受到严格控制。

第二，居民个人金融资产中储蓄存款仍占有绝对优势，股票、债券、保险等非货币资产占比例较低。美国在 20 世纪 90 年代投资于股票的家庭占所有家庭比例从最低 27.8%到最高 53.9%，而中国约有 10%家庭投资于股票。低收入的农村家庭在家庭构成中比例形成很大制约因素，另外，上市公司绩效不理想及市场交易不规范，均与缺乏稳健的机构投资者有关。

第三，中国社会金融结构发生了重大变化，最显著的莫过于国民财富的分配与积累向私人部门倾斜。但当财富积累进入再生产过程时，却存在由国家经济政策主导下通过国有银行向国有企业部门的大量配置。所以，当代中国潜在的最主要的债务与债权关系问题表面上是在国内银行与国有企业之间，实际上是拥有约 10 万亿元存款的债权人，即社会居民与国有企业之间的关系。目前我国国有银行不良资产规模大约有 32 000 亿元，国有企业是这 32 000 亿元的主要债务方。倘若银行负债全部来源于国家，那么，国有企业实质上就不欠银行的账，因为二者也都是国家的。标志一国金融结构的因素也应该包括金融结构特征、社会资金在不同部门间的配置状况及投融资体制。我国在这方面的最大教训或许可以被概括为，收入分配格局市场化与资金配置格局中计划体制的惯性还在起作用这种"二律背反"。

第四，金融运行以经济运行为基础，目前我国金融结构方面存在问题的根源在于经济结构中的国有企业。对国有企业大量注入资金并未改善其收益状况，我国改革开放以来，国有企业的利润率一直呈下降趋势，由 1978 年的 25%下降到 1997 年的约 5%。[1]股票市场上市公司大约 95%为国有或国有控股公司，但从上市公司总体看，净资产收益率在 20 世纪 90 年代前期明显低于一年期居民存款利率，后半期也低于三年以上期限的贷款利率，1992～2000 年上市公司净资产收益率均值为 6.78%。[2]20 世纪 90 年代，我国的信贷资金配置与部门产出占工业产值之比在国有企业与非国有企业间的关系被人为扭曲，即国有企业产出占比下降，贷款资金占比上升，相反，非国有企业产出占比上升，贷款资金占比下降。

---

① 张平，张晓晶：《直面符号经济》，社会科学文献出版社 2003 年版，第 41-42 页。当然，使国有企业利润率下降可能有多种原因，如会计记录是否真实和一致、资本有机构成提高是否影响到一般利润率水平。

② 就货币理论看，这对于在我国流行的所谓"平均利率低于一般利润率"的说法形成事实上的否定。

（二）关于我国金融改革、金融制度安排的若干设想

1. 推进银行部门的产权结构改革

在银行重组过程中，要贯彻党的十六大有关所有制改革所提出的两个"毫不动摇"和"一个坚持"的原则。由于我国现有银行业国有银行仍具有垄断地位，所以着力点应该是鼓励、支持和引导非公有资本进入银行领域。中央政府已经明确在银行系统引进外资和民间资本，在原有股份制银行重组中允许国外银行收购一定股份也已经成为事实。[①]国家对于那些已形成规模优势、经营业绩良好、管理规范的民营企业介入银行业应给予政策上的支持，促进民族产业资本与金融资本的结合，由此提高内资金融业的市场竞争力。

要通过市场开放、引进外资加大处置国有银行不良资产的力度，加大消化掉不良资产的步伐，既要考虑到最大限度地提高回收率，又要考虑到为银行业重组清除障碍。假若在时间上长期拖延，可能的结果是降低而不是提高回收率，因为呆滞资产伴随时间变化一般是倾向于贬值的。目前我国资产管理公司利用外资处置不良资产主要有两种方式：一是直接出售资产包；二是与外国机构合资组建资产管理公司。实际上还可以考虑采取资产证券化等灵活多样的方式。[②]

2. 在构建外部规则的同时维护自生自发的秩序

我国金融制度演化不可避免地具有制度外生或外部秩序主导的特征，但应该维护、支持内生的、非正式制度安排向正式规则的各种演进形式。哈耶克用秩序范畴涵括规则、组织、制度及结构、模式、系统等概念，认为一系列概念实际上是在秩序意义上使用，但他认为根据他的定义使用秩序范畴更为适切。他视秩序为一种事物状态，人们可以根据对一定空间或时间部分的了解对其余部分做出"有希望被证明为正确"的预期，即秩序使人们当关注外界或未来时不确定性降低。哈耶克在上述定义下，进一步区分出外部秩序与内部秩序，前者是人造的或建构的秩序，后者是自生自发的或"增长的秩序"。[③]任何一种社会制度中两种秩序会一同起作用，但在美国社会中可能有更多自生自发的规则，而在我国可能有更多建构的规则。比较改革开放前后两个时期，改革开放以后产生了一些前所未有的自生自发的秩序，如家庭联产承包责任制，既反映了秩序内生的特征，又突出表

---

① 例如，2003 年初花旗银行以 6 亿元人民币收购上海浦东发展银行 5% 的股份，从而成为上海浦东发展银行第四大股东，并向上海浦东发展银行董事会派出一名董事。

② 黄志凌：《开放不良资产处置市场的实践与建议》，《研究动态》2003 年第 4 期。

③ 哈耶克：《法律、立法与自由》，载北京奥尔多投资研究中心：《风险、不确定性与秩序》，中国财政经济出版社 2001 年版，第 286—296 页。

现了非正式制度向正式制度安排演进的顽强生命力。

改革本身即意味着打破旧秩序，构建新秩序。所以，我国金融制度演进必然是以建构一系列新规则为其特征，我们不可能在打破旧秩序之后等待新秩序在时间长河中自生自发。但在外生秩序建构的隙缝中完全有可能生发出一系列"增长的秩序"，这些秩序往往是有生命力的，有其内在的经济合理性，我们不可刻意扼杀。例如，对农村合作基金会，对部分企业内部集资，主管部门一旦发现问题就全面禁止，实际上是一种消极的选择，引导、规范效果可能效果更好。哈耶克还指出，由于"人造的秩序是刻意创造出来的，所以它们始终是（或一度是）服务于该秩序的创造者的目的的"，创造者的目的是什么？我们不能完全排除创造者追求局部利益最大化的行为机制对外生秩序的潜在影响。

人们可能希望出现适应市场机制或本身即属于市场构成元素的微观金融机构和企业替代原有的部门与机构，但这种替代在中国是渐进的。时间最终将会证明关于国有金融部门的股份制改革仅仅是一种按博弈规则论设计的弧形弯道，当带有巨大惯性的金融体系从一种计划体制的轨道向市场体制轨道偏离时，弯道的功能是避免体系的崩溃，但弯道并不代表最终的方向。

3. 加快证券市场的法人治理制度建设

我国证券市场各相关机构与银行体系存在的问题有雷同化趋势，同样需要推进产权关系和法人治理结构改革以适应市场运行。至少目前我国金融发展还不存在直接融资与金融中介孰优孰劣的问题，在国内带有倾向性的观点是发展资本市场（实际上指股票市场）、增加直接融资有利于资本所有人选择，可以提高资金配置效率，降低银行业及国家风险。但事实究竟如何？我国资本市场总体上来说存在与银行部门相似的问题，表现为以官方体制推动的证券交易所、证券公司基本属于官办性质，上市公司中国有企业、公司具有绝对数量优势，会计、审计部门距离公正、透明地发挥社会监督机制功能的目标还很远。所以，投资大众在所谓"直接融资"过程中不仅处于被动和盲目地位，还丧失了对债权人的收益承诺，再加上散户投资者无意行使股东权利，这就更加放松了对上市公司的约束。所谓"基金黑幕"和蓝天公司财务造假事件，从不同角度说明了上述问题。这实际上解释了近几年社会资金在证券投资与银行存款之间的结构性变化，即进入证券市场资金锐减，储蓄却增势迅猛，反映了公众对证券市场的基本评价。

据上所述，要真正发挥直接融资的社会选择功能，就必须对证券交易所、证券公司、上市公司和会计与审计机构四管齐下，使其产权结构与法人治理结构发生实质性变化，从政府的光环中解脱出来，脱胎为不仅具有法人之名，而且具有法人之质的市场化经济单位。这一问题的解决可能比银行问题要相对容易，因为累积的问题还不算太严重。从长期而论，直接融资与金融中介同为社会融资体制的两翼，存在竞争与约束制衡及互补机制。

　　4. 在金融改革过程中对民间金融采取一种更为宽容的态度

　　民间借贷及地方部门涌现的自发性民间金融组织一般来说出现违约情况较少，孟加拉乡村银行和茅于轼先生在山西农村的试验都证实了这一点。在我国，民间借贷是对正式金融制度安排的有益补充，是对习惯、行为、风俗、道德、信誉等非正式制度约束在金融领域的恢复。国有金融部门存在资本所有人缺位这一致命弱点，就债务人而论，将资金的借入实际上看成"无主债权"。所以，诱导出大量的寻租和赖账行为，出现信贷人员和借款方普遍的共谋，从而使"借债还钱"的传统习惯与道德约束几乎荡然无存。谢平与陆磊认为："在金融腐败中，由于关系借贷是一种流行特征，银行与企业双方基本谈不上信息不对称问题，其合谋性质远高于一方欺骗的性质。当然，很多案件最终体现为恶意逃废债务的企业欺骗银行，不过其交易实质是银行信贷人员和企业共同欺骗作为法人的银行。"①他们认为一般银行的基层机构清楚了解借款人的相关财务信息，不存在信息不对称问题。即使不存在逃废债务问题，由于寻租抬高了融资实际成本，且使实际借贷利率倾向于逼近民间借贷利率，所以，以"高利贷"指斥并试图取缔民间借贷或许就没有道理。在部分农村领域，当农业银行大量撤出营业网点，而农村信用合作社由于资产状况严重恶化还难以满足农户对金融中介的需求，民间借贷在一定程度上提供了农民生活、生产的资金需求，填补了农村金融服务体系的真空。民间借贷的另一客户群体是城乡个体工商户。在一些地方，民间借贷利率实际上维持在同期限金融机构存款利率和贷款利率之间，实际上是借贷双方对节约中介成本的一种合理分割，除借贷双方获取利差动机之外，生成机制还在于以下几点：其一，法定存款利率偏低；其二，对存款金融机构安全性评估下降；其三，金融机构不能给存款、贷款双方提供应有便利和相关服务，如个人投资理财。

三、对经济发展中货币政策创新的探索

　　1997 年亚洲金融危机以后，我国货币与金融运行的环境发生了实质性变化，但直至 1997 年年末，中央经济工作会议仍坚持适度从紧的财政与货币政策，笔者在一些场合曾指出，应该是"适度从松"而不应继续选择从紧，因为毕竟 1995 年国内市场已经出现普遍的过剩，内需不足与出口萎缩必然导致生产方面的困难。不过，在有关中央经济工作会议的标题新闻中，人们还是看到了如"以新的更有力的措施解决下岗问题"的文字，从中可以觉察出政府支出扩张以维护、推动经

---

① 谢平，陆磊：《金融腐败：非规范融资行为的交易特征和体制动因》，《经济研究》2003 年第 6 期，第 5 页。

济增长的财政政策意图，也实际上预示了货币政策以后的走向。尽管当时失业问题已经比较严重，但有关人士预期中国失业状况将进一步恶化，政府对这一问题的关注已成为决策的重心。

（一）对中国货币政策的基本估计和对党的十六大宏观经济政策目标的解读

1. 亚洲金融危机之后货币政策功不可没

对亚洲金融危机以后的金融宏观调控和货币政策效果，在理论界、经济职能部门和企业人士中都有过种种非议。一是货币当局放松银根晚了约半年时间；二是扩张性货币政策在 1997 年底之后总需求不足、通货紧缩、失业增加和经济增长乏力情况下无效。实际情况究竟如何？

回顾 20 世纪 80 年代末至 21 世纪初的两次大的经济波动，第一次是 1988～1991 年，第二次是 1992～1999 年。第一次波动的显著波幅是 1988～1989 年，一年之间经济增长率由 14% 下降到 4%；第二次波动的显著波幅是 1992～1999 年，七年间经济增长率由 14.2% 下降到 7.1%，此后基本维持在 7%～8%，其中 1994～1996 年成功治理高通货膨胀但维持了经济的高增长，被誉为"软着陆"。1992 年中国经济波动形态发生明显变化，避免了短周期（基钦周期），在 1997 年以后尽管国内面临各种困难，国际市场环境骤变，经济总量维持了高增长，这一时期的显著变化还在于全国基础设施改善，出口结构中高新技术产品占比增加，在上海、广东及长江三角洲、珠江三角洲等热点地区高经济增长中，信息产业拉动的作用明显。中国加入 WTO 后一些人士所担心的短期内贸易出口严重下降的局面并未发生。国民经济素质整体上得到提高。国外许多学者和业界或许是出于不同心情，惊呼"中国将成为全球制造业中心"。

在新的经济环境中政府显然采取了反周期经济政策。财政政策举措已如前节所述，货币政策实际上奉行了"相机抉择"的凯恩斯主义方略，积极财政政策、稳健货币政策形成"双松"式搭配。1998 年初中央决策意向渐次明朗以后，坚定不移地扩大内需、维护国民经济快速增长，中央银行官员称货币政策已经是"无所不用其极"。或许可以将这一阶段的经济政策概括为"中国新政"。

货币政策是怎样作为的呢？从一般层面上讲，连续降低利率，两次下调准备金比率，废除贷款规模控制，进行积极的公开市场操作。从选择性信贷政策观察，这一时期放宽了住房信贷，推行助学贷款，在农村领域约于 2000 年全面推行农户小额信用贷款，填补了农村的"金融真空"，遏制了农业领域"金融失血"状况。中央银行通过增加外汇储备，一方面，作为货币供给主渠道；另一方面，有利于稳定人民币汇率、增加出口和降低外商直接投资的汇率风险。中央银行与其他中央、地方部门联手，果断处置个别金融机构倒闭事件，这在我国金融体系脆弱性明显的情况下，避免了个别事件酿成系统风险。

倘若不是连续降息，反而维持 1997 年亚洲金融危机以前的名义利率水平，企业的生产、投资将如何？国债发行规模大幅度增长是否可行？或者，国债规模激增的滞后风险又将如何？公开市场操作也实际上使中央银行成为国债存量的"蓄水池"。住房消费在总消费中占有举足轻重的地位，若非住房信贷政策支持，国民总消费需求又将如何？笔者 2003 年 7 月对陕西省商洛市的调查显示，由于推广农户小额信贷，2003 年上半年商洛市农村信用合作社系统对农户贷款比 2002 年同期增长 50%以上，贷款资金来源中相当部分为中央银行支农再贷款。[①]

鉴于上述情况，讲货币政策无效、无用完全站不住脚。在此，使用各种计量经济模型得出的"货币政策无效"的结论注定是伪结论。统计检验的因果关系与事实逻辑可能一致，也可能"风马牛不相及"。事实上货币政策对政府支出、投资、消费、出口均产生了积极作用。一些学者一味地讲凯恩斯本人认为在经济萧条时期货币政策无效，但综合凯恩斯在不同场合的理论界的学说却并非如此，凯恩斯只是认为在经济萧条情况下，货币扩张是通过财政扩张起作用的，货币政策不能独立承担恢复经济增长的角色。换句话说，在宏观经济呈现疲态或萧条时期，财政职能与政府支出成为货币政策传导的介质和内在机制。

2. 对党的十六大宏观经济政策目标的解读

党的十六大提出的宏观经济目标为：促进经济增长，增加就业机会，稳定物价水平，维持国际收支平衡。这一目标体系恰好覆盖了四大货币政策目标，凸现货币政策对宏观调控的重要性。但党的十六大提出的宏观经济目标与 1995 年《中华人民共和国中国人民银行法》（以下简称央行法）比较有几方面特点：第一，央行法将稳定物价作为首要货币政策目标，党的十六大将经济增长目标置于显著地位，这反映了政府对今后一段时期（如 3~5 年内）经济形势的基本判断；第二，没有提出"保证充分就业"，而代之以增加就业机会，反映出我国劳动力人数快速增长，人口负担重所决定的就业问题的严重性，将就业率控制在西方国家的充分就业水平很不现实；第三，对于"稳定物价水平"，可以理解为防止通货膨胀，但在前两个目标之后和通货紧缩的现实背景下，更彰显出"稳定物价水平"即反通货紧缩；第四，维持国际收支平衡目标在党代会文献中可能还是第一次出现，反映了中央政府对宏观经济内外均衡的重视。联系到我国连续多年保持经常项目和

---

① 刘明：《为农信社立言——对山阳案例的经济解释》，2003 年 8 月深圳"中国金融：支持经济发展·银行监管高级学术研讨会"交流论文。

资本项目顺差的实际情况，强调平衡在某种程度上可以被理解为加入 WTO 以后，决策部门对扩大进口的默许，对资本逆向流动的认可。中央银行外汇资产中相当部分是以美国和欧元区政府债券方式持有的。以发展的眼光看，一定范围的国际收支逆差可以与良好的经济成长并行不悖。

（二）关于货币政策创新的若干建议

目前我国货币金融领域中存在的问题，主要体现在宏观金融体制和微观金融机构方面，而非货币政策的技术层面。但总结改革开放以来的经验，对我国面临的国内经济状况和国际货币金融环境加以前瞻，我国应该塑造货币政策进一步发挥作用的经济与体制条件，货币政策本身应该更加有所作为，使得宏观金融调控进一步体现间接、灵活、高效、稳健的特点。

1. 增强中央银行的独立性

目前，可以尝试在不改变中国人民银行与国务院的行政隶属关系情况下，在人大设立货币政策委员会，货币政策委员会有权向中央银行和货币专家提出质询，发布相关信息，并提出货币政策建议，按约定条款可以有选择性地否定重大的货币政策举措。

2. 拓宽金融市场交易，提高对货币政策的反应弹性

可以允许现货市场的信用交易，开辟股指期货等衍生工具市场，由中央银行确定并调节保证金比率。可以扩大公司债券发行规模，增加发行种类，丰富债券市场交易，增强因公开市场操作引起国债利率变化对金融市场的辐射力度。出现的大量融资性票据的情况，有其合理的金融创新因素，中央银行与监管部门应提出规范化措施，不必加以禁止，应提高流动性，增强市场的自组织功能。

3. 完善货币政策与财政政策的搭配机制

我国在 1988~1990 年和 1998 年以后两个时期，对两种政策的搭配分别采取了"双紧""双松"的搭配方式，两个时期的经济环境分别为通货膨胀和国际收支逆差、失业和国际收支顺差，符合蒙代尔的指派法则。我国今后面临的国际与国内因素更为复杂，对两种政策在开放经济条件下的搭配原理要深入研究。例如，由于信贷增长超出计划水平，房地产和汽车工业出现过热迹象而将法定准备率由6%调高到 7%，中央银行释放了收紧银根的信息，但财政政策是否仍然维持宽松态势？更远一些讲，如果境外有大量人民币流通，国际资本流动性增强，中央银行调节货币供给的能力下降，财政政策可能会扮演更为重要的角色。

4. 人民币汇率从长远看应采取更为灵活的机制

随着我国经济实力上升，人民币的国际信誉逐渐提高。人民币若真能担负起亚洲货币或者"亚元"的重任则对我国利大于弊，届时维持固定汇率既无可能也无必要。但这种可能发生的事情必有渐变过程，应该未雨绸缪，预做出战略性机制设计和阶段性安排。讨论在中国香港推出人民币离岸市场，其可行性受到理论界置疑。这一举措除了繁荣中国香港金融之外，政府的意图可能在于做"亚元"实验，测试人民币的国际价值究竟如何。

5. 在西部地区实施有差别的货币政策

西部地区要素收益与东部地区比较有明显差距，它的整体经济素质较低，这就决定了西部货币经营业的业务规模与金融资本收益率低于东部地区，所以应该放宽西部地区金融机构的准入门槛与经营条件。金融改革与发展是西部地区经济发展的必备前提，中央的货币金融改革举措今后要考虑率先在西部地区推出，如全国性金融市场设置和新金融工具的开发。重塑西部地区金融机制对西部地区发展的重要性，应该不亚于中央对西部地区的财政转移支付。

第九章 东西方宏观经济视点

对于西方 20 世纪 30 年代经济危机的解释，在很多方面体现了凯恩斯主义与货币主义的理论分歧。一些纠缠不清的问题至今仍然是西方宏观经济学者著书立说的基本素材。事隔 60 多年之后，东亚金融危机引起全球不同地区经济动荡，危机传染源更清晰地集中于金融层面，围绕金融危机起因的争论，较之对 20 世纪 30 年代大萧条的解释，已不仅局限于货币经济领域，而是涉及政治文化因素，国际资本流动问题尤为引人注目。了解两次危机并对其加以比较，对我国金融改革与发展、金融对外开放和货币政策操作均有启迪。

第一节 大萧条——错误行为导致的世界性灾难[*]

1929～1933 年的大萧条触发了西方社会的一场灾难，同时也推动了宏观经济理论与政策的一系列变革。西方宏观经济学将大萧条几乎作为一个永久性案例，不同的理论、学派竞相对大萧条做出解释。但是，迄今对于大萧条的主因的论证远未达到一致。我们对争论过程中不同观点的了解，有益于加深对宏观经济运行中一些问题的认识。本章主要关注 20 世纪 90 年代初，美国学者立足于美国本土的研究进展。

一、早期结论

我们将有关研究进程划分为两个阶段，即 1933～1963 年为第一阶段，此后到 20 世纪 90 年代初为第二阶段。第一阶段主要有三个方面的结论：①费雪将大萧条归因于债务负担与通货紧缩不稳定间的相互作用；②凯恩斯认为引起失业、萧条的重要原因是，边际消费倾向递减引起的有效需求不足；③弗里德曼与施瓦茨在《美国货币史（1867—1960）》（1963 年）一书中声称，货币供给的不适当下降将正常的经济衰退推向大萧条。早期的宏观经济学家大都认为，金融市场是大萧条的重要根源和传播媒体。这在以后的分析中未发生实质性的变化，但货币供给下降或其他初始条件如何通过金融市场的传导将经济拖入大萧条的泥沼，在不同学派之间甚至同一学派内部都存有争论。

---

[*] 原载《人文杂志》1997 年第 5 期，《理论经济学》1998 年第 1 期转载。题目有改动。

二、凯恩斯主义与货币学主义的新发现

（一）新需求不足论

泰敏和希克曼认为，自发支出在 1929～1930 年下降是导致大萧条的主要原因。在凯恩斯主义的均衡模型中，$Y=a+I+cY$，Y 为总收入，a 为自发消费，I 为总投资（假定不受收入等经济变量影响），c 为边际消费倾向，cY 为由收入诱发的消费，$a+I$ 为总的自发支出。两人认为 $a+I$ 并非恒为常数，而是在大萧条期间明显地下降，由 $Y=(a+I)/(1-c)$ 说明 Y 也下降。他们将需求分析的范围扩展到消费需求之外（甚至包括出口），且不仅依赖于边际消费倾向递减。[①]

密歇根分析了 20 世纪 30 年代金融市场扰动使消费需求下降的两种渠道。首先，消费者重视对流动性资产的持有，以维护其偿债和对必需品的支付能力。当 1929 年 10 月股市暴跌引起资产价格普遍下跌后，面临对其偿债和支付能力的外部冲击，消费者的反应是试图恢复手中的流动性资产存量，同时减少对耐用消费品的需求。其次，金融市场动荡引起债务收缩，进而使债务资产的再分配偏离了负债性的消费，减少了消费需求。

上述两种需求分析的理论背景不同：前者仍然是从凯恩斯主义的模型出发，后者则由于人们比较一致地认为金融市场动荡是美联储货币政策失当所致，虽然着眼于需求分析，其潜在的出发点却是货币主义的。

（二）对货币外生说的重新解释

泰敏对弗里德曼和施瓦茨的货币供给作为导致大萧条的外生因素提出批评，认为在 IS-LM 模型的逻辑图式中，假如货币冲击是国内经济失调的根源，货币供给在大萧条的早期阶段应该发生下降，但事实上，弗里德曼分析的货币供给下降发生在 1930 年 10 月。针对这种情况，货币主义的支持者考察了 20 世纪 20 年代晚期的货币供给情况。

费尔德揭示：20 世纪 20 年代晚期的证券市场交易增加了对货币的需求，这种增加没有被货币的扩张予以补足，说明尽管名义货币供给没有下降，但相对于增长的货币需求而言，却发生了实际的货币紧缩。接踵而来的是 1929 年名义货币供给下降，结果导致利率上扬、价格下跌，最终抑制了经济活动。魏劳克进一步分析了 1929 年发生经济衰退以后的情况，认为经济向下的转折引起货币乘数下

[①] Peter T. Transmission of the great depression. Journal of Economic Perspectives, 1993, 7（2）: 87-102.

降，美联储没有及时在公开市场上操作对此予以补偿，导致在大萧条时期货币供给的持续减少。费尔德与魏劳克虽然未对弗里德曼的论证提供直接的支持，但他们所诊断的经济"病因"与后者是一致的。

三、货币政策与银行体制的缺陷

梅尔策与哈伯瑞兹等从货币管理和基本金融制度方面探索大萧条的成因，他们认为货币政策目标和操作的技术方面及银行体制均存在缺陷，导致货币供给难以适应经济变动，引发了金融市场的崩溃。[①]

（一）货币政策存在的问题

在金本位情况下货币政策遇到的矛盾，首先是同时维护国际、国内的双重目标，这几乎不可能，一旦发生黄金外流，美联储做出的反应是提高利率，吸收黄金，维护金储备。所以，为了保持美元与黄金之间的长期信用联系，美联储往往无暇顾及国内目标。1931 年英国率先放弃金本位，这引起美国的黄金大量外流，美联储采取紧缩的货币政策，使上述情况显得非常严峻，从而加深了经济的萧条。作为货币政策监测器的中介指标也多而无当，当时有股票价格、商业银行借入准备金、黄金流动和利率四种指标，容易误导美联储对经济形势的判断，使货币供给松紧失度，甚至方向倒转。公开市场业务自 1924 年起成为人们最抱有希望的货币政策工具（弗里德曼也在此列），但实际上却具有很大的局限性。首先，公开市场操作对强力货币没有前后一贯的影响，因为它受到会员行借入准备金的抵消。其次，与中央银行的贴现政策比较，扩张性公开市场操作的优势被限制于增加货币总量、提高价格水平和降低短期无风险利率，但无法直接增加商业银行的准备金或降低其信贷成本，将其本身从困境中解脱出来，转令扮演恢复经济活动的"发动机"角色。照此推理，出现衰退后中央银行应该更多地依赖贴现政策而非公开市场操作，后者宜进行总量调节，其作为货币传导机轴在方向性上过于逊色。再次，公开市场操作具有路线相依性。前期由于紧缩性的公开市场操作而受到损害的市场主体，在以后扩张性的操作中无法得到补偿，不能改变它们的厄运。[②]最后，与其他政策——包括对商业银行和企业的直接援助相比，公开市场业务在扭转衰退趋势或纠正前期货币紧缩的失误时，是一种迟钝和不能胜任的工具。

① Calomiris C W. Financial factors in the great depression. Journal of Economic Perspectives，1993，7（2）：61-85.

② Taylor J B. Changes in American economic policy in the 1980s：watershed or pendulum swing？ Journal of Economic Literature，1995，33：777-784.

（二）银行体制内在的不稳定性

对于给定数量的货币冲击，不同的银行体制会产生不同效果。货币供给下降发生在具有单一的、地理上分割的银行体制的经济中，就可能产生金融中介的瓦解和剧烈的衰退效果。正如美国已经发生的情况，哈伯瑞兹将美国与加拿大进行比较，研究大萧条中金融与真实经济活动的相互作用后，得出上述结论。他发现测度金融呆滞对预测加拿大的经济活动不具备经济或统计意义，他把这一点解释为在没有银行倒闭情况下，金融呆滞无明显宏观经济后果的证据，而银行倒闭不存在于加拿大日益集中的全国大一统分支银行制中。这一分析意味着：源于银行体制的内在不稳定性，银行倒闭风潮是引致金融市场崩溃乃至大萧条的直接原因。

卡勒梅瑞对哈伯瑞兹的结论表示怀疑，而就债务问题作为外生货币冲击下造成大萧条的首要因素，他的主要理论依据是，通货紧缩引起净值减少对经济活动的影响是非线性的，依赖于公司初期的资产负债情况和内部与外部资本的构成，债务-资产比率较低的公司当面临通货紧缩时可以保持良好的信用可靠性，不致因此严重影响生产与投资活动。美国与加拿大在 1929～1933 年遭受相似的通货收缩，但在加拿大，金融动荡的冲击力较弱，原因在于加拿大发生的实际债务负担较低而非特殊的银行体制。同一时期美国的债务还本付息占 GNP 的比率由 9%上升到 19.8%，加拿大则从 3.9%上升到 6.4%。

笔者认为，具有一定稳定性的银行体制与低债务比率，两种因素可能同时发挥作用，使加拿大经济免受大萧条的过度摧残。无论如何，体制是经济运行的制度环境中重要的组成部分，作为基本金融制度的银行体制，在总体经济体制框架中有其特殊的地位。我们进一步考察美国与英国、法国和德国三个分支银行制国家在大萧条期间的工业产值波动情况发现，美国的衰退最为严重。英国属于典型的分支银行制国家，金融制度更为稳健，在整个 20 世纪 30 年代工业生产的波动也最为平缓，这些在一定程度上是对哈伯瑞兹结论的支持。

四、信息非对称下资本市场效率下降

迈罗夫等对公司财务信息不对称情况下资本市场不完善的分配效果做出了分析，他们认为货币供给下降引起债务收缩，并转而通过融资结构变动和融资成本上升使公司受损，造成经济活动的全面下降。资本市场不完善的另一消极后果是技术创新受阻。

（一）融资结构变动和信用成本上升

根据渠道不同，将公司融资区分为内部融资和外部融资。内部融资指从公司"内部人员"那里筹集资本，"内部人员"指公司管理层及与公司有持久关系的金融中介人（主要是银行），这些成员对公司信息的了解比较完全。"外部人员"指那些对公司信息了解不够完全的股票和债券持有人或潜在的资本让渡者。根据上文可进一步区分出内部资本和外部资本。信息不对称条件下的信用分配模型显示，由于外部人员高估了金融交易的风险，或获取信息需要付出一定代价，公司获取外部资本时面临较高的成本。统计表明，在 20 世纪 30 年代由内部和外部获取资金的价格差高达 20%。在大萧条时期，货币供给下降形成对证券市场的压力，使内部人员的资产负债表失衡、净值减少，公司面临价格下降所带来的流动性危机时，无法从内部得到适当的补充，只能求助于外部金融，支付高昂的信用成本。

（二）不完善资本市场成为技术创新和经济复苏的阻力

伯克南同样主张用信用成本上涨解释持续的产出下降，但值得注意的是，他将信用成本冲击与技术创新予以联系，他认为成本上涨主要抑制了那些技术创新、成长型和对信息强度要求高的公司的增长。

上述抑制过程在银行信贷管理范围内可以被概括为预期变动情况下的"自保护阻滞效应"，即银行在衰退期间对不确定性的预期增强，采取的措施是压缩放款规模，增加对放款对象的限制条件。银行习惯于选择那些与自己有固定联系、历史悠久、现期收益可观和规模较大的公司，银行通常高估了那些处于发展中的企业的风险，将其拒之门外。受到歧视的企业有两种选择：支付高融资成本或放弃经营。银行这一举措结果遏制了技术创新和高效企业的发展，降低了信贷配给的效率，最终使银行收益下降。伯克南的分析显然与熊彼特的经济周期理论有关。熊彼特更为看重经济周期性运动的积极一面，指出萧条阶段是对"跛鸭"的淘汰，恢复景气则需要有创新意识和冒险精神的企业家对新技术的大胆尝试。但是，在信息不对称条件下，并发信用成本上涨的不对称，整个金融机制的配置效率下降。由诸因素表征的不完善的资本市场成为技术创新、结构重组和经济复苏并重新步入繁荣的严重障碍。

五、预期与非预期：何种通货紧缩是大萧条的祸首

与合理预期理论有关，围绕大萧条的争论集中在两个方面：第一，通货紧缩

是否被预期到；第二，是预期抑或非预期的通货紧缩造成了大萧条。对第二个问题的回答实际上已经包含在第一个问题的答案中。

（一）未预期到的通货紧缩酿成了大萧条

伯克南与罗默等认为，大萧条期间的通货紧缩是不可预期的。在 1929～1930 年充斥着对经济活动与价格的乐观预期，经理阶层整体地高估了零通货膨胀主导经济反转的可能性，相应地低估了持续的通货紧缩，当价格下降的同时名义利率也骤然跌落，对实际利率的事前估计很低，所以不适当地扩大了债务规模，不可预期的通货紧缩增加了名义债务的实际负担，引起债务人对贷款的违约。伯克南和哲特勒使用规范化的模型做了检验，发现通货紧缩降低了借款人的净值，增加了杠率（债务–资本比率），产生诱致企业家冒险欲望的负面效应，并进一步降低了投资水准，激化破产的可能性，最后使总供给与总需求减少。[①]这一分析实际上承袭了费雪的债务–通货紧缩理论。

（二）新观点的挑战

斯泰芬·G.赛彻特 1992 年撰文提出对大萧条的一种全新解释：1930～1932 年的通货紧缩有 3/4 被预期到，正是预期的通货紧缩使经济衰退恶化为一场大萧条。[②]他指出，1929 年在美国生活的人们，自美国内战以来的 64 年中有过四次连续两年以上通货紧缩的经历，这成为预期的基础，利率数据则实际上包含了对未来价格的预期。由于他同时提出历史经验论据和计量检验结果，就显得比伯克南等仅仅依据大萧条期间，一些出版物对经济趋势的预测断定通货紧缩未被预期到更具有说服力。

赛彻特认为，大萧条集中反映了可预期的通货紧缩与很高的事前实际利率。他揭示的传导机制为：市场主体预期到通货紧缩的持久性，同时意识到货币的实际收益上升，从而引起资产转换，即由实物资产、金融资产向货币的调整，导致负的净投资，结果使资本品枯竭，经济发生实质性的萎缩。

汉密尔顿的计量分析支持了赛彻特的结论。他以农产品期货市场的价格变动作为计量检验的背景资料，说明人们对 1929 年的通货紧缩显然未预期到，但对 1930～1931 两年消费品的价格下降，预期到了 1/2。对通货紧缩的预期通过两种途径作用于经济活动：抑制了借款和投资，使破产的风险愈加恶化，双向作用使

---

① Calomiris C W. Financial factors in the great depression. Journal of Economic Perspectives，1993，7（2）：61-85.

② Cecchetti S G. Prices during the great depression: was the deflation of 1930-1932 really unanticipated? American Economic Review，1992，82（1）：157-178.

大萧条不断加剧。[①]

新观点涉及关于大萧条的两次争论：其一，卢卡斯与莱平声称未预期的通货紧缩与就业之间在短期内有替换性质（但卢卡斯对通货膨胀与失业的替换一般予以否定，这是他与货币主义的重要区别），赛彻特的结论隐含着对这一观点的否定；其二，弗里德曼、施瓦茨两人同泰敏之间关于大萧条成因看法的对立（双方观点如前所述），施瓦茨提出，他们的货币外生假说依赖于 1930～1932 年的高实际利率，赛彻特对事前实际利率所产生的后果的估计恰好为其提供了支持。

我们可以得出结论：①伯克南等与货币主义、合理预期学派的观点均存在重要一致点，货币增长不可预见的波动是大萧条的原发因素；②赛彻特的新观点表明，可预期的货币增长波动对经济活动同样有实质性的破坏作用，这间接支持了弗里德曼极力推崇的固定规则的货币政策主张；③各方的共同点是不适当的通货紧缩与通货膨胀均会成为宏观经济正常运行的阻力，"水火均无情"。关于大萧条的预期假说与非预期假说对通货紧缩均持否定态度，分歧或许在于，不同学者将具有不同行为机制的企业家、消费者群组纳入自己的视域。此外，预期的行为机理在不同经济系统、同一经济系统内不同时期可能有不可忽视的差异。

我国正经历社会主义市场架构的形成时期，金融市场扩张迅速，对国民经济的调节作用日益增强。现在，货币市场与资本市场的交互作用及各自对国民经济的影响，居民对宏观政策的预期都应成为宏观政策考虑中的重要因素。在我国，发展资本市场必须同时考虑社会总资产分布及资产调整对需求总量与结构的影响；通过公开市场操作调节货币量时要坚持以政策金融作为选择性措施。当经济活动处于低潮时，注意对技术创新的支持以促进结构转换，历经市场取向改革的洗礼，居民与企业的预期倾向明显增强，这一倾向影响经济如何变动的机制，无疑对理论和政策制定部门都提出了新课题。西方经济学界对大萧条成因的争论，对金融市场在国民经济中的传导机制的揭示，对我们有重要的启示。

第二节　东南亚金融危机——金融自由化的悲歌

东南亚金融危机自 1997 年 7 月始于泰国，渐次波及菲律宾、马来西亚、韩国、印度尼西亚，中国香港、新加坡和中国台湾也未能幸免。至 1998 年初日本金融市场动荡，危机向纵深发展，相继蔓延到俄罗斯、东欧及拉美国家，并使西方发达国家股市反复出现震荡。1998 年 4～5 月，舆论界和政府人士普遍表露出对全球

① Hamilton J D. Was deflation during the great depression anticipated? Evodemce from commodity futures market. American Economic Review, 1992, 82 (1): 157-178.

经济衰退的担心，不断发出通过国际协调制止危机进一步传染的呼吁。

对经济与金融理论界而言，这次危机犹如打开了潘多拉盒子，从任何一个视角都可以提出关于危机的存有争议的问题。诸如危机的原因为何？危机有无政治背景？如何由危机洞察经济发展与民族文化特质的联系？IMF 援救危机的绩效如何？尚有一些更为具体的经济政策问题，如汇率机制设计、中央银行对外汇市场干预、发展中国家外债规模与结构问题等。无怪乎国内学者在这次经济"冲击波"面前竟有如此感喟：这次危机对中国经济学界是一次绝好的机会！

20 世纪 30 年代经济大萧条导致了凯恩斯主义宏观经济学，使一批经济学家将研究的视点转向总量分析，着力于为经济萧条开出药方。东南亚金融危机则很有可能使国际经济理论成为经济学领域的带头学科，使更多的经济学者关注国际资本流动和新兴工业化国家的债务问题。

一、是结构失衡还是外生冲击

外生冲击主要是指国际金融投机家携巨资对东南亚不同国家和地区的汇市、股市、期市进行炒作。结构失衡则包括产业结构、汇率机制、国际收支状况、对外债务、微观主体素质、金融市场结构甚至政治体制等诸多方面出现的问题。类似的争论有内因-外因论、宏观经济基础-金融恐慌论。在危机发展过程中，持不同见解者不断修正自己的观点，如索罗斯其人，在不同的场合也改弦易辙，当直面马哈蒂尔诘难时称"苍蝇不叮无缝蛋"，东南亚国家内部经济结构有问题，但在另一些场合他却认为国际货币体系缺乏对短期资本流动的管理而导致危机。

（一）宏观经济环境恶化抑或金融恐慌

美国斯坦福大学教授克鲁格曼认为，亚洲金融危机的主要原因是宏观经济基础出了问题，主要指本币高估、国际收支失衡、信贷过度扩张及投资结构不合理等。克鲁格曼的看法有重要影响，有人甚至认为他在 1995 年即预见到这次亚洲危机。哈佛大学教授萨默斯则认为宏观经济环境背景下出现"金融恐慌"，巨额国际游资的迅速撤出进一步加剧了恐慌，加之亚洲国家政府及 IMF 的错误政策反应，从根本上激化了投资大众对宏观经济和金融市场的悲观预期，最终诱发金融危机。

（二）对放款成本的非线性解释

IMF 研究人员陈朝晖博士，使用非线性理论描述银行中介提供信贷及外国投资者通过证券市场向亚洲国家直接投资所存在的"投资陷阱"（investment trap）模型。[①]避开他的概率模型，我们可以将其解释为随融资规模增加融资的边际成本依次经过递增和递减两阶段。由于利率水平由市场决定，当投资者因东亚国家实质经济因素变动而收缩融资规模时，为了维持一定收益，必然绕过"陷阱"，最终使得国际投资的收敛是"台阶式"的，而不是"循序渐退"的，使金融系统陡然感受到"地震"般的效果。造成这种非线性的原因在于资本市场的信息不对称。

如图 9-1 所示，MC 为放款者的边际融资成本曲线，R 为市场放款利率，E_1、E_2 分别为对应于放款规模 A、B 的均衡点。横轴 Q_1 表示放款规模。$A \sim B$ 为陷阱区。

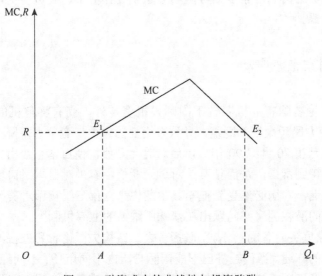

图 9-1　融资成本的非线性与投资陷阱

陈朝晖博士的解释实际上承认投机资本抽逃的诱致因素为结构失衡，对投机何以造成不稳定做出了一种独特的解释。

（三）综合成因说

中国证券监督管理委员会前主席刘鸿儒以经济结构为主要着眼点综合分析了东南亚金融危机的成因，指陈五个方面的弊端。

（1）经济结构失衡。泰国的投资结构被严重扭曲，大量资本投资于房地产与

---

① 陈朝晖：《国际资本流动与东亚金融危机》，中华人民共和国教育部社科司举办的现代金融理论高级研讨班演讲文稿，1998 年 5 月，北京。

证券。韩国则主要表现为过度发展大企业集团，这些因素均形成经济泡沫。

（2）依赖国际资本市场发展经济。外债结构不合理，短期债务比重很大，泰国 1996 年外债占 GDP 的 50%。

（3）金融系统监管不力。金融机构长期掩盖不良资产等内部风险因素，但最终危机恰好从金融体系内部爆发。

（4）金融体系透明度差。日本、韩国政府通过控制银行支持企业，政府、银行、企业结为一体，政府过度干预。日本政府尤为突出，出了问题会越来越严重。诺贝尔经济学奖获得者米勒教授讲日本不承认坏账，采用的是赌徒加赌注的方法。山一证券公司倒闭时日本银行行长说，"我们早知道会如此"。

（5）投机势力冲击。索罗斯等国际炒家主要在汇市、股市现货市场做手脚，在期货市场赚钱。①

（四）周边国家汇率变动

外生冲击论者除将危机归咎于国际投机资本外，尚有将危机的背景追溯到 1993 年中国使人民币大幅度贬值，导致东南亚国家出口竞争力下降，项目经常出现赤字，或日元在 20 世纪 90 年代以后对美元升值，使日本企业出口成本上升，因此将生产线搬到泰国，进而使泰铢对日元贬值，泰国对日本出口增加。一旦遇到日本经济衰退，泰国必然受到拖累。由此说来，第三国货币对美元或升或贬均成为泰国危机的潜在因素，问题出在泰铢所维系的汇率机制上。

"不幸的家庭各有各的不幸。"概括言之，结构失衡论者和外在冲击论者并非截然拒斥对方的陈述。当代经济已形成国际与国内不同市场、不同经济活动主体、不同经济与非经济因素交互作用的网络，金融危机或牵动全局之任何重大经济事件的形成因素并无唯一性可寻，对用某一特定因素解释东亚金融危机的分析结论只能纳入解的"元素结合"，轻信则显得鲁莽与草率。

哈伯勒分析经济周期时使用了一种机械比喻：摇椅的运动是由于摇椅自身的结构和外界的刺激（外力），前者是内生因素，后者是外生因素。②这一比喻显然也适用于东南亚金融危机。但对于不同的国家和地区而论存有差异。泰国、印度尼西亚、马来西亚及韩国有并发结构失调和外生冲击的征兆。中国香港、新加坡则主要存在外生冲击。以日本的经济实力及经济长期减速并陷入衰退的情况观察，很难用外生冲击解释危机的发生发展过程。一国若经济结构无重大失调，金融危机过后经济将较快恢复，否则不然。这可能是事后判断的一个标准。

---

① 刘鸿儒：《亚洲金融危机及其教训》，陕西财经学院演讲记录摘要，1998 年 9 月，西安。

② 哈伯勒：《繁荣与萧条》，商务印书馆 1963 年版，第 26 页。

二、国际投机资本：福兮？祸兮？

（一）不同视野中的国际投机资本

　　客观而论，国际投机资本不能为东亚金融危机承担罪责，因为在法律、法规许可范围内，通过金融市场赚取财富符合市场机制内在的"游戏规则"。投机家们不可能以道义良心作为行为准则，以功德圆满作为金融市场活动的目标。短期外国资本大量流入东亚国家促进了经济繁荣和贸易发展，但抽逃资本却诱发金融危机，可以说是"福兮祸所伏"。所以对债务国而言，不可以放弃价值判断，必须区分"罪与非罪"，这与前述看法并不矛盾。不可忽视国际游资对金融市场的扰乱作用，必须加强对跨国界的"飞燕式"资本的监管。

（二）动荡性投机与稳定性投机

　　为了分析对金融市场的作用，将投机可分为动荡性投机与稳定性投机。前者是有意操纵市场，抬拉资产价格出货或通过"做空"压低价格收购，牟取暴利并加剧金融市场动荡。后者是依势而动，在市场上低价买进、高价卖出，从而在一定程度上熨平价格波动，不自觉地起到官方在外汇、粮食等市场设立的平准基金的作用。故政府进行金融监管的重点应当是前者。

　　弗里德曼曾臆断，从长远看动荡性投机不存在，因其存在的前提是有一部分市场参与者必然在高价买进、低价卖出，以达尔文"物竞天择，适者生存"的进化论观点看，劣等投资者迟早会消失，故动荡性投机终会失去赖以存在的基础。金德尔伯格将投机者分为圈内人和圈外人，否定弗里德曼上述的看法。圈内人即动荡性投机者，圈外人为"女佣、蔬菜水果商，或者是 1929 年股市暴跌时，常说的侍者和鞋童"，他们姗姗入市，最高价时买进，迟迟醒悟到该标低价格了，于是最低价时售出。[①]圈内人相对稳定，圈外人变动不居，但却繁衍有序。

　　索罗斯等是动荡性投机者或圈内人，但市场规则如何对其加以制约，或者如何识别并确认其"造市"的证据，是各国金融市场监管机构一直在探索的问题。

（三）对金融危机的分期考察

　　通过对金融危机历史的考察，我们可以发现，诱致金融危机的因素不断地由实质经济向虚拟变量转化，伴随资本市场全球化的是金融危机的国际传导。由于

---

① 金德尔伯格：《西欧金融史》，中国金融出版社 1991 年版，第 370-371 页。

资料的限制，尚难胜任对金融危机做出系统的历史分析，但与借贷活动及国际资本流动联系起来，我们大致上对金融危机做出了如下历史分期并且进行研究。

1700 年以前，是战争、农业产量及贸易限制主导金融危机的时期。制约因素是，除汇票之外金属货币缺乏伸缩性，金融危机与商品价格波动联系在一起。

1700 年到第一次世界大战前，信贷活动对金融危机的影响加重。因为出现大量的银行券和银行贷款，商业银行信用创造活动超越了金属货币的制约。尽管金融危机仍然受实物经济的影响，但银行信用的扩张与收缩机制居于重要地位。随着 17 世纪末、18 世纪初股份制的发展和股票交易规模的扩大，英国、美国分别于 1773 年和 1792 年建立股票交易所，股市投机加剧了金融动荡。

1914 年到 20 世纪 60 年代，中间历经了两次世界大战，前述各种因素继续对金融危机产生作用，但形成金融危机的因素日益复杂化。首先，资本运动规模扩大，程度加深；其次，战争赔款、战时债务是这一时期的特殊因素；最后，经历 1929～1933 年的经济大萧条之后，西方国家渐次形成比较有效的金融监管系统，采取积极的货币政策操作。1944 年布雷顿森林国际货币体系建立之后，在世界范围内大大延缓了金融危机的爆发。

20 世纪 60 年末至今，不发达国家债务问题使西方富豪感到如鲠在喉，但更为引人注目的是，国际投机资本的迅速移动对金融市场掀起的"冲击波"。1967 年之后，国际游资的冲击先后使英镑、法郎、马克汇率下跌，1971 年 8 月 15 日美国宣布美元与黄金脱钩，1972 年 6 月至 1973 年 2 月，由于投机狂潮冲击，大多数保持固定汇率的国家使自己的货币浮动。真可谓：投机家火烧连营，货币危机接踵而至。布雷顿森林体系彻底崩溃。

20 世纪 80 年代末以后，短期资本余额显著增长，全球金融电子交易系统的普及无疑扩大了投机者的作用，加剧了动荡。世纪之交发生的东亚金融危机，表明投机者的空间舞台发生旋转，但投机的手法和性质并无变化。

事实证明，20 世纪 70 年代后国际货币体系的重建工作举步维艰，IMF 只能"头痛医头，脚痛医脚"，勉强为之。我们分期的时段缩短是因为早期的金融史料缺乏，也说明金融市场变数在增加，爆发危机的可能性在很大程度上增强了。从金融危机的历史走向分析，带有规律性的是虚拟变量、投机资本对于金融市场的影响日益强化。

三、泡沫的起因及其缘何会导致危机

（一）理性泡沫与非理性泡沫

泡沫（bubbles）状态即一种或一系列资产在一个连续过程中陡然涨价。非理性的乐观预期会加速这一过程，随预期的逆转出现价格暴跌，最后可能以金融危机告终。[①]

布兰查德（Blanckard）和沃森（Watson）1982 年曾试图用数学方法阐明"理性泡沫状态"，并否定"非理性泡沫状态"。之所以否定后者是数学上难以处理。[①]我们可以借用上述范畴，将非理性泡沫状态定义为：当实物经济活动发生向下的转折时，各种资产价格连续的涨价。相应地，定义理性泡沫状态为：实物经济趋向复苏与繁荣时资产价格上涨并存在严重的价值高估。

（二）泡沫产生与胀大的条件和因素

泡沫状态的产生有两个方面的基础条件：①货币与资本市场的产生与发展；②随着社会财富和个人收入的增加，投资于实物经济的冒险欲望减弱，货币资本累积性地向有价证券和房地产转移。社会总盈余不能被赤字部门的投资吸收与平衡。这种社会总资产分布的变化既带有必然性又潜伏着危机。

至少存在以下使泡沫胀大的微观机制与市场因素：①发行金融资产的企业、公司未将所筹集资金用于实物投资，而是投资于股票、债券、房地产市场。这又为其他公司炮制金融资产创造了条件，最终形成货币—金融资产的无穷链条。畸变的心理预期及贪婪使货币集中，超越资产规模的扩大。货币不断游离出实物经济。美国有人由此形象地将股票市场比作一架"吸奶机器"。②对宏观经济态势及微观经营主体盈利状况的错误预期。有时投机狂热会诱使参与者对日益恶化的经济状况视而不见。③基金、保险、投资银行机构大量涌现，衍生金融产品的开发与流通都加大了金融市场吮吸资金的能力，增强了鼓胀泡沫的能量。④全球电子交易系统及国际游资跨越国界的迅速移动。

（三）非理性泡沫诱发金融危机

从宏观经济管理理论出发，当商品市场出现总需求不足的失衡状况，资金向货币市场转移，这种转移无疑会通过资产价格上涨出现累积性加速过程。这说明两市场非均衡状态非但不会自行消失，反而会不断扩散。这或许是市场经济的一种特征。当经济由繁荣出现向下的转折，市场参与者并未醒悟过来，理性泡沫状态会泛化为非理性泡沫状态，后者一般总会导致金融危机。

[①] [美]金德尔伯格：《泡沫状态》，《新帕尔格雷夫经济学大辞典》（第一卷），经济科学出版社 1992 年版，第 336 页。

（四）实例分析：美国股市无泡沫

国际舆论界指出东南亚经济出现泡沫在先，金融危机是泡沫破灭的必然结果。也有人惊呼美国股市"冒泡儿"。分析泰国的情况，20 世纪 90 年代中期（1995～1996 年）宏观经济素质下降，表现为债台高筑（1995 年外债占 GDP 的 40%），出口增长率下降（1996 年为 0），经济增长乏力（1996 年增长率为 6.4%，达 10 年来最低点）等。同期存在两种泡沫迹象：其一，房地产价格暴涨。1990 年月租 400 美元的公寓房，1995 年索价 100 万美元。其二，货币泡沫。1995 年美国经济全面复苏，美元对日元持续升值，但泰国在挂钩汇率制作用下被迫升值，出口竞争力下降，国际收支状况恶化，泰铢价值被高估。泡沫状态的两种形式均非理性，尤其货币泡沫是政府人为放大的结果。

对所谓美国股市泡沫大可怀疑。时任美联储主席格林斯潘曾强调，华尔街股市自 1991 年 1 月至 1997 年 9 月行情上涨了 240%，是"长久不了的"，外界也认为这是泡沫的证明。但了解到下述情况可能会改变人们的看法：布莱尔、詹森和斯科尔斯在 1972 年使用纽约股市 1926～1965 年 40 年的价格数据检验 CAPM（BJS 检验），证实市场平均每月无风险收益率为 0.519%，每月风险溢价为 1.081%，两项合计每年市场平均收益率为 19.2%。[①]通过简单计算，可知 1991 年 1 月到 1997 年 9 月股市年平均成长率为 20%，考虑到 BJS 检验期间包括 1929～1933 年大萧条与第二次世界大战，以及 1991 年后美国经济强劲增长，足以解释两个时段 0.8%甚至更大的差额。笔者的结论是：美国股市并无泡沫。格林斯潘未必不清楚这一点，他的"危言耸听"只不过是表现了美联储使用道义劝告这一货币政策无形武器的娴熟技巧而已。

对美国在 1991～1997 年伴随低通货膨胀的强劲增长，经济学家 Rosanne Chan 解释有三个方面因素："全球范围的跨国投资创造了剩余；某些产业领域（航空、通信、金融服务）放松管制从而加剧了竞争；工人讨价还价的力量被削弱使公司能够压低劳动力成本。"[②]所谓泡沫经济支撑着美国经济增长是很难成立的。据此，不难得出结论：作为至关重要的可能引发全球大萧条的美国因素是不存在的。

四、结语

"信息处理和电子通信领域的科技进步、资本在国际间流动的限制被取消或放

---

① Haugen: Modern investment theory. Prentice Hall，1986：187；刘明：《现代资产选择理论及相关检验评析》，《陕西师范大学学报》1997 年第 1 期。

② Samuelson R J. View W：The Specter of Deflation. New Week，1998-03-08.

松、国内资本市场放松监管、不受监管的离岸市场的发展、促进不同货币流动的衍生产品的迅猛增长，以及在这些市场中为取得世界性交易的份额而进行的更大的竞争推动了资本市场的全球化。"①无论如何，东亚金融危机将资本市场全球化所产生的几乎所有问题集中地展示在人们面前。我国在危机中主要由于人民币资本项目不可自由兑换而拒风暴于国门之外。但随着资本市场进一步开放及加入WTO后与国际经济的联系日益紧密，又时值国内经济结构转换的重要时期，如何防范金融风险，增强对金融危机的免疫力，是 21 世纪亟待我们深入、系统地加以研究的重大理论课题。

第三节　全球金融不稳定与东亚货币合作[*]

全球 2008 年以来经历了仅次于 20 世纪 30 年代大萧条的金融动荡，并且又一次改写了金融危机的传导途径。历史上金融危机主要由西方发达国家向世界其他国家与地区传染，1997 年东南亚金融危机起始于泰国，经由俄罗斯蔓延到东欧及拉美国家，1998 年初日本金融市场波动加剧，西方发达国家股市普遍出现震荡。2008 年金融"海啸"再一次由西方向东方蔓延，人们期待中国经济可以独善其身，并"拯救"世界，实际上中国经济也难免遭受危机冲击，但是中国政府成功做出重大政策调整，使得 2009 年以后仍然保持较快经济增长。

一、美国再次颠覆全球金钱"游戏"

这次起于美国的全球金融危机酝酿于住房按揭"次级贷款"，爆发点在于房价下跌、利率飙升条件下房贷资金链断裂，传导扩展自衍生金融工具市场，最终由于金融机构倒闭拖累了实体经济。在国际经济一体化、金融全球化背景下，危机经由贸易渠道、金融市场和市场预期迅速向世界蔓延。2008 年中期以后，金融危机已经明显转变为经济危机，结果是全球经济减缓和衰退。全世界政府掀起救市热潮，美国 100 多名经济学家上书美国国会试图阻止大规模政府干预，因为这是对他们崇尚的自由主义的不敬，经过短暂反复较量以后"自由主义"被证明归于失败。

从微观的技术层面观察，危机的根源在于美国楼市泡沫。2000 年互联网泡沫破裂，为避免美国经济陷入衰退，时任美联储主席格林斯潘毅然从 2000 年 5 月开

---

① [美]马歇尔，班塞尔 S：《金融工程》，清华大学出版社 1998 年版，第 411 页。

* 曾在"世界经济秩序变革与东北亚经济合作国际学术会议"（韩国，首尔，2009 年 2 月）宣读，发表于《转型经济评论》，东北财经大学出版社 2009 年版。

始连续 11 次降息，将美国联邦基金利率从 6.5%下降至 2001 年 12 月的 1.75%。货币政策选择导致泡沫从互联网"漂移"到楼市而不是彻底破裂。值得深思的是：时任美联储主席格林斯潘正由于当时采取了放松银根政策获得全球性赞誉，麦金农教授称许"幸运的是，美联储主席格林斯潘先生长袖善舞，通过美国的公开市场业务向世界注入大量的基础货币。因此，尽管中国积累了大量的美元外汇储备，日本的美元外汇储备规模更大，但世界其他地区基础货币的供应不一定减少"。麦金农以为格林斯潘的政策避免了一场全球性通货紧缩与经济衰退。现在，人们归罪于格林斯潘酿成这场危机，格林斯潘本人也半遮半掩地予以承认。其实，美国经济存在制度性缺陷，事实上国际货币体系的美元本位先天不足，解决这些问题远非格林斯潘所能胜任。

资产证券化使危机蔓延。大量房贷按揭业务证券化，即资产抵押债券（asset backed securities，ABS）之后被金融机构买去作为债券类投资品种，于是房贷业务的好坏不仅与从事按揭业务的银行休戚相关，更关系到大量金融投资机构的投资表现。尤其可悲的是，初级被证券化资产可以作为抵押再次发行"债务抵押债券"（collateralized debt obligation，CDO），出现所谓 CDO^2、CDO^3[①]等，通过各种信用增级，误导对多重衍生资产化证券并不了解的投资者购买，这一手法放大了风险。

杠杆运作造成流动性风险。为了实现高杠杆运作，金融机构纷纷发行商业票据或者以持有的证券作为抵押向货币市场借贷资金，然后再将这些低利率获得的资金投向高收益的投资品种。

从宏观角度分析，美国的低储蓄、高消费导致危机。美国社会成为一个"消费动物"，超前消费、寅吃卯粮成为社会时尚，金融机构及一般投资者与消费者对外部负债具有强依赖症，任何一个环节流动性出现问题都会诱发危机。1999年美国废除《格拉斯-斯蒂格尔法案》，从根本上放松了对金融机构的管制。例如，取消利率上限，允许房贷机构扩张信贷采取"零文件"等原本的违规行为。对信用评级机构监管不力造成大量没有投资价值的资产化证券被当成信用级别高的投资品种。

斯蒂格利茨似乎预见到了今天的危机，认为布什政府采取"更低的利率倒是使得很多家庭为他们的抵押贷款重新融资，或者大量地增加消费，但是这将使得经济体在未来处于一种甚至更加危险的境地，因为家庭的债务负担非常沉重"。[②]斯蒂格利茨将问题归结于布什政府的不当减税政策，减税使富人财富膨胀，却使能够花钱促进经济增长的人更加捉襟见肘，激励他们依靠借贷消费埋下了危机的种子。我们都试图在事情发生以后，对新式美国金融危机做出解释，但是只要打开

---

① CDO^2、CDO^3 意指用"债务抵押债券"反复做抵押再发行的抵押债券。

② 斯蒂格利茨：《喧嚣的九十年代：一部关于全球最繁荣十年的新历史》，中国金融出版社 2005 年版，第 277 页。

斯蒂格利茨《喧嚣的九十年代：一部关于全球最繁荣十年的新历史》一书的目录，这一切在五年以前似乎已经一目了然：[①]

繁荣和衰退：毁灭的种子——解读：美国 90 年代繁荣和之后衰退预示一场经济灾难。

奇迹的创造者，还是幸运的错误？——解读：美国错误政策却幸运地赢得 90 年代的繁荣。危机一旦来临，就老账新账一起算！

全能的美联储及其在泡沫中扮演的角色——解读：过于宽松货币政策酝酿危机。

狂热的放松管制——解读："政府角色最小化"造就疯狂的市场，这必然会出大问题。

创造性会计——解读：公司期权激励诱使 CEO 虚增利润、鼓胀股市泡沫，微观病灶成为金融危机的孵化器。难怪美国民众最初反对政府对金融危机买单。

银行和泡沫——解读：资产证券化、信用机构"包装"垃圾债券推向市场，结果使银行信贷可以无限放大。

减税：为狂热推波助澜——解读：布什政府的减税政策是危机的催化剂。

使风险成为一种生活方式——解读：美国投资者几乎普遍成为投机者，更确切地说，成为海曼·明斯基笔下的"庞茨"融资者，投机性举债使得当事人净现金流普遍为负值，久久期盼最后一笔金融交易能够使所有负债"翻盘"。[②]人们热衷于金融套利而不是通过生产贡献价值并取得财富。

最后，斯蒂格利茨揭示了救治美国资本主义危机的出路：重视政府的作用，着眼于解决社会福利、民生、平等。特别提到瑞典的福利政策，强调一些贫穷的国家经济增长却远远超越美国。斯蒂格利茨的社会理想是在资本主义与社会主义之间折中，即实现"新的民主理想主义"。

二、东亚能否避免金融危机

金融市场、汇率机制是金融危机传导的重要渠道。我们换一种角度提出问题。

第一，如果按照麦金农建议，日本采取"锚定"美元的固定汇率，东亚国家能否避免危机？恐怕未必。尽管由此可以减缓东亚国家国际收支波动，但是并不能保证不会出现显著逆差，仍然不能解决外部债务及投机资本冲击问题。如果东亚国家对美国出口份额不变，也不能通过日元兑美元的固定汇率避免美国次贷危

[①] 一本书隐含着一位经济学家伟大的良知。笔者的"解读"方式是不得已为之——也许既领略作者展示的全景又节约资源。读者如果关心眼前发生并且还在蔓延的全球性危机，此书值得一读。

[②] 明斯基：金融内在不稳定假说：资本主义过程和经济行为。1986 年全球第一届金融危机学术会议论文。中译文见刘明：《转型期金融运行与经济发展研究》，中国社会科学出版社 2004 年版，第 394-420 页。

机感染。更为重要的是：由特里芬揭示的由某一"强大国家"对全球提供流动性不具有长期可持续性，这一问题无论在布雷顿森林体系还是当今世界实际的"准美元本位"制中，都一如既往地存在。

第二，如果东亚小经济体在亚洲危机以前实行浮动汇率又将如何？或许亚洲金融危机在较早时间爆发，这是蒙代尔反复论证过的。按照麦金农的分析，如果恰好浮动汇率使亚洲各国货币与日元一起保持和美元汇率以同一节奏变化，也可以避免日元与美元汇率波动冲击。但是已如上所述，不能躲过危机。

第三，假如欧元在亚洲危机以前就已经出现，亚洲国家普遍保持与欧元的固定汇率——或者包括美元与欧元的货币篮子是否可以避免危机？尽管这不大现实，我们还是可以坦承会减缓危机。因为如此会减少各国货币兑美元升值的压力。如果是亚洲危机以后亚洲各国货币采取钉住欧元，并且增持更多的欧元储备易吸收国际收支顺差，情况又将怎样？能否避免美国式新金融危机传染？答案是会减少美国新金融危机的影响，但是不能够消除影响，甚至不排除会减轻美国金融危机产生的剧烈的经济收缩效果，因为这样就减轻了美国炮制流动性的压力。

即便如此，也无法摆脱危机，也有可能将危机引向欧元区国家，也许会同样殃及世界。因为欧洲央行会不会步美国覆辙而大肆抛出流动性我们不能够确定。

如果替代方案是在东亚建立类似欧元区的货币区（货币联盟），促进东亚区域内贸易投资增长，东亚区域内部汇率固定以作为主要的稳定政策，东亚整体与区域外保持浮动汇率消除贸易波动及资本流动产生的总体不稳定，情况可能较为理想。东亚货币区可以期待，对此似乎没有存疑。但启动的时机是否成熟，东亚国家（和地区）如何推进货币联盟建设？这是东亚甚至世界范围货币学者一直在思考的问题。

当然，如果我们所论是将规避金融不稳定的责任赋予跨国界的货币合作，就不仅仅是选择怎样一种共同货币和汇率机制所能企及。应该包括广义的金融合作，即"政府治理"范畴在超越国家（地区）地理区域上一切必要的延伸。

三、蒙代尔的"亚洲货币区"构想

蒙代尔曾经反复论证过亚洲货币合作问题，他总是着眼于阔大的宏观视野，体现的是一个思想家的远见卓识，尽管在细节上还是值得推敲。最初是在汉城亚太经济合作组织论坛，蒙代尔提出建立亚太经济合作组织货币基金构想，并且比较了两种记账单位：一种可能的记账单位是一个包括美元、欧元、日元的货币篮子，三种货币分别占 45%、35%、20%。假若这种货币篮子中各种货币比例是完全确定的，其优点是基金单位的价值比较稳定，但如果某个国家将本国货币钉住货币篮子，承诺稳定汇率，其缺陷是缺乏货币政策的透明性，货币当局具有调整篮子构成的机会主义倾向，从而给市场带来不确定性。多种货币篮子也不利于实现多边的资本市场整合。另一种可能是亚太货币基金采取单一货币篮子，如美元或者欧元，引起的担心是美国或者欧元区因为货币被其他国家钉住而出现经济不稳定。蒙代尔认为，20 世纪 30 年代与 70 年代美国经济动荡，但美国从早年痛苦经历中学习经验，"未来可以指望美元和欧元区保持稳定，或者，无论如何，总比世界绝大多数地区要稳定"。①

蒙代尔的上述构想还只是对日本提出"亚洲货币基金"遭到美国拒绝的一种折中。在曼谷会议上，蒙代尔对亚洲货币区前景做了较为全面的阐述，提出亚洲需要共同货币，但不可能如同欧洲模式选择单一货币，原因在于，亚洲不满足单一货币所要求的政治整合程度。亚洲的可行选择是各国保持主权货币，同时使用某一种通用货币进行区域内及与区域外部的贸易结算工具。通用的并行货币的"锚"必须基于现存全球货币，选项有美元、欧元、日元，可能还有人民币。日元由于日本经济体中宏观经济问题很多，包括银行体系困境、货币与财政政策组合错误及日元长期升值趋势，不适宜作为货币"锚"。人民币没有实现完全可兑换是其跻身为亚洲货币"锚"的主要障碍。②欧元不是亚洲货币之"锚"有力竞争者，可以在美元与货币篮子（组成元素为美元、欧元、日元）之间选择。如前所述，货币篮子会由于汇率波动其价值不稳定，所以仅仅剩下美元。但在长期中美元与其他主要货币的汇率动荡是个问题。建议长期中特别提款权是更好的亚洲货币"锚"。不过，特别提款权是 IMF 框架中用于成员国清偿贸易逆差的工具，如果用于常规贸易，是否可行是一个问题。

在 1999 年 10 月于墨西哥召开的国际货币会议上，蒙代尔在罗宾斯讲座演讲中就已经提出了他的世界货币体系构想。第一阶段是稳定美元、欧元、日元之间的汇率；第二阶段是建立"G3"货币联盟；第三阶段创建国际货币（INTOR）。国际货币的价值决定于三种货币在其中的权重，且可以流通并与其他货币兑换。③在这里蒙代尔将特别提款权已经抛置一边。他的亚洲货币区蓝图是在"世界货币区"框架下构想的。经过这次美国式的新金融危机，可见，即使短期内选择美元作为亚洲货币"锚"，也仅仅是一种无奈，因为人们不知道哪一天美

---

①　蒙代尔：《蒙代尔经济学文集》第 5 卷，中国金融出版社 2003 年版，第 79-80 页。蒙代尔 2000 年 4 月 17 日在布宜诺斯艾利斯大学演讲，题目为"货币区、汇率体系与国际货币改革"。蒙代尔没有完全预见到美国次贷危机引发的全面经济危机。回想亚洲危机以后一些学者崇尚美国"经济周期已经消失"，美国实现了"无通货膨胀的经济增长"，现在看来都是些幻想。

②　蒙代尔：《蒙代尔经济学文集》第 5 卷，中国金融出版社 2003 年版，第 95-126 页。中国政府已经允许人民币在周边国家贸易结算中使用。预期这种"试点"会较快延伸到中国企业居民与所有国家、地区的贸易中，人民币可兑换问题将很快予以解决。

③　蒙代尔，扎克：《货币稳定与经济增长》，中国金融出版社 2004 年版，第 1-22 页。

元会急剧贬值（或者升值）。①

四、过渡期汇率安排

从 1969 年欧洲领导人海牙会议以后追求货币联盟，欧元 1999 年诞生，欧元区的形成经过了 30 年。亚洲货币区如果从日本 1997 年提出建立亚洲货币基金算起，并且与欧元区确立经历相当的时间，大约要到 2027 年——这个历程似乎太过遥远，除了这次美国式金融危机，期间可能还会发生一两次全球性金融灾难。亚洲货币区的前景，一方面遇到政治整合的难题——既包括对历史问题一致认同的障碍，也包括若干区域性领土争端。但是另一方面，与全球化浪潮呼应的是世界地区主义兴起，与欧洲、北美等地区比较亚洲已经落后，亚洲地区各种贸易一体化进程在不断加快。此外，欧元区的演进对亚洲货币区提供了成功范例。所以，人们可以期待亚洲货币区会更早形成。为了促成更紧密的经贸关系，促进东亚国家、地区宏观经济指标趋同，首先可以做的是，形成统一的汇率机制，实现汇率协作，将地区内汇率稳定作为短期目标。东亚国家在 1997～1998 年金融危机后，大多采取有管理的浮动汇率或者固定汇率，选择稳定汇率体系也能够减少不同国家的调整成本。②

进行汇率协作的基础是东亚地区内贸易呈上升趋势，汇率稳定有利于强化这种进程，增加货币合作的收益。麦金农利用 IMF 的数据做了统计，发现 1980～2000 年亚洲小经济体EA1 对世界其他地方的出口占其出口比例从 37.3% 下降到 28.5%，区域内出口比例则从 18.9% 上升到 27.4%（表 9-1 和表 9-2）。EA1 与中国的贸易关系发展很快，1980～2000 年对中国的出口占其总出口比例从 1.5% 上升到 11.9%，进口从 4.7% 上升到 14.7%。

表 9-1　东亚地区内部贸易（1980～2000 年）　　　　单位：%

	出口			进口		
	EA3	EA2	EA1	EA3	EA2	EA1
EA1						
1980			18.9			15.3
1990			22.2			19.6
2000			27.4			26.7

---

① 美元对黄金大幅度贬值，伦敦黄金价格从 2002 年 10 月 300 美元上涨到 900 美元，同一期间中国与日本增加了大量美元储备。

② 与亚洲危机以后 IMF 及西方国家政要对东亚国家提出采取浮动汇率的主张完全相反，蒙代尔、麦金农和许多研究亚洲货币合作的学者主张至少没有人简单地建议采取浮动汇率体制。

续表

	出口			进口		
	EA3	EA2	EA1	EA3	EA2	EA1
EA2						
1980		21.7			18.2	
1990		32.0			30.1	
2000		37.3			41.0	
EA3						
1980	32.0			31.8		
1990	39.6			42.9		
2000	46.5			54.9		

资料来源：IMF 贸易统计指南（*Direction of Trade Statistics*）。EA1 包括韩国、马来西亚、新加坡、印度尼西亚、菲律宾、泰国、中国香港、中国台湾。EA2=EA1+中国，EA3=EA2+日本

表 9-2　东亚区域内及其与美国和世界其他地方的贸易（1980～2000 年）　单位：%

	出口				进口			
	中国	日本	美国	世界其他地方	中国	日本	美国	世界其他地方
EA1								
1980	1.5	19.2	23.1	37.3	4.7	23.8	17.1	39.1
1990	6.4	14.4	24.9	28.5	9.4	23.0	16.1	31.9
2000	11.9	10.8	21.4	28.5	14.7	19.6	14.3	24.8
EA2								
1980		19.6	20.9	37.6		24.2	17.4	40.2
1990		14.4	22.5	31.1		21.9	15.6	32.4
2000		12.0	21.9	28.9		19.2	13.3	26.6
EA3								
1980			22.6	45.4			17.4	50.8
1990			26.2	34.2			18.1	39.0
2000			24.2	29.2			14.8	30.3

资料来源：IMF 贸易统计指南（*Direction of Trade Statistics*）。EA1 包括韩国、马来西亚、新加坡、印度尼西亚、菲律宾、泰国、中国香港、中国台湾。EA2=EA1+中国，EA3=EA2+日本

2007 年的数据表明，亚洲地区内出口占其出口比例为 49.7%（表 9-3，比较表 9-1EA3 1980～2000 年地区内出口从 32.0%上升到 46.5%），区域内出口占亚洲

进口总量的 57.4%（表 9-4）。①

表 9-3　世界分地区出口的地区分布（2007 年）　　　　单位：%

地区	北美	中南美	欧洲	独联体	非洲	中东	亚洲	世界
世界	18.5	3.3	43.7	2.9	2.6	3.5	24.2	100.0
北美	51.3	7.0	17.7	0.7	1.5	2.7	19.0	100.0
中南美	30.3	24.4	21.2	1.3	2.7	1.8	16.1	100.0
欧洲	7.9	1.4	73.5	3.3	2.6	2.6	7.5	100.0
独联体国家	4.6	1.2	56.3	20.2	1.3	3.2	11.7	100.0
非洲	21.7	3.4	39.5	0.2	9.5	2.5	19.1	100.0
中东	11.0	0.6	14.3	0.6	3.6	12.3	52.3	100.0
亚洲	19.9	2.4	18.8	2.1	2.4	4.0	49.7	100.0

注：A 地区出口到 B 地区分布比例＝A 地区对 B 地区出口额/A 地区出口总额
资料来源：IMF 网站贸易统计指南（*Direction of Trade Statistics*）

表 9-4　世界分地区出口额占各地区进口额比例（2007 年）　　　　单位：%

地区	北美	中南美	欧洲	独联体	非洲	中东	亚洲	世界
世界	18.5	3.3	43.7	2.9	2.6	3.5	24.2	100.0
北美	7.0	1.0	2.4	0.1	0.2	0.4	2.6	13.6
中南美	1.1	0.9	0.8	0.0	0.1	0.1	0.6	3.7
欧洲	3.4	0.7	31.2	1.4	1.1	1.1	3.2	42.4
独联体	0.2	0.0	2.1	0.8	0.1	0.1	0.4	3.7
非洲	0.7	0.1	1.2	0.0	0.3	0.1	0.6	3.1
中东	0.6	0.0	0.8	0.0	0.2	0.7	2.9	5.6
亚洲	5.6	0.7	5.2	0.6	0.7	1.1	13.9	27.9

注：A 地区出口占 B 地区进口比例＝A 地区对 B 地区出口额/B 地区进口总额
资料来源：IMF 网站贸易统计指南（*Direction of Trade Statistics*）

　　学术界围绕东亚汇率协作和稳定汇率目标提出了一系列方案。以下麦金农方案属于钉住单一货币，其他各种建议均属于钉住货币篮子。②

---

　　① 欧洲地区内出口占其出口比例为 73.5%，欧洲区域内出口占欧洲进口总量的 71.4%。这两个数据远高于亚洲地区，至少部分因为是欧洲长期推进贸易一体化及形成欧元区的结果。具体机制在于贸易一体化和货币一体化对区域间贸易的转移效应，可以将其归结为"俱乐部集聚效应"。欧洲、亚洲和北美依次是世界贸易的发源地。
　　② 陈学彬：《经济全球化下的东亚货币与金融合作》，上海人民出版社 2008 年版，第 199-220 页。

（一）钉住单一货币

如前所述，麦金农建议东亚采取钉住单一货币，因为稳定汇率可以起到保值作用，并借助"名义锚"稳定国内物价与利率水平。钉住的目标货币应该是美元而非日元，因为美元作为记账单位、交易媒介和储备货币的功能优于日元，美元也具有大规模和完善的债券市场，便于其他国家购买储备资产及干预外汇市场。东亚普遍钉住美元也具有稳定区域内部双边汇率的作用。不过，由于东亚地区出口和进口市场在北美与欧洲、亚洲内部之间分布不对称，钉住单一货币会有货币错配可能。麦金农与蒙代尔有关亚洲各国货币汇率钉住何种单一货币上观点颇为相同。但蒙代尔谈论的是固定汇率，蒙代尔极力区分固定汇率与钉住汇率的差异，认为两者不是相同的汇率体系，固定汇率几乎是永远不变，"钉住"则可以浮动和改变。蒙代尔认为客观上有能力完全消除汇率波动，而且对于贸易投资与经济增长有百利而无一害。

（二）建立东亚汇率目标区制

建立东亚汇率目标区制即确定内部名义锚，类似于西欧国家所建立过的欧洲汇率机制，以作为推进东亚货币区的重要环节。东亚货币篮子中各种货币的权重按照国家（地区）经济总量、贸易方向与投资方向确定。通过东亚各国货币钉住货币篮子实现区域内部汇率稳定。

（三）创设以亚洲货币单位为基础的亚洲汇率机制

亚洲汇率机制由 Harvie 最初提出，简称 AERM（Asian exchange rate mechanism）。亚洲货币单位（Asian currency unit，ACU）是以亚洲成员国货币为组成元素的货币篮子，各种元素权重由成员国在区域内的贸易量决定。各成员国货币与亚洲货币单位汇率围绕中心平价上下浮动 15%，远期目标是形成单一货币。成立专门机构确定中心平价，负责管理、协调与监管。成员有义务稳定本国货币在目标区以内，同时成立合作基金帮助应对投机冲击。目前日本与亚洲开发银行均已经提出亚洲货币单位组成原则与初期的权重组合。但是，其主要缺陷是货币篮子不反映主要货币（如美元、欧元与日元）的波动，所形成汇率对于同区域外贸易缺乏"指引"作用。

（四）钉住混合货币篮制

钉住混合货币篮制，即软钉住（混合驻锚）。主要含义是在货币篮中同时包括世界主要货币与区域内成员国货币。这是一种折中方案，可以借此平衡退出东亚美元本位。

（五）爬行波幅钉住货币篮子制度

爬行波幅钉住货币篮子制度，即"BBC 制度"（basket-band-crawling）。各国和地区按照一定权重钉住由主要货币美元、欧元和日元组成的货币篮子，权重由自己确定，由各经济体选择浮动范围钉住中心平价。这一制度的重要特征是允许经济体在特殊经济环境下灵活选择汇率变动，即采纳麦金农建议的"重置规则"，一国遇到大规模投机冲击时可以选择暂时终止钉住，但承诺以后恢复到平价水平。协作阻击投机冲击的机制是建立类似于欧洲的短期债券融资安排。

目前亚洲开发银行、日本政府显然倾向选择亚洲货币单位，国外理论界（如蒙代尔、麦金农）却并不推崇。中国理论界倾向建立东亚汇率目标区制或者采取软钉住。可能更为需要的是东亚国家和地区采取行动，在具体的汇率协调与货币一体化合作进程中允许试错和不断修正。目前主要还是应对投机冲击产生金融不稳定的货币互换安排。

五、东亚货币合作的政治进程

东亚货币合作的远期目标是建立东亚货币区，这无疑涵括一种政治整合进程。任何讨论东亚货币与经济合作的构想都不应该忘记这一点。欧洲货币区构建的基础之一是高度的文化融合及基本社会制度、经济发展模式与阶段的趋同。东亚在这些方面与欧元区均不可同日而语。由于第二次世界大战结束以后的历史遗产和外来霸权介入、主导地区事务，当代制度层面的东亚秩序目前还基本不存在。[①]东亚金融危机期间由日本提出的亚洲货币基金被美国财政部否定，是地区外话语干预东亚经济秩序建构方式与管道的一个最好诠释。

不过，即使对东亚政治进程最为悲观的人士也应该看到"晨曦中的微光"。蒙代尔每一次谈论东亚货币区问题，总是会提到政治整合的"绊脚石"，但他预示只要条件合适，亚洲政治整合的进程将惊人得快。亚洲政治整合的最大困难是中日关系问题，但是经过几十年磨合相信两国已经找到了减少"不确定性"的机制。我们应该注意到如下几个方面。

第一，东亚贸易一体化没有因为政治整合步履维艰而止步；第二，东南亚联盟次区域秩序对东亚政治进程树立了范例；第三，中日共同历史研究于 2006

---

① 门洪华：《东亚秩序构建：一项研究议程》，《当代亚太》，2008 年第 5 期。

年开始，这是一个积极信号；第四，东亚国家主权范围以内和主权国家之间的各种争端都存在双方认同的谈判议程；第五，经济与金融合作对政治进程具有外溢效应。

尽管存在政治误解与安全不信任问题，但东亚大多数国家都意识到东亚秩序构建的中介是基于共同利益而不是霸权战争。[①]

六、结束语

对于全球金融不稳定背景下的东亚货币合作我们可以做出以下五点判断与期待。

第一，东亚货币合作以 1997 年亚洲金融危机为重要契机，发源于美国的新式金融危机无疑将加快这一进程。货币合作的目标，首先是建立对区域内部和区域外金融不稳定的防火墙与缓冲机制，其次是促进地区经济一体化，加快区域内贸易投资的规模集聚和经济增长，最终是期待实现单一货币和建立东亚货币区。与欧元区不同的是，东亚不追求"统一欧洲"式的终极政治目标。

第二，东亚近期货币合作可以企及的仍然是汇率协作，减少区域内部经济关系的不确定性。任何汇率安排等货币合作的"底线原则"是成本分担与利益共享。由于区域内部经济发展和国家影响力的差异，需要尽可能优先满足小经济体的"舒适性"与"合意"安排，而不是刻意追求大国意志。

第三，参照欧元区"典范"，东亚货币合作迫切需要建立专门组织架构，包括政府机构参与、主导决策与专家咨询两个层面的组织机构。可以参考中日韩自由贸易区建设的研究模式，即同时筹组政府委员会和三国各自的专家研究小组与联合研究机构，由研究组织向政府提供研究小组报告和联合研究的"共同政策建议"。

第四，东亚货币合作的国家与地区范围暂时为"10+3"，待取得显著进展以后其他条件成熟经济体通过"搭车"成为成员国家或地区。目前贸易一体化、金融与货币合作大多采取多个"10+1"和"1+1"的谈判议程，在建立制度性组织框架以后，可以尝试采取直接的"10+3""圆桌会议"式的谈判议程，加快货币金融合作的进程并提升效率。

第五，中日关系转暖是东亚政治进程的积极信号，美国政府宣示的"灵巧实力"外交，韩日领导人之间无事也"密切"接触。所有这些经济学家可能不太关注的国际政治事件都具有后台的主导因素，即全球与东亚经济相互依赖对国际政治的溢出效应。所以，对东亚货币合作进程的政治"羁绊"不必太过悲观。

既然法国、德国两个历史上两次战争的宿敌能够放弃法郎、马克转而使用欧

---

① 代帆，周聿峨：《走向统一的东亚秩序》，《太平洋学报》，2005 年第 12 期，第 20-27 页。

元，相信东亚的子民不缺乏成功合作的智慧。

第四节　后危机时代的国际货币体系*

一、解读"美国式危机"

由美国次贷危机诱发的全球经济金融危机再次说明，自由市场经济中金融的内在不稳定性。本次危机是典型的"美国式危机"，因为危机起因于房地产市场衍生工具泡沫破裂，而衍生工具规模的膨胀只有在美国自诩的自由市场才达到极致，危机的生成自然也受到美元特有的世界货币功能的支撑。"美国式危机"是美国金融当局凭借美元强势地位所误导的对流动性管理的破产。

1997 年东亚金融危机以后，新兴市场经济体积聚巨额外汇储备并转而投向美国短期证券市场，其他国家持有美元外汇储备在本质上是美国的对外债务，但这种形式的债权方必须明确与之对应的债务人才可以增值财富。人们自以为美国债券市场具有高流动性和安全性，将储备资产美元化并进一步转化为美元定值的债权资产。但事实却是，既然美国成为全球最大的债务国，美国整体成为庞茨融资（Ponzi finance）者，美国金融市场流动性与安全已经丧失了现实经济基础，在很大程度上只是持有相同信念交易者的预期与想象力的自我实现。[①]

美国政府庞大的财政赤字、公司利润衰竭、消费者债台高筑，这些能否支持美国债券市场的持久繁荣？一旦人们对美国金融市场那些并不可靠的信任与乐观预期反转，后果无疑是市场崩溃。就目前而论，市场没有创造出对美元适当的替代资产，这或许给美国留下机会在全球协同一致条件下做出一系列调整。其结果的不确定性还有待观察，但至少危机过后美国金融市场的全球地位将不可避免地受到削弱，美元即使不会招致被清除出全球货币流通与储备资产的厄运，也完全有可能失去往日那种"纯粹"而毋庸置疑的世界货币地位。

追寻"美国式危机"的原因，除美国自身的"体制内"病因，如监管缺失以外，正在于国际货币体系的根本缺陷。特里芬所指美元危机并未消除，其在当代的表现与传统布雷顿森林体系时期也极为相似，即美元作为国际清偿手段的结果是美国不断累积的经常账户逆差，从而诱发全球经济失衡。第二次世界大战以后几乎全部有国际影响的货币金融危机都与同时期美国所主导的国际货币体系有

---

* 原载《陕西师范大学学报》2009 年第 5 期。

[①] 庞茨融资者的支付承诺对除某些末期之外的时期均超过预期的现金收益，即 $AQ_i < PC_i$（$i=1, \cdots, n-1$），$AQ_i \geqslant PC_i$（$i=n$）。AQ 为预期的现金收益，PC_i 是由到期负债产生的支付承诺。后凯恩斯主义经济学家海曼·明斯基的金融内在不稳定假说："资本主义过程和经济行为"一文对此做了详尽分析，中译文见刘明：《转型期金融运行与经济发展研究》附录，中国社会科学出版社 2004 年版，第 394-420 页。

关。1997 年东亚金融危机的重要原因就是美元本位条件下的货币错配，即东亚国家偿还以美元标价外债的汇率风险及由此诱发的债务短期化。以东亚为代表的新兴市场经济体，对 1997 年危机的事后反应是强化出口导向型经济、维持高储蓄和积累大规模美元储备资产，从而对美国国内危机提供了现实可能性，危机一旦形成，则通过国际贸易下降、信贷紧缩和市场流动性缺失快速向全世界传染蔓延。

对全球经济金融危机的积极反应集中于两种途径的调整：一方面由美国等发达国家和新兴市场经济体分别对国民消费与储蓄关系、宏观总供给总需求关系及其经济结构做出调整；另一方面需要改革、重建国际货币体系。这种涉及国际范围的重大调整对经济理论与政策、对各国政府与国际经济组织都是一种挑战。危机来源于美国，但却在积极意义上凸显出一种新的"全球利益"或者"世界福利"范畴。20 世纪 30 年代，危机引起资本主义共同体在美国、英国主导下重新安排国际货币体系与贸易规则，这次危机则广泛涉及全球发达国家、新兴经济体、发展中国家和最贫困国家的经济关系与利益调整。调整是一种艰难而痛苦的抉择，其难度远远超出以往双边、多边甚至全球范围的经济关系调整，但从长远看，成功的调整无疑会维护全球经济持续稳定增长，惠及所有国家的世界福利。

后危机时代的世界经济版图将发生变化。新兴市场经济国家相对经济实力将得到加强，传统的发达国家经济体不会急速衰落但产出规模、市场份额与地位会相对下降。这种趋势将会持续，因为调整期过后新兴市场经济的低劳动成本、高储蓄（尽管调整后储蓄率会出现一定程度下降）特征将继续保持，工业化进程所决定的后发优势也不会丧失，广泛兴起的区域贸易自由化促使新兴市场经济国家重新发现外部市场，伴随着新的体制与制度层次的重大调整，国内需求也必将得到拓展。正如一国内部货币制度是对商品生产交换与市场经济演进的一种适应，国际货币体系也必然会伴随世界经济格局变化而发生变革。

进入后危机时代的国际货币体系调整将涵盖两个层次：一方面涉及世界货币格局变动，包括传统的多种世界货币元素的流通地位的此消彼长和国际储备货币的重新安排；另一方面是适应区域贸易自由化的区域货币合作，欧元即是一个成功的范例。①

区域货币合作也可以被看成是对国际货币体系缺陷在亚层次上的自适应性质的修正。此外，国际金融组织、全球与区域和国家层次的汇率安排均构成国际货币体系的要素，目前能够对国际货币体系发挥影响的机构主要是 IMF。本节以下部分分别揭示 IMF 改革的问题与前景，对美元作为全球储备资产（同时是全球贸

---

① 后危机时代不是一个简单的时间概念。2010 年全球将从危机、衰退中复苏，危机过后美国金融体系、以及全球金融市场、金融体系和贸易格局均会发生变化。这些变数会在多大程度上影响国际范围的制度基础设施仍有待观察。

易的主要结算货币）的强势地位变动及建立国际超主权储备资产的可能性予以分析，最后试图对国际货币体系中若干其他因素的趋势加以前瞻。

二、IMF 改革：问题与前景

IMF 改革的背景，可以追溯到 20 世纪 70 年代布雷顿森林体系和固定汇率制的终结。20 世纪 80 年代末 90 年代初大量新成员（尤其是许多贫穷国家）的加入，对 IMF 的运行目标提出调整要求，1997～1998 年东亚金融危机期间，IMF 的应对措施也备受责难，批评主要指向 IMF 的贷款约束条件及其遵从"华盛顿共识"的主流意识形态。[①]

东亚和拉美国家对金融危机的反应是采取相对灵活的有管理浮动汇率，坚持出口导向型战略与高储蓄，大量积累以美元为主要货币的储备资产，从而剥离掉东亚危机期间的货币错配问题。从东亚等新兴市场经济国家自身看来，它们的调整具有一定合理性，这种调整改变了发展中国家与发达国家的相对实力，从而要求进一步改变、提升发展中国家在 IMF 的地位，增加其话语权与参与权。

IMF 改革的首要议题是促进其民主治理。自 1968 年自由黄金市场交易开始至今，全球已经发生 100 多次货币危机，客观上这是金融全球化与衍生金融市场发展的结果，但 IMF 的作为也受到严厉批评。斯蒂格利茨指出："这一点很清楚，IMF 稳定全球金融体系的责任可悲地失败了，它稳定国际资本流动的使命落空，而且无疑使事情变得更糟。"[②]IMF 的失败源自何方？主要有两种看法。第一种多少是出自对 IMF 的辩护，认为两种因素阻碍了 IMF 更有效地发挥作用：其一，部分国家存在对 IMF 的"敌意"，拒绝实施 IMF 的危机救援计划；[③]其二，避免全球金融动荡的目标超越了 IMF 可支配资源。第二种则指向 IMF 自身的严重缺陷，认为 IMF 具有隐含的甚至公开的政治倾向，其政治意愿扭曲了稳定金融体系的目标，甚至不惜破坏 IMF 规章。IMF 对墨西哥与俄罗斯金融危机很快做出反应，被指责是顺从美国的政治意图，[④]这与其对东亚金融危机的反应迟缓形成鲜明对照，美国甚至曾经尝试将人权约束"搭售进"IMF 的贷款条件。[⑤]此外，IMF 的"多目标组

---

① 与东亚金融危机联系的"华盛顿共识"主要表现为 IMF 要求东亚国家实行私有化、自由化和放松资本管制，并附加紧缩的财政与货币政策。尤其，IMF 将重点放在阻止危机传染而不是促进陷入危机国家尽早恢复增长，实际体现出发达国家所具有的绥靖主义倾向。

② Stiglitz J E. How to reform the global financial system.Harvard Relations Councill Review, 2003, (25): 57-58.

③ 实际情况是部分发展中国家很难满足 IMF 提供贷款的约束条件，包括紧缩财政与货币政策、降低通货膨胀率等。

④ 明顿-贝多斯:《国际货币基金组织需要改革的原因剖析》,《现代外国哲学社会科学文摘》,1996 年第 5 期，第 21-24 页。

⑤ Stiglitz J E. Democratizing the international monetary fund and the world bank: governance and accountability.Governance: An International Journal of Policy, Administration, and Institutions, 2003, 16 (1): 111-139.

合"也与其根本任务发生冲突，使其丧失了使命感。

IMF 政策失败的根源在于其治理结构，尤其表现为美国所特有的否决权，新兴市场与发展中国家在 IMF 理事会的投票权处于弱势。而且，欧洲等发达国家也往往附和美国的意愿，因为他们基本不需要从 IMF 获取资源，所以没有必要背离美国的政治诉求，而且在支持俄罗斯转轨、推动发展中国家开放金融市场方面双方也具有共同利益。IMF 的政治倾向其实正源自其治理结构。在国际组织中，任何一个国家都不可能不持有一定的政治倾向，但问题是美国在 IMF 所独有的否决权为其贯彻单边主义预设了前提，所谓 IMF 政治倾向就是指 IMF 秉持以美国为代表的西方世界的主流意识形态。任何一种国际制度如果被一国统治、挟持就必然是不成功的。①

IMF 分配基金份额和投票权的原则是基于各国在世界经济中的地位，总体上将 GDP 和贸易规模作为参数，设定复杂的方程分别计算配额与投票权。实际这种权利分配使多数小经济体国家处于无权地位，他们的选票仅有象征意义。这势必引起人们对 IMF 合法性的质疑，这种仅由历史所沉淀的经济力量决定的 IMF 治理现状的"合法性危机"的影响是多方面的：第一，削弱了 IMF 作为国际经济组织的地位和影响力；第二，导致新兴市场国家在深感无助情况下将处理国际收支失衡、应对汇率风险的着力点转向依赖自身的战略调整；第三，催生出新的区域性金融合作范式。中国、日本、韩国与东南亚国家联盟（即"10+3"）的货币互换安排，拟议中的亚洲债券市场和亚洲货币单位，查韦斯提出的建立南方银行替代布雷顿森林体系，区域机制对全球体系的"脱轨"已经成为一种趋势。②艾钦格林（Eichengreen）称这些此起彼伏的区域货币合作为金融"自由解放运动"是对失败的国际货币体系一种讽刺。③

IMF 改革的压力来自不断加剧的金融动荡和许多颇具影响的经济、法律和政治学者的批评，其运作绩效尤其引起发展中国家的不满和抱怨，使 IMF 认识到不改革就会失去自身的存在合理性，出现被新兴市场与贫穷国家遗弃的危险。尽管 IMF 改革至少从 1973 年布雷顿森林体系崩溃以来就没有停止，但其治理结构仍然远远没有适应变化了的形势而实现必要的"转型"。这虽然需要时间，但 IMF 成

---

① 根据 IMF 理事会 2008 年 4 月 29 日批准的份额和投票权改革方案，发达国家的投票权比例从原先的 59.5% 降为 57.9%，发展中国家的投票比例则从 40.5% 上升为 42.1%。中国在 IMF 的份额增加到 3.997%，投票权增加至 3.807%，在该组织中的代表性列第六位。美国所占份额和投票权比例仍分别高达 17.6% 和 16.732%。由于 IMF 协定规定重要政策需要 85% 以上多数票同意，所以美国实际拥有单独的否决权。

② Rapkin D P, Strand J R. Reforming the IMF's Weighted Voting System. Journal Compilation, Blackwell Pubblishing Ltd, 2006。IMF 设置选票时分配给每个国家 250 张基础选票。近些年基础选票占总数的 2%~3%，1944 年 IMF 成立时这一比例为 11.3%，1958 年最高为 13.6%。基础选票比例下降的原因是没有随总配额增加而增加基础选票。

③ Barry E. A blueprint for IMF reform: more than just a lender. International Finance, 2007, 10（2）: 153-175.

功的改革可以考虑采取以下原则与措施。

第一，遵从广泛协商一致原则，并在此基础上采取集体行动。广泛协商一致是保证 IMF 实现民主决策的必要机制与途径，应该将这一原则贯彻到与 IMF 有关全球和区域金融稳定的重大决策程序中，而不仅是选票系统设计。

第二，在 24 国组成的执行董事会中设立类似于联合国常任理事国的常任董事会，赋予常任董事会成员国否决权。由此打破对于重大事项决策单个国家对否决权的垄断，扩大对 IMF 管理的全球性参与，在多方博弈、"讨价还价"过程中，相对实现 IMF 行动的公正、公平与合理，使之更富有成效。由常任董事会决议替代原有的 85% 的多数票原则。

第三，简化 IMF 的工作目标，强化其问责机制。IMF 的资源和政策工具有限，实现多重目标对于有 185 个成员国的组织而言很不现实。给 IMF 强加的打击恐怖主义筹资活动的任务可能是一个错误，因为 IMF 并不负责维护全球安全，它的根本使命在于维护国际、区域和国家三个层级的金融稳定，防范与化解金融危机。多重目标也会导致责任模糊，因为在同一时间要求 IMF 实现全部目标会被认为过于苛刻，如果没有实现一般公认的重要目标，IMF 也可以解释是由于致力于其他同样被赋予重大责任的目标。

第四，IMF 必须承担全球金融体系事前监管的职能。要致力于增强全球银行系统与金融市场的信息透明度，区分国家、区域和全球三种次序，适应全球金融一体化进程中出现的金融复杂性，重新构建金融系统的风险预警机制。IMF 应监督不同国家和金融市场，对脱离商品生产与贸易、脱离社会信用状况的虚拟金融交易做出必要限制。

改进 IMF 治理和形成有效的问责机制是一项极为艰巨繁难的工作，即使最强烈呼吁改革 IMF 治理结构的学者也可能表现出无奈。不过这次全球危机成为 IMF 改革的重大机遇，各种"叛逆"不合乎传统的力量聚集到了一起，人们看到了期待已久的发生重大转折与变革的希望。①

三、国际储备资产非主权化：世界能否摆脱美元

危机的重现，透射出凯恩斯思想的生命力。与以往不同，本次危机不仅通过各国大规模扩张财政支出政策展示出凯恩斯宏观经济学的当代意义，而且在有关

---

① 读者可能注意到，2009 年 6 月 24～26 日联合国召开"世界金融和经济危机及其对发展影响高级别会议"，会议通过了由斯蒂格利茨主持的"国际货币与金融体系改革专家委员会"提交的报告，将其作为会议成果性文件。文件呼吁改革 IMF 的治理结构，提出增加发展中国家与贫穷国家在 IMF 的发言权和参与权，肯定构建超主权货币的积极意义，对不同层面的区域货币合作表示赞赏与支持。这次会议兑现了斯蒂格利茨所期待的在 IMF 以外对 IMF 进行改革，至少是一个开端。详情见联合国网站（http：//www.un.org/zh/）。

国际货币体系的讨论中，再次复活凯恩斯在布雷顿森林体系形成时期关于创立超主权货币的构想。全球金融体系不成功的核心问题在于国际储备体系中美元所具有的不对称地位。[①]以美元为中心的货币体系如何产生国际经济失衡？对此的描述在不同国家范围、不同经济环境中可能大相径庭。[②]

戴维森（Davidson）以阿根廷为例，揭示了当部分国家成功地取得出口盈余，必然有另外一些国家出现赤字，赤字国家必须选择使用外汇储备或者取得国际贷款以支付超额进口，清偿国际债务，这种过程的不断累积使赤字国家最终很难承担大规模债务负担。IMF 为了防止赤字国家违约以确保援助贷款的本息返还，IMF 促其实行紧缩的财政与信贷政策，强加汇率浮动等不适当约束条件，使得本币贬值的结果引起资本抽逃和经济衰退的压力，使危机进一步加深。[③]1997 年东南亚金融危机期间，泰国、韩国的状况也很相似，危机发生前几年泰国就已经出现国际收支恶化，其中货币"原罪"、货币错配是重要原因。[④]

如果一国能够发行全球愿意接受为计价、贸易结算和国际储备的货币，是否可以避免类似阿根廷、泰国与其他东亚国家曾经面临的危机？这种主权国家发行的货币实际上已经取得在全球意义上作为价值尺度、流通媒介和贮藏手段的职能。货币三种职能的稳定性在一国内部决定于货币当局理性的经济发行及银行体系合理的信用创造。作为主权国家发行的可以跨国使用的"世界货币"，其中至少一个分量是"非经济发行"，是发行国通过货币输出换取商品劳务的一种债务生成过程，在国外市场流通及被国外私人与政府部门作为储备的"世界货币"，只要没有被发行国持有外汇储备及外国货币在本国市场流通抵消，就是发行国的对外负债。特里芬指出："储备持有者在把这些通货当作储备积累起来时，其实是在向发行这些通货的国家提供无偿贷款，而且也在进一步增加这些通货的自然硬度。"[⑤]储备持有国可以购买发行国的金融资产从而避免无偿放贷，但是正如下文分析，这样的情况引起的结果或许更糟。

美元存量的货币 60%以上在美国本土以外流通或者被私人与官方作为储备资产持有，[⑥]但美国很少持有其他货币作为中央银行储备，其储备资产主要为黄

---

① Stiglitz J E. How to reform the global financial system. Harvard International Review，2003，25（1）：54-59.

② 不过可以观察到这些描述都基于事实而不是凭空想象。

③ Davison P. The future of the international financial system.Journal of Post Keynesian Economics，2004，26（4）：591-605.

④ 货币"原罪"指一国本币不具有国际硬通货属性，国际货币体系中的不平等致使该国不能够在国际市场或者国内以本币定值发行对外部债务筹集资金，使对外债务面临高风险敞口。货币错配指一国未偿付债务与收入分别以关键货币与本币定值，由于债权人规避汇率风险发行债务以短期为主，但是将筹资用于长期投资，出现期限错配。

⑤ 罗伯特·特里芬：《黄金与美元危机——自由兑换的未来》，商务印书馆 1997 年版，第 88 页。

⑥ Martha A S.One world，one currency：exploring the issues. Contemporary Economic Policy，2006，24（4）：618-633.

金。①输出美元是美国产生经常账户逆差的根源，国外美元回流并购买美国国债等金融资产，从而实现资本账户顺差对经常账户赤字的平衡调节，使经常账户赤字得以延续。美元现钞被国外持有是一种隐蔽负债，资本账户流动将其转化为美国政府或金融机构等私人部门的显性债务。这种流动主要进入美国政府债券和其他资产市场及金融机构，其中直接或辗转进入银行体系的每一单位美元都会经过银行信用创造功能多次被倍增、放大，投资银行、保险机构、财务公司也会利用资本账户流动所获取的金融资源反复担保、抵押，加速信贷膨胀和组合出各类衍生化金融工具。流动性扩张与资产规模膨胀相得益彰，但这种虚拟市场似乎无穷尽的资产规模自我膨胀最终要榨取产业利润和劳工收入，结果必然是金融收益不断"稀薄化"，当人们发现许多——甚至大部分金融支付承诺其实并不可靠甚至是骗局时，金融危机就不期而至，市场完成一轮"超音速"上升和"自由落体"的往复运动。外国以现钞形式持有美元资产之所以不同于转向购买美国金融资产，即在于以储备的美元通货购买美国金融资产极端地放大了美联储发行基础货币所产生的乘数效应。

　　由上文可以推论：第一，主权国家发行世界货币存在内生的金融不稳定。基本机制依次为：输出世界货币演化出经常账户赤字、国外增持储备资产和发行国资本账户回流；接续反应是发行国的信贷规模膨胀、货币乘数扩大与流动性过剩；信贷、资产规模膨胀与资产价格上涨相互强化加速，当达到某一点时不再具有可持续性，资产价格泡沫破裂和爆发金融危机。第二，由美国发行"世界货币"等同于美国向国际市场开出一纸票据来换取世界商品与劳务资源，为美国超越本国生产能力的消费与投资融资提供了条件。②这是美国与世界上其他国家货币政策的不对称。由货币扩张——实际为债务扩张支持的超额消费的长期积累，不可能在短期内由同等规模的商品与劳务输出予以清偿，却可以通过美元定价市场的通货膨胀或者美元资产缩水调减债务。世界上主要的持有储备国家对美国偿付债务能力退化的反应是逐步释出美元资产，转而增持其他原本被认为是次级的世界货币或者黄金储备。③

　　如果美国循序渐进地稳步吸收外部美元资产回流，最终结果是美元停止作为世界货币使用。如果外国采取更为激进的方式集聚地抛弃美元，就必然使债权债务方同时陷入更深重的灾难。这一过程 50 年以前就被特里芬很好地揭示过，但

---

　　① 2003 年以后美国联邦储备系统黄金储备呈上升趋势，2008 年年末黄金占总储备比例为 77.3%。本数据来源于 IMF 网站。

　　② Costabile L. Current global imbalances and the keynes plan. A Keynesian Approach for Reforming the International Monetary System. Structural Change and Economic Dynamics，2009，20（2）：79-89.

　　③ 中国人民银行 2009 年 4 月减持 44 亿美元美国国债，增持 1460 万盎司黄金，这绝不是一种短期和偶然的信号，而应被看成对资产安全的焦虑和长期趋势。各国对储备资产的调整也包括购买各种资本资产和增加能源储备。

黄金-美元本位体系的问题没有在美元本位体系中得到解决。[①]

　　金本位主导的国际货币体系酿成 20 世纪二三十年代，两次以通货紧缩为主要特征的全球经济危机，美元完全取代黄金的国际货币体系则已经导致东亚金融危机和遍及全球的经济金融灾难。认识到下述问题尤为重要：目前危机是东亚等新兴市场经济体在 1997 年危机后自我调整和过度反应的结果。由此才可以清晰地观察自 20 世纪 70 年代以来，国际经济动荡中与历史逻辑相一致的结论。我们承认美元作为全球主要储备货币可能未必是危机的全部原因，但可以肯定，各国外汇储备的国际化、非主权化可以在很大程度上减少危机发生概率，一旦危机发生也能够系统性地减缓危机。创立并使各国普遍接纳超主权货币是自凯恩斯以后几代人追求的货币理想。

　　凯恩斯在设计布雷顿森林体系时就已经提出创设国际化货币班考（Bankor）替代黄金作为储备货币，以避免黄金储备引起通货紧缩，同时防止主权货币作为国际储备引起不同国家容易处在经常账户盈余和赤字两个极端，然后再进行痛苦的调整。[②]管理班考的国际清算同盟向各国提供贷款作为国际支付手段。特里芬认为凯恩斯计划的主要困难是涉及政治问题，并对凯恩斯计划加以修正试图取代布雷顿森林体系：第一，由 IMF 管理各国班考账户，对 IMF 放贷能力加以限制，如与黄金货币累计将增长率控制在 3%～5%。第二，由 IMF 管理成员国外汇储备，将成员国在 IMF 的账户余额统一用黄金单位表示，从而避免汇率风险。第三，成员国在 IMF 的外汇账户余额分为保证金和超额外汇储备两部分，后者是基金组织存款。成员国中央银行储备包括黄金和基金组织存款，仅持有极少量活跃贸易的外汇储备。第四，成员国在基金组织的外汇存款根据需要可以转换成黄金。[③]这一过程持续的结果必然将美元、英镑等主权货币清除出各国中央银行和 IMF 储备系统，会直接威胁到美国与英国增加黄金储备的计划。或许正因为危及美国的利益，特里芬计划没有被 IMF 完全继承下来。不过，凯恩斯及特里芬的设想成为以后 IMF 创设特别提款权的理论基础，也是目前研究超主权货币的主要思想资源。

　　能否建立超主权货币作为国际储备资产？与这一命题等价的命题是世界能否摆脱美元。虽然在理论逻辑上已经认识到美元具有国家货币和国际货币两重属性与其发行管理仅仅考虑国内经济状况是潜在的不稳定因素，对美元强势地位和汇率波动引发全球金融危机的终极治理是形成统一的、具有完全排他性和消灭主权货币的世界货币，[④]但是首先能够期待的是以超主权的国际储备资产替代美元作为主要储备货币。目前讨论焦点是以 IMF 管理的特别提款权作为各国中央银行主要

　①　罗伯特·特里芬：《黄金与美元危机——自由兑换的未来》，商务印书馆 1997 年版，第 89 页。

　②　Keynes J M. The Collected Writings of J.M. Keynes. London：Macmillan，1971-1989.

　③　罗伯特·特里芬：《黄金与美元危机——自由兑换的未来》，商务印书馆 1997 年版，第 94-95，105-116 页。

　④　Martha A S.One world，one currency：exploring the issues. Contemporary Economic Policy，2006，24（4）：618-633.

储备货币，而 SDR 实际是一种包括美元、欧元、英镑、日元的"货币篮"。[①]若如此，统一世界货币进程就像是首先通过货币分权打破货币"霸权"，然后实现国际货币体系由单边治理向多中心治理"过渡"，最终走向"集权"或者统一治理，这多少类似于一国内部的货币统一的历史行迹。这种进程既包含世界经济格局变动的自然演进，也交错着国家间的竞争和国际社会逐渐达到普遍认同与不懈努力，是国际层面上诱致性与强制性制度变迁的耦合。

多种力量驱使美元逐渐并部分地"退出"国际货币体系。新兴市场经济体的高成长性与区域贸易自由化使美国在全球贸易中的重要性地位下降，危机将进一步强化这种趋势。欧元区货币统一、亚洲"10+3"实现货币互换与建立外汇"储备库"对美元作为流通与储备货币产生"挤出效应"。[②]

与一些小经济体的"美元化"趋势不同，沙特阿拉伯、科威特、卡塔尔和巴林四个海湾国家签署海湾货币联盟协议，同意统一国家货币，这在一定程度上使美元的世界货币地位受到削弱。与人民币有关的货币互换已经扩展到东欧和拉美国家，试行跨境贸易人民币结算业务，这些预示着人民币势必在区域层次替代美元的计价与结算功能，由此将有更多国家将人民币作为储备货币。IMF 发行以特别提款权计价债券，债券可在政府间交易，这一举措无疑会增强 SDR 的流动性，有利于各国中央银行选择 SDR 作为储备资产，进一步赋予 SDR 超主权货币功能。可以预期，后危机时代美元作为世界贸易计价、结算和储备货币的功能将受到重挫。

四、若干未来趋势

国际货币体系演进除涉及组织治理、计价与结算货币、储备资产变动以外，也将在汇率体制与区域货币合作两个维度展开。目前最具有全球影响的区域货币合作是以东盟与中日韩之间货币合作为表征的东亚货币合作。可以肯定的是，人民币泛区域化特征及其逐步取得世界货币地位的必然趋势对国际货币体系演进注入了新的元素。

全球未来选择什么汇率体制？这个问题是一个歧见纷呈的领域。威廉姆森提出主要工业化国家采取汇率目标区，允许汇率围绕均衡状态上下波动 10%。[③]对

---

① 根据 2007 年 1 月 31 日美元与主要货币汇率，1 单位 SDR 含 0.632 美元、0.41 欧元、0.0903 英镑和 18.4 日元，四种货币占"货币篮"SDR 权重依次为 44%、34%、11%、11%，1SDR=1.490 15 美元。按照 IMF 规定，SDR 各组成货币的权重每五年修正一次，最近一次修正的生效期为 2006 年 1 月 1 日。资料来源：www.imf.org.

② 亚洲外汇"储备库"目前仍然以美元为主要储备货币，但是这种具有区域特征的"联合"储备会产生货币存量的规模经济效应，从而减少对储备货币的总需求。

③ Williamson J. Target zones and the management of dollar. Bookings Papers On Economic Activity 1，1986，17（1）：165-174.

其主要批评是目标区包含固定汇率与浮动汇率体制的双重缺陷，在前者是一定程度丧失货币政策的主动性，在后者是允许相当程度汇率波动经由对投资的影响可能产生紧缩效果。麦金农曾经建议美元、马克、日元之间采取固定汇率，按照购买力平价决定的均衡汇率作为固定汇率水平，三个国家通过货币量调节实现汇率均衡，总货币量增长率决定于全世界无通货膨胀的经济增长率。[①]

麦金农的设想是一种值得向往的全球体制，但是美国对欧元的诞生一直心存芥蒂，这种态度至少在次贷危机发生以前没有改变，布雷顿森林体系解体给予美国的教训或许就是不必使国内政策受到国际承诺的掣肘，美国的宏观冲击也主要来自国内而不是外部世界，这些决定了全球理想对美国而论未必符合其目的性。

如果换一角度提出问题：各国应该选择什么汇率体制？答案更多或没有答案。20 世纪 70 年代黄金退出货币序列以后，不同国家选择不同的汇率机制，以适应国际货币"无体系"状态。争论固定汇率与浮动汇率孰优孰劣的倾向性结论是"在特定的不完善背景下每一种汇率制度都可能是最好的"。[②]克鲁格曼曾相信浮动汇率是最好的体制，但后来他却改变看法，支持"最终回到一种可以相机调整、多少比较固定的汇率体制"，即便如此，当涉及目前怎样做时，克鲁格曼又毫不掩饰地表现出模棱两可，充其量提出将汇率目标区浮动波幅扩大到 50%，[③]汇率波动给世界经济带来的不确定性将持续下去。1998 年 IMF 的 181 个成员国中有 66 个国家（大多是发展中国家）采取固定或者准固定汇率，115 个国家采取有管理浮动或者完全浮动汇率。同期外汇市场按日交易价格汇率波动为 2%～3%，年度波动为 20%～30%，达到 1971 年或者布雷顿时期的 5 倍。[④]根据艾钦格林等的研究，在纳入统计的国家中截至 2004 年分别采取固定汇率、中间汇率和浮动汇率的比例依次占 26%、45%、29%，使用机制转换模型预测到 2025 年实行三种汇率体制的国家分别为 30%、42%、28%。[⑤]1997～2004 年新兴市场经济国家倾向由固定汇率转向有管理的浮动汇率体制，但根据预测 2005～2025 年将发生逆转，将有更多国家采用固定汇率体制，实行中间汇率的国家略有增加，实行浮动汇率

① Mckinnon R I. The rules of the game: internationl money and exchange rates//Salvatore. International money and financial agrrangement: present and future. Open Economies Review, 1998, 9 (s1): 375-415.麦金农在亚洲危机以后进一步坚持世界主要货币之间采取固定汇率，不过用欧元替换马克。

② Helpman A. An exploration in the theory of exchange-rate regimes.The Journal of Political Economy，1981，89（5）：865-890.

③ 保罗·克鲁格曼：《汇率的不稳定性》，张兆杰译. 北京大学出版社，中国人民大学出版社 2000 年版，第 95-101 页。

④ Salvatore D. International money and financial agrrangement: present and future.Open Economies Review，1998，9（s1）：375-416.

⑤ Eichengreen B，RAZO-GARCIA R. The international monetary system in the last and next 20 years.Economic Policy，2006，21（47）：393-402.

的国家将会减少。[①]

不过，到 2025 年全球采取中间汇率和浮动汇率体制的国家比例，仅仅从 2004 年的 74% 下降到 70%，这就预示了未来世界主要货币汇率的不确定性不会被消除。不同国家的应对措施可以有三种选择：第一，致力于区域货币合作，追求区域内部汇率稳定；第二，货币当局持有适当规模与结构的储备资产以防范系统性风险；第三，改革国内银行体系与金融市场结构，使其可以在一定范围规避汇率风险。由于美国是主要关键货币发行国家，美国一直采行自由浮动汇率，也鉴于美国在 IMF 的特殊地位，所以不能寄望国际议程安排稳定汇率。

东亚货币合作的背景是区域内贸易扩展和 1997 年亚洲金融危机爆发，目前进展主要是达成货币互换协议与建立亚洲外汇储备库，形成构建亚洲债券市场、推出亚洲货币单位的共同意向。[②]按照蒙代尔的构想，东亚货币合作最可企及的是建立亚洲货币区，最终推出"亚元"，使地区内主权货币消失。近期的可行选择是各国保持主权货币，同时使用某一种通用货币作为区域内及与区域外部的贸易结算工具，通用的并行货币的"锚"必须基于现存全球货币，选项有美元、欧元、日元，可能还有人民币。[③]由于日本经济体中宏观经济问题很多，包括银行体系困境、货币与财政政策组合错误及日元长期升值趋势，日元不适宜作为货币"锚"。人民币没有实现完全可兑换是其跻身为亚洲货币"锚"的主要障碍。在 1999 年 10 月于墨西哥召开的国际货币会议上，蒙代尔进而提出他的世界货币体系构想：在起步阶段稳定美元、欧元、日元之间汇率；第二阶段建立"G3"货币联盟；第三阶段创建国际货币（INTOR）。国际货币的价值决定于三种货币在其中的权重，且它可以流通并与其他货币兑换。[④]经历这次美国式新金融危机，可见即使短期内选择美元作为亚洲货币"锚"，也仅仅是一种无奈，因为人们不知道哪一天美元会急剧贬值（或者升值）。[⑤]较一致的看法是东亚首先形成汇率合作安排，欧洲汇率机制（ERM）实际是形成欧元的一个必要步骤。货币互换合作已经为东亚汇率合作建立了基础，今后需要将货币互换的目的由贸易扩展到央行储备资产，使各国具有稳定区域内汇率的筹码，逐渐向亚洲货币单位（货币篮）和统一货币过渡。

[①] 中间汇率体制是 IMF 在 1999 年对成员国汇率体制分类体系的一种，指处于完全固定汇率和完全自由浮动汇率之间的各种层次的汇率体制。实行中间汇率体制的特点是汇率具有有限弹性。对 2025 年的预测也潜在地反映了新兴市场经济实力的增强，以及东亚、拉美及海湾国家的货币合作浪潮。固定汇率体制包括参加货币联盟。

[②] 2007 年亚洲地区出口到本地区占亚洲出口的 49.7%，占亚洲进口的 13.9%。资料来源于 IMF 网站贸易统计指南（*Direction of Trade Statistics*）。

[③] 参见蒙代尔：《蒙代尔经济学文集》（第 5 卷），中国金融出版社 2003 年版，第 95-126 页。预期人民币可兑换问题将在这次危机过后逐步得到解决。

[④] 蒙代尔，保罗·J. 扎克：《货币稳定与经济增长》，中国金融出版社 2004 年版，第 1-22 页。

[⑤] 刘明：《全球金融不稳定与东亚货币合作》，《世界经济秩序变革与东北亚经济合作国际学术会议论文集》，载《转型国家经济评论》，东北财经大学出版社 2009 年版。

建立东亚货币区无疑包括一种政治整合进程。每当蒙代尔谈论东亚货币区问题时总会提到政治整合的"绊脚石"，但他预示只要条件合适，亚洲政治整合进程将惊人得快。政治整合的最大困难是中日关系问题，但是中日经过多年磨合，两国已经多少找到了减少"不确定性"与化解冲突的机制。我们应该注意到：东亚贸易一体化没有因为政治整合步履维艰而止步；东南亚联盟次区域秩序对东亚政治进程树立了范例；中日共同历史研究于 2006 年开始，这是一个积极信号；东亚国家主权范围以内和主权国家之间的各种争端都存在双方认同的谈判议程；经济与金融合作对政治进程具有的外溢效应。国际政治冲突多因经济利益而起，新的共同经济利益也能够弥合政治宿怨。对东亚货币合作进程的政治"羁绊"不必太过悲观，既然法国、德国两个历史上两次战争的宿敌能够放弃法郎、马克转而使用欧元，相信东亚的子民也不缺乏成功合作的智慧。①

人民币国际化已成趋势，近期标志性事件是试行人民币贸易结算，以及与"10+3"以外的多国签订货币互换协议。②蒙代尔已建议用人民币替代英镑作为特别提款权篮子货币。中国国内对人民币成为一种国际货币的疑虑来自两方面，即是否构成对国内政策的约束，有无可能遇到类似于美元全球流通导致美国长期贸易逆差的问题。对于前者，取决于中国能否维护经济持续快速成长，增强对国际经济的影响力，同时调整国内经济结构以有效地吸收外部冲击。对于后者，因为人民币即使经过 20 年甚至更为久远也不会达到美元在这次危机以前的地位，人民币仅仅是多种国际货币序列中的一个构成要素。如果中国及 IMF 其他成员国目前对形成有效的超主权储备货币的努力成功，可以在很大程度上避免后一种风险。使人民币成为重要储备货币势将削弱美元的影响力，避免一种货币或者非常有限的若干种货币（如美元与欧元）独享全球贸易定价权和铸币税，最终引导各主权货币发行国家愿意接受超主权货币。正如上文所述，国际货币体系演化要经过一种从民主到集权的复杂的循环过程，两种进程可以交错、并行不悖地进行。

世界能否接受人民币主要取决于国外部门在贸易与金融交易中是否会面临更多的"中国元素"，除了中国经济与贸易规模持续增加以外，还需要适时拓展中国银行体系的国际化进程，探索在国际市场发行人民币计值金融工具，实现人民币可自由兑换。国外学者似可不必担心中国政治体制成为人民币国际化的障碍③，中国国内政治生活与 30 年以前比较已经发生实质变化，1997 年亚洲金融危机与当前由美国次贷危机引发的全球经济危机均已证明，中国是一个负责任的大国，开

---

① 详见本章第二节。

② 包括俄罗斯、印度、巴西、白俄罗斯、阿根廷等。

③ Wendy D, Paul R M.Will the renminbi become a world currency? China Economic Review, 2009,（20）：124-135.

放包容的中国所追求的是全球经济可持续发展条件下国家的长期利益，而不是排他性、狭隘的且不具有可持续性的短期利益。况且，美国两党轮流执政体制中的党派差异实际上不如两党自身想要廓清的那样突出，任何国家中的任何政党如果执政，在国际场合都必然充分表达国家利益，否则其合法性将受到质疑，无论西方与东方，美国与中国，概莫能外。

第十章　现代资产选择理论研究

金融市场中投资者的资产选择行为在很大程度上影响着市场效率，微观金融理论在当代的进展是通过理论模型描述投资者形成风险-收益组合的决策机制，而 CAPM 则是当代资产定价、公司金融理论的重要基础。本章围绕 CAPM 的理论贡献、相关检验，以及对投资者行为的模拟实验展开分析，同时对 CAPM 发生、发展的理论史演替过程折射出的方法论特征也结合波普尔的科学哲学思想进行探讨。在不同部分参照对 CAPM 的研究提出对我国资本市场机制设计的对策建议。

第一节　现代资产选择理论及相关检验评析*

现代资产选择理论将证券市场中的投资选择过程作为在不确定条件下寻求风险的预期效用最大化问题加以研究，其主要方法是大量使用数学工具和计量模型，如方差、均值分析和非线性规划技术等。自李嘉图以来的西方经济学者认为，各种投资的收益率长期将趋于相等，与这一传统观点不同，现代资产选择理论认为资本市场均衡的条件是经过风险调整后的报酬必须相等，从而将不确定性纳入资本理论的基本框架。由于与西方在经济学研究方法上的差异，国内迄今对资产选择理论的评介尚有诸多失当之处。本节将根据 20 世纪 70~90 年代初的有关文献，对现代资产选择理论的发生、发展过程和基本框架体系做综合介绍，就其对于资本理论的贡献，理论模型的检验及由之引发的争论做比较深入的分析。对现代资产选择理论在哪些方面和何种程度上可供我们借鉴，笔者也尝试做一定的探讨。

一、现代资产选择理论的形成与发展

CAPM 是第一个在不确定条件下关于资产定价的均衡模型，它代表着现代资产选择理论的最高成就。这一理论成果凝结着半个多世纪中几代人的智慧。

（1）费雪和希克斯先后提出以概率分布描述资产收益率的不确定性，测度投

---

* 原载《陕西师范大学学报》1997 年第 1 期，第 42-47 页，《投资与证券》1997 年 2~3 期转载。

资者的偏好，但只是由于马科维茨所做出的开创性贡献，才真正揭开了现代资产选择理论的历史。马科维茨 1952 年发表的《资产选择》一文，标志着现代资产选择理论的初步形成。

马科维茨提出如下假设：投资者同时购买若干种资产，总收益率的平均值和方差是资产组合预期收益率和风险的适宜度量，可据以确定最优的资产组合。资产选择过程被陈述为有效集定理：①给定各种风险水平，预期收益率最大；②给定预期收益率，风险最小。同时满足两种条件的一系列资产组合形成有效集或有效边界。

运筹学中的二次规划法被用作形成有效组合的数学工具，可以用下列方程组予以说明：

$$\sum_{j=1}^{N} X_i = 1 \tag{10-1}$$

$$\sigma_p^2 = \sum_{i=1}^{N} \sum_{j=1}^{N} X_i X_j \sigma_{ij} \tag{10-2}$$

$$\max \mu_p = \sum_{j=1}^{N} X_j \mu_j \tag{10-3}$$

其中，X 为单个资产在组合中所占的投资比例；σ_p^2 为资产组合收益率的方差；σ_{ij} 为两种资产收益率的协方差；μ_p 和 μ_j 分别为资产组合与单个资产的平均收益率，N 为资产组合内含单个资产的数目。给定 σ_p^2 的具体数值，在式（10-1）、式（10-2）的约束下求式（10-3）的最大值，就得到一个有效的资产组合。不断重复上述过程即得到有效集（图 10-1 中 VS 曲线部分）。

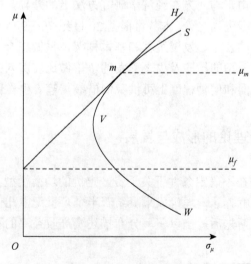

图 10-1　资本市场线

（2）托宾将无风险的现金纳入资产选择系列，从而使资产选择理论出现一次跳跃式发展。他将资产组合的形成分为两个步骤：①据马科维茨模型决定投资于不同风险资产的比例；②在风险资产组合与现金之间做出分散投资的决策。此即托宾第一分离定理。按分离定理选择的资产组合有更高的风险溢酬，但因为不能无偿借入现金，要维持相应的报酬风险比率，就必须将平均收益率限制在一个狭小区间。假若存在既有收益又无风险且可以卖空的资产，情况将发生变化。

（3）夏普等在马科维茨与托宾研究的基础上进一步做出一些大胆假设，发展出 CAPM，从而实现了人们期待已久的金融与资本理论的一场革命。

CAPM 的主要假设为：①所有投资者关于证券收益的分布具有同一信念；②不限制无风险借贷。假设显得过于严格，为了模型的推导却属必要。这预示着会导出一些不同于马科维茨与托宾的重要结论。我们以图 10-1 说明。

μ 和 σ_μ 为预期收益率和标准差；μ_f 为无风险借贷利率；m 为市场资产组合，其中包含的各种证券的权数与它们占市值总额的比例相等；β 为证券或资产组合的风险溢酬与市场风险溢酬的比例系数 [式（10-4）]，表明证券的系统风险因子，其统计学定义为 $\beta_j = \sigma_{jm}/\sigma_m^2$，即证券的 β 等于证券与市场资产组合收益率的协方差除以市场组合收益率的方差。

推论 1：当存在无风险利率 μ_f，投资者倾向于在无风险借贷和风险资产之间形成组合。在图 10-1 中，引 $\mu_f H$ 直线切效率边界于 M 点，$\mu_f H$ 上所代表的组合使报酬风险比率达到最高，所以，$\mu_f H$ 表示新的效率边界，被称作资本市场线。

推论 2：使用 CAPM，所有投资者持有的风险资产是同构的，即 m 点所代表的风险资产组合。因所有投资者持有的风险资产组成市场资产组合，m 代表市场组合，且位于有效集。

推论 3：若参考图 10-1 中 WVS 曲线表示的最小方差集上任一资产组合计算 β，所有证券的 β 与 μ 将是线性的。参考市场资产组合 m，根据：①$\beta_m = 1$；②$\beta_f = 0$，在图 10-2 通过 μ_f、m 点的直线表明各种资产的 β 与 μ 之间的线性关系，称作证券市场线。其表达式为

$$\mu_j = \mu_f + (\mu_m - \mu_f)\beta_j \qquad (10\text{-}4)$$

式（10-4）说明：资本市场达到均衡时任一资产的收益率可以由其系统风险因子（β_j）得到解释，或者，资本市场均衡的条件是经过风险调整后各种资产的报酬必须相等。但这并不意味着单个资产的动态收益率与其 β、无风险率和市场收益率之间恒有一种函数关系。

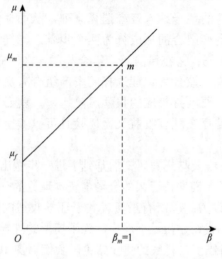

图 10-2　证券市场线

二、基本评价：对资本理论的修补与完备

自 19 世纪托伦斯攻击李嘉图的价值理论至 21 世纪五六十年代的两个剑桥之争，资本理论一直是最富有争议的经济学分支领域，且存在两方面的缺陷。

第一，将研究的对象主要集中在与产业资本和借贷资本有关的利润、利息范畴上，较少涉及资本市场中的资产收益率。凯恩斯尽管对货币与资本市场做出了分析，但对风险资产的特性没有做出解释，对证券投资者来说无操作性可言。理论发展的现状无法满足规模不断扩大、交易日趋复杂的资本市场上投资者的心态要求。

第二，以往的资本理论均未纳入不确定性这一无法忽略的因素。资本市场的重要特征恰在于变数很多，不确定性显著，资产收益率伴随价格运动的波动程度很强。因而，原有的各种资本和市场均衡理论很难为资本市场上的投资者所借鉴。索洛指出："资本问题不可避免地与不确定性、有限预见、对意外事件的反应等问题密切相关。人们必须承认，经济学在这里只是在表面上兜圈子。然而，如果对不确定行为没有一个满意说明，我们就不能有一个完备的资本理论。"[①]索洛是从产业资本的角度加以论述的。当面对资本市场时，这一问题显得更为严峻。

我们可根据研究对象的不同区分三种资本理论：①借贷资本理论，主要研究货币资本的利息率，将资本与纯金融交易相联系，构成前古典时期的资本理论；②产业资本理论，研究产业资本循环中生产资本的利润率，使资本理论的

---

① [美]罗伯特·索罗：《资本理论及其收益率》，商务印书馆 1992 年版，第 7 页。

基础从金融交易转移到生产领域，形成古典资本理论；③资本市场理论，或按马克思的论述引申将其定义为虚拟资本理论，主要研究资本性资产的价格及其收益率。

资产收益与利息、利润一起成为资本性质的三重外在形式。由于资产价格变动能综合、迅疾地反映各种市场信息，使资产收益率更具有动态变化的特征，能更直接、敏感地反映市场竞争和调节过程，人们会通过改变拥有资产的结构灵活地选择投资。随着资本市场的成熟，资产收益的水平与结构在引导投资、影响分配和资源流动方面起着日益重要的作用。

无论前古典还是古典时期，资本市场理论都相对非常落后。继鲁道夫·希法亭之后，出现了各种虚拟资本价值公式的变形，但基本上都只对资本资产的价格做静态的、事后的分析，缺乏一种做动态、事前分析的资本市场均衡理论。

继马科维茨第一次将不确定性因素结合进理论模型之后，夏普等最终构建了现代资产选择理论的框架体系，从而一扫资本理论这 100 多年来聚讼纷纭的领域中令人窒息的沉闷空气，他们研究的结果很好地修补了资本理论的缺陷，使其显得更加完备。这是经济理论对资本市场结构在人们的金融意识不断强化、科学技术飞速发展双向催化下日益现代化的一种积极的因应。做此评价的根据在于：大量实证检验倾向于支持 CAPM。"CAPM 一直是大量实证研究的基础。总的说来，这些实证研究表明 CAPM 可为各国金融市场的被观察的收益结构提供相当的初步近似。"①

诚然，任何理论即使具有完美的逻辑结构，甚至被事实很好地予以证明，也不可能毫无瑕疵。一些学者指出，CAPM 将资产收益率仅归因于系统风险，对公司资本结构、行业因素等非系统风险不予考虑，初期模型以收益率而非资产价格表示均属其不足。但这些问题在以后出现的各种修正模型（较重要的是套利定价模型）中已被较好地予以解决，真正对 CAPM 构成威胁的是对一些显得是成功的检验的批评。由之引发的争论似乎湮没了理论家们最初的欢声。

三、对相关检验与争论的分析

为了准确把握现代资产选择理论的内涵及其模型的应用边界，必须进一步分析关于 CAPM 的检验及对检验所做批评引发的争论。

（1）早期对 CAPM 较有影响的检验先后由布莱克、詹森和斯考尔斯（1972 年，

① 哈坎森：《金融市场》，载[英]约翰·伊特韦尔，[美]默里·米尔盖特，彼得·纽曼：《新帕尔格雷夫经济学大辞典》（第一卷），经济科学出版社 1992 年版，第 374 页。

记作 BJS 检验），法马和麦克白斯（1974 年，记作 FM 检验）做出。他们都将 CAPM 预示的证券市场线作为检验的对象，即参考市场资产组合计算有如下特征：①证券的 β 与期望收益率线性相关；②证券市场线有正斜率，截距明显不等于零。

BJS 检验的样本取自 1926～1965 年在纽约股票交易所上市的所有股票，根据样本收益率逐月计算分组资产组合的期望收益率和 β。估计的证券市场线有如下性质：①几乎没有非线性的迹象；②斜率为 0.010 81，说明市场每月的风险溢价为 1.081%；③截距为 0.005 19，说明每月有 0.519% 的无风险收益率。结果是对 CAPM 强有力的支持。[①]

FM 检验的数据基础与 BJS 检验相同，但使用的方法更为严密。他们在前一时期估计资产组合的 β，以其预期后一时期的收益率，得到估计的证券市场线，再根据样本观察收益率得到增加误差项的资产组合收益率的方程：

$$\mu_{p,j35} = a_0 + a_1 \hat{\beta}_p + \varepsilon_{p,j35} \qquad (10\text{-}5)$$

$\mu_{p,j35}$ 为资产组合 J 在 1935 年 1 月收益率的样本观察值，a_0、a_1 分别为证券市场线的截距与斜率，$\hat{\beta}_p$ 为资产组合的 β 在 1930～1934 年的估值，$\varepsilon_{p,j35}$ 为收益率的随机误差项，并依次将 $\hat{\beta}_p^2$、RV_p（平均残方差）引入方程。检验结果与 CAPM 的预期拟合很好。[①]

FM 检验与 BJS 检验所确立的经验基础使 CAPM 在学术圈和投资者中获得了很大支持。

（2）理查德·罗尔于 1977 年撰文尖锐地批评对 CAPM 的检验。他宣称：①所有文献中尚无人对 CAPM 做出明确和令人信服的检验，BJS 检验和 FM 检验有同义反复之嫌；②成功的检验在将来也无法完成。[②]罗尔指出："这一理论不能够被检验，除非知道真实市场资产组合的确切组成并将其用于检验。这意味着只有全部资产都包括在样本内才能对理论进行检验。"[②]若考虑到国际间证券市场的关联效应，就必须囊括进全球上市与不上市的各种有价证券，检验才具有效力，但这一点很难做到。

（3）对罗尔批评的第一点，一些学者认为 BJS 检验有同义反复的可能，对 FM 检验则由于使用方法的特点，批评其同义反复难以成立。笔者认为，即使相信 BJS 检验和 FM 检验的结果均为真，资产组合的 β 和期望收益率线性正相关，CAPM 的中心推论即市场资产组合是高效的仍未得到验证。因就某一市场来说，

---

① Hugen R A. Modern investment theory. Upper saddle River：Prentice Hall，1986，87-188.

② Cheng P L，Grauer R R. An alternative test of the capital asset pricing model. The American Economic Review，1980，70（4）：660，661.

BJS 和 FM 检验了大量股票与市场组合的相关性，但对市场组合有效性而言，他们仅对孤立的纽约股市做了检验，对其结果人们有理由怀疑其缺乏统计规律。罗尔批评无论成立与否，都提醒人们需要对市场投资组合有效这一结论做出进一步检验。

对第二点，罗尔的批评似乎过于苛刻，类似的批评也可以针对与通货膨胀、市场利率等有关的理论模型的检验，因为存在商品、资金的私下交易。若设想以下情况，可以判定罗尔虽持之有据，得出不可检验性结论却显然走得太远：①夏普尽管未明确所言市场组合是否包括市场内外的全部有价证券，但根据其假设资本市场无摩擦判断，显指公开的资本市场。通过对公开市场（指证券交易所）资产组合有效性的检验判定 CAPM 预示的结论在资本市场中的存在性符合 CAPM 的内在要求。②供求与竞争规律、市场规则的确立和信息披露及公开市场所提供的现代化服务手段等无疑会增强有组织市场的效率。证券交易比场外交易当更为有效。所以，对 CAPM 中心推论的存在性通过将证券交易所作为市场代表进行检验更为可能，对投资者也更有意义。

进而言之，CAPM 设计者提出的问题是：假设每个投资者都使用 CAPM，结果会怎么样？答案是每个投资者持有的风险资产组合与市场组合同构或收敛到一点，称作最优风险资产组合。这一结果的几何直观即图 10-1 中的 m 点，正如厂商利润最大化的条件是边际收益等于边际成本，无需检验。

可知，对 CAPM 的检验涉及：第一，投资者是否像一个"经济人"那样做理智选择，自觉不自觉地使用 CAPM；第二，公开资本市场是否有效率。有关投资选择的模拟实验表明，前者与投资者的经济素质及竞争潜能有关，后者主要与激励机制、风险力度和信息披露程度有关。[①]

罗尔批评形成了对 CAPM 中心结论存在性的冲击，但并未动摇它的内部推理结构。对市场组合有效性的检验成为对 CAPM 的大胆假设（所有投资者对证券收益率的联合分布具有同质信念）和资本市场效率的联合检验。罗尔批评导致对 CAPM 的检验由证券市场线转向对全球范围内不同国家、地区股票市场资产组合有效性的检验，实际上意味着用 CAPM 检验资本市场效率。同时提醒投资者：将 CAPM 作为资本市场均衡分析的工具，并据以确定投资决策，市场有效是其应用边界。这是罗尔对 CAPM 的贡献。国内人士认为对日本、新加坡、泰国和中国香港股票市场所进行的检验导致对 CAPM 的否定其实是一种误解，因为 CAPM 给出市场有效的假设，并不保证假设成立或市场必然有效。

---

① Kroll Y, Lery H. Further test of the separation theom and the capital asset pricing model. The American Economic Review, 1992, 82（3）：664-669. 该文对分离定理和 CAPM 提供了强力支持。

四、应用与借鉴

我国证券市场尚处于初期发育阶段，将现代资产选择理论的不同模型直接用于分析我国的证券市场未免过于轻率。但该理论对我国证券市场价格预期、投资效果评价乃至规范证券市场运作等并非没有应用价值和借鉴意义。

（1）预期股票价格。可根据 CAPM 预期在向均衡态调整过程中各种股票价格的变动趋势，为投资决策提供重要依据。预期过程如下。

首先，以短期国库券利率代表无风险收益率，由统计回归获得 β_j 及 μ_m 值，再根据式（10-4）计算出股票的期望收益率 μ_j。

将上述期望收益率与预期的股息和股票未来价值联系，确立目前的均衡价格：

$$\mu_j = E(D + P_t) / P_0^* - 1 \qquad (10\text{-}6)$$

$E(D+P_t)$ 为期末股息与股票价值的预期值之和，P_0^* 为目前的均衡价格，P_t 可由一定的股利贴现模式求出。以 P_0 表示实际股票价格，如有 $P_0 > P_0^*$，预期股价下跌；反之，当 $P_0 < P_0^*$，预期股价上升。

我国股市存在的问题是股价不能较好反映公司盈利情况，股市存续时间短，因而统计的 β 等指标可置信的程度较低。所以在使用上述预期模型时必须谨慎。

（2）评价投资绩效。西方证券市场中众多的投资者是通过购买基金股份辗转向产业部门融资，作为获取稳定收益的渠道。选择基金之前必须对其投资绩效予以评价，设定不同指标适应这一要求则成为现代资产选择理论的副产品。我国基金组织的数量、规模均有增长之势，故有必要了解有关的基金评价模式。

$$T_p = (\mu_p - \mu_f) / \beta_p \qquad (10\text{-}7)$$

$$S_p = (\mu_p - \mu_f) / \sigma_p \qquad (10\text{-}8)$$

式（10-7）中 T_p 为特雷诺指数，μ_p 为基金所持有资产组合的平均收益率，μ_f 为无风险证券的预期收益率，β_p 为该组合的 β。指数表明基金投资的资产组合相对于风险因子的报酬率。式（10-8）中 S_p 为夏普指数，σ_p 为基金资产组合收益率的标准差。比较不同基金的指数，较高者投资绩效较优。由于两种指数各自有其缺陷，可进行综合比较，有时还必须借助其他评价模式。但无论如何，这种建立在风险报酬基础上的评价模式优于对收益率作简单比较的方法。

（3）CAPM 的检验对我国规范证券市场的启示。克罗尔和莱维等先后两次对 CAPM 和分离定理做了模拟检验，结果发现，当发生以下情况时实验主体对给定三种股票的平均持有比例更接近最优投资组合：①主体金融意识增强；②引入潜在风险；③定期公布参与者投资绩效的排序。最后一点实际上建立了一种"边干边学"的机制。改变实验设计引起的变化意味着市场（模拟的）变得更为有效。可见，欲规范我国的证券市场，增强其配置资源的效率，必须考虑以下问题：首先，着力强化投资者的金融素质，近期策略是引进规范化和由专家经营的机构投资者；其次，拓宽信息披露范围，减少内部信息冗余；最后，应维持一定的风险力度，无风险的市场是最危险和无效率的市场。股市屡涨不跌或长期凝滞徘徊预示着暴跌和崩盘的潜在可能，均不利于股市稳建地发展。我们习惯于努力降低市场风险，难免失之偏颇。

第二节　现代资产选择理论若干问题思考[*]

经济理论可反作用于经济运行过程，对 CAPM 和分离定理的检验中蕴含着以理论模型对主体行为与市场机理的反向检验和识别。通过对克罗尔-莱微检验的分析，说明市场并非必然有效，市场效率联合地决定于市场规则和主体素质。为有效发挥证卷市场的功能，应通过一定的激励机制形成风险压力，着力提高投资者的金融素质，并通过专家咨询等途径给投资者以助推力量。本节拟就资本市场历史、科学史演进对现代资产选择理论的推动作用，理论模型对证券市场效率和投资主体行为的反向检验与辨识功能予以探讨，促使对这一领域的研究能深入一步，借助市场效率与投资主体行为的相关分析，对发展和完善我国证券市场提出几点设想。

一、资本市场发展与科学史演进

现代资产选择理论从假设到得出结论，不是借助于对证券市场史料的收集与归纳，而主要得力于演绎推理，遵循一种抽象-演绎的研究方法，其中猜测、思辨的色彩很浓。正如卡尔·波普尔所指出的，"科学的成功不是基于归纳规则，而是取决于运气、独创性和纯演绎的批判论证规则"，"实际的科学程序是带着猜测工作，匆忙下结论——通常是在一次观察之后"。[①]按照西方主流经济学的观点，通过演绎得出的结论必须以经验资料进行确证才有其地位（关于现代资产选择理论中的方法论问题见本章第三节论述）。

但是，仅仅从猜测和思辨的角度考察一种理论的产生与发展难免失之偏颇，现代资产选择理论的出现实际上是资本市场发展和自然科学进步的合力所导致的必然结果。

---

* 原载《苏州大学学报》1997 年第 2 期。

① 卡尔·波普尔：《猜想与反驳——科学知识的增长》，上海译文出版社 1986 年版，第 75-76 页。

（一）现代资产选择理论的出现是资本市场发展的内在要求

资本市场的价格水平在很大程度上受到证券交易者心理情绪波动的影响，有其特殊的不确定性因素，但前古典的货币资本理论和古典的产业资本理论均未解决不确定性问题，无法满足资本市场上投资大众的需要。索洛指出："资本问题不可避免地与不确定性、有限预见、对意外事件的反应等问题密切相关。人们必须承认，经济学在这里只是在表面上兜圈子。然而，如果对不确定行为没有一个满意说明，我们就不能有一个完备的资本理论。"[①]索洛是从产业资本的角度加以论述，这一问题当面对资本市场时显得更为严峻。资本市场呼唤一种融入不确定性且具有预见功能的资本理论。

事实上，费雪和希克斯先于马科维茨提出以概率分布描述投资收益的不确定性与投资者的偏好。笔者认为，希克斯的思想萌发与1929年10月纽约股市暴跌有关，马科维茨的努力及卓越贡献则与战后股市的萎靡和复兴有密切联系。当1990年马科维茨与夏普、米勒一起荣获诺贝尔经济学奖之时，对CAPM的检验与争论尚未分轩轾。但股市投资者从1987年10月19日纽约股市的"黑色星期一"中方恶梦初醒，心有余悸，再次被敲响防范股市风险的警钟，遂以CAPM等现代资产选择理论的各种模型为分析工具。例如，各种基金就以CAPM的结论为依据，纷纷选择市场加权指数投资组合，以追求最佳的报酬-风险比率。资本市场中的行为主体对现代资产选择理论的认同无疑会诱使诺贝尔奖的评委们垂顾于为现代资产选择理论做出重要贡献的几位经济学家。

（二）科学技术进步对现代资产选择理论起着催化作用

尽管经济理论家们对资本市场的变动做出积极响应，但每前进一步都受到当时科学技术发展水平的制约，理论上的突变必依赖于科技进步的有力推动。

据考察，概率论中的测度方法和样本空间范畴形成于20世纪二三十年代，[②]运筹学（其中的二次规划法是马科维茨模型的主要工具）则在四十年代才得以迅速发展。所以，希克斯虽不愧为理论大家，仍无法做出像马科维茨那样的创造性贡献。但1958年诞生的第二代计算机尚无法完成马科维茨模型所要求的艰巨的计算任务，故而使得熟悉先师（马科维茨与夏普有师生之谊）模型的夏普开始仅致力于对模型进行简化，以减少运算过程。之所以在20世纪70年代前期才有可能对

---

① 罗伯特·索洛：《资本理论及其收益率》，商务印书馆1992年版，第7页。
② 威廉·费勒：《概率论及其应用》，科学出版社1964年版，第6，249页。

CAPM 进行大量检验，也与第三、四代计算机运算速度的大幅度提高有关。最后，夏普做出投资者对证券收益率的联合分布具有同一判断的假定，并提出：每个投资者都使用资产选择技术，情况将如何？这两点均难以被人们接受。但稍加推敲，就会发现也不无现实基础。因为当时计算机在西方金融机构体系中已经普及，也已开始步入家庭，投资大众不会对其在处理资产选择方面的使用价值视而不见。20 世纪 70 年代末 80 年代初，西方各大证券交易所相继形成计算机交互网络，并借以实现无纸交易，也无疑增强了资本市场的效率，市场在向着 CAPM 所要求和预见的方向发展。

科学技术不仅是生产力发展中非常活跃的因素，还是整个人类精神文明发展包括经济科学进步的强大推动力量。正如马克思在评价我国古代三大发明时所指出的："火药把骑士阶层炸得粉碎，指南针打开了世界市场并建立了殖民地，而印刷术则变成新教的工具，总的来说变成科学复兴的手段，成为对精神发展创造所必要的前提和最强大的杠杆。"①我们分析的问题与马克思所揭示的思想完全一致。

二、理论模型的反向检验与辨识功能

（一）进行经济行为与市场实验的可能性

经济理论会能动地作用于经济史，如凯恩斯的财政支出理论在一定程度上改变了资本主义经济运行的轨迹。相应地，也可以利用一定的经济理论模型作用于模拟的经济系统，从而检验行为主体的特征和市场机制的若干特点。阿罗在讲到经济统计与政府决策的关系时推测可以进行经济控制实验以获得信息，克服累积信息方面的困难："或许，循着社会心理学家们已经富有成效地发展起来的理论，对经济动机和经济行为进行控制试验的时机已经成熟了。"②

资本市场运行和投资者行为同为灰色系统，对此两个方面我们知道的事情实际上很少。但借助于现代资产选择理论的反向检验与辨识功能，可以使上述灰色系统的部分性状外现于我们面前，结果对资本市场规则和其他经济政策的制定必有借鉴意义。作为现代资产选择理论主要成就的 CAPM 已被用于检验西方国家、东南亚乃至我国股票市场的运行效率，形成大量颇有价值的文献，但以其通过模拟市场进行仿真实验发现资本市场与行为主体的若干特征，笔者仅接触一例。

---

① 马克思，恩格斯：《马克思恩格斯全集》第 47 卷，人民出版社 1979 年版，第 427 页。
② 肯尼思·阿罗：《信息经济学》，北京经济学院出版社 1989 年版，第 59 页。

（二）克罗尔–莱微检验

克罗尔和莱微通过股票市场模拟与投资者行为的仿真实验，本意对托宾分离定理（Separation theorem）与 CAPM 进行检验（简称 KL 检验），但与早些时候他们和莱波泡特三人合作所做的实验（简称 KLR 检验）结果进行比较，就不难发现其中蕴含着用 CAPM 和分离定理对股票市场与投资主体行为进行检验。[①]我们主要从后一角度出发对其做进一步的分析，最终要揭示：资本市场与投资者行为之间存在着交互作用过程，市场规则会影响投资者行为，投资者行为特征又会影响市场效率。

KL 检验与 KLR 检验的基本方法是模拟一种只有三种股票的市场，事先给定单个股票的平均收益率（作为期望收益率的近似值）、方差和协方差，并通过改变不同股票收益率的相关系数，限制或不限制无风险资产的借入，给出各股票收益率作随机行走状的时间序列变量，观察投资选择行为的变动及投资效率状况。实验的参与者是在读的学生。

两次检验得出的结果很不相同。KL 检验对分离定理和 CAPM 都是一个颇具说服力的强支持，KLR 检验却仅仅给予了局部和微弱的支持。KL 中的投资者在选择资产组合时对股票间相关系数的改变和引入无风险资产均做出明显反应：所有投资者在不同股票上的平均投资权数变化表明，对相关系数下降的两种股票投资权数趋于增加，结果可以降低风险；引入无风险资产后，不同投资者在各种股票上投资权数的标准差趋于下降，从而移向更高的效率边界。在 KLR 检验中看不到这些变化。结果，KL 检验中投资主体所平均持有的风险资产组合很接近最优风险资产组合[②]，KLR 检验中却远离最优投资组合。前者更符合 CAPM 所预期的情况，换句话说，KL 检验过程反映了一种较高的资本市场效率。

笔者认为，引起上述差别的原因在于 KL 检验与 KLR 检验在设计方面的一些实质性差异：①KL 检验的投资主体是正在学习投资学的工商管理硕士（但他们在检验前未学过二次规划技术），KLR 检验中的主体则是一些有一点或完全没有经济和金融专业知识的学生。②在 KL 检验中引入了奖励和惩罚措施，将参与者的实验结果（虚构的投资收益率）进行排名并与其课业成绩挂钩，使每一位参与主体的成绩与其他主体相关，结果导致潜在的风险和竞争。KLR 检验中主体的损失

---

① Kroll Y，Levy H. Further test of the separation theorem and the capital asset pricing model. The American Economic Review，1992，82（3）：664-669；Levy K，Amnon R. Experimental test of the separation theorem and the capital asset pricing model. The American Economoic Review，1988，78：500-519.

② 见前引 KL 检验英文原文第 667 页图 1。

仅是每个人花费的时间。③与 KLR 检验相比，KL 检验增加了主体间向最佳投资者模仿的机会。后者将每个参与者的资产选择情况和投资绩效定期公布和排名，从而提供了"边干边学"的机制。

我们可将上述两个检验的差异概括为：投资主体素质差异；激励机制差异；信息披露差异。后两者又可进一步归并为市场规则差异。

（三）对 KL 检验与 KLR 检验的分析结论

两次检验结果的明显反差和设计方面的区别启发我们认识到现代资产选择理论对于投资者行为和资本市场之间的辩证统一关系具有反向检验与辨识功能。由此可以得出两点结论：①资本市场并非必然有效，市场效率在很大程度上取决于市场规则的建立。规则至少包括制约、激励和信息传输机制三大要素。KL 检验中的惩罚与奖励即分别构成对主体的制约和激励。新制度学派的代表人物道格拉斯·C. 诺思在论证"什么使市场起作用或不起作用"等问题时强调说："激励是经济绩效的基本决定因素，……应该将激励置于它应有的位置来研究，即它是经济绩效的关键。"[①]他所谓的激励包含了制约因素。②建立规则仍不是资本市场有效的充分条件，提高市场效率还有赖于投资主体的经济与金融意识的强化，有赖于主体素质和竞争潜能的提高。

广义言之，任何交易行为都是一种投资，消费者的购买行为属于维持自身生理机能与工作效率的投资活动。任何投资活动的结果也都包含收益与风险两种因素。所以，上述结论的适用性并不限于对证券市场的分析。

三、对发展与完善我国证券市场的政策建议

将我们的分析结论与 KL 检验的具体内容结合，可导致对于优化市场结构、健全证券交易机制的一些建议。

（一）证券市场应保持一定的风险力度，无风险的市场是最危险和无效率的市场

低通货膨胀率反映商品市场的稳健，但股票价格与商品价格具有不同的特性，股市死水微澜、股价黏滞徘徊的期间拉长，却往往表明股市游离出宏、微观经济环境，也必然会缩小投资者的选择空间。无论股票价格长期上涨而无回落，或长

[①] 道格拉斯·C. 诺思：《制度、制度变迁与经济绩效》，上海三联书店 1994 年版，第 181 页。

期低迷盘旋，都隐藏着更高的市场风险，最终会反映为股票价格暴跌甚至崩盘。两种情况均会导致资本市场的低效运行。股票市场呈现一定周期性振荡正好超前地反映了实体经济的周期运动，不必为之恐慌。为建立适当的制约-激励机制以形成风险压力，政府主管部门应该有所作为。也可以通过公开市场操作、调节利率、调整保证金比率等途径，进行对股票市场的有限操纵和间接调控。

（二）重视全民族的经济科学教育，强化投资者的金融意识

为了有效发挥证券市场以至于整个市场体制的功能必须重视普及经济科学教育，增强证券市场主体的金融意识，逐步提高全民族的经济素质。我们已经认识到了微观的企业机制重塑的重要性，但商品经济的最终参与者应该是生产者、消费者和投资者个人，市场效率在很大程度上与众多个体所形成的群体的经济素质有关，这一点实际上被忽视了。市场经济的真正细胞是人而不是企业。无此普及，我们希冀的企业家或经理阶层难以诞生，个体的投资选择、消费决策也必带有更多的盲目性，从而使市场优化资源配置的潜在可能难以转化为现实。

（三）将定期隐名（或以假名）公开证券交易所中绩优投资者的资产组合选择及变动情况作为一项市场规则予以确立

这样做有利于引导投资大众做出最优选择，投资者对资产组合的优化选择过程间接地反映了对经营业绩、行业态势及资本收益率各不相同的企业的选择，在一定程度上决定着社会资源的配置效率。缘于此，证券监管部门及有关的交易机构应该通过各种途径给投资者以助推力。建立专家咨询制度，引入基金组织等机构投资者，也都可以由此找到理论依据。

第三节　猜想-反驳图式——西方经济学的方法论特征[*]

西方现代资产选择理论，主要研究在证券市场上形成投资组合（portfolio，即一揽子证券）的最优决策问题，最优化标准的二因素是既定风险下期望收益率最大和给定期望收益率风险最小。对这一理论国内已有不少译介。[①]本节拟对现代资

---

[*] 原载《江西社会科学》1997 年第 7 期，第 92-96 页。

[①] 参阅《新帕尔格雷夫经济学大辞典》各卷中"资产定价""资本资产定价模型""金融"等辞条，经济科学出版社 1992 年版；或 Haugen R A. Modem Investment Theory. Prentice Hall，1993，Third Edition.该书 1986 年第 1 版有中译本。

产选择理论发展过程中折射出的方法论色彩予以探讨，希望对我国经济科学的进步有所裨益。

一、现代资产选择理论的三段演绎过程

卡尔·波普尔指出，"科学的成功不是基于归纳规则，而是取决于运气、独创性和纯演绎的批判论证规则"，"实际的科学程序是带着猜想工作，匆忙下结论——通常是在一次观察之后"。[①]避开波普尔将可证伪性作为衡量一种理论科学地位的标准的观点，同时舍弃他对现实观察及历史方法的极端否定态度，仅考虑他所揭示的科学发现过程，我们可以借鉴他的批判理性主义科学哲学思想，准备接受猜想-反驳的科学研究方法论。

猜想实际上是一种抽象-推理或假设-演绎方法；反驳指从演绎所得出的结论中发现问题并对结论加以检验。马克·布劳格所引证的一个世纪前约翰·纳维利的论述，可以很好地作为猜想的注脚："正确的步骤是从'人的本质的很少几个和不可缺少的事实……把它们同在其基础上产生的生理性质和人的生理构成联系起来'开始的演绎方法。"[②]纳维利所称生理性质和生理构成应该是指人的行为特征和行为结构。

猜想-反驳图式决定了理论生成、发展和积累或如波普尔所谓"科学知识的增长"呈现出一种四阶段循环运动的序列变化过程，即问题→尝试性解决→排除错误→新的问题。

现代资产选择理论沿袭了新古典学派的完全竞争假设，如资本市场上没有摩擦，所有投资者关于各种上市证券的收益率和风险的预期相同等。以方法论而言，为现代资产选择理论做出贡献的不同学者，主要使用了纯逻辑演绎的方法，其中猜测的色彩较为明显，与卡尔·波普尔关于科学发现过程的描述极为相似。所以，将现代资产选择理论的前后发展作为整体看待，对其方法论可以概括为猜想-反驳图式。我们结合现代资产选择理论的几何描述对之予以说明。

图 10-3 中，μ 为证券或投资组合的期望收益率；σ 为收益率的标准差，作为风险指标；原点 O 为现金点。根据图示对现代资产选择理论做分阶段分析。

第一，W-S 表示的双曲线是马科维茨模型（1952 年）中用二次规划法所形成的最小方差集。MVP 位于曲线顶点，表示最小方差投资组合。MVP 到 W 点为曲线的上半部，表示有效集，集合上任一点代表的投资组合符合我们开始提到的最优化标准。马科维茨模型存在的问题除计算繁琐外，主要在于两点：①若将收益归

---

①　卡尔·波普尔：《猜想与反驳——科学知识的增长》，上海译文出版社 1986 年版，第 75-76 页。
②　马克·布劳格：《经济学方法论》，北京大学出版社 1990 年版，第 93，281 页。

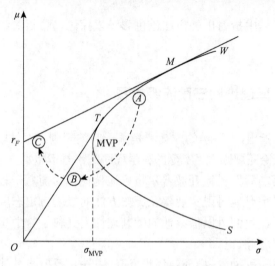

图 10-3　现代资产选择理论三段演绎图示

因于投资者所承担的风险，承担风险增加，报酬-风险比率趋于下降；②不论收益率怎样变化（如等于零），风险都存在一个常数项，如图 10-3 中 σ_{MVP} 所示。这两点与基于收益、风险的资本市场竞争机理无法一致。

　　第二，托宾对马科维茨模型中存在问题的修正，成为现代资产选择理论进一步发展的重要中介环节。人们拥有风险资产的同时总是持有部分现金，这一财务安排中司空见惯的现象成为托宾做进一步猜想的契机。托宾将金融市场上投资者的决策分为两个步骤：①据马科维茨模型决定投资于各种风险资产的比例；②在风险资产组合和现金之间分配投资。此即托宾第一分离定理（1958 年）。由原点引直线切 W-S 于 T 点，O-T 上每一点代表一种投资组合，其报酬-风险比率相等，且大于马科维茨模型的有效集中除 T 点之外的任一组合。基于分离定理，投资的期望收益率与风险的起点（即现金点）均为零，总风险也被限制在一定范围内。新的问题在于：由于不存在借入无风险现金的情况，期望收益率受到限制。

　　第三，针对上述问题，夏普等在 20 世纪 60 年代中期做出进一步的大胆假设：①市场上不限制对无风险资产的卖空；②投资者对所有证券收益率的联合分布有同一判断。无风险资产以短期国库券为代表，其收益率在图中以 r_F 表示。由 r_F 引射线切 W-S 于 M 点，这一射线成为超越马科维茨模型和分离定理的新的效率边界，边界上每一点代表的投资组合有更高的报酬-风险比率，被称作资本市场线，M 点为最优风险资产组合。新的 CAPM 融入了马科维茨和托宾的合理因素，被认为是第一个纳入不确定性的资本市场均衡模型，是金融理论的一场革命。

　　图 10-3 中 Ⓐ→Ⓑ→Ⓒ 表示的环状结构直观地揭示了现代资产选择理论发生发展过程的三个阶段。可以发现，离开投资者使报酬-风险比率最大化的行为假设，

不利用数学工具进行演绎推理，很难得到相应的结论。这容易使我们想起被趣称为"餐桌上的经济学"的拉弗曲线，演绎推理会触发经济学家的灵感与顿悟。研究经济问题无法与经济现实绝缘，但得出结论要依靠思维力却非经济力，犹如物理学家研究雷电，未必要遭受电击一样。

无论揭示现代资产选择理论的内在逻辑联系，还是深入把握其丰富底蕴，由感性世界飞跃到"超感性"世界，费希特的认识论观点对我们都是极好的启示。他认为不同的认识对象是一条连续的现象锁链，其间具有牢固的联系，"我们从任何给定的环节出发，只凭思考，就可以发现宇宙的一切可能状态。如果我把这个环节解释清楚了，寻找出唯独使这个环节变成现实的原因，我就可以上溯到过去；如果我由这个环节进行了推演，寻找出这个环节必然会产生的结果，我就可以下推到将来"。①现代资产选择理论的发展存在费希特所述的链式关系，"解释""推演"也恰好就是演绎推理方法。

二、现代资产选择理论发展中的否定与反驳

波普尔科学发现方法论中的反驳原理被归结为三点：批判、排除错误、判决性实验。通过反驳可以不断逼近真理。与猜想不同的是，反驳过程立足于观察与实验，"重复的观察和实验在科学上起的作用是检验我们的猜想或假设，也即试探性反驳"。②我们所分析的三阶段中，托宾否定了马科维茨模型中仅考虑风险资产的不合理性，夏普则放弃了托宾的现金点。实际上，CAPM 由于其超强假设和根据假设得出的结论均受到批评，同时在判决性检验方面受到罗尔的责难（1977年），其地位有被罗斯发展的套利定价理论（arbitrage pricing theory，APT）取代的迹象。这些很好地反映了现代资产选择理论形成和发展中所包容的批判、试错和反驳过程。

至此，我们或许可以得出下述结论：①猜测加速了理论的涌现，缩短了理论生成的路径；②反驳则促进了理论的转化与升华，将理论从思维着的头脑中不断有条件地拉向现实世界。

波普尔对自己的思想主要立足自然科学领域加以论证，但猜想-反驳的方法论图式，实际上是新古典经济学之后西方经济学方法论的重要特征。马克·布劳格在其名著《经济学方法论》一书中对波普尔的方法论体系就做出了详尽的分析，他认为，"波普（尔）的所有著作均值得阅读，且都会得益不少"。③

---

① [德]费希特：《论学者的使命·人的使命》，商务印书馆1984年版，第70页。

② [英]卡尔·波普尔：《猜想与反驳——科学知识的增长》，上海译文出版社1986年版，第75-76页。

③ [美]马克·布劳格：《经济学方法论》，北京大学出版社1990年版，第93、281页。

尽管猜想-反驳原理，在揭示科学知识发现与实际观察的关系、提出反归纳主义时未免失之偏颇，不禁使我们联想到黑格尔"头脚倒立"的辩证法，但基于经济学领域中前古典及古典时期归纳方法占有统治地位，轻视纯逻辑演绎和抽象的理论分析的情况，即无疑是方法论上的革命。例如，边际分析是西方经济学中进行演绎推理的重要工具（也是现代资产选择理论的主要工具），被证明促进了经济理论的繁荣，但由于德国经济学界的历史学派"否认普遍规律的存在，否认理论概括的可能性和必要性，他们只承认对经济史实的单纯收集、分类和归纳是科学的、有用的和靠得住的"，这被认为是边际分析主要先驱的德国经济学家戈森的思想在 19 世纪中叶以后迟迟未得到承认。[①]

三、理论与现实的距离：真理度

猜想与反驳的方法论在当代西方经济学中，主要是借助数学逻辑与实证检验得到体现，在历史上也可以发现它的原型，只不过表现方式不同，主要借助于通过抽象得到的广义或简化的概念、范畴，依次进行逻辑推演、思维活动，当进入这一过程，可以游离出实在的社会主体。为了说明这一问题，我们将视野扩展到马克思的经典论述。

马克思在论及政治经济学的方法时指出："整体，当它在头脑中作为被思维的整体而出现时，是思维着的头脑的产物，这个头脑用它所专有的方式掌握世界，这个方式是不同于对世界的艺术的、宗教的、实践-精神的掌握的。实在主体仍然是在头脑之外保持着它的独立性；只要这个头脑还仅仅是思辩地、理论地活动着。因此，就是在理论方法上，主体，即社会，也一定要作为前提浮现在表象面前。"[②]

马克思这一论述的深刻内涵究竟为何，学术界素有争议。笔者认为，马克思揭示的掌握世界的四种方法，反映了人类认识活动由低级到高级、由感性到理性的发展过程，对于艺术的、宗教的、实践-精神的认识方法，可依次理解为情感、主观价值判断和历史-归纳方法。马克思未予言明的第四种掌握世界的方法，即"专有的方式"，从通篇论述及他在其他场合对自己所使用方法的说明加以分析，应该是抽象法。但认识尚不能停留在这一点，重要的是通过抽象建立范畴体系之后的研究过程与研究的结果如何。马克思的论述中至少蕴含三点：①从整体上把握经济系统，必须通过高级的理性思维活动，进行纯粹的演绎推理。②抽象出简化的范畴是演绎推理的前期准备。这些范畴带有假设成分，在现实中可能存在也可能

---

① 晏智杰：《经济学中的边际主义（历史的批判的研究）》，北京大学出版社 1987 年版，第 81 页。

② 马克思，恩格斯：《马克思恩格斯选集》（第 2 卷），人民出版社 1972 年版，第 104 页。

不存在，或辩证地存在。无差别的劳动和商品范畴就是如此。③通过演绎推理得出的结论甚或规律，未必与作为整体的实在主体完全同一。结论和规律可以反映基本趋势和揭示整体变动的内在驱力，并不意味着必然会观察到结论和规律作为现实毫无折扣地外现于我们面前，就如我们无法在任一时点观察到价值规律一样。暂就①、②两点而论，猜想-反驳图式与马克思掌握世界的第四种方法——即抽象-演绎方法基本一致。

经济科学的有关结论总是与现实经济系统的状况存在一定程度的背离，这一现象被以后的经济学家们用更为朴素的语言做出了各种解释。赫伯特·西蒙在为他的著作所写的中译本序言中开宗明义地说道："为了建立理论，特别是为了建立那些使我们能够据之推理的理论，我们要对现实进行简化。我们不是试图捕捉真实世界的每一个复杂因素，而是紧紧抓住其中最重要的因素，并且小心防止使我们从理论中得出的推论，超越理论本身对现实的近似界限。"①罗伯特·索洛则认为，"更加可能的是，所接触到的资料同'程式化事实'之间既非完全一致，亦非完全不一致"，"一种能解释任何事情的理论，可能会被看作根本就不是一种理论"。②肯尼思·阿罗在论述运筹学中的最佳选择问题时也肯定地说："从一定的意义上讲，在科学上没有一个问题曾经被圆满地彻底解决过。"③这些论述综合地反映了（但不全面）马克思的经济学方法论思想。

回到我们的论题，波普尔对猜想-反驳方法论图式附加了一个范畴——真理度，即科学研究的结论逼近真理的程度。这是对马克思及上文提到的几位经济学家所揭示的问题的一种次优的解决途径。缘于此，我们在经济科学研究中虽然寻觅不到完全绝对真理，却至少可以对演绎出的结论的真理界限加以度量（仍然是近似的）。就现代资产选择理论而言，广泛使用的相关系数、确定系数及各种统计检验指标，实际上是真理度范畴在具体研究过程中的体现。

与真理度范畴相关，以不同经济理论作为依据的政策抉择，也不可能同时解决各种现实经济问题。所以，在经济科学领域中确认真理范畴，有利于避免当处于两难选择时，政策左右摇摆或无意进取的尴尬局面。经权衡之后或有所取舍，或予以折中，所谓万全之策仅仅是一种无法企及的理想状态。

四、猜想-反驳方法论图式的借鉴意义

从认识论历史的角度加以考察，不难发现，历史-归纳和猜想-反驳或纯演绎推理的方法并非天然的对立物，而是随着人类认识实践活动的延续，思维由低级

---

① [美]赫伯特·西蒙：《现代决策理论的基石》，北京经济学院出版社 1989 年版，中译本前言。

② [美]罗伯特·索洛：《经济增长理论：一种解说》，上海三联书店、上海人民出版社 1994 年版，第 5-6 页。

③ [美]肯尼思·阿罗：《信息经济学》，北京经济学院 1989 年版，第 65 页。

向高级发展的不同产物。作为整体的人类与个人，思维活动发展的路径是相似的，思维方式的转化是社会实践、生活实践的积累及这种积累与精神活动不断交换的结果。

与我国商品经济的发展尚比较落后相适应，我国经济理论界更习惯于历史-归纳方法，在经济科学领域，这种方法主要与自然经济相适应。在理性思维、演绎推理方面，我们还远远落后于国际学术界的领先水平，也不适应改革这一革命性因素引致的市场经济的跳跃式发展对理论研究提出的要求。我们往往缠绕、困顿于纷纭复杂的经济现象，一个重要原因，就是不能通过各种局部因素的适当否定和取舍，从整体上把握经济系统的运行，增强经济理论研究的政策导向功能，"不识庐山真面目，只缘身在此山中"。或许，由现代资产选择理论对西方经济学发展中所呈现出的方法论的把握，较之了解各种现成的结论更为重要。通过借鉴西方经济学，推进我国经济科学进步的理想模式应该是：工具是舶来品，结论是自己的，而不是相反。

对历史-归纳与猜想-反驳方法可分别概括为：事实→结论；结论→验证。值得注意的是，当代西方经济学中不同方法论出现互相借鉴与综合的趋势。摧崇归纳方法的斯旺内与普雷缪斯两人认为，在使用归纳方法得出结论的初始阶段之后，"理论发展应当在其结构方面，具有为经验检验所必需的内在的连接环节"，从而使归纳方法异化出事实→结论→验证的图式，这是对 19 世纪历史学派将归纳方法推至乐观的极端的一种否定。①我们也应该承认，演绎推理或猜想-反驳的主题、材料及至工具均源于经济史和科学史的发展，经济学家也不可能永远徜徉在与现实长河平行的一条小溪中冥思苦索，构造种种理论。最终，我们在借鉴西方经济方法论时注意不同方法的综合运用，在通过纯演绎推理研究经济理论问题时，也理应时刻注意经济现实及更为广阔的社会改革实践。

---

① 詹姆斯·斯旺内，罗伯特·普雷缪斯：《现代经验主义经济学与数量跨越推理》，载于阿尔费雷德·S. 艾克纳：《经济学为什么还不是一门科学》，北京大学出版社 1990 年版，第 50 页。

第十一章　金融衍生市场：发展与前瞻

由远期商品交易发展到各种衍生金融工具的交易，是商品经济及市场结构演进的一种自然过程。与金融全球化相联系，金融衍生工具在 20 世纪 80 年代后快速发展，是机构、个人对全球性竞争加剧和资产价格波动的响应。远期合约、期货合约、期权及互换合约等衍生工具均具有套期保值与投机的双重功能，一方面强化了金融运行的规模与效率，另一方面放大了市场投机效果并增加了系统风险。可以预期，随着加入 WTO 和金融业对外开放，国内经过缜密论证研究，做好应有的准备工作，最终将不断推出金融衍生工具交易。本章结合对衍生金融市场产生的背景和相关理论分析，对中国衍生金融市场发展进行前瞻，对农产品期货市场效率运用 CAPM 进行检验。

第一节　金融衍生市场的双重经济效果

一、金融衍生市场发展的经济背景

尽管金融衍生工具产生的历史更为久远，但衍生工具交易有较快发展的经济根源，可追溯到 20 世纪 70 年代布雷顿森林体系和固定汇率制的终结。第二次世界大战结束时，美国、英国等国家在国际货币体系安排中主要考虑两点：其一，为重建欧洲等不同地区的国家在战争中受到严重破坏的经济提供便利；其二，防止 20 世纪 30 年代出现过的竞争性货币贬值和贸易保护主义，避免重蹈大萧条的覆辙。为实现这两个目的，全世界 45 个国家和地区政府的代表 1944 年 7 月在美国新罕布什尔州的一个滑雪胜地签署协定，建立 IMF 以维持一种固定汇率制度，即广为人知的布雷顿森林体系。

布雷顿森林体系实际上是按照金汇兑本位制运行的，在这种体制下美国保证可以通过"黄金窗口"用美元兑换黄金，美元兑黄金的价格固定在 35 美元兑 1 盎司黄金。其他国家将本国货币与美元的汇率固定，只有在必须维持国际收支平衡时，才使本国货币贬值或升值。1968 年，非官方的自由黄金市场开始运作，导致了黄金的双重价格，从而使官方的黄金价格背离市场价值。缘于 20 世纪五六十年代以后不断加速的通货膨胀，美国官方维持美元与黄金的固定比价日益困难，1973 年 8 月 15 日，美国总统尼克松宣布关闭"黄金窗口"，布雷顿森林体系最终崩溃，结果使战后稳定的金融市场出现动荡。再者，随着 20 世纪 60 年代末通货膨胀进一步加速，控制通货膨胀成为主要工业化国家的政策目标，他们较少关注利率水平的变动，最终导致利率大幅波动。短期资本为追求利润最大化，随利率的变动而流动，又进而主导和加剧了汇率的波动。

利率、汇率波动与通货膨胀增加了金融机构及各类投资者所面临的风险，导致人们寻求新的消除或降低这些风险的方法和参数。而衍生工具提供了一种流动的、有效的手段，可以将风险转移给第三方，第三方承担这种风险是因为这恰好可以对冲他们本身的风险敞口，或他们将衍生工具交易作为一种通过投资而盈利的机会。

我们可以远期合约对衍生工具转移风险的情况做出一般性的说明：当棉花种植者预期在棉花收获季节有一个棉花的基础头寸，他不愿承担价格波动的风险，就在远期市场卖出棉花远期合约，合约的购买者则希望从棉花现货市场价格上升中受益。我国推出棉花期货市场，一方面是出于稳定棉花市场价格，保证棉农利益；另一方面也起到了活跃市场的作用。这不仅对商品期货与现货市场，对金融期货市场与整个市场架构的成熟都将起到极大的推动作用。

二、金融全球化与衍生工具的成长

（一）金融全球化的一般趋势

20 世纪的经济全球化体现在三个领域，即贸易自由化、生产一体化和金融全球化。金融全球化是指以全球化金融市场、跨国金融机构为载体的资本在世界范围的自由流动，也是全球范围的金融自由化。金融全球化的直接起因是欧洲美元市场和欧洲货币市场的发展及发达国家与新兴工业化国家放松对国内的金融管制，但若追根溯源则是金融全球化贸易自由化的必然结果，并且在技术上受到现代通信与计算机技术的支撑，得到 WTO、IMF 和全球性金融中心、离岸金融市场的强力推动。

一方面金融全球化代表着资本这一生产要素在全球范围内的优化配置，使全球贸易在更高水平上发展，是全球生产一体化的重要基础，极大地促进了世界经济的增长。另一方面，金融全球化是资本寻求利润这一本质在国际金融空间上的外在化表现，使脱离贸易投资与生产的纯金融交易日益成为可能，使全球金融活动的虚拟化水平空前高涨。

在 20 世纪 70 年代以前，国际资本流动绝大部分是因贸易和投资引起的，贸易支付和产业性投资活动本身是国际金融活动的基本内容。但迄止今日，国际金融业务的 90%以上已经与贸易和投资活动完全无关，而独立地通过金融活动获得资金的最大利润，或者为了规避风险而产生。这些传统性的金融活动导致外汇交易、国际证券交易、国际银行业务和国际衍生工具交易迅猛增长，使国际金融活动日益脱离现实经济活动而作为"虚拟经济"独立存在和运行。

表 11-1 是 IMF 对不同区域、国家银行系统截至 1994 年底对外负债所做出的估计，说明银行负债来源超出本国范围的情况。对所有的国家来说，这一数字在 1994 年底达到 8 万亿美元之巨，差不多是当年世界商品贸易额的两倍。此外，工业国家持有其中的 75%，另外约 14% 被亚洲地区的银行持有（主要在中国香港地区和新加坡）。

表 11-1　1994 年 12 月 31 日存款银行的对外负债　　单位：10 亿美元

国家或地区	对外负债金额	
工业国家		5462.4
英国	1274.0	
美国	941.3	
日本	723.7	
法国	592.6	
卢森堡	386.8	
瑞士	384.4	
德国	378.8	
比利时	363.3	
意大利	230.5	
荷兰	187.0	
发展中国家或地区		2104.7
亚洲	1094.0	
中国香港	531.8	
新加坡	381.3	
西半球国家	842.0	
中东	113.0	
欧洲	36.5	
非洲	19.2	
所有国家或地区		8047.0

资料来源：《国际金融统计》，IMF，1997 年 7 月，第 42 页

在金融全球化背景下，各国金融系统的依存关系加强。表 11-2 则综合地说明全球金融依存度指标及其随时间演进的情况。

表 11-2 第（1）行说明银行和其他存款机构对外国居民、机构、公司和政府持有的负债（支票和储蓄账户、存单等）在不断增长。这些负债以 14.1%的年平均速度从 1976 年的 7460 亿美元，增加到 1994 年的 80 470 亿美元，从中可以看出货币和金融市场是如何在范围上一步步趋于国际化的。接下来的（2）（3）两行给出了国际资本流动的其他方面的情况。对外直接投资流量包括购买外国企业的控制权和在海外建立新工厂等活动。第（2）行表明，这一活动从 1976～1980 年的年均 400 亿美元上升到 1994 年的 2340 亿美元，差不多增加了 500%。最后，第（3）行描述了几个工业化国家跨越国界（流入和流出）的股票和债券交易总体规模的一般增长趋势，以其占 GDP 的百分比表示。例如，1976 年，这类交易的数量在美国仅占到 GDP 的 4%（或说 650 亿美元左右，因为 GDP 为 16 310 亿美元），但到 1994 年，它已升至 GDP 的 135%（9.8 万亿美元左右）。也就是说，这类交易的美元价值在 1976～1994 年的年均增长率超过了 28%。

表 11-2 不断上升的金融依存度指标

年份	1976	1980	1985	1990	1994
（1）存款机构的对外负债/亿美元	7 460	19 010	30 570	71 370	80 470
（2）外国直接投资年均的总流出量/亿美元	1976～1980 年 400	1981～1985 年 430	1986～1990 年 1 680	1993 年 1 990	1994 年 2 340
（3）债券与股票跨国界的交易占 GDP 的百分比/%					
加拿大	3	10	27	64	194
法国	—	5	21	54	184
德国	5	7	33	57	172
意大利	1	1	4	27	253
日本	2	8	62	119	65
美国	4	9	35	89	135

资料来源：《国际金融统计年鉴》，IMF，1991 年华盛顿，第 72 页；《年度报告》第 6 期，国际清算银行，瑞士巴塞尔，1997 年 6 月 9 日，第 29 页

表 11-2 中反映出美国的国际金融资本交易总额从 1980 年占 GDP 的 9%上升到 1994 年的 135%。这里的交易总额指相关国家居民购买的所有国际债券和股票及外国居民购买的所有该国的债券与股票这二者总和。除日本外，表 11-2 中其他国家 1994 年跨国交易占 GDP 的比重甚至还超过了美国。

金融全球化强化了不同金融市场上的价格指标更为充分地体现出"一价定律"，不同国家、地区金融市场的利率尽管不是完全趋同，但差距在缩小。各股票市场波动的传导效应该更为明显。纳入全球化轨道的国家，金融体系、金融市场

已经很难独立于国际货币体系。就微观层次而论，银行系统的存贷款利差缩小，依赖传统存放款业务获取的利润份额有下降的迹象。

（二）金融衍生工具的成长

金融衍生工具可以转化与分摊风险。不同储蓄者与投资者的风险偏好或承担风险的能力不同，由专业金融机构、风险管理人员或金融交易活动者自身设计并提供各种具有一定风险与功能特征的衍生工具，可以将利率风险、汇率风险和价格风险在不同经济单位之间做出适当分配，满足不同的风险-收益组合的需求。与金融全球化相联系，金融衍生工具在 20 世纪 80 年代以后的快速发展主要是机构、个人对全球性竞争加剧和金融资产价格波动的一种响应，是银行系统通过非传统业务（表外业务）获取资产收益的必然结果。

美国从 19 世纪中叶就已出现以金融与农产品为基础产品的期货交易，某些国家期货交易的历史甚至还要早几个世纪。但外币、利率和股票等衍生金融工具的全球性交易直到 20 世纪 80 年代才出现惊人发展。一方面这是由于衍生金融工具能够分散或改变外汇资产、利率和价格中所隐含的风险；另一方面要归功于 20 世纪 50 年代以后融入风险及不确定性因素的各种资产定价理论的发展，尤其是 20 世纪 70 年代初由布莱克（Blak）、斯科尔斯（Scholes）和默顿（Merton）开发的期权定价模型。人们在评价布莱克和默顿时，认为他们的理论贡献造就了全球衍生工具市场的繁荣。

1980～1995 年，不同利率与货币互换两种衍生工具的美元价值呈快速增长的趋势，1980～1990 年年均增长率为 33.6%，1990～1995 年年均增长率为 39%。表 11-3 列出在 1989～1998 年全球主要衍生金融工具市场上的名义金额（即合约面值）。在十年间远期利率工具增长了 5.4 倍，利率期权增长了 10.9 倍。其中北美洲和欧洲市场占市场份额的 86.6%。亚太市场 1998 年衍生工具中名义本金余额是 1989 年的 493.5%，北美洲与欧洲 1998 年衍生工具名义本金余额是 1989 年的 833.67%。这说明亚太地区衍生工具交易有较快发展。

表 11-3　1989～1998 年若干衍生金融工具市场名义本金余额　　单位：10 亿美元

年份	1989	1990	1991	1992	1993	1994	1995	1996	1997	1998
远期利率	1 200.8	1 454.5	2 156.7	2 913.0	4 958.7	5 777.6	5 863.4	5 931.2	7 489.2	7 702.2
短期工具期货	1 002.8	1 271.4	1 907.0	2 663.8	4 632.9	5 422.3	5 475.3	5 532.7	7 062.5	7 289.8
33 个月期欧洲美元	671.9	662.6	1 100.5	1 389.6	2 178.7	2 468.6	2 451.7	2 141.8	2 599.1	2 915.1
3 个月期欧洲日元	109.5	243.5	254.5	431.8	1 080.1	1 467.4	1 400.7	1 462.2	1 629.9	1 236.4

年份	1989	1990	1991	1992	1993	1994	1995	1996	1997	1998
3 个月期欧洲马克	14.4	47.7	110.0	229.2	421.9	425.7	654.6	626.2	1 016.9	1 210.1
3 个月 PIBOR 期货	12.4	23.3	45.8	132.5	223.9	184.6	167.1	209.6	212.2	133.7
长期工具期货	198.2	183.4	250.4	249.3	325.9	355.3	388.1	398.5	426.7	412.4
美国国债	33.2	23.0	29.8	31.3	32.6	36.1	39.9	45.7	72.1	61.1
法国政府债券	6.1	7.0	11.4	21.0	12.6	12.7	12.4	12.9	14.9	9.5
10 年期日本政府债券	129.5	112.9	122.1	106.1	135.9	164.3	178.8	145.6	118.0	142.3
德国政府债券	4.2	13.7	22.5	34.3	47.6	49.1	74.8	94.2	82.5	63.7
利率期权	387.9	599.5	1 072.6	1 385.4	2 362.4	2 623.6	2 741.8	3 277.8	3 639.9	4 602.8
货币期货	16.0	17.0	18.3	26.5	34.7	40.1	38.3	50.3	51.9	38.1
货币期权	50.2	56.5	62.9	71.1	75.6	55.6	43.5	46.5	33.2	18.7
股票指数期货	41.3	69.1	76.0	79.8	110.0	127.7	172.4	195.9	211.5	321.0
股票市场指数期货	70.7	93.7	132.8	158.6	229.7	238.4	329.3	378.0	776.5	866.5
总计	1 767.1	2 290.7	3 520.1	4 634.5	7 771.2	8 862.9	9 188.6	9 879.6	12 202.2	13 549.2
北美洲	1 155.8	1 268.5	2 151.8	2 694.7	4 358.6	4 819.5	4 849.6	4 837.4	6 326.5	7 317.8
欧洲	251.2	461.5	710.8	1 114.4	1 778.0	1 831.8	2 241.6	2 828.6	3 587.4	4 411.9
亚太	360.0	560.5	657.0	823.5	1 606.0	2 171.8	1 990.1	2 154.0	2 229.9	1 776.7
其他	0.1	0.2	0.5	1.9	28.7	39.9	107.0	59.6	58.5	42.7

资料来源：国际清算银行，转引自《国际资本市场》，IMF，1999 年，第 24 页

三、衍生市场对金融与经济运行的双重效果

衍生市场对微观经济活动主体的基本用途是对冲风险，以保护交易者免受基础产品、基础证券价格及基础变量波动的影响。但当市场上一部分交易者寻求规避风险时，必须有投机者通过收费来接受风险，投机者则试图捕捉到本来不确定因素而获利。一方通过支付成本而转移风险，另一方通过承担风险而享有盈利机会，这是金融市场具有分摊风险这一基本机能的体现。微观主体既可以利用衍生工具有效地管理风险，也可以利用衍生工具有效地投机。不过，转移风险者的成本事先是已知的，并且在事前证明是可以承受的，对投机者而论，面临的损失风险是难以把握的。衍生工具交易通过杠杆作用对投机者的盈利或亏损造成放大效应。

毋庸置疑，金融衍生工具的发展给基础产品的增长和基础证券的发行与交易

提供了机遇，对金融市场总规模起到了扩张和放大的作用，增加了金融市场吸纳和分配资金的能力，促进了全球资本的自由流动。有关衍生工具对金融市场的消极后果，目前仍存在一些不同观点。我们认为，当一系列分散的投机者出现巨额资本损失而使隐含的风险显化时，会通过对错综复杂的债权-债务关系的破坏及合约不能正常履行牵累大量的机构和个人，再经过市场预期产生过度反映，会进一步加剧基础资产和基础变量的波动，从而将分散的单个交易者的风险转化为系统风险。这一分析不仅可针对衍生工具，也适用于基础证券交易，区别在于衍生工具交易通过杠杆操作放大了投机效果，同时使投机者自身显得更为脆弱。

在上述机制的基础上再合并下述因素：第一，衍生工具的场外交易规模与日俱增，给金融管理当局带来挑战；第二，借助离岸金融市场及电子信息技术，不同国家、地区间金融市场实现联网，巨量国际资本几乎是无约束地跨越国界迅速移动；第三，衍生工具市场——尤其场外交易市场上有效约束的交易机制尚不成熟，健全的"游戏规则"还远未形成，市场在一定程度上处于"失序"状态；第四，在信息不对称的市场环境中，有关金融机构与相关个人之间、一般交易伙伴之间、交易者与中介商之间存在着道德风险。这些都增加了衍生工具市场的风险，使衍生工具市场成为金融体系不稳定的重要根源之一。一国金融体系不稳定必然成为总体经济安全的严重隐患，而在当代国际经济联系日益紧密的条件下，一国内部的金融危机很可能传染、蔓延到其他国家，诱发全球性危机和经济衰退。

潜在风险导致部分学者，甚至监管当局对衍生工具市场的非难，但是承认潜在风险并不必然意味着禁绝衍生工具交易。尽管衍生工具交易的迅速发展是在20世纪80年代以后，但是衍生工具出现的必然理由可以在最原始的商品交易中找到，它代表着交换双方在利用自身的"比较优势"。要做的事情是通过有效监管驱使交易者加强自律、控制风险，并使市场上各种财务信息及政策变量更为透明，在宏观和微观两个层面上构建化解与冲销风险的机制。

第二节　中国金融衍生市场的发展与前瞻

一、中国期货市场的发展

随着证券市场的不断发展，我国对商品与金融期货市场交易已经做出了一系列尝试。商品期货市场的运行比较稳定，金融期货市场在外汇期货、利率（国债）期货和股指期货方面的试点虽然出现波折，但也积累了一些经验和教训，给以后金融期货市场的发展开了先河。

（一）试办外汇期货市场

1992 年 7 月，上海外汇调剂中心成为我国第一个外汇期货市场，经过半年的运转，到 1992 年底上海外汇期货市场共交易标准和约 10 813 份，交易金额达 21 626 万美元。但其规模仍然有限，与上海每天外汇现货交易高达 3000 多万美元的水平很不相配。与此同时，全国各地也涌现出大量的外汇期货经纪公司，而且交易额很大。具体的交易规则参照了国外的做法，同时结合我国的特点设计了外汇标准和约。

由于各种原因的制约，我国外汇期货交易试点一年多，就受到比较严格的管制，基本上禁止外汇投机交易。1993 年 7 月，国家外汇管理局发出通知，要求各地已设立的外汇期货交易机构必须停止办理外汇期货交易，并限期进行登记和资格审查；办理外汇（期货）交易仅限于广州、深圳的金融机构进行试点，实际上，由于严格的管制办法，我国外汇期货的试点处于停顿状态。

我国的外汇期货交易尚未发展起来，主要是因为各方面条件尚不具备。其一，我国外汇仍处于较为严格的管制体制之下；其二，不允许有投机存在，对期货市场上的投机者和投资行为认识不统一；其三，中国企业和金融机构通过外汇期货市场规避风险的要求并不迫切，这使得市场缺少规避外汇汇率变动风险的主体；其四，各种法律制度不健全，管理经验不足。

（二）国债期货市场

我国国债期货是 1992 年 12 月由上海证券交易所首次推出的。最初仅限于各证券公司之间交易，由于各证券公司对我国国债期货了解不多，参与者很少，交易清淡。1993 年 9 月，为活跃国债流通市场，有利于国债发行，创造更完善的市场环境，上海证券交易所在国家财政部、上海市政府的支持下，决定扩大我国国债期货交易范围，国债期货市场对个人开放。到 1993 年底，上海证券交易所登记结算公司开户 230 家，还批准了 27 家证券公司为国债期货自营商。

从我国国债期货的试点情况来看，由于国债流通市场规模迅速发展，迫切要求发展国债期货市场，通过期货市场功能促进国债流通，帮助国债的发行者、交易者规避利率波动引起的价格风险。经过几年的试点，国债期货市场迅速活跃起来，但是由于我国各方面条件还不成熟，包括体制上、管理上还存在各种问题，国债期货发展过猛，投机气氛过重，最终导致 1995 年震动全国的上海万国证券公司严重违规事件，即"3·27"事件，国务院不久即发出通知，暂停国债期货市场的试点工作。至此，我国首次进行的国债期货的尝试告一段落。

（三）股票指数期货市场

我国股市近些年发展十分迅速，1987～1991 年的五年间，在深沪两个市场上市的股票只有 14 支。从 1992 年起，股市规模及市场容量增长迅速，到 2001 年深沪两市场上股票已达 1000 多支。目前我国共有六种股票价格指数，即新华股票综合指数、中华股票指数、STAQ 法人股指数、中国证券交易系统股票指数、上证指数和深证指数，其中具有广泛影响的是上证指数和深证指数。随着股票市场的进一步发展，股票指数体系亦随之完善，如上证指数体系中又涵括了上证 30 指数。

我国首次股票指数期货开始于 1993 年 3 月，由海南证券交易中心推出深证指数期货交易，推出的期货合约共有六个，即深证综合指数当月、次月、隔月合约，深证 A 股指数当月、次月、隔月合约，合约内容如下。

（1）和约单位：深证指数乘以 500 元。假设某日深证指数为 250 点，那么合约金额为 500 元×250=125 000 元。

（2）最小变动单位为 0.1 点，即 50 元（500×0.1）。

（3）每日指数最大波动幅度为 10 点，即 5000 元（500×10）。

（4）交割月份为当月、次月、隔月。

（5）交割方式为现金结算。

（6）最后交易日为交割月倒数第二个营业日。

（7）初始保证金为每份合约 15 000 元。

（8）交易手续费为每份合约 200 元。

由海南推出的深指期货采用标准的国际期货交易规则，操作上可以双向下单，既可先做买单，也可先做卖单，平仓时由证券公司按成交价与投资者结算，期货每变化一个点位，投资者的盈亏值是 500 元。

经过几个月的运作，海南深指期货交易呈现出的特点有：①A 股指数期货交易无人涉足；②综合指数期货交易集中在当月，在临近月末时，次月的交易量才逐渐增加；③1993 年 4 月开始仅 292 手，5 月上升到 851 手，6 月为 1200 手，交易呈活跃趋势。但是由于投资者对这一投资方式认识不足，再加上中国股票市场不稳定，在管理上出了不少问题。海南深指期货仅运作了几个月，便被停止交易。海南证券交易中心也被国家取消。

二、中国金融衍生市场的发展前景

市场交换活动由现货交易发展到远期交易、期货交易及期权交易有其内在的合理性，期货市场也已成为现代市场经济的重要标志之一。实践证明，在我国建立和发展股票指数期货与金融期货市场是可行的，但需要进一步明确对期货市场的认识及做好一些基础性工作。

首先，要认识到期货市场除了对投资者具有保值和规避风险的功能外，对宏观经济预测还具有信息传导功能，通过期货价格变动可以评估经济单位及社会居民的预期及对市场信心的强弱变化，并对生产者供给商品市场、金融市场信息，借以发现价格。其次，要正确认识投机性期货交易的两重性质，期货投机一方面增加了经济总体的风险，另一方面，正因为有投机者存在才给套期保值者提供了转移风险的机制，增强了市场的流动性。再次，期货等衍生金融产品的出现乃至发展是金融经济活动的必然结果和重要内容。我国正处于金融制度、金融组织、金融市场的多变期，市场力量发挥作用就势将推出新的金融工具，积极主动地开放、促进期货市场发展是顺势而为，是对健全市场机制的理性适应。最后，随着加入 WTO 后对外部开放金融部门，加快金融衍生产品市场发展有利于国内金融业参与竞争，有利于我们用国内、国际两个金融市场筹融资和实现资金价值，深度参与国际金融事务，也有利于吸引国外金融机构参与我国资本市场的运作。

我国在金融期货市场方面的专门人才远不能满足潜在需求，在理论和实践上对期货市场与现货市场的运行关系、价格联动的机制等缺乏研究和探讨。这就要求我们加快对相关专业人才的培养和引进，加强对期货市场等衍生金融工具产品定价、交易机制的理论研究，总结、汲取全球范围内不同国家、地区期货市场发展的经验，筹组、建立和健全有效的对金融衍生市场的监管机构。国内已经在加紧研究设计股票价格指数期货品种，编制能综合反映深沪两个证券市场走势的股价指数并进一步将其作为股票价格指数期货的标的。股票指数期货出现于我国金融市场已经为期不远了。

第三节　　中国农产品期货风险溢价与市场效率

农产品期货市场属于农村、农业金融市场的必要组成部分，对于政府宏观经济调控和农业生产风险管理均具有重要意义，可以通过发挥农产品期货市场的价格发现与套期保值功能稳定农业生产和保护农民利益。我国农产品期货市场已经走过20年历史，但是与美国芝加哥等发达国家期货市场比较尚属于新兴市场，无论市场发展战略、机制设计和监管框架均存在改进的很大空间，反映到农产品期货市场交易效率、降低风险的效果上必然存在差距，对于实体经济的支持作用还待进一步加强。

一、文献综述

法马提出有效市场假说（efficient market hypothesis，EMH）奠定了市场效率研究的基础。法马假设投资者理性，市场有效的条件或者标志是投资者能够对新信息迅速做出反应，从而市场信息在资产价格中得到充分体现。保罗·库纳1996年在有效市场理论的基础上提出随机漫步理论（random walk theory），从而使有效市场理论的应用在期货市场中得到进一步发展。随机漫步模型假设期货合约持有期内收益率服从正态分布，市场有效条件下价格运动是随机的。马科维茨（Markowitz）的M-V（均值-方差）证券组合选择模型被称作现代金融学的第一项重大突破，所构造的有约束条件下的最优化模型对金融市场分析呈现了一种基于风险-收益的证券需求曲线，[1]威廉·夏普的CAPM将证券组合研究引向市场均衡分析，此后的套利定价理论（arbitrage pricing theory，APT）、期权定价理论（option pricing theory，OPT）均与马科维茨开创的均值-方差方法及CAPM多少发生联系。对以CAPM为代表的现代金融市场模型的检验充斥着大量文献，但是基本上均立足于检验实际市场数据、或者实验仿真模拟数据是否支持理论模型成立，很少有学者将分析焦点转向用相关定价模型检验市场效率。

Bigman（1983年）最早推出研究期货市场的效率模型，即 $S_t = a + bF_t(T) + \varepsilon_t$（$S_t$、$F_t$ 为现货价格和期货价格）。通过对芝加哥期货交易所大豆、小麦、玉米期货价格的实证检验发现 $a>0$ 且 $b<1$，得出期货市场无定价效率的结论。[2]Bigman的研究忽略了期货价格具有非平稳时间序列的特点，使用模型也被广泛质疑。Elam和Dixon（1988年）认为Bigman的检验由于模型设定偏误和对非平稳序列使用传统方法易造成伪回归。不过这次研究却为计量经济学中协整方法的出现提供了思路。[3]由于期货价格的非平稳性，约翰森（1988年）基于向量自回归模型提出协整检验方法，[4]时隔六年以后Beck（1994年）在允许风险溢价的条件下对美国牛、铜、玉米、橘汁、猪、可可和大豆期货市场价格有效性进行协整检验，结果表明上述七种期货商品市场长期有效，尽管存在短期失效的情况。[5]

Beck之后国外文献仍主要使用协整方法研究期货市场的价格发现功能。Mohdashad用协整方法研究马来西亚棕榈油期货市场，通过分析交割月前各个时期的期货价格是否对现货价格有预测功能考察期货市场的价格发现效率。Abessler通过研究期货价格对现货价格的预测效果发现，商品的可储存性并不影响期货价

---

① 莫顿·米勒：《金融创新与市场的波动性》，首都经贸大学出版社2002年版，第281-283页.

② Bigman D，Goldfarb D，Schechtman E. Futures market efficiency and the time content of the information sets.The Journal of Futures Markets，1983，3：321-334.

③ Elam E，Dixon B L. Examining the validity of a test of futures market efficiency. Journal of Futures Markets，1988，8（3）：365-372.

④ Johansen S. Statistical analysis of cointegration vectors. Journal of Economic Dynamics and Control，1988，12（3）：231-254.

⑤ Beck S E. Cointegration and market efficiency in commodities futures markets. Applied Economics，1994，26（3）：249-257.

格作为现货价格的无偏估计及它们之间的长期均衡关系。[①]

国外学者很少研究中国期货市场，尤其中国的农产品期货市场，相关结论也不足以解释中国期货市场效率变动。我国期货市场交易数据的积累，使得对于期货市场做实证研究已经具备丰富的数据资源。在农产品期货市场方面，彭浩引入信息熵模型解释我国农产品期货市场与现货市场间的动态关系，以及在开放体系下（即期货市场的国际化取向）的制度效率机制。[②]姚传江和王凤海利用金融时间序列分析方法，揭示我国农产品期货市场价格波动的特征，依次研究了农产品期货价格与现货价格间的动态关系、期货市场价格发现效率、波动信息的跨市场传导与国际定价效率。[③]

研究期货市场效率可以沿着两种途径：第一，将期货市场作为"现货市场"的一个"映像"和衍生市场，探讨期货市场对现货市场价格动态的预期功能，以及期货市场的保值效率；第二，将期货市场作为一种相对独立的金融子市场，分析期货市场的运行效率。第二种方法不依赖于现货市场，可以直接使用金融理论模型，而不仅是计量方法，这种研究路径的拓展对于使用其他方法的研究结论能够提供很好印证。由于期货市场交易大部分不发生实物交割（美国芝加哥期货交易所交割仅占期货成交量的 2%），所以尽管与现货市场关联，其价格变动、运行机制特征或许更"偏向"金融市场而非商品市场。根据马科维茨、夏普等初期研究的设定，如能满足下述条件：期货市场价格具有随机变动特征；期货交易收益率服从正态分布。M-V 模型与 CAPM 就可以用于分析期货市场。

金融市场文献主要通过历史交易数据，或者设计仿真实验验证 CAPM、单因素与多因素模型等，但是由于 M-V 以至 CAPM 作为一种金融模型依赖其假设是逻辑上严格自洽的，所谓对理论模型验证也实际是对市场主体素质、市场效率或者对其理论假设的验证。[④]我们适当借鉴 Kroll 和 Levy 等的方法，按照马科维茨投资组合理论与 CAPM 的思想理路，将整个资本市场看作一个整体，运用推导有效边缘、最优投资组合及风险溢价缺口的方法，从宏观上刻画资本市场的运行状况。与 Kroll 和 Levy 等不同的是，本节将 CAPM 分析由股票市场转向研究期货市场，Kroll 和 Levy 则通过教学实验环节模拟不限制借入条件下（等同允许卖空无风险资产，但不允许卖空风险资产）的股票市场交易，观察实验数据是否支

---

① Jian Y, Bessler D A. Asset storability and price discovery in commodity futures markets: a new look.The Journal of Futures Markets，2001，21（3）：279-300.

② 彭浩：《中国农产品期货市场效率问题研究》，西南财经大学博士学位论文，第 53-59 页。

③ 姚传江，王凤海：《中国农产品期货市场效率实证分析：1998-2002》，《财经问题研究》2005 年第 1 期，第 43-49 页。

④ 刘明：《现代资产选择理论及相关检验评析》，《陕西师范大学学报》1997 年第 1 期；《投资与证券》1997 年第 2-3 期合刊；刘明：《现代资产选择理论若干问题研究》，《苏州大学学报》1997 年第 2 期，第 35，38，59 页。

持 CAPM。[1]Kroll 也仅仅将模拟的投资者组合选择与最优投资组合做直观比对，本节则利用 CAPM 推导出的最优投资组合与市场实际位置的风险溢价缺口做定量分析。有效市场假说着眼于对市场效率做出某种静态的判定——这种判定也并不具有准确的定量意义，利用 M-V 和 CAPM 综合地从定量与动态变化角度观察市场效率并寻求市场效率变化的动因。国内学者 20 世纪 90 年代即开始利用 CAPM 研究我国股票市场的过度反应，[2]但迄今利用 CAPM 估算风险溢价缺口的方法分析金融市场效率的文献仍属空白，我们针对中国农产品期货市场做初步尝试，这对于 CAPM 的理论内含无疑是一种拓展，对探讨我国资本市场研究方法也具有一般意义。

二、有效边缘与风险溢价缺口

（一）期货市场 M-V 模型有效边缘推导

Markowitz 投资组合理论中资产（或投资组合）收益率均值被用作期望收益率，方差（标准差）则作为投资风险的度量。理性投资者希望在一定风险水平下使期望收益率最大，这一基本思想成为确定投资组合有效边缘（有效集）的依据。各种期货品种是农产品期货市场中投资组合的组成单元，且具备允许卖空、收益率服从联合正态分布的性质[3]，从而使 Markowitz 投资组合理论可以用于分析农产品期货市场。

根据 Markowitz M-V 模型：

$$\min \sigma_x^2 = x^{\mathrm{T}} V x$$
$$\text{s.t.} \quad R^{\mathrm{T}} x = \mu$$
$$e^{\mathrm{T}} = 1 \tag{11-1}$$

其中，μ 为投资者给定的期望收益率目标；$e = (1,1,\cdots,1)^{\mathrm{T}}$ 为元素全是 1 的 n 维列向量；V 为由资产收益率得到的方差-协方差矩阵。上述线性规划的两个约束均为线性，所以式（11-1）是一个凸二次规划问题。称满足约束 $e^{\mathrm{T}} x = 1$ 的投资组合 x 是一个可行的投资组合，所有可行的投资组合构成可行集。

给定期望收益率 μ，求解式（11-1）得到在期望收益率为 μ 时风险最小的投资组合 x，x 显然是一个可行的投资组合，且依赖于 μ。把所有 μ 对应的投资组合

---

① Kroll Y, Levy H. Further test of the separation theorem and the capital asset pricing model. The American Economic Review，1992，82（3）：664-669.

② 张人骥，朱平方，王怀芳：《上海证券市场过度反应的实证检验》，《经济研究》1998 年第 5 期，第 58-64 页。

③ 见本节第三部分统计检验，中国期货市场短期（如一个月）的统计数据显示，期货价格近似服从正态分布，保证了协方差矩阵的正定性。

x 所对应的期望收益率 $E(r_x)$ 和方差 σ_x^2 构成的集合又称作可行集的封套。把可行集封套中相同风险水平下使收益率最大的组合称作有效投资组合，所有有效投资组合构成的集合为有效集，也称投资的有效边缘。

　　M-V 模型假设：①所有 n 种资产均有风险；②允许卖空，即允许 $x_i < 0$；③n 种资产的收益率服从联合正态分布；④对单个资产的投资比例无限可分。假设③保证方差-协方差矩阵 V 的对称正定性，从而式（11-1）是一个严格凸二次规划问题。对给定的预期收益率 μ 具有唯一最优解：

$$x_\mu^* = \lambda V^{-1}e + \gamma V^{-1}R \tag{11-2}$$

这里的 x_μ^* 就是相对给定 μ 值的投资组合，λ 和 γ 的解分别为

$$\lambda = \frac{c - \mu b}{\Delta}, \quad \gamma = \frac{\mu a - b}{\Delta}$$

其中，

$$a = e^{\mathrm{T}}V^{-1}e, \quad b = R^{\mathrm{T}}V^{-1}e, \quad c = R^{\mathrm{T}}V^{-1}R, \quad \Delta = ac - b^2$$

由于 $V = (\sigma_{ij})$ 正定，所以 V^{-1} 也正定，因此 $a, c > 0$。由柯西不等式有 $\Delta > 0$。

　　将 x_μ^* 代入式（11-1）的目标函数可得到收益率为 μ 时的有效投资组合方差：

$$\sigma^2(\mu) = (a\mu^2 - 2b\mu + c) / \Delta \tag{11-3}$$

　　式（11-3）在 $(\sigma^2 - \mu)$ 坐标平面内确定了一条抛物线，该抛物线的右上半支为投资组合的有效边缘（图 11-1）。

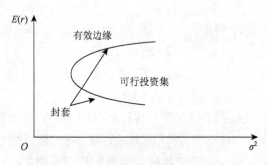

图 11-1　M-V 模型的有效边缘与可行集

（二）引入 CAPM 的最优投资组合与实际市场组合

　　进一步将 CAPM 引入期货市场分析，在方差-收益率坐标系中构造出存在 n 种期货产品的有效边缘，即由式（11-3）所确定的抛物线的右上半支。当存在无风险资产 r_f 时，过 $(0, r_f)$ 点可确定存在一种无风险资产和 n 种风险资产组成的投资组合的有效边缘（图 11-2）。存在无风险资产时投资组合的有效边缘（即资本市

场线 CML，也是新的有效集）与不存在无风险资产时投资组合的有效边缘相切于 M，M 所代表的组合被称为市场最优投资组合。

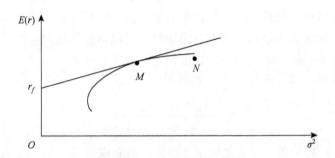

图 11-2　CAPM 模型中的最优投资组合（M）和实际市场组合（N）

存在无风险资产 r_f 时，市场最优投资组合 M 的收益率 E_{r_f} 和风险 $\sigma_{r_f}^2$ 可由联立 r_f 所在直线方程与式（11-3）得到：

$$E_{r_f} = \frac{\sqrt{2ar_f + 4a^2r_f{}^2 - 8abr_f + 4ac}}{2a}$$

$$\sigma_{r_f}^2 = \frac{aE_{r_f}{}^2 - 2bE_{r_f} + c}{ac - b^2} \tag{11-4}$$

以期货收益率 R 和期货实际市场权重 x 计算出的实际市场组合 N（图 11-2）的收益率 μ_R 和风险 σ_R^2 分别为

$$\mu_R = R^{\mathrm{T}} x$$

$$\sigma_R^2 = x^{\mathrm{T}} V x \tag{11-5}$$

（三）用风险溢价缺口作为期货市场效率度量指标

现有中国期货市场效率的文献主要因循了研究股票市场的方法，通过分析单个期货合约价格是否服从随机漫步检验期货市场效率。但无法从整体上评价一定时期期货市场效率的动态变化特征。本节借鉴并改进 1988 年、1992 年 Kroll 等在《美国经济评论》两次载文所使用方法，比较市场最优投资组合（最优市场位置）与市场参与主体的投资组合（实际市场位置），[①]并增加计算一定时期内市场最优

① Levy K，Amnon R. Experimental test of the separation theorem and the capital asset pricing model. The American Economic Review，1988，78（3）：500-519.

投资组合与实际市场投资组合的风险溢价缺口。[①]风险溢价刻画投资组合每承受单位风险所获取收益。为了对期货市场效率做标准化处理,将期货市场效率定义为风险溢价缺口,具体内容为风险溢价缺口是一定时期内全部期货品种在既定市场条件下的实际组合每单位风险(收益率方差)获取收益与最优组合单位风险获取收益的差额。风险溢价缺口作为期货市场效率度量指标体现期货市场实际运作与理论最优状态的差距。缺口越小期货市场运行效率越高。

据上定义风险溢价缺口(P_f)的算式:

$$P_f = \frac{E_{r_f} - r_f}{\sigma_{r_f}^2} - \frac{\mu_R - r_f}{\sigma_R^2} \text{[②]} \tag{11-6}$$

式(11-6)右边第一项为最优组合单位风险获取收益,第二项为市场实际组合单位风险获取收益。

三、对市场效率的实证检验

(一)样本选取与数据测算

在求解基于 M-V 模型与 CAPM 的最优市场位置和实际市场位置前先做如下处理:定义期货的收益率为 $R_t = (F_t - F_{t-1})/F_{t-1}$,$F_t$ 为 t 期期货价格。一定时期内单一期货品种所占市场权重 x_i =单一期货品种交易额/总交易额。

期货市场效率是随着市场信息变动而变动的一种动态调整过程。新信息的出现存在一定时间间隔,因此通过对采样时间间隔的细分能够获取更多数据,这对研究期货效率是有帮助的(如日数据)。但为了保证数据具有统计意义,要求有足够大的时间间隔,且采样时间过短,新信息的出现可能还没有反映到价格中,因此计算结果会有偏差。所以,本节采用日收盘价计算收益率和方差-协方差矩阵,以每个自然月为一个时间间隔,把当月平均收益率作为预期收益率,并计算实际市场权重。我们以 2001 年 1 月为例计算农产品期货市场预期收益率、协方差矩阵及市场权重(表 11-4~表 11-6)。[③]样本数据的选择对于实证结果具有重要影响。

---

① Kroll 等 1988 年、1992 年先后两次在《美国经济评论》载文,介绍他们针对修读金融投资的学生做市场仿真实验的结果,比较参与者总体的投资组合与按照 CAPM 确定的最优市场组合,两次实验对象分别是修读证券投资的非经济专业本科生和 MBA,第一次实验对 CAPM 提供了弱支持,第二次实验则给出对 CAPM 的强支持(注意 CAPM 本身并未变化)。本节方法与之不同在于,采取连续的时间序列动态分析,并提出新的范畴"风险溢价缺口"作为市场效率的数量观测指标,Kroll 目的是验证 CAPM,本节将 CAPM 预测的最优组合作为参照基准判定市场效率动态轨迹。

② 这里计算风险溢价的公式与夏普指数相似,不过在夏普指数中使用的是标准差而不是方差。

③ 中国农产品期货市场原始数据均来源于锐思金融数据库。

我国期货市场大体经历了三个阶段：初步形成阶段（1990～1994 年）、清理整顿阶段（1995～2000 年）和规范发展阶段（2001 年至今）。前两个阶段期货市场秩序还不够规范，信息影响供求从而决定价格的机制尚未完全形成，所以用前两个阶段的数据做实证研究很难揭示带有一般规律性的市场内在趋势。[①]本节采用2001 年 1 月至 2009 年 9 月的期货日交易数据，以每个自然月为一个时间段进行研究。考虑在此八年内有些期货品种退出市场，有些新期货合约入市，所以在进行数据处理时以每个自然月为时间段，将该月包含的所有期货品种纳入计算，以保证每个自然月期货市场的完整性，研究不同期间市场效率变动不受期货品种变化的影响。为了保证数据的连续性，消除单个期货合约不同到期日收盘价格的跳跃性，本节采用的期货日交易数据，均来自距交割月最近的期货合约日收盘价格。为了更好地说明期货市场的收益率特征，本节对次交割月和近交割月的价格数据进行对比，由于期货价格序列在相邻合约之间存在跳跃，所以对连接点数据做移动平滑处理。

表 11-4　中国农产品期货市场预期收益率（2001 年 1 月）

时间	豆粕收益率	硬麦收益率	橡胶收益率	大豆收益率
2001 年 1 月 2 日	0.016 28	0.011 148	−0.002 9	0.006 342
2001 年 1 月 3 日	−0.032	−0.002 59	−0.007 91	−0.005 94
……	……	……	……	……
2001 年 1 月 15 日	−0.005 9	−0.001 4	−0.000 54	0.007 406
2001 年 1 月 16 日	0.123 67	−0.001 4	−0.013 51	−0.007 13
2001 年 1 月 17 日	0.000 53	0.011 955	−0.005 19	−0.005 33
2001 年 1 月 18 日	0.013 68	−0.012 51	−0.005 76	0.006 253
2001 年 1 月 19 日	−0.019 7	0.005 63	0.006 029	0.002 145

表 11-5　中国农产品期货市场协方差矩阵（2001 年 1 月）

协方差（方差）	豆粕	硬麦	橡胶	大豆
豆粕	0.001 310 425	$9.828\ 19 \times 10^{-5}$	−0.000 121	1.44×10^{-5}
硬麦	$9.828\ 19 \times 10^{-5}$	0.000 166 805	$-1.612\ 26 \times 10^{-5}$	4.54×10^{-5}
橡胶	−0.000 121 491	$-1.612\ 26 \times 10^{-5}$	$2.484\ 85 \times 10^{-5}$	-4.85×10^{-6}
大豆	$1.443\ 05 \times 10^{-5}$	$4.538\ 55 \times 10^{-5}$	$-4.851\ 8 \times 10^{-6}$	$5.954\ 75 \times 10^{-5}$

---

① 华仁海，陈百助：《我国期货市场期货价格收益及波动方差的长记忆性研究》，《金融研究》2004 年第 2 期，第 52-61 页。

表 11-6　中国农产品期货市场预期收益率与投资权重（2001 年 1 月）

项目	豆粕	硬麦	橡胶	大豆
预期收益率	0.004 8	−0.004 6	−0.001 8	−0.001 7
权重	0.026 5	0.068 4	0.001 7	0.903 2

（二）样本期估算

在期货市场使用 M-V 模型和 CAPM 应对其价格数据是否满足 M-V 模型的假设条件进行验证。不难验证假设①（每种资产都是有风险的）和假设②（允许卖空）是成立的。下面验证假设③（价格数据服从联合正态分布），以 2001 年 1 月的农产品期货日收盘价格为例，考察其数据的统计特征（表 11-7）。数据处理采用时间序列分析软件 EViews4.0。

表 11-7　中国农产品期货日收盘价格统计特征（2001 年 1 月）

项目	豆粕	硬麦	橡胶	大豆
均值	−0.002 048	−0.000 515	−0.004 549	−0.001 823
中位数	0.000 012	0.000 091	−0.000 199	−0.001 02
最大值	0.023 256	0.009 132	0.011 955	0.006 029
最小值	−0.028 747	−0.009 955	−0.036 486	−0.013 51
标准差	0.011 638	0.004 546	0.013 403	0.005 173
偏度	−0.091 683	−0.121 837	−0.860 981	−0.521 482
峰态	1.594 068	2.854 473	3.307 921	3.241 63
正态检验	0.395 743	0.063 773	1.784 981	0.668 593
概率	0.820 475	0.768 617	0.409 634	0.715 842

由统计量可以看到：图像基本以均值点（0 点）为对称点，均值不为零，从峰度和偏度可以看出该统计量具有良好的正态分布特性，即以其均值为中心近似中心对称；Jarque-Bera 统计量和 P 值表明这四种期货的日收盘价数据服从联合正态分布，假设③成立。虽然长期内期货价格有金融数据共有的"右厚尾"、峰度值高于正态分布的特点。但是短期内（如一个月内）的统计数据显示，期货价格分布近似服从正态分布，保证了协方差矩阵的正定性，因此可以在该市场使用 M-V 模型。[①]

---

① 假设④（即对单个资产的投资比例无限可分）在应用 M-V 和 CAPM 的实证检验中一般不做出说明，因为在市场中单个交易者受到交易最小单位的限制，但是对整个市场而论这种投资比例的"不可分"产生的影响可以忽略。

　　进一步考虑在市场存在无风险资产的情况下引入 CAPM，通过推导一定时期内期货市场 M-V 模型的有效边缘，求解市场最优投资组合和市场实际投资组合的风险溢价缺口。以自然月为单位时间间隔，求解 2001 年 1 月至 2009 年 9 月共 105 个月的风险溢价缺口，以 2001 年 1 月为例，求解一个单位时间间隔内的风险溢价缺口（其他月份方法相同）。

　　首先将表 11-4 中的预期收益率、协方差矩阵代入式（11-1），利用式（11-3）得到 2001 年 1 月农产品期货市场的有效边缘（图 11-3 中曲线顶点以上部分）。数据处理采用数学软件 Matlab7.0。

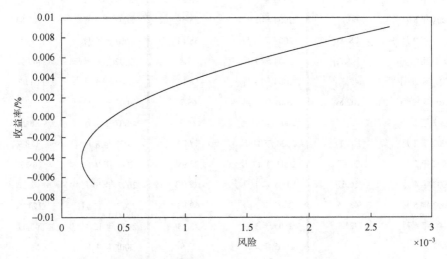

图 11-3　中国农产品期货市场 M-V 有效边缘（2001 年 1 月）

　　图 11-3 所示曲线在风险-收益率平面内是一条抛物线，抛物线的上半部分是求解出的有效边缘。在市场存在无风险资产条件下，利用式（11-4）和式（11-5）分别计算 2001 年 1 月最优投资组合与实际市场组合的收益率和风险（表 11-8）。

表 11-8　最优投资组合与实际市场组合的收益率与方差（2001 年 1 月）

	最优投资组合	实际市场组合
收益率	0.005 778	−0.001 701 5
风险	0.000 863	0.000 176 2

　　利用式（11-6）得到 2001 年 1 月农产品期货市场的风险溢价缺口为 71.72。即本月农产品期货市场效率从数值上计为 71.72。遵循上述方法得到从 2001 年 1 月至 2009 年 9 月共 105 个农产品期货市场风险溢价缺口（表 11-9 和图 11-4）。

表 11-9　中国农产品期货市场月度风险溢价缺口（2001 年 1 月至 2009 年 1 月）

时间	风险溢价缺口	时间	风险溢价缺口	时间	风险溢价缺口
2001 年 1 月	71.72	2003 年 10 月	37.62	2006 年 7 月	274.92
2001 年 2 月	204.93	2003 年 11 月	14.08	2006 年 8 月	155.57
2001 年 3 月	37.44	2003 年 12 月	55.3	2006 年 9 月	85.32
2001 年 4 月	37.59	2004 年 1 月	50.74	2006 年 10 月	242.46
2001 年 5 月	21.49	2004 年 2 月	14.44	2006 年 11 月	285.63
2001 年 6 月	4.41	2004 年 3 月	56.6	2006 年 12 月	1302.63
2001 年 7 月	15.97	2004 年 4 月	73.87	2007 年 1 月	5.62
2001 年 8 月	66.11	2004 年 5 月	25.68	2007 年 2 月	107.83
2001 年 9 月	28.95	2004 年 6 月	38.14	2007 年 3 月	5.77
2001 年 10 月	111.72	2004 年 7 月	77.8	2007 年 4 月	147.38
2001 年 11 月	43.31	2004 年 8 月	18.14	2007 年 5 月	54.97
2001 年 12 月	102.89	2004 年 9 月	69.7	2007 年 6 月	123.8
2002 年 1 月	45.95	2004 年 10 月	114.97	2007 年 7 月	88.23
2002 年 2 月	103.77	2004 年 11 月	47.23	2007 年 8 月	178.9
2002 年 3 月	119.7	2004 年 12 月	28.98	2007 年 9 月	149.52
2002 年 4 月	66.61	2005 年 1 月	1060.3	2007 年 10 月	63.22
2002 年 5 月	43.65	2005 年 2 月	69.83	2007 年 11 月	124.74
2002 年 6 月	321.7	2005 年 3 月	23.53	2007 年 12 月	48.09
2002 年 7 月	43.33	2005 年 4 月	137.98	2008 年 1 月	50.14
2002 年 8 月	59.05	2005 年 5 月	72.17	2008 年 2 月	927.11
2002 年 9 月	65.82	2005 年 6 月	42.61	2008 年 3 月	108.64
2002 年 10 月	66.73	2005 年 7 月	102.82	2008 年 4 月	47.09
2002 年 11 月	106.03	2005 年 8 月	95.62	2008 年 5 月	1330.23
2002 年 12 月	78	2005 年 9 月	150.57	2008 年 6 月	263.53
2003 年 1 月	33.97	2005 年 10 月	176.47	2008 年 7 月	163.99
2003 年 2 月	33.22	2005 年 11 月	152.85	2008 年 8 月	38.46
2003 年 3 月	73.43	2005 年 12 月	71.72	2008 年 9 月	222.46
2003 年 4 月	88.16	2006 年 1 月	434.21	2008 年 10 月	41.41
2003 年 5 月	209.83	2006 年 2 月	127.42	2008 年 11 月	207.06
2003 年 6 月	108.16	2006 年 3 月	200.24	2008 年 12 月	29.14
2003 年 7 月	280.74	2006 年 4 月	71.48	2009 年 1 月	55.4
2003 年 8 月	18.62	2006 年 5 月	320.72	2009 年 2 月	258.1
2003 年 9 月	105.44	2006 年 6 月	71.34	2009 年 3 月	60.77

续表

时间	风险溢价缺口	时间	风险溢价缺口	时间	风险溢价缺口
2009 年 4 月	38.69	2009 年 6 月	227.23	2009 年 8 月	95.25
2009 年 5 月	1235.95	2009 年 7 月	91.31	2009 年 9 月	146.92

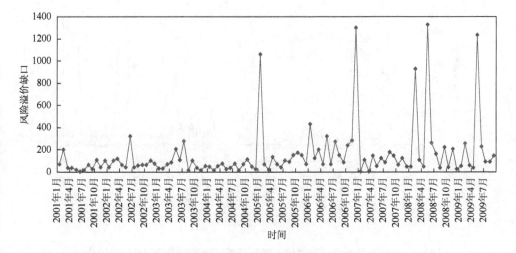

图 11-4　中国农产品期货市场月度风险溢价缺口（2001～2009 年）

（三）对市场效率动态特征的解释与推论

图 11-5 描述了中国农产品期货市场风险溢价缺口、最优市场组合风险溢价和实际市场组合风险溢价的关系。可以发现：第一，农产品期货市场实际风险溢价以零为中心，在−50～50 波动，且波动比较平稳。市场实际风险溢价与最优市场风险溢价之间差距很大，说明中国农产品期货市场远非有效市场。第二，最优投资组合风险溢价波动较为剧烈。这在一定程度上说明，农产品期货市场对于政策信息、现货价格等市场新信息的出现不能做出及时有效反应。按照米勒的判断，说明期货价格趋向均衡调整的力量不足，期货市场交易机制、交易范围可能存在问题，既有可能市场均衡价格存在很大不确定性（可以理解为不存在均衡价格），也可能是实际期货价格不能跟随均衡价格变动，市场套利空间过大。在一定程度上这是期货交易不成功的象征。[①]第三，市场最优点风险溢价与风险溢价缺口数值高度拟合，$R^2 = 0.96$，这是由于实际市场组合的风险溢价远小于市场最优组合风

---

① 莫顿·米勒.《金融创新与市场波动性》，首都经贸大学出版社 2002 年版，第 118-119 页。

险溢价，即期货市场对于各期货品种的投资比例与最优投资策略有很大距离，期货市场资金流向远没有遵循优化配置的最佳途径。第四，观察图 11-4 中风险溢价缺口的特异值，即 2005 年 1 月、2008 年 5 月、2006 年 12 月、2008 年 5 月和 2009 年 5 月的情况，市场实际风险溢价与市场最优风险溢价差距远超出常态。①

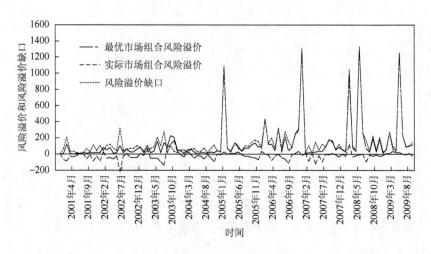

图 11-5　最优市场组合风险溢价、实际市场组合风险溢价和风险溢价缺口

可以做下述推论以揭示实证检验的经济意义。

推论 1：农产品期货市场在某些期间具有"超额风险溢价"，隐喻着影响期货价格的信号未能被市场及时发现并充分吸收。

推论 2：参考 CAPM 并以风险溢价缺口为尺度，2001 年 1 月到 2009 年 9 月中国农产品期货市场运行低效。可以粗略地判断市场充其量是弱式有效的。

推论 3：CAPM 的重要假设"投资者信念一致"在中国农产品期货市场不成立。意味着投资保值（投机）者对市场信息的判断处于极度发散状态，且对大多数期货品种，交易者的事前预期风险收益特性与事后风险收益特性显著背离。

推论 4：如果像前文所述期货市场是现货市场的"映像"，期货市场价格以至交易份额是对现货市场的"一对一"的反应，现货市场就存在与期货市场相似的问题。农产品市场价格的极度不确定性说明获知市场信息困难、信息传导不畅，生产者和交易者预期是"发散"的而非"收敛"的。

由上可以引申出一个有意义的问题：与期货品种对应的实际农产品种植、产

---

① 这些特异值从现象和技术层面反映了不同时期期货市场均值-方差结构出现异变，各期货品种及市场方差的跨期时变（或者异方差）明显。实际原因是期货市场价格大幅波动，而且，这种波动对市场是不可预期的，也不排除存在市场欺诈与操纵。

出组合是否远离最优组合？换言之，农业部门的粮食种植结构是否远离最优资源配置？目前不能对此提供答案，因为不同月度的最优组合不稳定，所涉及农产品生产周期又都明显在三个季度左右，但所使用方法可以借鉴，如直接分析现货市场的风险-收益结构。对这一问题需要后续重新研究。

影响结论 4 的因素之一是国际农产品期货市场是否系统性地决定国内期货市场价格，从而使国内农产品期货市场很大程度上游离出国内现货市场。

四、对效率动态的计量检验与事件分析

（一）变量选取与平稳性检验

期货市场风险溢价是市场效率的重要标志。既定市场条件下实际组合风险溢价越高，期货市场效率越高。这里尝试对影响期货市场效率的因素做初步探讨，选取银行间同业拆借利率 R_t 和 CRB 期货指数作为解释变量对期货市场效率动态的结果进行计量检验。我国银行间同业拆借利率是投资者进行投资的重要参考指标，而 CRB 期货指数包括了大量核心商品的价格波动，总体上反映世界主要商品价格的动态信息，被广泛用于分析观察商品市场的价格波动与宏观经济波动，并能在一定程度上揭示宏观经济走向。[①]

以农产品期货市场效率 p_f 作为被解释变量，以中国银行间同业拆借利率 R_t 和 CRB 期货指数 I_{crb} 作为解释变量建立计量模型。由于解释变量和被解释变量属于时间序列，首先对其进行 ADF 平稳性检验（表 11-10）。

表 11-10　对市场效率与同业拆借利率和 CRB 的 ADF 检验

	原序列	一阶差分
p_f	-3.685^{**}	-9.862^{**}
R_t	-2.025	-3.265^{*}
I_{crb}	-1.417	-8.546^{**}

*表示 5%置信水平下显著，**表示 1%置信水平下显著
注：在 5%置信水平下 ADF 的临界值为-2.8912

由 ADF 检验可以看出银行间同业拆借利率 R_t 和 CRB 期货指数 I_{crb} 是非平稳时间序列，其一阶差分平稳。对于银行间同业拆借利率 R_t 和 CRB 期货指数 I_{crb}，其一阶差分形式表示其增长率，反映两种变量的波动情况。

---

① CRB 期货指数反映六组 17 种商品的价格，包括农作物与油籽（18%）、能源（18%）、工业（11%）、家畜（11%）、贵金属（18%）、软材料（24%）。本书在研究进展中也曾选择其他解释变量，但结果均不显著。

（二）计量模型设定与检验结果

根据上述平稳性检验，采用银行间同业拆借利率 R_t 的一阶差分形式和 CRB 期货指数 I_{crb} 一阶差分的绝对值作为解释变量建立计量模型，即

$$p_f = \beta_0 + \beta_1 DR_t + \beta_2 DI_{crb} \tag{11-7}$$

同时引入农产品期货市场效率指标（风险溢价缺口）的滞后变量［滞后三阶的 p_f，即 p_f（3）］作为解释变量。回归结果如下：

$$p_f = 42.47 DR_t + 1.33 DI_{crb} + 0.18 p_f(-3) + 68.77$$

$$P = (0.02)(0.01)(0.06)$$

$$\text{D.W.} = 2.27 \qquad F = 4.71 \qquad p = 0.004 \qquad R^2 = 0.37$$

回归结果显示如下。

第一，银行间同业拆借利率和 CRB 期货指数的增长率对于农产品期货市场的影响是显著的。农产品期货市场风险溢价缺口随着银行间同业拆借利率增长率的上升而增加，即效率随着银行间同业拆借利率增长率变化加速而减小，同业拆借利率增长率每增加 1%，期货市场风险溢价缺口增加 0.42，效率减少 0.42。

第二，CRB 指数差分形式的绝对值 DI_{crb} 表示期货指数的波动情况，我国农产品期货市场风险溢价缺口随着 CRB 期货指数的波动幅度变大而变大，效率随之减少，CRB 指数波动幅度每增加 1 点期货市场效率减少 1.33，说明我国农产品期货市场效率受国际期货市场运行状况影响，当国际期货市场价格波动较大时，我国农产品期货市场效率降低。

第三，市场效率滞后 3 期的系数为正且显著，说明市场具有使效率增加的调节作用，当市场效率低，即 p_f 较大时（如 100），市场利用 3 个月时间可以将 p_f 调节减至 18，说明期货市场中投资者群体当市场出现价格失真情况时能够改变投资策略使市场价格回归较为有效的真实价格。

（三）事件分析

除银行间同业拆借利率和 CRB 期货指数以外，选择通货膨胀等宏观变量检验期货市场效率的结果不显著。不过由于使用月度数据，一些重要事件或者市场异常波动仅偶然发生在短期，其影响在计量过程中被大量样本淹没；也可能同一事件持续到一个相对长期的样本期间（一年甚至更长时期）。所以揭示一些实际因素对期货市场的影响有必要做出事件分析。计量不显著未必否定宏观变量对农产品

期货市场效率的影响。①据以上分析，综合第三部分对农产品期货市场风险收益状况的检验数据与同期宏观经济特征，观察宏观因素对农产品期货市场效率的影响（表 11-11）。

表 11-11　中国农产品期货市场实际投资组合、最优组合月度风险-收益（2001～2009 年）

年份	市场实际投资组合				按照 CAPM 求解最优投资组合			宏观经济特征	月平均无风险利率 1)/‰
	月平均收益率/‰	负收益率月数	月平均标准差	月平均风险溢价 2)	月平均收益率/‰	月平均标准差	月平均风险溢价/‰		
2001	−0.98	7	0.0087	−344.1	5.22	0.0203	226.1	通货紧缩	1.88
2002	1.09	2	0.0055	−167.6	3.59	0.0072	287.1	通货紧缩	1.76
2003	8.6	5	0.0011	300.7	11.2	0.003	721.3	通缩转向通胀	2.00
2004	−0.57	7	0.0108	−254.3	6.20	0.0157	283.2	通货膨胀	2.06
2005	1.22	6	0.0106	−55.4	3.39	0.0050	479.6	通货膨胀	1.23
2006	0.23	8	0.0088	−202.0	4.99	0.0053	588.6	通货膨胀	1.81
2007	1.24	5	0.0087	−162.6	5.87	0.0092	446.0	美国次贷危机爆发	2.33
2008	−0.70	8	0.0136	−197.2	6.86	0.0082	470.0	全球金融经济危机	2.58
2009	1.74	1	0.0121	60.0	3.85	0.0049	225.2	不确定的经济复苏	0.88
9 年月度均值	2.14	4.78	0.0101	−100.2	5.69	0.0096	422.4		1.86

注：1) 月无风险利率数据来自锐思金融数据库，数据选择标准：2002 年 7 月 2 日前用一年期银行存款利率，之后使用一年期中央银行票据的票面利率。本节使用的数据已做过月度处理，即将年度利率转化为月度数据。月无风险利率均值是一年终 12 个月无风险利率的均值

2) 月均风险溢价=（月度收益率—无风险率）/标准差，即夏普指数，表示每承受单位风险，可获得的超额报酬

　　选取五个特征年份试做分析。其中 2001 年、2004 年和 2008 年三个年份市场投资组合平均月度收益率均为负值；2003 年市场投资组合具有最高月度平均收益率（8.6‰）；2008 年、2009 年两年宏观经济形势较为复杂，总需求波动凸显全球金融经济危机的影响，而 2009 年市场投资组合出现负收益月份数最少（仅一个月）。

---

① 观察到的事实与采取不同样本期、不同计量方法、对数据做出不同处理的计量结果有时很不一致，既有可能是观察"悖谬"，也有可能是计量方法局限。

2001 年宏观经济处于通货紧缩时期，当年期货市场月平均收益率处于样本期最低水平（−0.98‰），即从市场总体看农产品市场期货交易是亏损的，月平均风险溢价也最低（−344.1‰）。"十五"规划纲要明确写入"稳步发展期货市场"是市场利好，但是难以逆转宏观经济形势对期货市场的冲击。

2003 年期货市场实际组合月平均收益率与月平均风险溢价达到样本期最高（表 11-8），月平均标准差达到最低。同样，按照 CAPM 求解的最优投资组合月平均收益率、月风险溢价分别达到样本期最高，月平均标准差达到最低。1998～2002 年受国内有效需求不足与亚洲危机波及持续出现通货紧缩影响，2003 年发生逆转，宏观经济从低速增长、市场弥漫悲观预期转向对经济前景乐观、经济快速增长的态势，农产品期货市场数据是对宏观经济的正向反应。2003 年银行、企业部门被长期压抑的信贷供需潜力迅猛释放，尽管监管方严禁银行对期货市场融资，但不排除这一期间信贷资金流入期货市场的可能，这从一个侧面说明，流动性充裕是期货市场优化资产组合的重要条件。

2004 年 CPI 上涨 3.9%，通货膨胀趋势明朗，中央银行紧缩货币政策，再加上国际市场能源价格振荡，各种因素叠加使农产品期货市场很快向下调整，市场组合的各项指标恶化，最优组合的标准差达到样本期最大，说明市场系统性风险增加（表 11-8）。从期货市场总体观察，2004 年是强化监管、发展转折的一年，国务院 2 月发布"国九条"，证监会一系列法规密集出台，棉花等期货合约新品种纷纷上市。当年也充斥着市场"悲剧"，湖南正湘行期货经纪有限公司因挪用保证金被证监会注销；四川嘉陵期货经纪有限责任公司出现保证金兑付危机后停业整顿；中国航空油料集团公司出现投机石油衍生品交易遭受巨额亏损的爆炸性新闻。这些事件对期货市场造成打击，农产品期货市场数据是对市场变故的诠释印证。

2008 年和 2009 年农产品期货市场变动充分反映了美国次贷危机以后国际、国内经济形势变化。尤其 2008 年是颇为跌宕的一年，上半年尽管遭遇美国次贷危机冲击期货市场，曾经出现暴跌，但总体处于上升波段，下半年 7～8 月国际金融危机冲击效果强化，农产品期货市场连续出现大幅下行的逆转行情。2008 年市场实际投资组合的标准差、出现负收益率月份数都最大，市场位于高风险时段。但最优投资组合的月平均风险溢价仍不低（470.0‰），月均收益率达次高，原因之一应该在于期货品种增加。[①]

事件分析揭示出农产品期货市场风险-收益和效率状况与宏观背景有密切联系，微观机构违规或巨额亏损事件诱致羊群效应对期货市场具有系统性影响，对农产品期货市场提供信贷支持以改善流动性也有正向效果，增加期货品种以放大

---

① 2008 年无风险率达到最高为 2.58‰，如果不考虑无风险率直接计算最优组合的风险-收益比，2008 年最优组合的投资效率更高。

资金配置空间、扩展交易标的相关统计特性可以改进期货市场效率。[①]

五、结语

本节运用 M-V 模型与 CAPM 求解我国农产品期货市场最优组合，并与市场实际投资组合比照对农产品期货市场效率做动态检验，是对目前研究金融市场效率在基本方法上的补充，对现代资产组合理论的研究工作存在一定程度扩展，其中也结合了夏普、林特纳等的基金评价方法。后续研究需要考虑更为具体的成本、收益因素，结合农产品期货市场交易机制与规则对约束条件进行修正。将 CAPM 用于分析期货市场可能会有若干不同于股票市场的内在机理。

由相关金融理论模型检验、计量验证及事件分析的结论可以启发我们思考，进而对促进农产品期货市场发展、提升农产品期货市场效率提出政策建议：放宽农产品期货市场准入，提高市场信息透明度与增加适当融资渠道，增强现货与期货市场资金流动性，通过优化市场机制、改进规则提高趋向均衡价格的时效；从合约成交、交割及不断沟通期货与现货市场之间的联系方面提供交易便利和降低交易成本，适当增加农产品期货品种、扩大市场交易范围，设计与寻求更多"对冲"外部市场波动对国内期货市场的影响；中央银行可以综合运用利率调节与货币供给手段及时对金融市场变动做出反应以避免货币市场大的波动。在我国经济国际化程度不断加深条件下，需要寻求降低国际商品市场、金融市场不稳定对国内农产品期货市场传导的有效手段。

---

① 此处统计特性指不同期货交易标的收益率的相关系数。从理论角度讲有一系列标的相关系数为负可以改善风险分散效果，有利于提高最优组合的风险溢价水平。当可选标的增加时，相关系数为负的机会可能增加。

第十二章　马克思经济理论三论

　　马克思的经济理论曾经是中国经济建设的主要指导思想,其再生产理论及分配理论对我国在计划经济时期处理两大部类生产、积累与消费比例关系和财政信贷综合平衡方面,产生直接影响。以马克思劳动价值理论为基础的价值规律,在改革开放前后均受到经济理论界的高度重视,也是我国恢复商品经济、建设社会主义市场经济的重要思想依据。但是,由于局限于苏联时期所形成的马克思政治经济学读本的影响,对马克思经典著作的译介、诠释也受到当时主流舆论和文宣部门的干预,在新的条件下继续坚持马克思主义理论指导作用,必须追本溯源,完整、准确和客观地重读马克思,回到马克思,与时俱进地发现马克思经济理论对当代中国经济社会发展的指导意义。

第一节　论利率运动规律——关于马克思利率理论的新观点[*]

　　随着经济体制改革向纵深推进及资本市场的初步形成,利率问题已成为社会普遍关注的热点之一。目前,在利率决定机制,利率的数量界限如何适应经济系统和金融体制格局的变化以发挥其积极有效的调节功能等方面,均面临着一系列理论和政策问题。本节试图从实证分析、经济史演进过程、资本结构变化及资本市场的发展等不同角度,研究利率相对于利润率的运动规律,并重新探讨、诠释马克思的利率理论。

一、对弗里德曼-施瓦茨检验的解释

　　熊彼特指出利率"导致自古以来理论家所观察到的现象,那就是经济体系中所有的报酬从某个方面来看,都是趋于相等的"。[①]麦金农认为,有效资本市场会推动实质资产和金融资产的收益趋于相等。[②]综合两人的思想,作为借贷资本收益率的平均利率,应该与反映全社会总资本收益率的一般利润率在经济系统的动态发展中趋于相等。事实上,利率与利润率能否达到均等,各种投资的收益率是同

---

　　[*] 原载《陕西师大学报》,1995 年第 4 期,《理论经济学》,1996 年第 1 期转载。题目有改动。

　　[①] [美]约瑟夫·熊彼特:《经济发展理论》,商务印书馆 1991 年版,第 229 页。

　　[②] [美]罗纳德·麦金农:《经济发展中的货币与资本》,生活·读书·新知三联书店 1988 年版,第 11 页。

时、不同时还是在不同地区、部门间取得均等，是西方经济学中关于资本理论长期存有争论的问题。这一问题涉及资本市场与商品市场的均衡过程机理、资产选择机制及制定利率政策的依据等，所以意义重大。本节将论述的问题限定在长期趋势方面，即从长期观察平均利率与一般利润率是否趋于相等。我们首先对弗里德曼与施瓦茨关于名义资产和实物资产的计量检验结果予以解释。弗里德曼与施瓦茨使用了美国与英国 100 多年的资料，结果表明：在这 100 年间名义资产和实物资产的收益率大致相等，这意味着在两种资产之间存在有市场套利。对不同阶段的分析表明，在价格上升时期实物资产收益率趋向于超过名义资产收益率，而在价格下降时期存在相反的情况。对两人编制的数据稍作处理得到表 12-1，可借以分析两国名义资产和实物资产收益率之间存在的不同程度的差异。

表 12-1　美国 1867～1975 年、英国 1874～1975 年名义资产与实物资产平均收益率　　　　　　单位：%

项目	美国		英国	
	名义收益率	实际收益率	名义收益率	实际收益率
实物资产	4.53	3.00	4.20	1.62
名义资产	4.49	2.96	3.86	1.27
实物资产收益率 名义资产收益率	1.0089	1.0135	1.0881	1.2756
平均通货膨胀率	1.53		2.59	

注：①原始数据见米尔顿·弗里德曼与安娜·施瓦茨：《美国和英国的货币趋势》，中国金融出版社 1991 年版，第 592 页表 10.1。②名义资产以商业票据、银行票据、公司债券、公债券为代表，实物资产以公司股票为代表，但以收入变化率作为替代指标

　　两国实物资产的名义收益率和实际收益率均高出名义资产，原因在于长期平均的结果两国均有通货膨胀，美国是 1.53%，英国是 2.59%（均为年物价上涨率）。英国的名义资产与实物资产的收益率差距更大，是由于它有更高的通货膨胀率。分阶段中通货膨胀使实物资产收益率较高，长期的结果也必定一样。使名义资产贬值的机理在于无适合的、足够数量的不动产提供选择，不动产的不可分性。莫迪利亚尼对此也有论述。

　　实物资产的实际收益率相对于名义资产的实际收益率比实物资产的名义收益率相对于名义资产的名义收益率有更高的变化率。美国这两个变化率分别为 1.35%，0.89%，英国分别为 27.56%，8.81%。两种变化率的差异是由于两种资产名义收益率本身就有差距，消减同一水平的通货膨胀后，较小者受到更大比例的折扣。我们把两种资产收益率的差异归因于通货膨胀率。

为什么不把这种差异归因于人们偏好名义资产（因其有较好的流动性）？弗里德曼与施瓦茨的研究已解决了这一问题：第一，英美两国的资产持有者一般倾向于持有实物资产而不是名义资产，即使实物资产比名义资产收益率低 1.25 个百分点也是如此；第二，第二次世界大战以前名义资产的名义收益率未随通货膨胀做相应的调整，但第二次世界大战以后主要是 20 世纪 60 年代以后，利率随通货膨胀平行变动，资产持有者对通货膨胀的预期加强。偏好虽然没有改变，由于货币幻觉的消失，当面临通货膨胀时，人们会纷纷调整资产结构。

对名义资产和实物资产各自的收益率在 100 多年间的微小差异做了上述解释之后，可以得出结论：随着资产选择的一些限制因素被消除，资本市场效率的提高及对通货膨胀预期的加强，名义资产和实物资产收益率之间的缺口最终会被填平。

二、对有关指标、范畴的解说与进一步的逻辑推论

我们首先说明弗里德曼与施瓦茨使用的样本指标。两人在统计长期平均利率时选择的各种名义资产样本指标如下。

美国短期利率：1923 年以前是 60～90 天商业票据利率；1923 年以后是 4～6 个月的商业票据利率。

美国长期利率：高级公司债券的实际收益率。

英国短期利率：3 个月银行票据利率。

英国长期利率：英国政府公债收益率。[①]

他们经过反复的回归试验，所使用的利率指标与实物资产所得的相关性很高。

马克思曾设想过计算平均利率的方法："①算出利息率在大工业周期中发生变动的平均数；②算出那些资本贷出时间较长的投资部门中的利息率。"[②]可见，马克思设想中引入了经济周期、产业部门和期限结构等因素。弗里德曼与施瓦茨的统计期间无疑已剔除了周期波动的随机影响，就期限、货币资产类别来说，所选样本指标也具有代表性，与马克思的设想是吻合的。

对于实物资产，他们首先考虑的是股票收益率，以股票的红利与其名义价格变动之和作为实物资产的名义收益，但又因股票在全部实物资产中只占一小部分，为了避免统计误差，转而以名义收入的增长率替代实物资产的名义收益率。

根据上述因素，笔者认为他们统计的实物资产收益率实际上是自有资本收益率（当代会计分析中称为资本收益率），相当于股份公司财务报告中的净资产收益

① 见《美国与英国的货币趋势》第 350 页。

② 马克思：《资本论》第 3 卷，人民出版社 1975 年版，第 406 页。

率。[①]这一推断的前提是：股票价格变动从长期来说是股票净值变化与通货膨胀率的函数。

为了逻辑推导上的方便，我们选择符号序列如下。

i：平均利息率，即总利息与总借贷资本之比。

r：一般利润率，即社会总利润与社会总预付资本之比。

R：自有资本收益率（等于实物资产收益率），即总利润减去总利息后与总自有资本之比。

L：总借贷资本占社会总预付资本的比例。

I：社会总预付资本，令 $I=1$。

I_0：总自有资本占社会总预付资本的比例。推导如下：

$$L = I - I_0 \tag{12-1}$$

$$R = \frac{I \cdot r - (1 - I_0)i}{I_0} = \frac{r - i}{I_0} + i \tag{12-2}$$

弗里德曼与施瓦茨已经证明有这样的趋势：

$$R = i \tag{12-3}$$

将式（12-3）代入式（12-2）得

$$i = \frac{r - i}{R_0} + i$$

故

$$r = i \tag{12-4}$$

结果证明：平均利息率（i）等于一般利润率（r）。

这个结果与我国理论界的传统结论显然不同。传统理论认为：平均利息率低于一般利润率，似乎不如此企业就不愿意生产。这种关于平均利息率与一般利润率数量关系的观点源于对马克思《资本论》第 3 卷第 5 篇中有关生息资本内容的片面理解。为了澄清这一基本理论问题，我们需要重新探讨马克思的利率理论。

三、对马克思关于利息与利率理论的归纳分析

在《资本论》第 3 卷第 5 篇"利润分为利息和企业主收入，生息资本"中，马克思集中阐述了自己的利息和利息率理论，有着极丰富的思想内容。遗憾的是马克思在撰写《资本论》第 2、3 卷期间遇到难以克服的身体方面的原因，使得这一篇"只不过是开了一个头"。恩格斯在整理这一篇时，本来希望"至少可以接近于作者原来打算写成的那个样子"，但至少试了三次，每一次都失败了，最后只好"尽可能整理现有的材料，只作一些必不可少的补充"。[②]尽管该篇的第 21~24 章

① 净资产收益率=（税后利润—优先股股息）÷平均普通股权益。
② 见马克思《资本论》第 3 卷中恩格斯撰写的"序言"。

大体上已经完成，我们仍然认为，由于上述情况，马克思的利率理论在他本人那里尚未画上句号，这就为我们重新认识和发展它的利率理论留下了更大的空间。

为了便于从总体上把握和分析马克思的利率思想，我们对马克思的利息与利率理论作以下归纳。并且，为了准确，尽可能引用原文。从马克思的经济学说体系来说，这个归纳也可能不完全。

（1）利息来源于利润，最终来源于剩余价值。

（2）平均利息率由一般利润率决定并调节。马克思指出"利息率对利润率的关系，同商品市场价格对商品价值的关系类似。就利息率由利润率决定来说，利息率总是由一般利润率决定，而不是由可能在某个特殊产业部门内占统治地位的特殊利润率决定，更不是由某个资本家可能在某个特殊营业部门内获得的额外利润决定"。①

（3）平均利息率的最高界限是一般利润率。"不管怎样，必须把平均利润率看成是利息的有最后决定作用的最高界限"。②这里的利息实际上是指利率，马克思不会将绝对量与相对量作直接比较。利息率的最低界限则完全无法确定，"因为总会出现起反作用的情况，使它提高到这个相对的最低限度之上"（最低限度指零利率——笔者）。③

（4）利率与经济周期相关，也呈现出周期变动的特点，"低的利息可能和停滞结合在一起，稳步提高的利息可能和逐渐活跃结合在一起"，④"达到高利贷极限程度的最高利息则与危机相适应"。④在危机期间利息率会高于利润率，因借款人不惜花费较高代价而维持已经萎缩的生产或应付债务，一部分企业家对经济繁荣仍抱有幻想。

（5）短期的或任一时点的市场利率是由供求关系决定的，不通过任何媒介。"生息资本虽然是与商品不同的范畴，但却变成特种商品，因而利息就变成它的价格，这种价格，就像普通商品的市场价格一样，任何时候都由供求关系决定。"⑤

（6）平均利息率有长期稳定的趋势，因为一般利润率在较长时期才会变动。

但利息率也有不以利润率变动为转移而下降的趋势，原因在于储蓄货币在银行中介作用下形成的对生息资本的压力及生息资本自身的增加。⑥

关于利息率具有长期下降的趋势这一命题，始自李嘉图的一般利润率趋于下

---

① 马克思：《资本论》第3卷，人民出版社1975年版，第409页。

② 马克思：《资本论》第3卷，人民出版社1975年版，第403页。

③ 马克思：《资本论》第3卷，人民出版社1975年版，第401页。

④ 马克思：《资本论》第3卷，人民出版社1975年版，第404页。

⑤ 马克思：《资本论》第3卷，人民出版社1975年版，第411页。

⑥ 马克思：《资本论》第3卷，人民出版社1975年版，第405页。

降规律，马克思肯定了这一论断，它也实际上被几乎所有经济学流派所接受。但这一命题也曾被马歇尔、熊彼特、刘易斯等经济学家合理地否定。[①]

（7）中等利息率作为现实的量而存在时，习惯、法律、传统等和竞争一样，影响它的决定[②]。

（8）平均利息率的界限不能由任何规律来决定。"一个国家中占统治地位的利息率——不同于不断变动的市场利息率——不能由任何规律来决定。"[③]"如果有人进一步问，为什么中等利息率的界限不能从一般规律得出来，那么答复很简单，由于利息的性质。利息不过是平均利润的一部分。"马克思认为产业资本家的自有资本按平均利息率首先由利润中得到相等于借贷资本的利息之后，还会得到一个与资本所有权无关的企业主收入。

（9）马克思觉察到了在借贷资本利息和有价证券价格及借贷资本本身在放款及转化为直接投资之间的市场套利情况，即通过资产选择获得较高的收益率。"由于有价证券价格的降低和利息的提高相适应，这对那些拥有可供支配的货币资本的人来说，是一个极好的机会，可以按异常低廉的价格，把这种有息证券抢到手，而这种有息证券，在正常情况下，只要利息率重新下降，就必然会至少回升到它们的平均价格。"[④]"假如大部分的资本家愿意把他们的资本转化为货币资本，那么，结果就会是货币资本大大贬值和利息率惊人地下降；许多人马上就会不可能靠利息来生活，因而被迫再变为产业资本家。"[⑤]

对最后一段引文，我们完全有理由拟写出另一种对称的情况：假如大部分的资本家愿意把他们的资本进行直接投资，那么，结果就会是货币资本大大升值和资本收益率惊人地下降（利息率则惊人地上升）；许多人马上就会不可能靠生产性利润来生活，因而会被迫再变为借贷资本家。

按马克思上述第 3、第 8 两点结论，我们无法确定利率波动的中心在什么水平上。物质的电子运动虽然是随机性的，但它们的运动始终围绕原子核而形成各具特色的原子轨道。对于利率运动而言，却缺乏一个合理解释其运动范围的"内核"。我们似乎仅知道平均利率在一般利润率以下、在零以上的某一范围内。

但从第 2、第 5 和第 9 点思考，会得出不同结论。利润率决定利息率是通过资本的供求竞争实现的。同一笔货币当作借贷资本还是直接以自有资本形式发挥作用，必然取决于对两种形式资本的收益率的比较，即比较利息率和资本收益率。如果产业资本家取得以利率计算的自有资本的利息之后再获得一笔企业主收入，

---

① W. 阿瑟·刘易斯：《经济增长理论》，上海三联书店 1994 年版，第 311-312 页。

② 马克思：《资本论》第 3 卷，人民出版社 1975 年版，第 408 页。

③ 马克思：《资本论》第 3 卷，人民出版社 1975 年版，第 406 页。

④ 马克思：《资本论》第 3 卷，人民出版社 1975 年版，第 404～405 页。

⑤ 马克思：《资本论》第 3 卷，人民出版社 1975 年版，第 424 页。

资本收益率就高于利息率，就会出现市场上的套利情况，借贷资本向直接的自有资本转移。反之，利息率高于资本收益率，产业资本家的自有资本向借贷资本转移。套利行为会停止在平均利息率等于资本收益率（也等于一般利润率）之时，从而形成资本、商品市场的均衡。这种动态均衡的结果，与我们对弗里德曼和施瓦茨的实证资料的推理是一致的。

利息率与资本收益率可能此起彼伏，但全社会的一般利润率取决于生产技术等条件，相对比较稳定。所以，平均利率与资本收益率的均等是通过双向互动、此消彼长实现的，但平均利率与一般利润率的长期趋于均等，却主要由利率变动而得以实现，这一均衡过程的机理，在于不同形式的资本，都要追求收益的最大化，如有必要，就放弃或改变外在形式，保持资本的本性。

由上述思考，我们可以概括出利息率的运动规律：平均利率由一般利润率决定与调节，利率围绕利润率波动，在长期趋势中平均利率等于一般利润率。或者，均衡利率等于一般利润率。

关于利率与利润率均等的长期趋势，在《资本论》第 3 卷成书以前就由李嘉图和屠能论述过。但两人申述的调整机制不同。李嘉图认为对企业家来说利润率稳定不变，通过金融市场上贷款的供求变化实现均等化。屠能则认为利润率是可变的，从而可通过物质生产力或技术变化实现均等。"这样，要达到利润率和利率之间的长期相等，最终取决于资本的物质生产力变化程度及金融市场的调整程度。"①

马克思在他的利率理论中已经非常切近规律，却又未明确导出规律。究竟是哪些因素使利息率决定问题变得若明若暗，要解释这一问题，还必须从一定的社会历史及不同历史阶段的若干特征出发。

四、干扰因素：独特的时代背景

马克思研究利率问题的时间范围是中世纪至 19 世纪中叶，他的利率理论的主要来源之一是约瑟夫·马西（Joseph Massie）的思想，后者关于利息率的著作《论自然利息率的原因》出版于 1750 年。而马克思《资本论》第 3 卷不完整的初稿形成于 1863～1867 年（弗里德曼的统计起点恰好也是 1867 年）。马克思所观察的时代有一些特殊的背景因素，这些因素会影响到他的利率理论，但以后发生的一些变化无疑改变了马克思研究利率问题的历史条件。

---

① L. 帕西内蒂，罗伯托·斯卡齐里：《资本理论：悖论》，载《新帕尔格雷夫经济学大辞典》（第一卷），经济科学出版社 1992 年版，第 395 页。

（一）18 世纪至 19 世纪 60 年代，产业资本家有和国家统治者联合起来压低利率的倾向

马克思指出："整个 18 世纪都有一种呼声（立法也照此办理），要以荷兰为例，强制压低利息率来使生息资本从属于商业资本和产业资本，而不是相反。"[①]职能资本家与生息资本家处于利益严重对立状态，生息资本已由高利贷资本的统治、垄断地位转变为从属、依附于职能资本的地位。贷款的目的也发生了变化，中世纪的高利贷借款人将借来的货币用于简单的再生产和消费，现在的职能资本家将贷款用于扩大再生产，他们对利益的分享斤斤计较。进而，原来似乎是放款人养活借款人，现在变成了职能资本家同时为他和借贷资本家赚钱。

这一时期的主要资本主义国家中，职能资本虽然与借贷资本相比具有了明显的优势，但资产阶级的统治地位尚未确立，社会处于一个新旧交替的转折时期。"十九世纪六十年代期间，资产阶级只是在英国以统治阶级自居，在法国，资产阶级仍然不得不考虑小资产阶级和农民结成累赘的联盟，只在短暂的有利时期内自由发展并得到国家的支持。在德国，资产阶级不得不既受土地贵族的容纳，又依靠国家的支持。在美国，只是在南北战争以后，资产阶级才找到它兴起的道路。"[②]这种特殊的背景，使得统治者和资产阶级因为共同的利益结成某种脆弱的联盟。高利贷曾经剥夺小生产者，同时羽化出职能资本家，但这已经足够了，一旦生息资本为职能资本家所用，后者就必然设法利用法律、传统甚至伦理观念的力量压低利率。索洛曾提出：19 世纪有把利率作为一种伦理问题的传统。高利贷曾作为原始积累的方式之一，同样的积累现在需要低利率。当然，这种情况必须对国家有利，如增加政府收入。

（二）民族资本开始出现结构性变化，金融资本已初步形成

19 世纪中叶到 19 世纪末这一特定时期，发生了一系列重要的变化。金融资本已初步形成，将社会闲置资本聚集为一种统一的力量，资本主义产业部门间的竞争也开始加剧，生产组织相应地发生了变化（随后出现了泰勒制），货币与资本市场日渐发展。在资产阶级已经取得统治地位的英国，"民族资本发生了决定性的变化，与资本主义发展有联系的这种资本的各种成分（国外证券、国内铁路、工业资本、商业资本和金融资本，包括建筑业），与传统的不动产（房地产和农场）

---

① 马克思：《资本论》第 3 卷，人民出版社 1975 年版，第 681 页。
② 米歇尔·博德：《资本主义史：1500—1980》，东方出版社 1986 年版，第 120 页。

相比占了优势"。①这种演变表明，前统治阶级即贵族和乡绅在经济上发生了衰退，而资产阶级正在兴起。英国民族资本中不动遗产的比例 1978～1982 年维持在 63%，1885 年减少到 23.3%。②格申克龙将 1896～1908 年看成历史的"大突变"时期，并将突变的原因归结为 19 世纪 90 年代一些大银行的建立。③这种序列变化预示着将出现一些马克思无法亲历的资本市场的变动情况。

（三）借贷资本和职能资本出现融合，资产选择的对象和空间不断扩大

19 世纪末及以后时期，主要资本主义国家的职能资本与借贷资本逐渐由对立走向融合，同一个资本家会同时兼有两种身份，或在不同时期扮演不同角色。在这种情况下，利润成为"自有资本的利息"，利润与利息的界限不再是泾渭分明了。银行体系所形成的金融资本起着关键的作用，这个"月下老人"已经表演到了极致，以至于分不清"新郎"和"新娘"了。健全的金融机构、发达的资本市场、多样化的金融工具，提供了投资者按照流动性、风险性和收益率的不同偏好进行广泛选择，从而形成所需资产组合的条件。只要有足够的货币，一瞬间就可成为一家公司的主要股东，就会握有实物资产，只要你认为这样做有利可图。你也可以随时因市场利率、税率等因素的变化抛售股票，转而成为存款人或债券、商业票据的持有者。马克思已经感觉到资本市场中的套利问题。但由于尚处于较原始阶段，它还不足以在利润和利息之间，或者在实物资产收益和名义资产收益之间挖出一条沟槽，它的作用没有被充分看重。

综上所述，我们可以得出以下结论。

第一，马克思主要观察到两种情况，即中世纪的高利贷和他所处的资本主义转变期借贷资本利息率与利润率的关系。发现两种场合中利息率与利润率的关系是背离的，高利贷占统治地位时期是利息率决定并限制着资本收益率，资本主义时代则是利润率决定利息率。

第二，在特定的时代背景下，除了利润率作为决定因素之外，法律、传统和习俗等也成为重要的干扰因素，使人们难以做出肯定的、规律性的解释。

第三，经济规律在不同社会经济背景下的作用强度、作用方式和可观察、解析的程度存有差异。价值规律在封建社会的小商品经济中就不如在资本主义商品经济中表现得充分，它在社会主义计划体制与市场体制中的表现方式也不同。利润率决定利息率的规律也不例外。如果我们以历史上法律、传统或当代社会中的

---

① 米歇尔·博德：《资本主义史：1500—1980》，东方出版社 1986 年版，第 115 页。
② 米歇尔·博德：《资本主义史：1500—1980》，东方出版社 1986 年版，第 116 页。
③ 唐纳德·N. 麦柯罗斯基：《经济史的连续性》，载《新帕尔格雷法经济学大辞典》（第一卷），经济科学出版社 1992 年版，第 676 页。

国家，通过中央银行货币政策的实施影响利息率为据否定利润率决定利息率的规律，则无异于以市场经济中国家对商品价格的干预为由而否定价值规律。

第四，可以按利息率决定规律作用的强度或表现方式的不同，将利率与利润率的数量关系区分为三个阶段：①资本主义以前阶段，高利贷利率远远高于利润率（事实上，利润概念是马西 1750 年才提出来的），这是一种生息资本垄断和封建贵族统治结合在一起造成的超经济剥削；②资本主义诞生以后的上升时期，平均利息率低于一般利润率，这是当时特殊社会背景下资本主义发展的需要和统治者寻找寄托的需要相结合的产物；③发达资本主义时代，利息率以利润率为中心上下波动，从长期趋势观察，平均利息率等于一般利润率，利润率决定利息率规律充分表现出来。这是由于资产阶级已经占据了统治地位，金融机构的发展，不同资本的融合，资本市场的成熟，各种有价证券令人眼花缭乱，资产选择与转换机制已经高效运行，这一切给资本插上了翅膀。

五、重新认识和发展马克思利率理论的意义

对马克思的利率理论进行重新分析与诠释具有经济学方法论的启示，它促使我们加强对历史方法的应用。经济理论源于历史，应该将理论放到历史中加以验证。历史的序列变化有可能改变结论，随着历史的发展，理论研究的手段和工具也不断得到丰富与发展，手段的落后和工具的不足均会直接影响到结论的准确性。马克思曾设想过对利率问题做计量验证，但囿于当时的条件，他并没有这样做，而是仅仅使用了描述性手段。借助于电子计算机进行大规模的数据处理，对各种经济问题做出计量验证，是 20 世纪中叶以后才发生的事情。

价值规律是市场经济中具有主导功能的基本经济规律，其他经济规律是价值规律作用于不同经济领域的反映。反之，认识不同经济领域中的规律，必须坚持从价值规律出发。分析货币与资本市场中的利率决定机制，也必须以价值规律为基础，价值规律覆盖整个市场，对各种生产要素同时发生作用，而不是孤立地仅仅表现为对物质形态的商品起作用。商品因空间的变化会增加它的价值量，货币资本在时间上提前使用也包含价值量的增加。长期趋势中平均利率等于一般利润率的规律，与不同商品的生产过程中，等量资本取得等量利润的规律是一致的，都是价值规律作用的结果。

在资本市场与商品市场的动态均衡过程中，利率是一种有效的调节工具，但要发挥利率的调节功能，必须认可在资产选择与转换过程中，货币资本所有者的目标是谋求收益最大化，在平均利率围绕一般利润率波动规律制约下，适度把握利率调整的幅度与节奏。假如利率远远低于一般利润率，对资本的需求就会大于供给，由于低利率诱发的投资饥渴与囤积居奇，商品市场上将会出现相似的供求

矛盾，结果是市场普遍失衡和通货膨胀。在固定利率体系中，均衡的恢复只有等待官方利率政策的变动，伴随这一等待过程的将是金融灰市、黑市猖獗、金融体系内外的寻租行为、分配不公正和社会资源的浪费等。

从我国的政策实践看，我们曾经长期以平均利率低于一般利润率为依据，忽视了马克思对资产选择机制所作分析的理论价值，推行低利率政策，这一政策取向的目标是刺激经济发展。但不难分析出，低利率的消极后果除诱发通货膨胀、恶化宏观经济环境外，还会导致投资项目的资本边际收益下降，牵动失业率上升（廉价资本会使企业相应减少对劳动力的使用）。我国 20 世纪 80 年代以后反复遭受通货膨胀的困扰，一直面临着巨大的就业压力，国有企业经济效益低和资本短缺等问题，要走出这一困境，必须废弃低利率政策，利用中央银行掌握的货币政策工具维持一个合理的利率水平。重新认识和发展马克思的利率理论，确认平均利率相对于一般利润率的运动规律，无疑是对货币与利率政策创新的一种理论上的支持，有利于我国国民经济宏观调控体系的完善。

第二节　论"重新建立个人所有制"命题的消融
——文本叙事与文本对话

马克思的《资本论》第 1 卷于 1867 年出版，书中提出未来社会"重新建立个人所有制"命题。与马克思同时代的杜林于 1867 年 12 月至 1875 年在其《哲学教程》等一系列论著中发难，诘责"马克思先生安于他那既是个人又是公共所有制的混沌世界，却叫他的信徒们去解这个深奥的辩证法之谜"。[①]恩格斯在《反杜林论》中对杜林予以反驳。此后一百多年来，有关"重新建立个人所有制"的猜测层出不穷，迄无定论，以致一些学者将这一命题称为"马克思之谜""百慕大三角"或"哥德巴赫猜想"。

恩格斯对"重新建立个人所有制"的解释是公有制包括土地和生产资料，个人所有制包括产品即消费品。此后，这一解释被列宁与斯大林接受并写入 1954 年出版的《政治经济学教科书》，该书 1955 年被译介到中国，对我国理论研究和经济政策制定均产生了重要影响。对"重新建立个人所有制"的理解，国内在 20 世纪 80 年代以前基本沿袭了恩格斯的解释。进入 20 世纪 80 年代以后，伴随社会经济实践出现骤然变化，改革不断提出新的问题，为了从理论上对所有制改革明确指向，重新学习、研究马克思所有制理论就成为必然。由此，对"重新建立个人所有制"命题进行诠释、"解密"的文献与日俱增。或许，由于马克思理论的博

大精深，各种关于"重新建立个人所有制"的注解尽管存在冲突，但在马克思、恩格斯的著述中似乎都能找到根据。

可以将各种关于"个人所有制"的争论归纳为下述方面：其一，个人所有制是否即是公有制？如认为个人所有制是联合起来的个人对全部生产力总和的占有；[①]或者与之相反，认为个人所有制是把抽象的公共所有实现为具体的个人所有。其二，个人是指抽象的、"社会化的"个人（实际也是联合起来的个人）还是具体、个别的个人？其三，个人所有的客体是生产资料还是消费资料？抑或是二者兼有之？其四，个人所有制是具有实际的对物的占有意义还是仅有象征意义，从而指向是人的全面发展？此外尚有：认为个人所有制是指生产资料所有制公有制基础上的劳动力个人所有制，这一认识与近些年讨论的劳动力产权理论有关，但与"重新建立个人所有制"却无涉，因为在资本主义时代，劳动者个人已经具备对劳动力的所有权。有论者提出将社会所有制与公有制加以区分，但就目前的讨论看，两种范畴的界限仍比较模糊。不少研究者努力使个人所有制、社会所有制与公有制达到同一，显示了理论笔触不同寻常的调和功能。[②]也有作者认为，提出"重新建立个人所有制"是先验的历史目的论因素在马克思理论体系中的复活，但同时又指出，"个人所有制概念表达的是一个理想、一种规范，大概唯其如此，这个概念才有不竭之魅力。马克思主义经济学是希望的经济学，它不能没有一个乌托邦式的理念来刺激我们改良社会的意愿"。[③]如此种种，"重新建立个人所有制"命题似乎要真的成为一个永远解不开的理论情结。

由19世纪70年代至今，对"重新建立个人所有制"这一理论命题的解释纵贯三个世纪而经久不衰，其中有许多因素值得追溯和回味：第一，诠释与解读的主体或者存在语言障碍，或者由于学科上的分野，这就难免顾此失彼，从而读不懂马克思的原意；第二，所有制范畴被高度意识形态化，使学术理论探讨产生某种限界，诠释者本人又各具不同的价值取向，这就导致在解读过程中出现两种令人失望的情况：要么刻意遮掩，使自己的思想、观点晦涩难懂，令与之交流的读者感到如雾里看花，扑朔迷离，要么出现程式化、口号化倾向，难免有穿凿附会之嫌与说教的意味；第三，马克思对未来社会所有制的论述仅仅是一种大致的推测，在理论著述的不同阶段具体的提法必然有所变化，思维的路线也不可能是一

---

① 笔者曾经于1993年10月访问中国人民大学顾学荣教授，请教其对马克思"重新建立个人所有制"的理解，并阐述个人观点：马克思对未来社会所有制的理想是实现"劳动者个人所有+共同占有"的社会所有制。顾学荣教授当即认为"个人所有制是联合起来的个人对全部生产力总和的占有"。经顾学荣教授引介，笔者同期访问卫兴华教授，但遵嘱未与卫教授讨论如何理解马克思"重新建立个人所有制"命题。

② 杜浩智：《马克思重新建立个人所有制理论与社会主义的所有制》，载《中国社会主义经济理论问题争鸣，1985—1989》，中国财政经济出版社1991年版，第135-150页；张燕喜，滕邵宇：《经济学的"哥德巴赫猜想"——马克思"重新建立个人所有制"研究观点综述》，《中国社会科学》1999年第5期，第35-40页。

③ 孟捷：《马克思主义经济学的创造性转化》，经济科学出版社2001年版，第164页。

维单向的，而研究者总是奢望得到一种贯通马克思整个学术生涯的某一静止的关于未来社会的所有制思想。部分作者忽视对文本内部蕴含语意的深层理解，在很大程度上疏离于文本，到旁脉支流中寻求对"个人所有制"的解读，似乎原初文本（泛指《资本论》第 1 卷各种文本）真的是读不懂的文字。

改革进程给我们提出发展马克思主义经济理论的迫切要求。在原有高度集权体制的框架下，理论工作者对马克思经济理论的解读肩负有沉重的政治上的责任，受到苏联《政治经济学教科书》及苏联范式的影响。但今天，客观上允许以科学的态度、全新的视角，甚至以一种进行理论革命的勇气，重新解构马克思的所有制理论。笔者主要限定于文本（指《资本论》第 1 卷，以后不特别申明均相同）范围内部探讨在目前人们所谓"重新建立个人所有制"的命题中，马克思所有制理论的原创性意义是什么。

一、寻绎文本地位：《资本论》第 1 卷文本源流考

同一理论命题的思想片段，可能散见于作者不同时期的论著或文本之外发生的故事中，以及对于同一著述中的某些思想轨迹，不同文本也对思辨作者思想的深层蕴含及思想历程提供了路标。但那些绵延的路标"标注"的是作者思想在不同发展阶段的指向，并不意味着就是我们苦苦寻觅的作者思想的归宿，追随者和批评者都应该关注与尊重作者的最终选择，发现作者在对理论与历史——甚至他自身的批判论证过程中哪些属于带有原创性的结论。任何先入为主的对某一重大命题的诠释，其结果只能是采取机会主义的态度，在浩如烟海的经典文献中寻找合目的的结论。

马克思在叙述自己的理论体系时，非常重视用语与范畴的选择，具体用语、范畴的变化往往体现了研究视角、方法甚至思维路向与基本观点的变化。研究"重新建立个人所有制"命题必须深入分析与命题有关的不同文本中的用语、范畴变化及其潜在因果逻辑与推理过程，考察不同文本的渊源关系，确定不同文本的地位，将基本命题置于一种动态过程中予以追问，在对各种似乎杂乱无章实际却有迹可循的文本素材的归纳与演绎、分析与综合判断中还原作者的思维历程和真实想法。

《资本论》第 1 卷各种文本体现着不同语言、不同时期和不同译（编）者之间错综交织的关系，一旦超越作者生活的时间和空间，离开作者的规约和裁夺，就有可能给文本施加不同译者、不同语言、不同民族甚或不同时代的印记，引致文本意义的丢失与偏颇。依据理清文本源流的诉求，我们对《资本论》第 1 卷各种文本进行区分归类，将经马克思、恩格斯初次定稿及以后陆续主持翻译、修订的各种版本划分为三个阶段，即第一阶段，德文第一版（1867 年）和第二版（1872～

1873 年）；第二阶段，法文版（1872 年 9 月至 1875 年 11 月）和德文第三版
（1883 年）；第三阶段，英文版（1887 年）和德文第四版（1890 年）。在明确不同
阶段文本源流的基础上，关注有关"资本主义积累的历史趋势"的内容在各种文
本中是否发生变化，尤其是当涉及"重新建立个人所有制"命题时，对文本之外
的相关信息一并分析。①

《资本论》第 1 卷德文第一版于 1867 年出版，马克思在序言中说明"本书的
目的是揭示现代社会的经济运动规律"，意味着构想未来社会图景不是马克思写作
《资本论》的目的，德文第二版（若不特别说明均指《资本论》第 1 卷）于 1872
年 2 月至 1873 年 6 月分册出版，与第一版的差别在于结构上的改动，即由第一版
的 6 篇 22 章改为 7 篇 25 章。恩格斯在德文第三版序言中说明，第二版中"资本
积累的过程"这一篇的原文更接近第一版。②在阐述关乎如何理解"重新建立个人
所有制"命题的"否定之否定"内容时，第二版与第一版比较没有变化。马克思
并予说明，当他根据德文第二版所依据的手稿要校阅在巴黎出版的法译本时，"发
现德文原本某些部分需要更彻底的修改，某些部分需要更好的修辞或更仔细地消
除一些偶然的疏忽"，但由于出版社急于出书，马克思本人又忙于其他迫切的工作，
所以没有进行修改。这说明在第一版和第二版中均存在一些马克思自认为的某些
不成熟之处。

《资本论》第一版法文版本由约瑟夫·鲁瓦从德文第二版翻译，译者精通法、
德两国语言。马克思对译者予以赞赏，但在亲手校订过程中，还是对译文的表述
和内容做了一些修改。值得注意的是，马克思在法文版跋中讲到，"不管这个法文
版有怎样的文字上的缺点，他仍然在原本之外有独立的科学价值，甚至对懂德语
的读者也有参考价值"。③我们可以做两点推论：第一，与德文第一、二版比较，
法文版对一些内容的改动带有原创性质；第二，针对德文第一、二版中某些重要
观点的批评马克思在法文版中有可能予以回应。马克思在《资本论》第 1 卷出版
伊始即讲到"任何的科学批评的意见我都是欢迎的"，预示着中肯的批评意见在法
文版中将被予以采纳，甚至导致对某些观点、提法作重要修正。即使对于极具攻
击性的批评马克思也会做出具体分析，不会完全置之不理。事实上，马克思在 1868
年 1 月与恩格斯的通信中就讨论了杜林最初于 1867 年 12 月在《现代知识补充材
料》中对《资本论》第 1 卷第一版的评论，认为"杜林几乎完全接受了《原始积
累》这一章，这对他来说已经很不容易了"。④这或许说明，杜林在以后出版的《哲

---

① 马克思在论述"资本主义积累的历史趋势"时提出"重新建立个人所有制"命题。
② 所谓"重新建立个人所有制"命题即在该篇提出。
③ 马克思，恩格斯：《马克思恩格斯全集》第 23 卷，人民出版社 1972 年版，第 14，29 页。
④ 马克思，恩格斯：《马克思、恩格斯〈资本论〉书信集》，人民出版社 1976 年版，第 249 页。

学教程》中批评《资本论》第一版的重点是其中的逻辑论证方法，而不是马克思的具体理论观点——包括马克思对未来所有制的看法。

未必是由于杜林的批评引起，但事实上马克思对法文版中有关"重新建立个人所有制"的陈述与德文第一版比较，无论是对概念的使用还是对措辞的选择都做了明显改动。可以肯定，马克思曾经设想的对德文第二版的"更彻底的修改"并纠正一些"偶然的疏忽"，在法文版中已有体现。马克思给人的印象是在提醒兼懂法语的原德语读者通过法文版重读《资本论》第 1 卷。法文版成为出版德文第三版的重要契机。

德文第三版在马克思逝世（1883 年 3 月 14 日）的当年年底由恩格斯代为修订出版。据恩格斯的说明，他可资利用的修改第二版的依据有四个方面：其一，马克思遗留的笔记，其中注明德文第二版中哪些应改写成法文所标出的文句；其二，马克思遗留下的做了标记的法文版；其三，马克思遗物中的德文第二版，其中批注何处应参阅法文版，并对许多章节在文体上做了彻底的校订；其四，马克思的口头指示。[①]恩格斯又予说明，德文第三版维持了第二版的结构，修改和增补的内容集中在第七篇即"资本的积累过程"。恩格斯指出德文第二版中该篇更接近初稿，并提出对法文版中关于"资本主义积累的历史趋势"的叙述方法与马克思的不同看法。甚至，根据与马克思的通信，发现恩格斯对《资本论》第 1 卷法文版对德文第二版的改动表现出某种保留。[②]德文第三版与法文版对德文第一、二版中关于"重新建立个人所有制"的叙述做了明显改动。

1887 年出版的《资本论》第 1 卷英文版，由马克思和恩格斯的老朋友塞米尔 • 穆尔与艾威林博士翻译，依据的是德文第三版，马克思的小女儿艾威林夫人核对了引文并把德文版中所引英语文献的引文再按照英语原文予以恢复。恩格斯负责对照原文校订译稿，并在认为适当的地方提出修改意见，对整个工作负全部责任。[③]英文版在翻译过程中除参照法文版外，还使用了约在 1876 年（据恩格斯回忆）马克思为英文版写的许多书面指示的手稿。综合上述，说明英文版较以前各种版本融入了来自马克思本人的更多关于如何修订《资本论》第 1 卷的信息，这一点尤为重要。

德文第四版于 1890 年出版，恩格斯对照法文版和马克思手写笔记，将法文版中一些增加的内容（德文第三版没有收入）补充到德文第四版中，但含有"资本主义积累的历史趋势"一节的第二十四章无内容上的改动。此外，恩格斯还进一步校订了引文并确定和增加了注释。可见，德文第四版在内容上更接近法文版。

---

① 马克思，恩格斯：《马克思恩格斯全集》第 23 卷，人民出版社 1972 年版，第 30，31，34 页。

②《马克思恩格斯〈资本论〉书信集》，人民出版社 1976 年版，第 331，332 页。

③ 马克思，恩格斯：《马克思恩格斯全集》第 23 卷，人民出版社 1972 年版，第 32-34 页。

　　行文至此，我们通过文本叙事希望做到两点：其一，描绘出《资本论》第 1 卷文本源流演绎的时间流程，依据时间流程析出各种文本所承载的信息；其二，根据文本之间的源流关系编制文本的逻辑图谱（图 12-1）。这一工作有助于我们

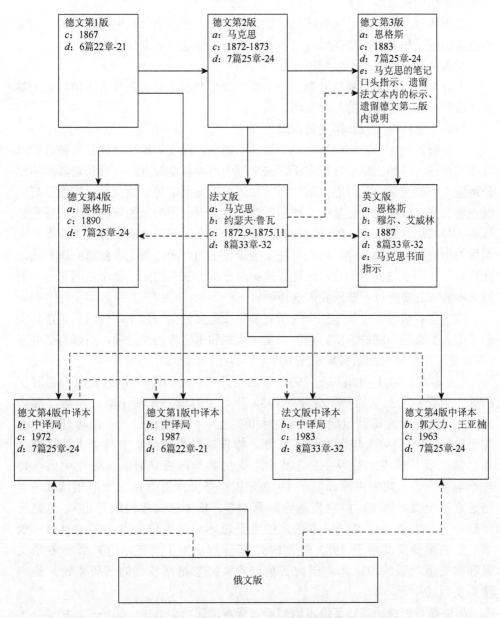

图 12-1　《资本论》第 1 卷版本源流谱系

a 表示编辑或校订者；*b* 表示译者；*c* 表示出版时间；*d* 表示篇、章及资本主义积累的历史趋势所在章；*e* 表示蕴含源于马克思本人的信息；——➤ 表示原版与修订本、译本关系；-----➤ 表示修订本、译本与参照本关系

确定各种文本的地位，并选择最终的文本权威。恩格斯曾在德文第三版序言中申明"凡是我不能确定作者自己是否会修改的地方，我一个字也没有改"，这就意味着德文第三、四版和英文版在内容、结构及对一些重要理论观点的阐述不会脱离马克思思想的轨迹。

根据各种文本版次、出版时间，更重要的是，在以上分析中所表明的不同文本蕴含的源于作者的信息强度对《资本论》第 1 卷进行文本分类。

初级文本：德文第一版和第二版。

中介文本：法文版和德文第三版。法文版孕育着马克思在《资本论》第一卷初版后所有制思想路向的某种变化。

最终文本：英文版和德文第四版。

在分析各种文本内容时掌握以下原则：第一，法文版的特殊地位，使我们可以用其修正各种德文版，原因在于，法文版中增补和修改过的内容只是陆续和部分地进入了德文第三、四版；第二，英文版可以被确定为权威文本，理由是英文版在德文第三版和法文版基础上增加了源自马克思书面指示的新的信息，更充分体现了马克思对文本意思的最终抉择；第三，英文版和法文版中有关"资本主义积累的历史趋势"的内容，可能存在文字表述上的差异，但文本意思应该一致，且具有相互印证与诠释的互鉴功能。这种对分析方法的约定，完全是因为马克思对文本演绎的实际过程要求我们这样做。

国内学者研究"重新建立个人所有制"命题多依据中译本。但很有可能，关于"个人所有制"的纷争实际起因于文本依据和引文方面的问题，所以有必要对《资本论》第 1 卷几种颇有影响的中译本源流予以廓清。

《资本论》第 1 卷最初于 1930 年由侯外庐、王思华译介到我国，当时仅出版了包括前 13 章的一个分册。1938 年，上海读书生活出版社出版了郭大力、王亚南由德文第四版翻译的《资本论》全本（即第 1~3 卷，简称郭王本），并于 1953 年、1963 年两次做了修订，修订时参考了俄文《马克思恩格斯全集》第二版。郭王本初版——尤其中华人民共和国成立后的再版在中国流传与影响甚广。中共中央编译局于 1972 年根据德文版并参照俄文版出版《马克思恩格斯全集》第 23 卷（《资本论》第 1 卷，依据德文第四版译出），这是我国理论工作者学习研究《资本论》的重要范本，学术引文也大多出自这一版本。中央编译局其后于 1983 年、1987 年分别出版了《资本论》第 1 卷法文版和德文第一版的中译本。国内目前尚没有经恩格斯校订的《资本论》第 1 卷英文版的中译本。

恩格斯曾经说明选择英语术语翻译《资本论》第 1 卷中"黑格尔式用语"的困难，出于文化差异等诸种因素，将《资本论》第 1 卷译为中文版困难可能更大一些。①根据笔者接触到的资料，郭沫若、卫兴华于 20 世纪 60 年代提出对中文本《资本论》译文的讨论和质疑，其后有许多研究者都做过《资本论》第 1 卷中文本译文准确性的确证工作。根据这些情况可推测，对有关争论问题的探究必须比照原始文本，而不应局限于中文本的书面意义，否则，问题可能不是出在马克思本人论述的范围内部，而是论者文本视野局限所导致的误读。我们主要借助于英文本贯通对于各种外语文本中与论题有关的疑点的分析，对一些关键的范畴、术语或者具体论述在三种语言（德语、法语、英语）间加以比照和推断，并视需要备陈外文原文，以供读者参与解读和体认。

作为一个综合，同时也便于以后分析，我们给出一个包括俄文版在内的《资本论》第 1 卷的 7 种外文文本和 4 种中文文本渊源关系的图谱，并标示出各种文本所承载的信息（图 12-1）。

二、"重新建立个人所有制" 命题的终结

我们将通过了解所谓 "重新建立个人所有制" 命题在英文本中的转化，将英文本作为一种背景和验证尺度，对中文本中个别范畴的译名和释义参照德文第一版、法文本、德文第四版与英文本加以比较分析，最终推出 " '重新建立个人所有制' 命题在文本中已经被消解" 这一基本结论。

（一）英文释义：给生产者以个人所有权

马克思在陈述 "重新建立个人所有制"（暂且沿用这一说法）命题时对包含否定之否定概念或正题、反题、合题相对抗转化过程的黑格尔的三段论辩证法加以唯物主义的运用。英文本中关于否定的否定的原文为：It is the negation of negation. This does not re-establish private property for the producer，but gives him individual property。② property 的释义有：所有、所有权、财产、所有物。原本没有所有制的释义。但由于英译本中 property 与德文 eigentum（所有、所有制、所有权、财产、所有物）相对应，依据英文本的上下文将 property 分别译为 "所有权、所有制、财产" 似乎均有可能。问题是在 gives him individual property 这一语境中如何

---

① 与马克思《资本论》第 1 卷比较，马克思《资本论》第 2、3 卷使用语言、范畴的抽象化程度则大为减弱。

② Marx. Capital Analysis of capitalist production，Vol I.Translated from the third German Edition by Moore S，Aveling E and Edited by Engels F. 英国伦敦松森出版社 1887 年出版，莫斯科外文出版局 1959 年重印本，第 763 页。

译介"property"这一语汇。如果译为所有权而不是所有制，将使得我们讨论的命题彻底转化为个人所有权而非个人所有制。这也实际上是本节讨论的一个焦点。

马克思在前述英译文中先后提到生产方式、占有方式和共同占有等经济学与法学范畴，指出未来社会所有制将以资本主义时代已经获得的成就——即协作和对土地、生产资料的共同占有为基础，将法律上的物权关系与政治经济学范围的生产关系予以综合，一并加以论述，以法学术语描述社会生产关系的实现形式。从法律实践的历史看，在所有权与占有权分立的情况下，经济上的所有制关系在法学上的要素必然包括所有权与占有权二者。所有权意味着在一定约束条件下对财产的任意处分权；占有权则指对物的实际控制。[①]设若在对生产资料共同占有的基础上"给生产者以个人所有制"，或如目前在德文第四版、法文本中译文中表述为"重新建立个人所有制"，而且在对"个人所有制"的理解中排除个人拥有具体的所有权，则必然在共同占有基础上使所有权虚置。那么，所有权为谁之有？

对以上所引英文句子若译为"给生产者以个人所有制"，即使局限于较为狭窄的语义上也很难讲得通。因为无论从法律上的财产关系或者从经济关系上讲，要么给生产者以公正的法律地位，给予某种权利；要么在生产过程中形成有效激励，给予某物。给生产者"所有制"则匪夷所思。

马克思提到了两种私有制。第一种是劳动者（生产者）对生产资料不仅具有所有权，而且在实际上持有或占有，使所有权与占有权统一于同一主体，生产的实际过程为分散经营；第二种是资本家具有所有权，但生产资料由生产者以总和形式控领或"共同占有"，生产过程实际上已经由集体生产的方式运作。在历史的正题与反题相对抗所产生的合题中，究竟废弃什么？保存什么？于马克思的逻辑论证过程是一目了然的，即在协作和共同占有生产资料的基础上"给生产者以个人所有权"。

在 20 世纪 70 年代末孙冶方提出将生产资料的"所有制形式"译为"财产形式"较为准确，并说明在恩格斯所著《家庭、私有制和国家的起源》一书的译名中"eigentum"应该是指"物质财富或财产"而不是"所有制"。[②]事实上，在 20 世纪二三十年代的两个中译本中均将恩格斯在上列著作中的"私有制"译为"私有财产"。[③]不过，在我们目前所论证的场合，若译为"给生产者以个人财产"，则只能对"个人财产"类似于"私人财产"赋予个人对物的权利的意

①《德国民法典》，郑冲，贾红梅译，法律出版社 1999 年版，第 213，203 页。

② 孙冶方：《论作为政治经济学的生产关系》，载《社会主义经济的若干理论问题》，人民出版社 1981 年版，第 59 页。原载《经济研究》1979 年第 8 期。

③ 恩格斯：《家庭、私有财产和国家的起源》，李膺扬译，周佛海校，上海新生命书局 1929 年 6 月出版；恩格斯：《家族、私有财产和国家的起源》，张仲实译，上海明华出版社 1938 年 6 月出版。

义，而不可能是指具体的对物的持有的意义。因为这里讲的是个人与群体之间的一种分权的关系，对群体而论是通过对物的"共同占有"而进行对实物形态财产的控制，对个人也只能是除去对实物形态的控制力以后的财产权利。个人对财产的权能必然是与"占有"权能已经分立的所有权。如此形成对实物形态的"共同占有"与对价值形态的"个人所有"的产权配置关系。易言之，在法律关系上"占有"与"所有"在两权分立情况下是相并列的，是从属于"财产"的两个范畴，任何一方与"财产"范畴均非并列关系。既然如此，我们就有理由选择"个人所有权"而非"个人财产"作为与"property"对应的中文用语。

（二）存在于德文、法文文本中的一致性

用英文本进行验证，法文本中相应的提法是"重新确立劳动者的个人所有权"，德文第四版中除了没有"劳动者""生产者"这样的限定词之外与英文、法文文本无异，也实际上保留了德文第 1 版的提法。马克思在德文本中对个人所有权不加限定，是因为德国读者较为熟谙包含"否定之否定"的黑格尔式的术语。

与英文"property"和德文"eigentum"对应的法文词语是"proprie'-te'"，同样可以作"所有、所有权、所有制、财产"解，故在法文本中可以接受"个人所有权"的译法。笔者认为，在西文语汇中凡使用词语可以同时表示所有制、所有权、财产的范畴，即使是在所有制意义上使用，主要是指微观的和法律上的所有权状况或所有权安排，而不像在中文语境中人们心照不宣地将所有制作为全社会范围的、国家层次上的基本经济制度看待，所以非常有必要将在西文语境中界限模糊的所有权与所有制一对范畴在中文转译时予以明确区分。就政治经济学传统而论，由于国内独特的经济理论背景是计划体制下人们忌谈个人所有权，个人财产也相应地缺乏立法上的支持，所以，一些学者倾向于将马克思著作中的"所有权""财产"概念译为"所有制"就不难理解。[①]

至此，我们可以得出结论：马克思提出的命题是未来社会"重新确立个人所有权"，所有权的实在、直接主体是生产者、劳动者。所谓"重新建立个人所有制"命题在文本中已经被消解。后文分析将进一步表明"重新建立个人所有制"实际上是对马克思文本误读导致的伪命题。

---

① 沈佩林：《对〈资本论〉第一卷一些译文的商榷》，载《经济学集刊》，中国社会科学出版社 1982 年 5 月版，第 71 页。笔者认为凡将"eigentum"译为"所有权、财产"及将"private eigentum"译为"私有权、私有财产"均为不妥，应译为"所有制""私有制"。

三、重建的是相并列的双重所有制

（一）古代史与法学诠释

《资本论》第 1 卷德文第 1 版中的原文为："这是否定的否定。这种否定重新确立个人所有权，然而是在资本主义时代的基础上，在自由劳动者的协作的基础上和他们对土地及靠劳动本身生产的生产资料的共同所有的基础上来重新确立的。"[①]对应"共同所有"的德文语汇是"gemeineigentum"，由"gemein"（共同的、通常的、相同的）和"eigentum"两部分组成，可以译作"公共所有"或"共同所有"。我们选择"共同所有"作为中文释义，以与"个人所有"作为法学用语相对应。从以后的分析可以看出这一选择是适切的。杜林在其《哲学教程》（1875 年）中所诘责的实际上是"个人所有"与"共同所有"相存并列的关系，并非指"个人所有制"与"公有制"相重叠的矛盾。但我们仍然没有给杜林留下机会，因为"个人所有"与"共同所有"两种范畴并存从而两种财产权利并存于同一经济体具有经济史和法学实践上的依据。

一定社会生产关系总是体现为一定社会的基本经济制度，经济制度又具体化、典型化为社会所制定并实施的法律。欲理解马克思是如何解剖资本主义的私有财产关系，并设想未来社会所有制的大致框架，必先对马克思目光所及的财产关系及其法学实践的历史作一简短考察。

马克思曾经考察过亚细亚的尤其是印度的公社所有制形式，以分析"从原始的公社所有制的形式中，怎样产生出它的解体的各种形式"。[②]我们换一角度，通过了解印度原始公社制度和古代所有制，进而发现对财产的"共同所有"与"个人所有"融为一体的历史行迹。

与马克思同时代的英国古代法制史家梅因在《古代法》中对财产的早期历史做了研究，对罗马的自然法和市民法进行了比较，认为自然法的主要不同之处"在于它对'个人'的重视，它对人类文明所作最大的贡献，就在于它把个人从古代的权威中解放出来"。[③]梅因对长期居留于印度的一支印度-欧罗巴系的公社制度

---

① Marx. Das kapital. Auflage, Neud r.d.1.Hamburg., 1867, 745.中译文参考了马克思《资本论》第 1 卷德文第 1 版中译本，经济科学出版社 1987 年版，第 731 页。着重号为笔者所加，中译本原文分别为"所有制"和"公有制"。于光远先生指出杜林依据的是德文第二版，但德文一、二版的相关内容没有发生变化。见于光远：《马克思论社会个人所有制》，载《学习》1994 年 11 期，第 24 页。

② 马克思，恩格斯：《马克思恩格斯全集》第 23 卷，人民出版社 1972 年版，第 95-96 页。

③ [英]梅因：《古代法》，商务印书馆 1959 年版，第 146 页。

推崇备至,将这种公社称作"村落共产体",它既是一个有组织的宗法社会,又是共同所有人的一种集合。

印度村落共产体与一般原始公社相比较的显著特点在于共同财产无不可分割性。梅因指出:"在印度,不但没有共有财产的不可分割性,并且共有财产的各个部分所具有的各别的财产所有权得无限制地延长,并分为任何数量的派生所有权,但是共有财产的事实上的分割则为根深蒂固的习惯所阻止,也为反对在未经族人同意时接纳外人的规定所阻止。"①不过一旦形成事实上的分割,则意味着村落共产体的成员离开原先所在的团体。梅因做了两点推定:其一,凡是要探究原始社会任何已经消灭的所有制的人,都必须对印度村落共产体加以仔细研究;其二,村落共产体是一种具有内在稳定性的社会经济关系。研究印度史的才智之士一致认为它是一种最不容易摧毁的社会制度。

梅因与马克思从不同视域中都观察到了同一类型的所有制形式,梅因是在村落共产体中,马克思是在古代所有制中。在依次考察了亚细亚所有制形式、古代所有制形式和日耳曼所有制形式之后,马克思在其概括性结论中指出古代所有制"表现为国家所有同私人所有相并列的双重形式(不过在这种情况下,后者被前者所制约,因而只有国家公民才是并且必定是私有者,但另一方面,作为国家公民,他的所有又同时具有特殊的存在)"。②据梅因与马克思两人的论证,国家所有(共同所有)与个人所有相并列的双重所有制形式在古代社会并非偶然的历史事件,而是具有普遍意义且生命力持久的所有制形式。

在德国民族的法制史中,1794 年制定《普鲁士普通邦法》,其中订有"关于共同所有"的物权制度。1900 年生效的《德国民法典》对"共同所有"的财产权利做出了明确界定,按其第 1008 条,共同所有指"数人按其应有部分对物有所有权"。③马克思与梅因所称共同所有应该是指个人加总的集群对物具有整体所有权,但同时,集群中每一个人对同一物具有部分所有权。伸言之,马克思与梅因所论共同所有与《德国民法典》趋于一致。查士丁尼在《法学总论》中关于"物的分类"区分出共有、公有和团体所有,在其释义中公有是排斥个人所有的。④照此即公有与个人所有不相并列,则"公有"与"共同所有"属于两个意义不同的范畴。这实际上也是我们修正德文第一版中译文"公有制"为"共同所有"的重要理据。

---

① [英]梅因:《古代法》,商务印书馆 1959 年版,第 153 页。

② 马克思,恩格斯:《马克思恩格斯全集》第 46 卷(上),人民出版社 1979 年版,第 484 页。

③《德国民法典》,郑冲,贾红梅译,中国法律出版社 1999 年版,第 236 页。

④ [罗马]查士丁尼:《法学总论——法学阶梯》,商务印书馆 1997 年版,第 48 页。

（二）原初理想：双重所有制

迄于目前的分析允许我们合理地推断：马克思在最初撰写《资本论》第 1 卷中"资本主义积累的历史趋势"时联想到了他对原始公社所有制形式的考察并加以借鉴，在潜意识中将原始公社所有制作为一种参照，由此就勾勒出"在自由劳动者协作的基础上和他们对土地及靠劳动本身生产的生产资料的共同所有的基础上"确立个人所有权这样一种构图。若论重建，则重建的是共同所有与个人所有相并列的双重所有制。马克思在这里既延续了早期空想社会主义寻求未来社会理想目标的努力，又包含了对自托马斯·莫尔始乌托邦一脉空想社会主义者的超越，替换原有的单一公有制目标而引入了个人拥有财产权利的新的因素。这事实上也造成了对马克思、恩格斯两位创始人在《共产党宣言》中所昭示的未来社会所有制形式的超越，从而实现了马克思经济理论的一次重要转化。

（三）历史演进与回归三段论

相并列的双重所有制形式或许马克思本人也认为是一种疏忽。因为第一，诚如马克思所说"亚细亚形式必然保持得最顽强也最长久"，但生产过程的发展迟早会破坏亚细亚形式及古代形式和日耳曼形式所赖以存在的条件，它们都一概地会成为历史陈迹。原始公社的基础是自给自足的经济，但生产过程本身为其成为商品生产开辟道路，外部商品经济的侵入也不会使任何保留下来的原始公社永远成为自然经济的一方净土；第二，以相并列的双重形式给未来社会的所有制定位，势必落入历史循环论的窠臼，人类岂不是游走周遭后又回到原点，绕行了一个封闭的"圆圈"；第三，由三段论辩证法判断，"共同所有"作为原始公社所有制的显著特征，不会被作为"否定的否定"的第三种综合概念所接纳，因为三段论的起点是以所有者个人劳动为基础的私有制而非原始公社所有制。所以，马克思关于未来社会所有制的构想必然再次发生转化，转化的结果既是对资本主义的超越，也必定会以资本主义时代的财产关系为出发点，在历史链条上资本主义这一端形成人类社会进化中新的一环。

马克思继而从历史唯物观的立场出发，同时沿着辩证法的逻辑路线对未来社会所有制的构想做出修正，最先见诸于法文本。法文本中的相应论述为："这是否定的否定。这种否定不是重新建立劳动者的私有制，而是在资本主义时代的成就的基础上，在协作和共同占有土地在内的一切生产资料的基础上，重新确立劳动者的个人所有权。"①与德文第一版比较，主要变化有两点：其一，将"共同所有"修改为"共同占有"；其二，共同占有与共同所有两种财产关系存在的社会条件不同。共同占有产生于资本主义时代，而且将被未来社会所接受。共同所有曾不同程度地存在于各种原始公社所有制中。

共同占有指数人对同一物进行占有。德国物权法将共同占有分为重叠的共同占有和统一的共同占有。统一的共同占有即全体共同占有人对于占有物仅有一个管领力的占有。若以法典作为参照必须说明两点：第一，马克思所论"共同占有"仅对物（生产资料）的管领力或控制力而言是统一占有；第二，马克思论及的"共同占有"对直接劳动者而言还仅仅是对物的持有，与法典中对应的用益人、质权人等主体所持的"占有权""共同占有权"对劳动者还不可能成立。

法国学者巴里巴尔指出：马克思将财产关系分成若干种复杂的形式，其中主要是"占有"和"所有"的二元化，但在一些场合马克思也感受到了区分两者的困难，所以也在"所有"意义上使用占有概念。②对于马克思在《资本论》文本中各处使用"占有"有无表示"所有"之义，我们未加一一考察。但至少在两个场合，马克思对占有与所有是做出了严格区分的。一是研究亚细亚生产方式时，马克思指出："凌驾于所有这一切小的共同体之上的总合的统一体表现为更高的所有者或唯一所有者，实际的公社却只不过表现为世袭的占有。"③另于我们目前讨论之"否定的否定"的论述中，"共同占有"与"共同所有"显然是两个不容混淆的概念。"共同占有"更非"公有制"，对此已有学者专论之。④但国内学者大多将"共同占有"引申为"公有制"，关于"公有制"与"个人所有制"相并列引起的纷争，大凡是由于这一前提性设定的谬误及本节所揭示的对"个人所有制"概念的虚构。

马克思具体地使用了法学范畴分析经济关系，却也并非局限于法学家的眼光看待资本主义时代所形成的对生产资料事实上的"共同占有"。相反，马克思总是站在历史唯物主义的立场上，将生产资料所有制状况看作社会生产力发展乃至生产方式变革的必然结果。资本的集中在开始是对社会化生产的适应，但集中不断发展到垄断造成了双重后果：一方面是通过资本主义私有制影响分配与交换过

---

① 马克思《资本论》第1卷法文版中译本，中国社会科学出版社1983年版，第826页。"所有权"在中译本原文中为"所有制"。着重号为笔者所加，表示法文本与德文第1版比较的增加或改动部分。法文中与"共同占有""所有权"对应的词语分别为"possession commune""propriété"。法文原文见 Karl Marx: Le Capital，约瑟夫·鲁瓦译（马克思对全文作了修订），法国社会出版社1950年重印本，第7-8篇分册，第205页。

② [法]路易·阿尔都塞、艾蒂安·巴里巴尔：《读〈资本论〉》，中央编译出版社2001年版，第258-259页。中译本原文是"财产"与"占有"的二元化，笔者认为"财产"（propriété）应译为"所有"。

③ 马克思，恩格斯：《马克思恩格斯全集》，人民出版社1979年版，第46卷（上），第473页。

④ 杜亚斌：《马克思"重建个人所有制"理论新诠》，《厦门大学学报（哲社版）》1992年第3期，第67页。

程而导致资本主义的过剩危机和无产阶级的失业与贫困化，在政治上出现空前的
阶级对立；另一方面造成了直接管理企业的生产指挥者和一般工人对生产资料事
实上的集体占有（即共同占有）。巴里巴尔指出："与生产资料保持绝对非所有关
系的劳动者在生产过程中构成一个能够推动大工业的社会化生产资料的集体劳动
者，从而在实际上占有自然（劳动对象）。"①两重后果均造成了对资本统治的削弱，
但后者作为事实上的占有，蕴蓄着生产方式变革的进步因素，具有不可逆性，成
为重新确立劳动者个人所有权的基础。

马克思在文本中实现了"共同所有+个人所有"的双重所有制向"共同占有+
个人所有"的理论上的转化。从思维的逻辑出发，这种转化是对三段论辩证法及
其包含的扬弃—废弃和保存二因素的复归；从历史唯物主义的观点看，这是马克
思对历史演进中继承性和革命性因素一同起作用的必然性的观照。在这里辩证法
仅仅是一种认识工具，是一种思维的方法，历史演进的必然性完全不依靠辩证法。

四、社会所有制是容纳生产者个人所有权的集体所有制

马克思在"资本主义积累的历史趋势"中提出从资本主义所有制向建立在以
资本主义时代的成就即协作和对包含土地在内的生产资料的共同占有为基础的社
会所有制（gessellschaftlich）的过渡。但在中文译本中对"gessellschaftlich"一词
有两种译法。在郭大力、王亚南合译的两个译本中均译为"社会的所有制"，而在
中央编译局翻译的全集本和法文中译本中均译为"公有制"。②这种译文上的差别
反映出的问题是：马克思对未来社会所有制的设想有无在实际意义上不同于公有
制的另一种选择？对这一问题主要有两方面的观点：其一认为将"社会所有制"
译为"公有制"是误译，社会所有制可以包括个人所有制，不同于公有制；③另一
种观点以对古代社会所有制的考察和德语语源分析为依据，指出社会所有制是"建
立在生产力高度发达基础上的、完全的、单一的、纯粹形态的集体所有制关系"，
这种所有制是未来社会独具的一种特定意义上的公有制。④

根据本节前述的论证，在文本中实际上已经消解了"个人所有制"的命题，

---

① [法]路易·阿尔都塞，艾蒂安·巴里巴尔：《读〈资本论〉》，中央编译出版社 2001 年版，第 375 页。
② 马克思《资本论》第 1 卷，郭大力，王亚南译，人民出版社 1953 年版，第 965 页，1963 年版第 842 页。
马克思，恩格斯：《马克思恩格斯全集》，中央编译局译，第 23 卷第 832 页；马克思《资本论》法文中译本，经济
科学出版社 1987 年版，第 826 页。
③ 于光远：《关于"社会所有制"》《中南财经大学学报》，1994 年第 1 期，第 1-4 页。另见同一作者《社会
主义初级阶段的经济》，广东经济出版社 1998 年版，第 110，118 页。
④ 王锡君：《马克思恩格斯著作中的社会所有制概念》《马克思主义与现实》，1994 年第 3 期，第 100-107 页。
笔者说明在新版《马克思恩格斯全集》中将译文中"公有制"已改译为"社会所有制"，参见《资本论》节选本，
人民出版社 1998 年版，第 218 页。

马克思设想的未来社会的所有制关系是在共同占有生产资料基础上确立劳动者个人所有权，所以过渡的彼岸目标"社会所有制"同时包括共同占有与个人所有的经济关系。然而如何解释"社会所有制"与"共同占有+个人所有"的联系，并说明"社会所有制"并非公有制，仍有必要加以分析。

（一）社会所有制并非公有制的同义语

首先，不能望文生义，简单地认为"社会的所有制"就是以"社会"为所有者主体，因为若如此，资本主义的所有者主体就是资本主义，封建社会的所有者主体就是封建社会。但人们毕竟可以由"资本主义"的限定直接联想到所有者主体是资本家。由此即可提出一个问题，假如马克思设想的是由资本主义私有制向公有制的过渡，为何不提出"共产主义所有制"替换"社会所有制"范畴？因为创始人在《共产党宣言》中提出公有制理念对未来共产主义社会的生产关系加以概括。既然对已有的所有制形式按社会形态称谓，确定为原始社会所有制、奴隶社会所有制、封建社会所有制、资本主义所有制，这样提出问题就不是没有道理的。答案或许在于：马克思认为在资本主义到共产主义之间有一个过渡时期，所设想的是资本主义所有制过渡到过渡期的"社会所有制"，而非共产主义所有制。所以，社会所有制不是公有制的同义语。

或如我们在当代实践中所看到的，社会主义是实现共产主义之前一种长期的、确定的社会形态而非过渡时期，可以将马克思指称的"社会所有制"替换为"社会主义所有制"。但在马克思、恩格斯那里，对社会主义与共产主义一般是不予区分的，两者在同等意义上可以互换，使用"社会主义所有制"则无异于使用"共产主义所有制"。所以对文本中"社会"之谓不能作"社会主义"理解，尽管我们可以借鉴，将对"社会所有制"的解释，在一定程度上贯彻于对目前社会主义的所有制安排。

（二）社会所有制是所有制关系对生产社会化诉求的一种反应

有些作者提出，社会所有制与生产的社会化相联系。资本主义时代已经解决了社会化生产的第一个要求：生产资料、劳动在生产过程中的集中。生产资料不再由劳动者个体分散经营，个别劳动通过生产协作直接加入到社会总劳动中发挥职能。但资本主义同样实现了对劳动者所有权的剥夺，这是劳动者这一社会群体对社会进步、物质文明所付出的代价，劳动者形式上的自由掩盖了本质上的被奴役、被剥削和不自由。一旦超出劳动力与工资交换的范围，劳动者在生产、分配、交换、消费等方面都是不自由的，这是所有权不平等导致的人的交往关系中最根本的不平等。

在资本主义生产过程中，劳动者本身是作为丧失了独立人格的"物"——资本品，被看待和使用的，由所有权不平等决定的分配、交换的不公正也就同样决定了劳动者的最低限度的消费仅能维持基本的生存状态而限制他们应有的发展。本来，社会化大生产促进了劳动生产率的提高，社会产品远远超过了以前各生产方式所能生产的规模，这是个人乃至人类全面发展的福音和契机，但这个契机被垄断所有权的少数资本家滥用了。

不平等导致社会化生产的危机，即生产盲目扩张、经济繁荣之后所面临的是全面的过剩危机，财富迅速积累的同时却伴随着劳动者群体的失业和贫困化。劳动者与资本家各自从整体上不断地被推向两个对立的极端——无产阶级和资产阶级。社会化生产代表的是一种生产力文明，而资本主义生产关系仅仅是依附于生产力内核上的外壳，按照自然选择观点和社会进化的趋向，资本主义积累和历史发展的结果必然要炸毁这个外壳。所以，社会化生产的第二个要求就是：废弃资本主义所有制，恢复与确立劳动者作为所有权主体的地位。但废弃的是资本主义所有制中资本家的所有权，而不是社会集体对生产资料的共同占有。社会所有制即意味着在共同占有基础上，废除资本主义私有关系，满足社会化生产的第二个要求。

（三）社会所有制即"共同占有＋个人所有"的集体所有制

马克思在致《祖国纪事》编辑部的信中指出："我把生产的历史趋势归结成这样：它'本身以主宰着自然界的变化的必然性产生出它的否定'；它本身已经创造出一种新的经济制度的因素，它同时给社会劳动生产力和一切个体生产者的全面发展以极大地推动，实际上已经以一种集体生产为基础的资本主义所有制只能转变为社会的所有制。"①结合《资本论》第1卷的内容分析，说明马克思将以"劳动协作和对生产资料的共同占有"这一资本主义时代的成就为基础的社会化生产又概括为资本主义条件下的集体生产，新的经济制度的因素之一即指这种集体生产。但其革命性的因素为何？根据前边的分析，只能是劳动者整体通过对资本家整体所有权的剥夺，进而确立劳动者个人所有权。

马克思对未来社会同时涵盖劳动协作、共同占有和劳动者个人所有这三种关系的所有制除概括为社会所有制之外，还概括为集体所有制。对此马克思在"资本主义积累的历史趋势"开篇即已经讲明："私有制作为社会的、集体的所有制的

---

① 马克思，恩格斯：《马克思恩格斯全集》第19卷，人民出版社1963年版，第130页。

对立物，只是在劳动资料和劳动的外部条件属于私人的地方才存在。"①可见，由于新经济制度的革命性因素，改变了集体生产的性质。不过，这里的集体所有制容纳了生产者（劳动者）的个人所有权，不同于以后的社会主义实践中排除个人所有权的集体所有制。

马克思选择"劳动者个人""生产者个人"概念以区分于两种"私有者"。在小生产"私有者"那里，生产是分散的个人生产；在资本家"私有者"那里，社会化生产仅仅局限于生产的物理过程，与社会经济关系联系的本质内容是资本家私人的生产，是以剥夺他人剩余劳动为手段的对私人利益的追求，其结果是造成社会关系中的对抗，破坏社会和谐，所以其所有关系具有非社会性质。而在生产者个人所有关系中，个人通过协作和对生产过程的积极参与而导致个性自由全面发展，最终促进社会的全面发展与和谐。所以，"个人所有"与"共同占有"构成的是"社会所有制"，具有"社会的"性质。

如何可以将存在劳动者个人所有权的情况称作集体所有制？看一下马克思在《德意志意识形态》中将劳动组织形式、生产力结合方式和所有制形式是如何视为同一就明白这一点。马克思指出："这些不同的形式同时也是劳动组织的形式，也就是所有制的形式。在每一个时期都发生生产力相结合的现象，因为需求使这种结合成为必要的。"②这足以说明可以由生产的劳动组织形式概括所有制形式。

（四）社会所有制的提法源于市民社会与社会交往关系范畴

分析马克思早期著作中的相关论述，并比较《资本论》第 1 卷几种外语文本中"社会所有制"用语的释义及在英语文本中措辞的变化，可以发现马克思将集体所有制称作社会所有制，是借以表达人们的社会交往关系随着生产力变化而做出调整，这种调整的最根本手段和必然途径是变革生产资料所有制形式，从而改变生产关系。

马克思使用了社会形式概念，实际上包含了生产关系和社会交往关系两方面的内容。他指出："社会——不管其形式如何——究竟是什么呢？是人们交互作用的产物。"③但人们并不能自由选择一定的社会形式，人们交互作用的过程是历史的、唯物的被决定的，这一过程的逻辑可以被归纳为：生产力决定生产、分配、交换和消费活动的形式；生产、分配、交换、消费的一定阶段产生由一定的社会

---

① 马克思，恩格斯：《马克思恩格斯全集》第 23 卷，人民出版社 1972 年版，第 829 页。原文中"公共的、集体的"，笔者认为是"社会的、集体的"之误。着重号为笔者所加。在英文本中即"social、collective property"。马克思《资本论》第一卷，穆尔·艾威林译，英文版第 761 页。

② 马克思，恩格斯：《马克思恩格斯选集》第 1 卷，人民出版社 1972 年版，第 68 页。

③ 马克思，恩格斯：《马克思恩格斯选集》第 4 卷，人民出版社 1972 年版，第 320 页。

制度、家庭、等级和阶级组织所决定的市民社会；家庭、阶级组织与市民社会前提下产生政治国家。①马克思当时还没有明确生产关系范畴，我们可以引入生产关系范畴简化上述逻辑过程：生产力→生产关系→市民社会→政治国家。市民社会与政治国家近似地构成上层建筑的内容。

马克思借用了黑格尔的市民社会范畴。黑格尔定义市民社会为"物质的生活关系的总合"，马克思视"一定的社会制度，一定的家庭、等级或阶级组织"为市民社会，是在一定生产力与生产关系前提下个人、集团与阶级之间的社会关系意义上使用市民社会概念的，即市民社会是一种关系。市民社会与社会交往关系或社会交往方式相关，是一对重合的或至少是非常相近的概念，"在过去一切历史阶段上受生产力所制约，同时也制约生产力的交往形式，就是市民社会"。②

由此，可以将前述的不同范畴间因果的逻辑转换为生产力→生产关系→社会交往关系→政治国家。

在一定生产力条件下，对于社会交往关系（即市民社会）而言，生产关系渗透于其中，政治国家凌驾于其上。但无论迟早，在社会交往关系中等级之间的对抗因素会取得支配地位，从而使这种交往关系或市民社会打破原有的平衡，生产力决定生产关系的一般规律要求变革生产关系，但革命的起点却正在于市民社会内部。马克思的预见是无产阶级首先摧毁旧的国家机器，随后改造旧的生产关系，从而解放自身。其核心是由资本主义私有制走向新型的集体所有制或社会所有制。之所以是社会的，是因为新型的所有制是适应解放市民社会、改造社会交往关系这一历史必然要求的结果。

再回到《资本论》第 1 卷的不同文本。在关于"社会所有制"的用语上，德语与法语文本中分别是"gessellschaftlich"（社会的，社交的；上流社会的）和"sociale"（社会的，合群的，社交的；公司的，商号的）。马克思是在最广泛意义上使用所选择的语汇的，他称为"社会所有制"的集体所有制也是适应变革之后的新的社会交往关系的所有制。英语文本中先后用了"social property"和"socialised property"表示社会所有制，无疑进一步证实了我们的分析。③因为"socialise"的释义为：联谊；交往，交际；使（某人）适应社会生活；社会化。这表明社会所有制在反映经济关系同时揭示了一种新型的人们之间的社会交往形式。

作为语义分析的一个综合性结论，我们有理由拓宽对社会所有制的诠释：社会所有制是在劳动协作条件下，给予劳动者所有权并由集体共同占有生产资料的

① 马克思，恩格斯：《马克思恩格斯选集》第 4 卷，人民出版社 1972 年版，第 320-321 页。

② 马克思，恩格斯：《马克思恩格斯选集》第 1 卷，人民出版社 1972 年版，第 41 页。

③ Marx. Capital. volume I. Moscow: Foreign Language Publishing House，1959：746，761.

集体所有制，是适应社会交往关系变革的要求和促进社会和谐共处的所有制。

五、结论与几点说明

本节试图澄清在马克思的经济理论中此前仍然悬疑的两个命题：其一为"重新建立个人所有制"命题的原本意义是什么；其二即何谓"社会所有制"。在英文本中有关"给生产者以个人所有权"的叙述，反证各种文本中所谓"重新建立个人所有制"实指"重新确立劳动者个人所有权"。由马克思对古代所有制的考察及对梅因所论印度村落共产体加以分析，原始公社曾经存在共同所有与个人所有相并列的双重所有制形式，马克思在《资本论》第一卷德文第一版中实际上是以原始公社为参照提出对未来社会的所有制构想，即"共同所有"是与"个人所有"相并列的双重形式，在中文译本中"公有制"与"个人所有制"分别是"共同所有"与"个人所有"的误译。自法文本及以后各种文本，马克思对未来社会所有制的设想由相并列的双重形式转变为"共同占有与个人所有"并列的集体所有制形式。社会所有制即指上述集体所有制。通过对文本演绎过程进行分析所能得出的结论为"重新建立个人所有制"命题已经终结。

行文中间或避免过多的纠葛引起论证线索的混乱，对某些问题暂时搁置，为了给读者一个清晰的交代，并对可能存有争议的问题给予回答，对进一步的说明归述如下。

（一）英文版不会离开马克思本人的思想轨迹

恩格斯在德文第三版序言中申明："凡是我不能确定作者是否会修改的地方，我一个字也没有改。"而本节参照的《资本论》第一卷英文版由恩格斯组织翻译，所以，英文版不会离开马克思本人思想的轨道。英文版中有关"否定的否定"命题，在叙述上的变化应该是源于马克思大约在 1876 年（据恩格斯回忆）的书面指示，因为那时杜林的《哲学教程》已经发表，马克思在这个部分若无改动，其后恩格斯及译者艾威林似乎没有改动的理由。联系到恩格斯本人对杜林的批驳，设若由恩格斯修正英文这一部分的表述，情况将会有所不同。

（二）社会联合不形成对劳动者个人所有权的否定

马克思在不同场合提到生产者的联合，但这并不形成对劳动者个人所有权的否定。马克思在《资本论》第 3 卷中指出，资本主义经济危机造成有关竞争的幻想的破灭，并最终导致"社会化的人，联合起来的生产者，将合理地调节他们和自然之间的物质交换。"①对于个人所有者，一方面通过劳动协作，另一方面通过共同占有并集中地、社会化地使用生产资料，即体现了个人之间的社会联合。联合及合理调节个人与自然之间的物质交换均未必以失去劳动者直接的所有权为前提。

在《资本论》第 1 卷第 1 章中，为了揭示"商品的拜物教性质及其秘密"，马克思"设想有一个自由人联合体，他们用公共的生产资料进行劳动，并且自觉地把他们许多个人劳动力当作一个社会劳动力来使用"。②这似乎成为在文本中否定劳动者个人所有权的一个有力证据。但是，马克思在这里所展开的论证与对未来社会的猜测毫无瓜葛，目的仅限于说明商品形式"把生产者同总劳动的社会关系反映成存在于生产者之外的物与物之间的社会关系"的拜物教性质。马克思论证的方法是拿掉生产形式的商品外衣，先后列举了孤岛上的鲁滨孙、欧洲中世纪、农村家长制及自由人联合体四种生产方式，其中两种是曾经的历史存在（欧洲中世纪和农村家长制生产），两种是完全假设的情况（孤岛上的鲁滨孙和自由人联合体的生产）。马克思还设想了自由人联合体的生活资料是按劳动时间分配的，但他预先声明是"仅仅为了同商品生产进行对比，我们假定……"，并不附带对未来社会的任何猜测。抽象掉财产关系与抽象掉商品形式的用意完全相同，是马克思在理论上进行演绎推理的需要。如果认为这里的假设隐含了对未来社会的猜测，即在自由人联合体中"用公共的生产资料进行劳动"，就没有理由排斥孤岛上鲁滨孙的故事在未来成为现实的可能性。若如此，未来社会的生产者究竟是联合还是孤立地进入劳动过程？

（三）马克思关于未来社会所有制设想的认识变化

马克思关于未来社会所有制设想的转化，与他对资本主义条件下的股份制企业形式的认识变化有关。在早期，马克思曾批评蒲鲁东宣称在新社会条件下推行股份公司制度的思想，但在《资本论》第 3 卷中，马克思认为股份制是个人资本向社会资本转化的过渡点。在《剩余价值理论》中，马克思对理查·琼斯猜测的劳动者身份二重性的可能性并未加以否认。琼斯对未来社会加以描述："世界各大洲可能会逐渐接近这样一种情况，……在这种情况下，劳动者和积累的储备的所有者将是同一的。"③马克思由此称赞琼斯把资本主义生产方式看成社会历史发展中的一个过渡阶段而非永恒，就此而论超过了李嘉图，虽然没有明确地评价琼斯关于世界未来的设想，却给我们留下了思考的空间。

---

① 马克思，恩格斯：《马克思恩格斯全集》第 25 卷，人民出版社 1972 年版，第 926 页。
② 马克思，恩格斯：《马克思恩格斯全集》第 23 卷，人民出版社 1972 年版，第 95 页。
③《剩余价值理论》第三册，人民出版社 1975 年版，第 472 页。

（四）两位思想巨人关于所有制的认识未必一致

恩格斯对《资本论》第 1 卷法文本开始的改动在与马克思的通信中表现出某种保留，遗憾的是，没有看到两人之间进一步的讨论。[①]我们虽然无意在两位创始人之间制造分歧，但作为两位思想巨人，对有关问题的看法存在不一致是最正常不过的事情。

恩格斯对杜林的反驳是"公有包括土地和生产资料，个人所有包括产品即消费品"。有作者强调恩格斯给马克思读过《反杜林论》全文原稿，推论说马克思同意恩格斯对所谓"重新建立个人所有制"的解释，情况果真如此吗？我们不妨读一下上述作者所依据的恩格斯在《反杜林论》第三版序言中的原文："本书所阐述的世界观，绝大部分是由马克思所确立和阐发的，而只有极小的部分是属于我的，所以，我这部著作如果没有他的同意就不会完成，这在我们相互之间是不言而喻的。在付印之前，我曾把全部原稿念给他听，而且经济学编的第十章《〈批判史〉论述》就是由马克思写的，只是由于外部的原因，我才不得不很遗憾地把它稍加缩短。"[②]恩格斯的本意是指从马克思的《哲学的贫困》到他们合著的《共产党宣言》以至《资本论》形成了历史唯物主义的世界观，这其中马克思比他本人有更多、更为重要的理论贡献。而将业已形成并且具有广泛影响的世界观在《反杜林论》中系统地加以阐述，得到了马克思的默许甚至鼓励。这本是恩格斯的自谦之词，如何就能证明马克思同意恩格斯对某一具体问题的看法？恩格斯给马克思念了原稿，马克思亲自写了经济学编的第十章《〈批判史〉论述》，但恩格斯对杜林的反驳是在哲学编中。这些能说明什么问题？

如果需要笔者对此加以说明，则很可能是这样：马克思对杜林的指责未予置评，因为在马克思看来，杜林既不了解原始社会的经济史和此后的法学实践，也无从知道法文本已有的改动，与杜林交锋还不如埋头续写《资本论》各卷。对于恩格斯，马克思实际上采取了友好的回避，因为作为一位伟大的思想家，一旦在关乎未来社会的重要理念上超越自我，则无异于在心灵深处掀起巨澜，即使最接近他思想的战友也未必能完全理解并予接受。

（五）结论

由相并列的"双重所有"到"共同占有+个人所有"的集体所有制是马克思关

[①]《马克思恩格斯〈资本论〉书信集》，人民出版社 1976 年版，第 331-332 页。

[②] 马克思，恩格斯：《马克思恩格斯选集》第 3 卷，人民出版社 1972 年版，第 39 页。

于未来社会经济思想的两次革命性转化。这两次转化也同样是两次超越，既彻底超越了自托马斯·莫尔始一脉的空想社会主义理论，也超越了 1848 年《共产党宣言》发表的马克思、恩格斯所创立的科学社会主义理论初定之时他们对未来社会所有制的预设。《共产党宣言》实际在很大程度上是恩格斯《共产主义原理》的延伸，是起于恩格斯思想文本的进一步完善。当马克思从历史唯物主义出发进入更艰巨、更深刻的理论著述时，就必然拉开了与《共产党宣言》、与他恪守的最初的党性立场及与有强大号召力的工人运动的具体行动纲领之间的距离。理论著述的目的是在探索社会发展规律，同时把党的意识提升到一个更高的水平。[1]党的章程、纲领不应该是凝固不变的教条，而必须适应历史条件的改变和党的意识形态的转化而被加以修正。马克思主义是开放与发展的理论体系，内在地具有与时俱进的品质，我们应该从对马克思主义经济理论的片面、教条化和错误的理解中解放出来，充分肯定马克思对生产者、劳动者所有权地位的界定对我国现阶段深化所有制改革所具有的重要借鉴意义。

第三节 双重异化、新陈代谢断裂与生态冲突求解
——马克思生态观之当代意义

一、布朗之忧及其"B 模式"之困

莱斯特·R.布朗在《崩溃边缘的世界：如何拯救我们的生态和经济环境》中呼吁重新界定 21 世纪全球安全，提出"威胁人类未来的不是武装侵略，而是气候变化、人口增长、水资源短缺、贫困加剧、食物价格上涨和国家失能"。人类文明深陷环境灾难的各种迹象纷至沓来，全球生态危机带来的全面风暴或经济终极衰退将不期而至。[2]只要人们对世界各地发生的环境事件有所了解，就知道布朗不是危言耸听。瓦肯纳格尔（Mathis Wackernagel）领导的团队按照生态足迹进行测算，全球总消费已经在 1980 年首度超过地球的可持续供给能力，照此推演 2007 年全球总消费水平需要 1.5 个地球才能够持续满足，人类正在透支下几代人所赖以生存的环境与资源。

布朗提出解决全球生态赤字和遏止危机的"B 模式"是税收重构与重定 21 世纪安全，倡议以战时速度和大规模动员方式重组经济。不过，联想到布朗本人指出的生态与环境治理所面临的"国家失能"，且"失能国家"的名单在年复一年延长，就难免使人们对于采取战时速度和大规模行动的人类能力产生怀疑。实际上，

---

① 《马克思恩格斯〈资本论〉书信集》，人民出版社 1976 年版，第 234，245 页。
② 莱斯特·R. 布朗：《崩溃边缘的世界：如何拯救我们的生态和经济环境》，林自新，胡晓梅，李康民译. 上海科技教育出版社 2011 年版，第 10-11 页。

如果从约翰·伊夫琳写作《驱散烟雾》（1661 年）和《森林》（1664 年）强烈抨击空气污染与呼吁保护森林算起，对人类活动破坏生态环境的抗议运动已经持续350 年，但就在当今，全球生态环境仍进一步恶化，无论按照"地方"或者全球意义，即使在绿色主义者看来仍很迟缓的环境动议其实际进展也举步维艰。可再生能源、循环经济、环境税、排污权交易、碳金融、赤道原则、可持续金融行动议程等，国际组织、各国政府、第三方组织，以及研发部门与公司机构，目前已经采取大量积极的且许多看来是富有成效的保护生态环境的行动，但是与需要采取的行动比较，已经采取的行动还是微不足道；与需要采取行动但没有行动的个人或群体组织比较，已经积极行动的成员与机构属于少数。对生态环境出现人们所希冀的"逆转"的预期不容乐观。

问题在于，有效缓解或遏止生态危机需要采取全球一致行动——尤其对于全球气候变化此类环境问题，人类毫无例外地遭遇到关涉共同命运的宏大主题，空前地需要一边倒地采取正向行动，但是在交叠的共同一致的生态利益之外，不同个体仍然有着不同的命运。面对巨大的人类共同利益，个体利益很容易被无限放大，使用经济学话语，即当共同利益面临与哪怕是些许的个体利益冲突时，个人将感受到其对自身的边际价值锐减。不排除在需要采取多边行动时，个别成员希望"搭便车"而获取没有成本付出的净收益。很有可能的是，个体也往往抱有能够躲过灾难免此一劫的侥幸心理。从人类诞生的那一刻起，从原始状态下祖先靠采集野果充饥抑或是茹毛饮血，到现代人的丰衣足食，人类的消费欲望似乎仍然没有尽头——尽管世界上仍有 10 多亿贫困人口，[①]大凡有识之士都会认识到全球经济增长的模式及与之相应的需求增长由于自然限制而不可持续，芸芸众生还是将幸福生活的标准"降低"为更多地消费。个体理性与集体理性、个人（或次级组织）行动与集体行动之间的冲突造成社会失衡，在全球致力于实现生态环境可持续进程中，这些冲突将产生重大而持久的影响，能否在有效范围化解这些冲突，成为能否遏制生态危机的至关重要的节点。

毋庸置疑，人们努力避免生态与环境灾难需要制定并有效实施全球、区域或地方的公共治理议程。在经济学领域，为了解决相关生态问题，20 世纪 80 年代以来演化出生态经济学新学科，其目的是对经济-生态系统做出整体研究，针对相应问题提出解决方案。但是，人们观察到的生态环境灾难的原发因素并非局限于经济-生态系统，而是广泛延伸到社会系统，包括社会制度、社会结构、社会政治及社会意识层面，甚至延伸到人类（思想和生活）栖息的世界体系的结构。每一个分析生态问题的学者都应该是"思想者"，能够将想象力的触角扩及更为广阔的社会系统，而不是

---

① 世界银行 2013 年 4 月 17 日发布《世界发展指标》报告称，全球仍有 12 亿绝对贫困人口到 2015 年仍有9.7 亿人每天生活费用不足 1.25 美元。

仅局限于生态与经济系统。社会生态系统的结构分析应该触及社会生产方式及相应的生产关系与生产力，选项之一是将分析视角转向马克思生态观及其演化的西方生态马克思主义，并由之回溯和反思生态相关理论和生态危机治理的制度框架。

二、全球生态危机呼唤结构分析

米尔斯被誉为美国当代文明最重要的批评家之一，他认为那些充满想象力的经典的社会分析家总是提出三种问题：第一，社会整体结构是什么，各个组成部分如何相互联系？第二，在人类历史长河中该社会处于什么位置？社会变化的动力是什么？所考察特定问题与所处社会动态如何相互影响？第三，所分析社会历史时期中占主流的是什么类型的人？所观察到的行为揭示了何种类型的"人性"？一定社会特征对"人性"有何意义？[1]米尔斯推崇马克思、凡勃伦和熊彼特为"经典社会分析家"，指出充满想象力地理解"历史与个人生活历程之间的联系"是马克思所具备的优秀学者品质，是凡勃伦超常的反讽性洞察力的来源，是熊彼特对事实多角度构建的前提。在我们的视域中，历史即是社会结构变动、定型与作用的事件进程，"个人"既可以是人类，也可以指从事生产生活活动并间接、直接参与构建社会制度框架的企业等社会成员。人们会不无遗憾地发现，许多促进生态环境可持续的制度约束实施落空，这些约束的目标被认为可行，这一结果说明实施约束的社会机制与活动主体的价值指向悖逆集体的生态诉求。寻找生态危机的终极原因需要将目光投向社会层面，一旦整个社会系统出了问题，且有可能社会"顶层"制度设计存在重要缺陷，问题的症结首先是寻求对社会制度与结构进行变革的方法。人类文明进程的"曲线"总体上可能不会倒退，但是无论社会制度兴替还是人性的进化，其中是否也会繁衍混杂着有碍自身发展的某些反向装置或人类精神本当拒斥的"基因"（如黑格尔与马克思所指"异化"）？危机由此而生。

当人类面临宏大主题时，迟早会有能够统摄社会系统的宏大理论与之相伴而生。全球生态危机彰显于当今，滥觞、萌发于城乡分离与工业发展初期，人类借助广泛适用于生产生活的技术征服自然——有时是粗暴而自掘坟墓式的——使危机加速恶化。从美利坚奋起赶超大英帝国，到以后日本追赶美国，再到中华人民共和国屹立东方发愤图强实现其21世纪中叶的夙愿与梦想，这体现了一个民族、一个国家在百年之中经济规模倍增的上升趋势，从8倍、30倍、50倍发展到100多倍。[2]经济快

---

[1] C. 赖特·米尔斯：《社会学的想象力》，陈强、张永强译，生活·读书·新知三联书店2001年版，第4-5页。

[2] 根据库兹涅茨的测算，英国、美国、日本在20世纪70年代以前大约100年中经济分别增长7.8倍、27.3倍和51.4倍。库兹涅茨：《各国的经济增长》，商务印书馆1985年版，第13-16页。英国、美国、日本的数据统计口径分别为国民收入、GNP和GDP。根据中国1949年到目前经济增长数据，并预期目前到2050年经济增长维持在3%~6%，在100年中经济增长倍数将超过100（即2050年是1949年经济规模的100倍以上）。

速增长适应了人口增长与人均消费（及总消费）增长的需要，伴随技术手段和大工业发展，生产方式的演进成为推动经济社会发展的革命性力量。在古典经济学派之后，经济学家将技术、管理与土地、劳动、资本同样作为生产要素，经济史家又特别强调制度变量对推动经济增长难以估量的意义。高级层次的经济制度即蕴含于社会生产方式，规定着社会生产资料所有制与相应的微观企业组织。对于制度革命引起的生产力发展及在新财富引导支撑下的技术变动，如果倒回去在古代人看来就像是一幕幕神话剧，对此最便捷的观察窗口是人类制造武器的历史，现今武器的威力已经远远超越古代神话传说中极尽奇思妙想的各种臆造。变革的力量也必然被投射向生产活动所依赖的自然界，人类活动对自然界的侵蚀甚至摧毁与生产力发展水平基本是成比例的。若如此，建构宏大理论以诠释、批判和前瞻社会生产方式变化的思想家是否也关注到生态环境的问题呢？

资本主义生产方式及企业制度从根本上改变了生产目的，也不断加快人类掠取自然资源，加速物质材料由自然界向生产过程再向社会消化系统的转化，这一场景日趋绷紧了自然与生态可持续性发展的链条，因为自然界经受损毁后的恢复力远落后于人类征服自然的节律，许多自然资源与生态环境的耗竭不可逆。随之出现人类社会与自然界的关系日益脆弱，甚至退化为相互对立和危机四伏的情境。当人类日益物质化时，自然界似乎更加"人化"了，以其自身的蜕变惩治与教化人类。

马克思对资本主义生产方式、生产力与生产关系的科学剖析跨越一个半世纪但这些剖析仍然是人类思想领域未能超越的一个巅峰。"生态环境可持续性"这一现代话语远不能表征马克思毕生研究的主题，但事实上，对人与自然之间关系的探索在马克思的哲学与政治经济学中占有重要地位，马克思（和恩格斯）未臻成熟的生态观蕴含其中。马克思理论是一种解读、批判危机的理论——在某种意义上是拯救。西方学者依据马克思与恩格斯经典著作对"生态学马克思主义"的整理挖掘与诠释、建构，出现在20世纪60年代发生的"绿色运动"以后并非偶然，这一时期凸现出在现代工业与城市化条件下生态环境日益恶化，20世纪70年代全球石油危机爆发，接踵而至是发达资本主义国家以"滞胀"为特点的经济危机蔓延。随着经济全球化趋势不断强化，世界上不同国家经济增长模式趋同——主要是对资源的掠夺，生态危机同样被打上全球印记。

西方生态学马克思主义在20世纪90年代渐次形成理论体系，相关研究涉猎历史唯物主义、自然哲学、社会学、人类学、考古学、环境伦理和政治经济学等学科范围。我国国内学者对其评价主要是从政治哲学层面，对其政治经济学内涵的研究不足。生态学马克思主义重要代表人物詹姆斯·奥康纳向经济学家发出呼吁："我想奉劝那些有进取心的研究生态问题的经济学家们要充分关注马克思主义理论及其所具有的理论与实践上的洞察力，同时我也想敦促更多马克思主义经济学家和社会学家，运用马克思主义的强有力的方法对生态危机的真正根源做出阐释——去帮助那些自以为是的资本转向生态学社会主义的方向。"①奥康纳的提醒应该引起经济学界的反思。我国在经济高速增长 30 多年后生态环境问题日益严峻，相关研究必须具有广阔的视野，学习和继承马克思，以社会生产力与生产关系为切入点分析社会系统，深入到主导影响生态环境现象的社会结构、社会体制与生产体制变革层面，努力发现生态危机背后所隐现的社会发展的趋势与规律。化解生态危机不仅需要一般的政策工具与市场手段，更需要实施制度变革和重构社会体制。

积极应对生态危机对人类的挑战应该成为重建经济学的紧迫使命，且不仅限于创设生态经济学等分支学科，而应对经济学基础理论重新架构，出路之一是对政治经济学的学科范围、领域及范畴体系进行拓广。应该研究"生态政治经济学"，将对生态危机的科学解构作为政治经济学必须直面的基本理论命题。政治经济学思维应该触及新的历史条件下资本主义社会基本矛盾呈现方式及其全球意义，触及全球化背景下西方和东方共同面临的经济与生态危机，触及市场化条件下当代社会主义面临的"资本"控制问题——包括资本对经济社会形成控制的趋势、特点和政府对资本的管理。由之可以对生态经济学及生态与资源环境政策提供价值指向。西方生态学马克思主义对上述问题的研究形成一定文献基础，其揭示的问题、方法及对解决问题途径的探索可资借鉴。我们主要以生态学马克思主义代表人物福斯特的研究为线索，讨论马克思对生态问题的经典论述对当代的普适价值。马克思生态观或者生态学马克思主义对当代社会主义是一种"隐喻"，其寓意在于，无论马克思生态观或者生态学马克思主义，作为密切关注人类命运的新的知识领域具有广阔的探索空间。

三、双重异化与新陈代谢断裂

福斯特对马克思生态学研究的立论基础是澄清 17 世纪到 19 世纪唯物主义和科学的发展与生态学起源之间的关系，重点论证唯物主义和科学的发展如何促进生态学思维方式的产生，从而体现对绿色主义将唯物主义与科学描绘成生态自然观的敌人的"批判之批判"，实际回击了绿色主义对马克思的责难。绿色主义认为，马克思的历史唯物主义的自然观具有反生态特征。在回击绿色主义同时，福斯特自认为实现了"理解和发展一种具有重大意义的革命性的生态观"的目的。②通过

---

① 詹姆斯·奥康纳：《自然的理由——生态学马克思主义研究》，唐正东，臧佩洪译. 南京大学出版社 2003 年版，第 298 页。

② 约翰·贝拉米·福斯特：《马克思的生态学——唯物主义与自然》，刘仁胜，肖峰译. 高等教育出版社 2006 年版，第 1-2 页。

对马克思（及恩格斯）经典文献的梳理，福斯特发现马克思将生态危机与环境破坏的社会根源归结为新陈代谢"断裂"。其《马克思的生态学——唯物主义与自然》一书引述文献时间跨度大，涉及学科有哲学、生态学、政治经济学、绿色文学、生物学与化学史等，其思想脉络显得混杂，但若细心品味仍有迹可寻。

福斯特将伊壁鸠鲁学派（包括卢克莱修）的哲学作为马克思唯物主义的开端，其特点是由传统唯心主义的目的论和决定论转向非目的论和非决定论，将唯心主义哲学的所谓"神力"置于远离人类的"外空"，从而还原人类的自由领地，同时承认自然界对人类行为做出反馈的"自我决定"功能，将人类与自然界理解为一种普遍联系、相互依存和作为整体的物质世界。甚至，自然界也具有特殊的生命特征，尤其当人类作为自然界的一部分时。马克思和恩格斯指出："卢克莱修歌颂伊壁鸠鲁是最先打倒众神和脚踹宗教的英雄；因此从普卢塔克直到路德，所有的圣师都把伊壁鸠鲁称作头号无神论哲学家，称为猪。也正因为这一点，亚历山大里亚的克雷门才说，当保罗激烈反对哲学时，他所指只是伊壁鸠鲁的哲学。"[1]与其无神论唯物主义思想联系，伊壁鸠鲁对马克思生态思想的重要影响还在于其提出"守恒定律"，伊壁鸠鲁自然哲学的首要假设是"任何东西都不可由来自虚无的神力所创造"和"自然……决不会将任何东西归于无"[2]。

相对于费尔巴哈颠覆"上帝"的成名作《基督教的本质》，"对马克思来说更加重要的——事实上这是一个重大的发现——是费尔巴哈的《关于哲学改造的临时纲要》（1842）"。[3]第一，费尔巴哈实现了在自然哲学体系这一黑格尔哲学最薄弱部分中与黑格尔的彻底决裂。黑格尔认为自然不包含其自我决定方法，不能进行有意义的活动，由此，自然仅仅是一个机械的存在，或者作为一种仅有分类学意义的范畴。费尔巴哈与黑格尔正好相反，认为物质世界（自然）是作为现实存在，且包括其中的人类及其对世界的感觉；第二，费尔巴哈强调人类与自然的联系或者人类与自然的整体性，指出"人类属于自然的本质，这同庸俗唯物主义相反"，"自然属于人类的本质——同主观唯心主义相反"。[4]即使当代，自然具有能动性及人类与自然的整体性应该成为生态学的基本原则和出发点。人对自然的过度干预、掠夺由于自然"有意义的活动"和"自我决定"，有可能彻底丧失对自然的统驭能力。人对自然的异化由之发生。

---

① 马克思，恩格斯：《马克思恩格斯全集》第3卷，人民出版社1960年版，第147页。

② 卢克莱修：《物性论》，转引自约翰·贝拉米·福斯特：《马克思的生态学——唯物主义与自然》，高等教育出版社2006年版，第40页。福斯特也说明，"守恒定律"并非伊壁鸠鲁的独创，德拉克利特是"第一位把它置于恰当位置的人"。马克思关于人类生态系统的"新陈代谢断裂"思想与"守恒定律"之间具有渊源关系。

③ 约翰·赫德利·布鲁克：《科学与宗教》，Science and Religion, New York: Cambridge University Press. 载约翰·贝拉米·福斯特：《马克思的生态学——唯物主义与自然》，高等教育出版社2006年版，第193-194页。

④ 约翰·贝拉米·福斯特：《马克思的生态学——唯物主义与自然》，刘仁胜，肖峰译，高等教育出版社2006年版，第78-79页。

伊壁鸠鲁已经发现人类对自然界的异化。但是，马克思没有停留于伊壁鸠鲁朴素的唯物主义，而是结合进费尔巴哈的自然主义，并发展了黑格尔的劳动异化概念。马克思看到了两种异化：具有社会属性的劳动异化；具有生物物理属性的人对自然的异化。两种异化几乎殊途同归，均对于自然界产生难以估量的影响，造成人类与自然界及自然界内部新陈代谢断裂，由此导致人类赖以生存的生态环境深陷危机。重新恢复人类与自然界新陈代谢可持续性的出路在于走向联合，通过联合方式废除私有财产。

人类劳动的异化与自然异化是同一过程的两种后果，人对自然的异化隐含于劳动异化。①马克思的异化概念来自黑格尔，但是，马克思在《1844 年经济学哲学手稿》中将异化的指向由精神层次的脑力劳动转向一般的异化劳动。马克思用异化劳动概括私有制条件下劳动者同他的劳动产品及劳动本身的关系。劳动（自由自觉的活动）是人类的本质，在私有制条件下劳动异化具体表现为劳动者与劳动对象的异化；与劳动过程的异化；与自己的类本质相异化，即人同自由自觉的活动及其创造的对象世界相异化；与劳动者之间的异化。上述内容构成马克思劳动异化概念总体，且均与人类对自然的异化不可分割，包括他们自身的内在自然与外在自然。"劳动首先是人与自然之间的过程，是人以自身的活动引起、调节和控制人和自然之间的物质变换过程"，②所以，劳动过程同时也是生产过程，劳动必然与自然发生连接，使人类与自然成为一个有机整体。

马克思指出："在实践上，人的普遍性正表现在把整个自然界——首先作为人的直接的生活资料，其次作为人的生命的材料、对象和工具——变成人的无机的身体。自然界，就它本身不是人的身体而言，是人的无机的身体，人靠自然界生活。这就是说自然是人为了不致死亡而必须与之不断交往的、人的身体。所谓人的肉体生活和精神生活同自然界相联系，也就等于说自然界同自身相联系，因为人是自然的一部分。"③结合前述引文，休斯所概括的马克思生态思想的三原则已

---

① 国内最早介绍马克思异化理论的是拜尔、周煦良（见《异化的再发现》一文，载《现代外国哲学社会科学文摘》1960 年第 7 期），笔者认为马克思后期放弃了异化概念。1978 年改革以后对异化问题的讨论很多，1984 年后趋于沉寂，与当时文宣部门的政治表态有关，2000 年以后相关讨论再次升温。学界对异化劳动理论在马克思理论中的地位从 20 世纪 80 年代到近期一直有争论。载陈先达：《评西方马克思学的"新发现"》，《中国社会科学》，1984 年第 1 期；苏星：《既然真实的关系早已弄清楚了，为什么又要开倒车呢？——重读〈1844 年经济学哲学手稿〉》，《经济研究》，1984 年第 3 期；俞吾金："道德评价优先"到"历史评价优先"——马克思异化理论发展中的视角转换》，《中国社会科学》，2003 年第 2 期；段忠桥：《马克思的异化概念与历史唯物主义——与俞吾金教授商榷》，《江海学刊》，2009 年第 3 期。

② 马克思：《资本论》第 1 卷，人民出版社 2004 年版，第 207-208 页。

③ 马克思，恩格斯：《马克思恩格斯全集》第 42 卷，第 95 页。对马克思此处引文的生态意义存有争论，载 J. 克拉克：《马克思关于"自然是人的无机的身体"之命题》，《哲学译丛》，1998 年第 4 期。笔者指出马克思在另一场合把"机车、铁路、电报、自动走锭精纺机等等"描述为"人类头脑的器官"，从而体现出一种相互冲突的身体形象。但"作为人的生命的材料、对象和工具"已经包含"机车、铁路、电报、自动走锭精纺机等等"，所以很难说马克思在两种场合的表述存在冲突。克拉克竭力否认马克思自然观中蕴含生态思想。

清晰可见：第一，生态依赖原则，人类生存依赖自然，自然特征会对人类生活进程造成因果影响；第二，生态影响原则，无论有意无意，人类行为对自然造成重要影响；第三，生态包含原则，即人类是自然的一部分。①休斯认为第三原则在生态学文献中受到普遍肯定，但其作为生态思想意义模糊。不过，借助系统观点能够得到解释，即子系统运动与系统总体功能之间具有反馈环，而人类是自然的一个子系统。

　　由于人类可以通过生产过程和生产工具、手段改造自然并调节人与自然的关系，就不仅在生理意义上超越，而且在实践上同时扩展了人类的身体器官，劳动过程的发展不断强化人类改造自然及对自身与自然关系进行调节的能力，意味着人对于自然历史进程的有机的、辩证的参与。异化既体现为人类对自身劳动的异化，也体现为人类改造自然的积极作用的异化。②马克思指出这种异化"使人自己的身体，以及在他之外的自然界，他的精神本质，他的人的本质同人相异化"；异化也具有社会属性，"人同自身和自然界的任何自我异化，都表现在他使自身和自然界跟另一个与他不同的人发生的关系上"。③异化产生两方面消极后果：人与自然的对立；人与人之间关系的对立，劳动异化的结果使劳动者沦为无产者。人类积极地改造自然的活动有可能走向反面。④自然异化并没有离开马克思对资本主义政治经济冲突的理解。马克思以大地产为例，指出"封建的土地占有已经包含土地作为异己力量对人们的统治"（"土地异化"），资本主义进一步将统治土地趋向完善，"像在英国那样，大地产把绝大多数人口推进工业的怀抱，并把它自己的工人压榨到完全赤贫的程度"，⑤说明一部分人对自然的掠夺（对生产资料的占有和控制）成为劳动异化的前提。同样以大地产为例，马克思通过对资本主义农业和大工业催生的城乡分离的批判，揭示了以劳动异化为特征的自然异化的后果即"新陈代谢断裂"。⑥新陈代谢实际有两个层次：自然界内部的新陈代谢和人类社会与自然界之间的新陈代谢。马克思主要论及第二层次新陈代谢的断裂问题。

---

　　① 乔纳森·休斯：《生态与历史唯物主义》，张晓琼，侯晓滨译，江苏人民出版社2011年版，第126-127页。

　　② 约翰·贝拉米·福斯特：《马克思的生态学——唯物主义与自然》，刘仁胜，肖峰译，高等教育出版社2006年版，第80-81页。

　　③ 马克思，恩格斯：《马克思恩格斯全集》第42卷，人民出版社1979年版，第195-197页。

　　④ 异化的社会属性应该可以消解20世纪80年代中国学术界"正统"观点所批评的"异化范畴抽象掉了阶级分析内容"。

　　⑤ 马克思，恩格斯：《马克思恩格斯全集》第42卷，人民出版社1979年版，第84-84页。

　　⑥ "新陈代谢"（metabolism）在《马克思恩格斯全集》中不同场合分别指"新陈代谢"和"物质变换"，故在中文语境中"新陈代谢"和"物质变换"可以互换。"新陈代谢断裂"英文为"metabolism rift"。据福斯特，德语中"stoffwechsel"的基本含义直接表达了"物质交换"概念，它构成"新陈代谢"一词所包含的生物生长和衰落的组织工程这种观念的基础。详见福斯特著《马克思的生态学——唯物主义与自然》一书第158页译注，以及福斯特在正文中的说明（第174，177-181页）。

　　新陈代谢概念是马克思后期著作中反复使用的概念，包括在《资本论》第 1 卷中对"大规模的工业和农业"的讨论，在《资本论》第 3 卷中对"资本主义地租的产生的分析"。马克思本人在其最后的经济学著作《关于阿·瓦格纳的笔记》中强调，新陈代谢概念在他对政治经济学的全面批判中的中心地位。将新陈代谢作为理论分析的概念工具涉及马克思对马尔萨斯人口论批判、地租理论及剩余价值理论三个重要领域，在较早于《资本论》的《政治经济学批判手稿（1857—1858）》中，马克思已经将新陈代谢与自然异化联系，从而为自然异化→新陈代谢断裂→生态危机的分析路径预设了可能。以下论述已经包含了对劳动异化、自然异化、工人异化、土地异化等资本主义条件下社会异化的全面批判："不是活的劳动的人同他们与自然界进行物质变换的自然无机条件下的统一，以及他们因此对自然界的占有；而是人类存在的这些无机条件同这种活动之间的分离，这种分离只是在雇佣劳动与资本的关系中才得到完全的发展。"①

　　马克思对资本主义农业的批判集中于：第一，大土地所有制使农业人口不断下降到最低限度，城市人口急剧膨胀；第二，上述过程所产生的条件"在社会的及由生活的自然规律决定的物质变换过程中造成了无法弥补的裂缝，于是就造成地力的浪费"，这种后果通过贸易向世界扩散；第三，大工业与按照工业方式经营的大农业共同起作用加剧出现物质变换裂缝。大工业与按照工业方式经营的大农业比较，"他们原来的区别在于，前者更多地滥用和破坏劳动力，即人类的自然力，而后者更直接地滥用和破坏自然力，那么，在以后的发展进程中，二者会携手并进，因为农村的产业制度也使劳动者精力衰竭，而工业和商业也为农业提供各种手段，使土地日益贫瘠"。②

　　人对自然的异化可以被看成劳动异化的生物物理表现，两者存在于同一过程。劳动异化是资本主义生产方式的必然结果，资本主义生产方式中生产力的特征之一，是伴随资本集中出现的大工业及城市化水平不断提高，也包括从传统的人类生活与自然新陈代谢保持基本平衡的农业生产方式，转向由资本集中与技术推动的大农业生产方式，这一特征使人类生产消费活动很快超越自然供给能力或者"自然限制"，打破了人与自然之间的生物物理循环平衡，当达到某一临界点，这种对新陈代谢循环平衡的破坏不仅威胁到人类后代的生存，而且危及当代人的生存安全，生态危机就不期而至。在这一过程中异化的自然属性服从于其社会属性，人类对自然的干预、异化产生自然生态系统的正反馈，而不是相反。

---

① 马克思，恩格斯：《马克思恩格斯全集》第 46 卷（上），人民出版社 1979 年版，第 488 页。

② 马克思，恩格斯：《马克思恩格斯全集》第 25 卷，人民出版社 1974 年版，第 916-917 页。

四、生态冲突求解：制度思辨及其他

如何由马克思生态观——或者由生态马克思主义观察当代生态危机问题，包括认识中国的生态环境问题，试作如下探讨。

（一）可否借由马克思生态观分析当今

马克思生态观所针对的是资本主义生产方式，而且，与目前资本主义成熟模式比较是针对原始资本主义。若如此，马克思生态观中的重要概念与分析机制是其是否能够用于分析当今社会主义国家的生态问题。"马克思坚持认为，只有在实践的王国中，在人类历史中，才能发现解决人类对自然异化的方案。人类对其自身的类存在和对自然的自我异化——构成了大部分的人类历史——同样在相同的人类历史中找到了解决方案——通过努力而超越这种异化。"①马克思所说大部分人类历史是否也包括当代社会主义时期，最终要看马克思所分析的产生自然异化与新陈代谢断裂的经济条件是否仍然成立。我们所处社会对自然条件的占有仍有很大差别，在市场经济环境中企业生产目的定位于利润最大化而不是满足社会实际需要。所以，马克思生态观对分析当代社会主义生态环境问题仍具有意义。

（二）如何通过"联合"克服新陈代谢断裂

福斯特与奥康纳同样作为生态学马克思主义的代表人物，他们各自均试图对马克思生态观中如何克服新陈代谢断裂或者资本主义的"第二重社会矛盾"进行归纳、探索发展。②福斯特对马克思的设想主要归结为走向劳动者的联合，由此克服劳动异化与自然异化。奥康纳则将马克思的生态憧憬——实际是奥康纳本人所指称的生态社会主义理想概括、发展为"为社会实际需要生产"，而不是为利润而生产，使生产的"交换价值服从于使用价值"。至于具体实现途径，福斯特更多重复了马克思的论断，即消灭资本主义私有财产，奥康纳则强调通过"非暴力革命"，实现国家对生产条件供给的管理。不过，假如国家真正能够代表民众利益，国家对生产条件供给的管理岂不也是一种联合？

---

① 约翰·贝拉米·福斯特：《马克思的生态学——唯物主义与自然》，刘仁胜，肖峰译，高等教育出版社2006年版，第88-89页。

② 奥康纳的"第二重社会矛盾"指资本主义生产关系与生产条件的矛盾，对应于马克思提出的资本主义私有财产与社会化大生产之间的矛盾。与福斯特的中心概念"新陈代谢断裂"比较，奥康纳明确自己的中心概念为"生产条件"。载詹姆斯·奥康纳：《自然的理由——生态学马克思主义研究》，第486页。

　　问题在于：如果将联合与生产资料所有制联系，走向联合的所有制形式究竟为何？提出这一问题是合理的，因为第一，马克思在《1844 年经济学哲学手稿》中第一次引入"联合生产者概念"，起因是对大地产的批判，马克思认为通过联合废除土地私有财产，可以"恢复人与土地的温情脉脉的关系，因为土地不再是买卖的对象，而是通过自由的劳动和自由的享受，重新成为人的真正的自身的财产"，[①]那么，资本主义农业的"大地产"形式之后的土地所有制形式如何？第二，回顾我国政治经济学领域对马克思所有制的争论——实际是自从马克思《资本论》第一卷德文第一版出版就已经开始的争论，用马克思在《资本论》中提出的"自由人联合体"将重新建立"个人所有制"解释为公有制也未必成立。[②③]或许，改革以前传统的社会主义公有制实践并未给予人们提供可行的明证。

　　笔者以为，在较长历史时期中，人类解决生态危机可能无法经由改革社会财产所有制途径，而是在一切可能情况下通过次级的联合，即广泛的生态治理合作方式，成功的合作机制可以产生于不同所有者之间，并寻求在各个层级上实现有效合作的制度框架。合作成功的可能性还在于：合作的动力既可以源于共同利益，也可能源于共同面临的风险或危机。巴雷特举了一个极端的例子："如果地球将被一个小星星击中，我们可以相当肯定，世界上将会有近 200 多个国家团结起来努力使之转移。"[④]巴雷特提醒我们在全世界范围存在着实现生态可持续性合作的可能。若如此，世界的每一个"子集"为什么不能通过合作解决生态问题？马克思所强调的"联合"既可以从制度层面理解，也可以从文化角度解读，因为联合也体现为一种文化。尤其，当生态危机治理迫切需要多边甚至全球一致行动时，如以废除私有制为前提，就可能要等待若干世纪以后。

（三）如何避免马克思视域中的土地异化与城乡分离

　　马克思论述新陈代谢断裂的实际对象材料是土地，以及与土地异化对应的城乡分离和城乡对立。马克思设想中的解决土地新陈代谢断裂问题的途径有以下：第一，不能让土地沦为任何私人或者组织（以至一切同时存在的社会加在一起）的所有财产，"他们只是土地的占有者，土地的利用者"；第二，为了人类世世代代必须维持土地效力，利用者"必须像好家长那样，把土地改良后传给后代"；第

---

　　① 马克思，恩格斯：《马克思恩格斯全集》第 42 卷，人民出版社 1979 年版，第 85-86 页。

　　② 刘明：《马克思所有制理论若干范畴译名与释义考辨》，《陕西师范大学学报》（哲学社会科学版），2003 年第 2 期，第 12-21 页。

　　③ 刘明：《论公有制范畴的消解》，《制度经济学研究》，2004 年第 2 期，第 113-121 页。

　　④ 斯科特·巴雷特：《合作的动力——为何提供全球公共产品》，黄智虎译，江苏人民出版社 2012 年版，第 216 页。

三，实行组织起来的、合作劳动的农业耕种制度，充分但理性地应用农艺方法；第四，对简单扩大农业生产规模持怀疑态度，只有农业可持续条件通过其他途径满足以后才可以考虑大规模农业。"合理的农业生产方式要么是自食其力的小农的手，要么是联合起来的生产者的控制。"①马克思和恩格斯一贯认为大土地所有者比自由农场主对土地具有更大破坏，上述思想均源于对资本主义农业的批判及马克思所经历的历次农业革命对土地新陈代谢的影响。②关于第一和第三，至少不会忘记，苏联的集体农场及我国的人民公社条件下的土地集体所有实践归于失败，说明我们没有找到马克思预示的土地所有制模式。尽管我国改革以后的家庭联产承包责任制取得成功，但是目前其制度绩效衰减，迫切需要重新设计土地制度，城市化大规模转移农村劳动力已经造成土地浪费，但土地仍然是稀缺资源。我国传统上主要考虑土地的社会保障及社会稳定功能，今后需要更多考量土地可持续性与土地利用效率问题。在一定历史时期，对劳动者、生产者拥有土地所有权可以探索。在原始公社时期，实际并存着家庭、村社与国家对土地的多层级所有制。③通过对不同层次所有权的具体赋权，有望防止土地改革带来的问题。

按照马克思的观点，未来社会将一部分工业转移到农村，部分居民生活在遍布农村、缩小了的、小规模及中等规模的城市，实现城乡的较高层次的融合，以避免城乡分离和对立产生的物质转换裂缝。④帕森特将马克思生态观中解决城乡分离的途径总结为消除社会分工（应指城乡劳动的差别），变革旧的生产方法，促进原料共享活动，生产者联合，但最重要的是消除资本主义的分配方式。⑤这些思想无疑具有重要意义，尤其对我国城镇化模式可资借鉴。

（四）"普罗米修斯主义批判"的当代意义

尽管马克思在现代资产阶级生态意识诞生之前，已经开始指责对自然的掠夺行为，可能多少是由于马克思主义哲学、政治经济学和科学社会主义理论的强大影响，批评者认为马克思缺少生态意识。例如，批评马克思的生态观点仅为"说明性旁白"，马克思后期著作中很少提及生态问题。对马克思的"普罗米修斯主义

---

① 马克思，恩格斯：《马克思恩格斯全集》第 25 卷，人民出版社 1974 年版，第 875，139 页。

② 马克思，恩格斯：《马克思恩格斯全集》第 20 卷，人民出版社 1971 年版，第 192-193 页。

③ 刘明：《马克思所有制理论若干范畴译名与释义考辨》，《陕西师范大学学报》（哲学社会科学版），2003 年第 2 期，第 12-21 页。

④ 伯尔特·奥尔曼：《社会革命与性革命》，South End Press，1979，转引自福斯特：《马克思的生态学——唯物主义与自然》，第 195 页。近期我国政策上放开中小城镇户口准入，说明城市化模式选择与马克思生态学的预期趋向一致。

⑤ 托马斯·C. 帕森特：《马克思的幽灵——和考古学家对话》，何国强译，社会科学文献出版社 2011 年版，第 59 页。

批判"指批评者认为马克思采取了"普罗米修斯主义的"支持技术和反生态的观点，马克思认为技术进步已经解决了生态问题。问题的起因是生态学领域流行着技术变革是生态环境恶化的重要原因这种看法，如新技术可能耗费更多原料与能源，新技术产品比所替代技术或者产品产生更多污染。人们很容易想到农药、化肥与汽车等技术产品符合上列特点。对技术进步的生态后果需要制定一个标准，有些情况下一项技术在使用前很难评价其与生态问题的连接状况，但这一点最终不是困难。①应该承认，通过技术进步解决生态问题的可能性客观上是存在的。

（五）布哈林悲剧的启示

"悲剧"并非指布哈林 1938 年被自己阵营内部虚构罪名而秘密枪决，而指其作为第一个社会主义国家的重要生态思想者，在列宁逝世（1924 年）以后的斯大林时期，其生态主张被贬低为"资产阶级"的诉求。福斯特指出，在马克思早期追随者中布哈林在运用马克思关于人和自然新陈代谢相互作用的思想方面走得最远，如其提出人类与自然能量转换中的能量平衡准则，认为技术是社会与自然新陈代谢交换关系的主要调节力量，人类对自然环境的调节是有限的。颇具讽刺的是，生态因素对苏联经济增长率下降及 20 世纪 70 年代的停滞起了主要作用。②

需要思考的是：布哈林悲剧对社会主义国家乃至推及一般政权体制，对解决生态冲突有无教谕？可以推断：就像政府需要避免严重失业和通货膨胀，从而形成对政府或者政治人物施政的约束一样，如果多数人都意识到了需要将生态可持续性置于社会目标的重要地位，也必将对政府形成约束。但是，任何政府或者政治家均有可能自觉不自觉地突破生态伦理，所以，需要在政权体制中（或外部）构造防止生态问题被"忽略"的硬核与保护带（包括立法、司法等）。布哈林同时遭受政治体制和学术体制的专制，对我们也应该是一个警示。

（六）经济学"革命"有无可能

经济与社会危机导致传统的经济学被修正，经济学研究的范围、方法及经济学规律均属于历史，经济学作为一门社会科学由此前行。斯密经济学的背景是原有的封闭经济体系缺乏制度效率，凯恩斯宏观经济学与 20 世纪 30 年代危机的关联已经是社会常识，经济自由主义盛行是由于 20 世纪 70 年代遭遇的滞涨难题。

---

① 对技术的"生态标准"的讨论见休斯：《生态与历史唯物主义》，江苏人民出版社 2011 年版，第 175-227 页。

② 约翰·贝拉米·福斯特：《马克思的生态学——唯物主义与自然》，刘仁胜，肖峰译，高等教育出版社 2006 年版，第 270-273 页。

在全球生态危机已经影响所有人的存在时下一个"经济学"是什么？在可预见的、不远的未来有无下一个？奥康纳向经济学家发出学习马克思生态观的呼吁，仅此显然不够，马克思生态观即使是一个成熟体系并给予我们伟大启迪，也不可能提供解决生态问题的全部知识域。国内学者对"生态马克思主义经济学"做了可贵探索，建立了生态马克思主义经济学的基本框架，[①]其产生普遍影响仍有待时日。生态学马克思主义则仍显含混和稚嫩。生态经济学作为一门年轻学科没有解决纳入生态环境问题的经济理论的缺陷，相反却竭力在利用原有的、没有适当考虑生态约束与自然限制的理论工具分析生态问题。阿克曼对环境评价的"轻率货币化"颇不以为然，指出"很多环境负外部性涉及不可逆损害风险、大的不确定成本、对后代人的影响、人类生命价值，这些被货币化是无意义的"。[②]但经济学者却贸然进入伦理学不敢涉足的地方，竟至出现在成本收益分析中对一个人的生命估价为 610 万美元（按照 1999 年美元价格）的"创举"。[③]

　　除了全球普遍面临的生态危机，对经济学做出重大修正的动力还有起于美国次贷危机的全球经济金融危机。笔者试就如何纳入生态环境问题改造经济学开出一个初步清单：首先，将宏观经济调控与产业政策、社会政策最高目标定于生态环境可持续性，按照马克思的观点，即实现经济-社会-生态系统的新陈代谢平衡；其次，继续开拓"生态政治经济学"领域，从社会制度与结构角度分析生态危机的因果逻辑；再次，对于从西方舶来的经济学中增加生态分析专书，与微观经济学、宏观经济学并驾齐驱；最后，改造微观与宏观经济学，在教科书中除了分析劳动力市场、商品市场、货币市场、资本市场以外新增加环境产品市场均衡分析。经济学不能解决所有生态问题，但是，解决生态问题离开经济学似无可能，每一位经济学者有责任艰苦探索。

---

　　① 刘思华教授著有《生态马克思主义经济学原理》（人民出版社，2007 年）、《理论生态经济学若干问题研究》（广西人民出版社，1989）。相关评价见张宇等：《中国政治经济学发展报告（2010）》《政治经济学评论》2011 年第 2 期。

　　② Ackeman F. Still dead after all these years: interpreting the failure of general equilibrium theory. Journal of Economic Methodology, 2002, 9（2）：1-21.

　　③ 弗兰克·阿克曼：《我向思维经济学与环境》，载爱德华·富布鲁克：《经济学的危机：经济学改革国际运动最初 600 天》，贾根良，刘辉锋译，高等教育出版社 2004 年版，第 115 页。

附录一　金融内在不稳定假说：资本主义过程和经济行为[①]

[美] 海曼·P. 明斯基

刘　明　译

一、导论

金融不稳定和金融危机是经济生活中的事实。准确定义是不必要的，因为主要的不稳定事件是飞涨的通货膨胀、投机泡沫、外汇危机或债务紧缩，要由具体情况判定。为了分析上方便，金融不稳定可以界定为相对于目前产出价格资产（金融的和资本的两者）价格快速累积性的变化。对本文尤为重要的是，金融不稳定和历史上深度萧条的关系。基于金融不稳定中的债务紧缩（债务紧缩之后发生什么情况是主要焦点），解释金融不稳定为什么发生的关键因素是跨越历史时期债务结构的演化，债务不能被由市场决定的现金流和资产价值兑现。所以在一个自由市场中，涉及范围广泛和不断扩散的倒闭可能发生，但在一个有大的政府和机敏的最后贷款的人的经济体系中，可以避免债务紧缩冲击的负面效果。标准的金融不稳定假说理论的应用之一，是在不断恶化的不稳定和趋向停滞性通货膨胀的状态下扼制债务紧缩冲击有一个"成本"问题。

讲金融不稳定是苦心孤诣谋划的结果，显得差强人意，但某些情况下恰好事与愿违，就今日标准的经济理论体系讲，的确如此。如果经济理论就是一些具有一定数学天赋的人所把玩的抽象的游戏，这种置可观察的现实于不顾的标准理论，将只有小的妨害。可是，每一时代的标准理论是这一代经济政策的指导。20 世纪70 年代资本主义经济的失调反映了那些制定政策的经济学家所提供的理论框架的无效，他们设计了这些理论并将之教授给政治领袖们，资本主义国家经济病症部分是"人为的"——医生们把疾病引入患者体内。

标准理论是无用的，因为它不顾事实，不能解释重要的观察结果，所以需要替代标准理论。幸运的是，我们不必从零开始进行这种理论的重建工作，在理论成为数学的牺牲品和观察被计算机输出资料取代之前经济学家们就认识到金融危

---

① 中译文原载《经济与管理论丛》2002 年第 4 期。

机的发生，并着力于解释它们为什么发生和对系统绩效的影响效果如何。

有一些关于《就业、利息和货币通论》的不同于标准文献的解释，这些解释的含义之一是：《就业、利息和货币通论》的指向，即使未充分认识，也是一种关于资本主义经济的理论，因为它充分地把经典文献所标示的哪种真实经济行为与金融系统相结合。这些解释蕴含着资本主义经济的若干过程，即金融投资和资产持有，导致能促发金融危机的条件的内生化发展。这意味着凯恩斯提供给我们巨人的肩膀，站在巨人肩膀上我们就能够理解资本主义经济如何运行。

二、关于标准理论的金融不稳定假说

在近年有一次关于凯恩斯"真实含义"的讨论。我的论文形成了一本小册子，是在哥伦比亚写的关于这位伟大经济学家的随笔。在那本书中，我持有这样的观点："《就业、利息和货币通论》体现了经济理论的一种革命性变体，但在达到今天标准变化的过程中对凯恩斯革命性的解释是归于失败的。"我认为"在标准的凯恩斯主义理论中，所忽略的方法与步骤是在经济周期和投机的来龙去脉中对资本主义的金融方面作详尽而明晰的考虑。一旦引入资本主义金融问题和在各种经济状态期间对现金流变化做详细的考虑，这种革命性洞见的充分的力量和凯恩斯发展的选择性分析框架就变得清晰起来"。拙著写作以来的事件证实了通过透析资本主义的金融关系观察资本主义经济的有效性。

标准的对凯恩斯的解释，实际上忽视了他对金融市场和市场之间关系的分析。有些认识已成历史，人们没有必要盲目信奉这样一种观点：反常事物是科学进步的推动力量，认为美国和全球1929～1933年的崩溃是一种有力的因素，诱致和集中了那样一些在多年里试图解释资本主义经济行为的人的智慧。如果我们尝试把资本投机者理解为一个政治动物，他们潜入权力的"城市"和走廊，则金融崩溃对一种新理论形成的影响更显而易见。为了理解《就业、利息和货币通论》，我们必须认识到1929～1933年金融崩溃是《就业、利息和货币通论》形成最近的历史事件。我们确信凯恩斯理解了并赞赏费雪已很好地描述了交互作用过程。

将凯恩斯理论描述为主要关注劳动力市场失衡（在这种市场上实际工资"太高"）的那些人似乎没有意识到，失业的持久性并非《就业、利息和货币通论》中明确揭示的关键问题。关键问题是，即使在货币工资和价格水平迅速下降的情况下失业也持续地增加。如果有失业均衡，它只是在1933年向下的冲击被停止之后，在那之前是危机中的劳动力市场变化表现为前所未有的失业的增加。

凯恩斯对非均衡的解释是这样的：失业是市场作用与强行在工人中搞职业配给两种因素结合的结果。固定价格销售、无弹性的货币工资、利息率低限是诱致非均衡强制所能采取的一些措施。经济系统中的不同行为，是由反映很不相同的时间水平的不同变数确定的。

凯恩斯将资本主义问题分为主要问题（即各种预算限制的决定）和次要问题（即私人部门产出的确定）一旦主要问题解决了，次要问题可以被描述为限制情况下均衡的确定。

Malinvaud 用非均衡方法提出一种观点，认为凯恩斯主义失业的存在是由于货币工资和产出供给价格都过高，失业持久是因为货币工资与产出供给价格不与就业和销售成比例下降。但实际上，凯恩斯分析的一个关键主张是，当总需求不足引致失业时，工资与价格弹性使事情变糟。这是因为工资与价格下降使债务人负担急剧增加，他们要获取现金以清付到期债务。凯恩斯的动态学很明确包括进了金融伙伴之间的相互作用，标准理论却忽视了它们。任何就业理论若不把总需求形成和投融资及资本性资产的状况结合在一起，就不能被称为凯恩斯主义。所以，一种忽视金融问题的分析捕捉不住资本主义经济的必然的周期性特征，而华尔街正存在于资本主义经济中，而且是重要的。

标准理论没有考察资本主义经济内部由于资本资产定价方式或资本性资产和投资活动的筹资过程所存在的内在不均衡力量。上述问题是否与资本主义经济发展相关联，可以通过研究那些忽视资本主义经济特征的理论构造而推知。如果经济理论试图解释金融危机、金融危机与商业周期的相互关系及金融如何影响系统行为，经济理论就必须很明确地考察作为资本主义的经济。

Malinvaud 这样引入货币："让我们考虑一种有 r 种商品（$n=1, 2, \cdots, r$）的经济，最后一种是货币。"Arrow 和 Hahn 写道："让下标 'n' 代替货币，而货币至今被我们看成我们正式系统外部的不支付利息的债务的某种代理。"很清楚得知，这些理论家的货币与资本主义经济的货币没有恰如其分的相似之点。Arrow 和 Hahn 认识到它们的定义不符合实际，而对他们最初发展的货币思想表示抱歉；Malinvaud 没有表示歉意，甚至认为他们的著述是对政策问题的中肯分析。

工资和总资本收入是源于收入决定方式的现金流量。总资本收入由租金、利息、税收，习惯被列入利润，和一些——几乎是全部——经营的超额收益和管理工资组成。Kalecki 揭示了总资本收入如何与投资、政府支出、外汇结存、由利润提供资金的消费和工资收入外的储蓄联系在一起。Kalecki 用一系列方程式揭示了经营利润大得足以使经营者能履行他对所发行金融工具的支付承诺的各种条件。经营利润、对金融工具承付项的履行、投资和融资之间的联系，使我们可以理解为什么由资本主义经济正常的功能产生出诱发金融危机的因素。

Kalecki 方程组也揭示了为什么具有充分爆发式的、交互作用的债务收缩在第二次世界大战之后没有发生。对资本主义金融关系的理解使我们能够明白最后贷款人角色的重要性，战后经济为什么免于债务收缩，为何目前遭受到长期的通货膨胀压力。金融不稳定假说是凯恩斯理论的一种变体，它同由 Kalecki 最明确陈述的对利润形成的卓越见识有密切联系。

三、继承过去的遗产和对未来的捐赠

在每一种经济中，今天的资本资产和劳动力是由过去继承来的，而明天的资本资产和劳动力部分地取决于今天的活动。一种金融结构相对于资本资产的拥有和投资的生产而言，也是过去的遗产和对将来的捐赠。诸如时际间的金融联系和它们所包含的支付承诺对资本主义是其特殊性。在标准的经济分析中，资本资产被集中于工厂内部，通过劳动力对收益产出发挥作用。为简便起见，货币工资被假定是给定的，以便边际的和平均的现金支付的成本曲线能够适应产出而导出，这种分析忽视了对资本主义经济运行产生影响的一些条件，这些条件是需要履行对金融工具的支付承诺，并利用金融工具筹资和取得资本资产所有权。

正如凯恩斯所述："当一个人购买了一笔投资或一种资本资产，他就购买了获得一系列预期收益的权利，他预期这一系列收益可以通过出售在资产存续期间所获产品减去生产这些产品的经营性花费得到。将这些按年度的系列收益 $Q_1, Q_2, \cdots, Q_n$ 为了方便可称作投资的预期收益。"正如凯恩斯所定义的，Q 值是一系列现金流，等于总收益减去现金支付成本（生产的经营性花费）。Q 值是毛利润或毛资本收入，这些毛利润提供给资本资产所有者在清偿债务与纳税前的现金流。

生产是由公司实施的。无论怎样，资本资产（固定资产）被集中进工厂。可变的劳动力工资和原材料成本构成工厂的经营成本。公司往往用以筹措资本资产和在工厂流动的原材料的债务，可以与具体的固定资产或工厂（如通过抵押）或公司一般的财富联系在一起。无论哪种情况，可以用于支付债务承诺的现金流，由于公司总业务量变化将增加。

债务使一个公司承担货币支付承诺。这些货币支付基于所得账户（利息与租金）和偿还资本（因债务到期或分期摊还）。现代会计实践把税后资本净值中的总收入分为资本消耗部分和收入。资本消耗部分可以被比作债务还本。本质上，在一个资本主义经济中，资本资产（工厂、设备和存货）就像付款保证书一样，凯恩斯把由这些资产所生产的准租金，视作一系列年金。

除了由资本资产挣得利润收到"年金"的生产性公司之外，资本主义经济还包括许多由债务和他们拥有的其他金融资产产生的现金流得到年金的公司。在一个资本主义经济中，存在着两种使利润最大化的机构：一种拥有资本资产，并通过生产和出售商品与劳务赚取利润；另一种拥有金融资产和通过生产与出售债务而赚取利润。两者都是属于他自己的对应物被其他人掌握，而他人拥有的对应物他却掌握。

作为他们债务结构的结果，公司今天的经营要应付由过去遗留下来的支付现金承诺。所以，目前投资和拥有资本资产就需要融资，从而就形成对未来的支付承诺。经济情况成为一种奇怪的纪律约束，在这种纪律下，现在、过去和未来最终是共存的。经济理论中的现金流分析方法，有助于解决与时间联系的一些最困难的问题。

在 Kalecki 和 Keynes 的一体化过程中，利润是经济理论的焦点。这一理论势必认为，不稳定源于资本主义的正常功能，利润被投资决定，使经营能够兑现基于金融工具的支付承诺，并以其决定未来预期利润，对未来利润的预见，有助于决定资本资产的现值和投资决策。由于未来投资决定未来利润，所以很明显，工商业今天投资是因为希望投资于未来，但投资需要融资，所以目前融资可得性和预期在未来融资是可得的这样一些条件决定了投资。新的融资可得性将决定于过去的融资被现在的利润证实是有效的。理解资本主义的关键是由负债结构所决定的支付现金流及其时间形态，以及如期偿还支付承诺的现金流是如何产生的。

四、现金流、现值和现值反转

在标准理论中，通过公司生产的产品抑或由它们生产所需的技术和物质产品的输入刻画公司特征；对经济现实的分析是通过研究和分析商品与劳务市场。指导标准理论的基本看法是经济仿佛是一种乡村市场那样被进行分析。

作为对资本主义过程的研究，经济现实中的商品及其市场结构是第二位的，现金流分析（收入和支付）具有头等重要性。与标准理论中将一种经济看成生产与消费产品相反，华尔街观点将经济看成是生产和分配利润。经济是由一系列平衡表组成的，在平衡表中资产产生现金收入，而负债说明支付承诺。理论上要商榷的问题是，资产如何产生现金和现金支付承诺、预期的现金流及实现的现金流之间的关系如何影响系统绩效。

一家公司由于参与生产的现金总流入是它的销售收益，这些收益减去凯恩斯所说的"经营花费"形成税前利润，按凯恩斯的说法称这种利润为"Q"。我们忽略目前的政府支出与税收，所以就有了一个预期准租金和总利润的集合，我们以 $AQ_1, \cdots, AQ_n$ 表示。公司或许也拥有金融资产且当合同被履行时形成现金流。

负债形成即期的、定期和或有的现金支付。目前日期（O_s，由零开始）的负债结构大体上比较准确地导致一个时间序列式的支付承诺，$PC_1, \cdots, PC_n$。所以我们有两个时间序列：第一个是预期毛利润 AQ_i；第二个是由到期负债产生的支付承诺 PC_i。在一项投资实施之前必有

$$\sum_{i=1}^{n} AQ_i > 0 \qquad\qquad （附录 1-1）$$

$$\sum_{r=1}^{n} AQ_i > \sum_{i=1}^{n} PC_i \qquad\qquad （附录 1-2）$$

流入现金必须超过现金支付承诺。

我们可以把预期准租金和支付承诺都分成两部分：AQ（a），AQ（y）和 PC（a），PC（y）。AQ（a）是准租金中提供资本消耗或花费的部分；PC（a）是基于债务支付量，是资本的偿还；AQ（y）与 PC（y）是现金流中的净收入部分。

$$AQ（y）=AQ－AQ（a） \qquad\qquad （附录 1-3）$$
$$PC（y）=PC－PC（a）$$

一个稳健（hedge）金融单位符合下述条件：

$$AQ_i > PC_i \qquad\qquad （附录 1-4）$$

对于所有 i，以使得

$$AQ_i－PC_i > 0 \qquad\qquad （附录 1-5）$$

公司价值 E 是现金流资本化的价值（即现值——译者）：

$$E = \sum_{i=1}^{n} K_i(AQ_i - PC_i) \qquad\qquad （附录 1-6）$$

K_i 取值涉及所意识到的公司现金流的可靠性，凯恩斯把这叫作不确定性，依赖于基于各类资产不确定性或不同风险的市场利率。这种关系在商业周期中是变化的。作为一个稳健单位，现值的反转不能作为利率变化的结果而发生。

考虑一家普通的公司，它有因合同产生的支付承诺（支付时间序列为 PC_i，$i=1，\cdots，n$）。一般而论，履行这些支付承诺的现金将产生自公司当期的利润。可是一家公司将发现在手边保持一些现金或与现金等值的资产对于防止现金收入中断是有利的。这种持有将与销售收益及对债务支付承诺相关。所以一个货币头寸（在很大程度上由短期金融资产组成）就必然存在，且和近期经营性花费 X_i 和对合同 PC_i 的支付承诺相关。

$$M_D = \sum_{i=1}^{m} [T_i(X_i) + L_i(PC_i)](m小) \qquad\qquad （附录 1-7）$$

作为一个稳健型公司每一时期的预期总收益超过经营花费和支付承诺；对货币需求除了跨接时间缺口之外是较少的。

对于投机性金融单位：

$$AQ_i < PC_i(i=1，\cdots，m，\ m\ 小) \qquad\qquad （附录 1-8）$$
$$AQ_i > PC_i(i=m+1，\cdots，n)$$

此外，在开头的 m 个时期；

$$\sum_{i=1}^{m} AQ_i(y) > \sum_{i=1}^{m} PC_i(y) \qquad\qquad （附录 1-9）$$

准租金中收入部分是超过支付承诺的收入（利息）部分。这样一种单位有一部分资本金是近期到期的债务，而这种债务偿还超过资本消耗或它的资产所产生的偿债基金。这种公司只有在减少它的货币资产或成功地安排新债务的情况下才可以履行它的支付承诺。

投机性金融表现了银行、其他金融机构、发行浮动债的国库和普通的在银行债务与商业票据间做倒手交易的商行的特征。这样一些单位能否持续正常地运作要依靠他们安排负债的能力；他们依靠金融市场正常运作。与金融稳健单位的价值在所有利率水平下是正的不同，一个从事投机金融业务的单位的价值依利率而变化。在低利率情况下后者的价值是正的，而在高利率时价值是负的；利率的上升能导致现值的反转。

作为一个进行金融投机的单位其货币需求仍然由式（附录 1-7）给出。不过，这样的单位其 PC_i 与 X_i $(i=1, \cdots, m)$ 之比 $(即\, PC_i/X_i)$ 比那些稳健单位要大。对货币及货币市场资产的需求对于投机性金融单位比起稳健型金融单位而言更加是履行到期债务支付承诺的功能性需要。投机型金融单位倾向于持有货币以防止再融资失败。正因如此，我们预期 L_i 对投机型公司而言与利率负相关。

有一种特殊的投机性金融单位，即彭兹单位，它目前收入的支付承诺部分超过现金收益部分，而这样的支付承诺对除了某些末期之外的时期均超过预期的现金收益。象征这种关系我们有

$$AQ_i < PC_i (i=1, \cdots, n-1) \qquad （附录 1-10）$$
$$AQ_i \geqslant PC_i (i=n)$$

有

$$AQ_i(y) < PC_i(y)(i=1, \cdots, n-1) \qquad （附录 1-11）$$
$$AQ_i(y) \geqslant PC_i(y)(i=n)$$

对除了一些水平时期的末期之外的所有时期，现期所得都不能偿付支付承诺，随时间延续未偿债务的账面值显著增加。

我把这样的金融安排表征为 "Ponzi finance"（彭兹金融）时不由想起波士顿的 "骗子"。然而这种融资关系比我所表示的要广泛，这与多时期的计划有关。彭兹融资成为任何具有重要酝酿期的投资的特征。此外，涉及购买资产的交易是彭兹融资的例子，这种买进资产的实施成本超过挣得收入，所以交易能够盈利的条件是资产涨价。20 世纪 20 年代清淡的保证金交易股票市场是彭兹融资的一个例子。

从事彭兹融资单位的现值对利率很敏感。因为 $AQ_i(y) < PC_i(y)(i=1, \cdots, n-1)$ 和 $PC_i(y)$ 当短期利率上升时增加，一个进行彭兹融资单位的未偿债务以更快速度和更高的利率增长。此外如果 AQ_n 反映资本资产的价值的话，AQ_n 由于上升的利率则将下降。一家从事彭兹融资的单位尤其容易受到现值反转的伤害。

因为彭兹融资计划总是在货币市场上筹措头寸，他们或许期望持有大量货币和货币市场资产。然而，对这些单位而言，通过使借入最小以控制融资成本的压力是很大的。彭兹单位往往要节约现金并依赖融资的条件。

现金流联系的形成有助于说明金融不稳定的发生。一个稳健的金融单位，由于它的资金支付承诺适当，只有当实际 Q_i 值低于预期的 Q_i 值才可能发生不履行偿付款的情况。不过，在一个简单的资本主义经济中，实际 Q_i 依赖投资。资金困难对一个稳健的金融单位而言之所以发生仅当在先的收入下降已经发生。由于金融危机不依赖在先的收入下降，所以财务稳健的单位不能引发向下的金融不稳定。

一个投机性单位常为它负债结构的一部分进行再融资。它的正常运行依赖于金融市场的正常运行，它的利息成本反映变化着的金融市场条件；尤其是，即使准租金有改变，举债的利率上升会提高支付承诺。一个投机性单位能够转变成一个彭兹单位，在当金融市场吃紧而有某些时期 $AQ_i(y) < PC_i(y)$ 成为事实的意义上讲的确是这样。

彭兹金融单位在货币市场环境变化情况下尤其脆弱。不仅当利率上升，他们的支持承诺超越预期水平，而且，利率上升可以导致第 n 期收益下降，而第 n 期收益原本是预期能够清偿负债的。之所以如此是因为一个彭兹计划的支付收益往往反映将要转手出售的一项资产的价值，而这一价值又和利率反向相关。

与彭兹等效的财务模式成为许多投资过程融资方式的特征。一项投资在计划完成之前未形成收益，生产的成本包括早期花费的利息成本。计划完成的价值是预期利润的现值，这个现值与利率反向地关联在一起。当利率上升，彭兹计划的现值能变为负的，AQ_n 的值使整个计划的可行性相对总债务增加而言降低，因为现在超额成本（包括利息索取）超过了准租金。

五、健全和脆弱的金融体系

一个金融体系是健全的，是当现金流、资本化率和支付承诺发生某种变化时，不会显著地影响私人部门履行他们的金融承诺。相反，一个金融体系是脆弱的，是当现金流、资本化率和支付承诺发生一定变化时，会影响私人部门偿付它们金融承诺的能力。可是，金融体系不是存在于一个孤岛上，它的健全或脆弱不是独立地依存金融体系内部的相互作用。投资、就业和利润受到下述因素强有力的影响：①金融变量小的变化；②债务人能不能成功地履行金融合同，这两者对决定金融体系是健全还是脆弱是很重要的。对融资和收入决定问题两者都不能孤立地看待，它们之间有密切联系。

金融体系的健全或脆弱依赖于两种关系：金融体系的现金流特征；金融系统行为影响现金流的方式。现金流使工商业、家庭及金融机构能够履行他们的债务。

进而，对金融体系稳定性和金融结构与收入决定间相互作用的分析，必须考察系统的脆弱（稳定也类同）是否是经济体的一个不变的特征，或者它是否是形成变化和发展的（如果它发展是什么决定它的发展）。

金融不稳定假说认为，现金流关系在一连串平静的年份期间发生变化，并把最初是健全的金融体系转变为脆弱的金融体系。由费雪识别的 20 世纪 30 年代的债务紧缩大概使一种脆弱的金融结构转变为某种更趋健全的结构。相反，在平静年份，金融变化将健全的金融结构转变为脆弱的金融结构。金融体系的脆弱/健全就带出两个问题：是什么因素决定使经济单位能履行金融支付承诺的准租金？金融联系的结构是否成了对系统绩效的限制，而系统绩效是否可以使不同单位可以满足金融承诺？

稳健型、投机型和彭兹型单位都受到准租金变化的影响。准租金相对于预期水平的亏空，能够使一个稳健单位成为一个投机单位和使一个投机单位成为一个彭兹单位。因为彭兹单位有效的准租金来自卖掉一种头寸，这种亏空意味着对债务的支付承诺不能被履行。准租金的下降可能意味着一些债务拥有者的现金收益预期将是令人沮丧的。

一个彭兹单位准租金低于其预期价值可能也意味着，债务人的现金收益低于预期水平。这将揭示给拥有这一债务的金融机构，这些机构履行他们定期的承付款的能力，基于他们依靠所拥有金融资产的持续的支付回流。金融机构的存款保险赔付程度和这些机构的资产负债综合状况就是金融体系总体稳健或脆弱的参数。

在一种最为简化的 Kalecki 的情况下，合计的总利润等于总投资，实现利润较少而低于预期利润在逻辑上要求有投资不足在先。这就导致金融危机的产生的深度的萧条势必无法解释，因为它要求必须解释投资下降。历史记录了导致金融危机的某些金融机构或工商企业崩溃的突发事件的例子。也有一些金融机构和工商企业崩溃留下了大量未偿还债务，但没有导致金融危机的例子。有些特殊机构未能兑现他们的支付承诺，却未引致普遍的金融危机。如果一场金融危机是由一个特殊的事件或错误的政策诱发的，那么总体金融机构必定是这样：独立的倒闭能诱发倒闭事件的连锁反应。

利率的上升会降低一个稳健单位资本化的价值，但不会改变它的支付承诺。一个稳健单位的资本化价值［式（附录 1-6）中的 E］将由于利率上升而减少。利率上升降低公司的市场价值，也降低了由公司股份的市场价值相对于债务名义价值的超额部门所提供的安全性的底限。这不至于影响公司兑现其支付承诺的能力，却或许会影响其进一步发行债务的期限，由于发行债务的期限影响投资活动，投资将被减少。

利率上升影响支付承诺，所以对投机和彭兹金融机构将其正现值转化为负现值。投机和彭兹机构必然发行债务以兑付债务及应付款。这意味着他们必须要和这种市场打交道，进而，它们容易受到任何失调的伤害，这种失调以短暂的、不适宜的融资期限的形式表现出来，这或许会在金融市场发生。严重影响从事投机或彭兹金融的公司价值的利率上升将危及到它发行债务的能力，将把一个投机或彭兹机构转变到一个有较高的风险级别。

风险级别反映对一家公司可能出现债务违约的可能性的评价。如果利率上升削减了一家投机或彭兹机构的价值，为到期债务再融资或发行追加债务，将以反映这种净值被减少的条件发生。这样较高的条件进一步减少价值。在条件高到足以补偿贷款人因为面临增加的违约可能性之前，上述过程是不会收敛的，条件（最终）或许是这样的，以致借款人和放款人似乎都认为违约是不可避免的。对一些特殊的机构群体的风险，补偿性融资条件的存在很好地依赖于无风险或免除违约的利率水平。

金融体系的稳定依赖于总的私人部门金融结构中稳健金融的权重。稳健金融的权重越小（投机和彭兹金融权重越大），发生危机的可能性越大，因为上升的利率导致现值反转（下降）的可能性越大。现值下降导致在建投资计划放弃和新投资项目的减少。

一个由稳健金融支配的金融结构，提供了对投资的诱致因素和对从事投机和彭兹金融的刺激。银行和其他金融机构是债务的经销商，它们把债务推销给资产持有人，并向各种经济活动融资。闲置的或超额现金是它们放款的潜在原材料。在对固定资产和投资的融资过程中，短期债务对长期债务的取代为他们提供了贷款市场，银行与金融机构因而对引致投机和彭兹金融产生了作用。

稳定退化为不稳定，最初不是由于经济衰退，而首先是由于投资的扩张。由过去的经济行为所决定的今天的金融结构意味着，正当商人和银行家推断能成功地履行金融支付承诺而减少对金融危机的防范时，金融结构却变得对金融危机更加敏感。

六、利润的产生

不必要重复 Kalecik 关于总利润＝总投资+资本家花费的证明。此外，这些关系如果能够成立的话，则下列等式成立：总税后利润净额＝总投资+出口盈余+预算赤字−工人储蓄+资本家花费。在这种关系中，利润是这样的方式产生的，即系统是按照投资、政府规模与范围、外部平衡、工人的消费习惯及利润收入的分配与使用状况运行的，这种关系把资本主义条件下的收入产生过程与有效金融结构所需要的现金流联系在一起。Kalecki 的税后总利润是实现了现金流，这种现金流使利用债务融资的公司能够控制资本资产以满足他们的支付承诺。与目前利润决定机构是否能够履行他们的金融承诺相反，预期利润决定银行与商人扩大和承担金融承诺的意愿。

在资本主义经济中，在 20 世纪 30 年代以前，和平时代的政府是小的。没有相对潜在的相对总投资而论较大的预算赤字。在这样一种经济中总投资的变化几乎被全部地转变为总利润的变化。所以投资的下降就导致等量的总利润的下降，这种情况把稳健单位推向投机单位，把投机单位转变为彭兹单位，并伴随净值减少。这样的变化和以现行利润下降推测预期利润下降的情况一起，降低了投资。一种循环过程将在一种小政府的资本主义经济中发生，在这个过程中，投资的下降产生了现金支付关系的恶化，并导致投资的进一步下降。

如果政府是大的，投资的下降导致收入、就业和利润下降，并引致政府赤字实质性的上升。赤字变得如何大且增加得有多迅速取决于税收体系结构和政府支出计划的性质。在一个现代的福利国家，维持收入计划是这样的以使得随失业发生支出迅速上升，税收体系是这样的以便当收入下降时总税收尖锐地下降。即使没有自由斟酌的措施，政府赤字也将随收入下降而迅速增加。

大政府作为循环过程的破坏者而起作用，在这种循环中投资的下降会诱致利润的下降。在 1974～1975 年美国政府赤字膨胀，在 1975 年第二季度达到每年 1000 亿美元以上。美国经济 1975 年第二季度达到衰退的底部，而 1975 年第三季度开始了持续 15 个季度的扩张，这绝非偶然。

大政府是对就业和收入的强有力的稳定者，因为支出与税收对需求的直接效果及政府赤字支持了商业利润。

Kalecki 关于利润的方程中的其他各项是系统行为的重要决定因素，有助于解释商业循环的经历。注意出口盈余是作为与利润正相关的因素出现的。当一个国家扩张它的预算赤字，而且这导致出口上升时，国内利润和它的贸易伙伴的利润均增加。美国 1975 年以后的贸易赤字支持了它的贸易伙伴的收入和利润。

Kalecki 有关利润决定的方程中有一处模糊。生产消费品的利润水平由以下条件决定，即消费品生产的利润等于投资品生产所支付的工资，与此不同，对投资品生产的利润决定而言没有这样简单明了的关系法则。总利润等于消费品生产利润加上投资品生产利润（$\pi=\pi_c+\pi_I$）。投资产出的价值是投资品生产的工资支出加上投资品生产的利润（$I=W_IN_I+\pi_I$）。之所以有以上关系是因为，总利润等于投资产出（$I=\pi_c+\pi_I$，因为 $\pi_c=W_IN_I$）。不过要确定投资品生产部门利润有必要涉及投资产出的供给条件。

大部分投资品由一些独特的项目组成，要适合于购买的规格。进而投资品的生产经常涉及显著的酝酿期。所以投资在进行过程中使流动的金融资源处于停顿状态。这些流动的金融资源从银行借入。无论如何，基于劳动力和生产投资品的原材料成本的一种明确合约或隐含的机会成本的利息索偿权必须由供给价值弥补。

银行放款基于某种安全底限。投资品生产的期望销售收益应该超过生产成本，包括对在酝酿期锁定资金所收取一定量的利息。银行保证金导致借款成本的一个增加额，成本包括利息索取，如果计划是成功的，这种成本的增加引致的是现实的利润。所以，保护银行的需要引起投资品的供给价格以实质性的幅度超过生产的经营成本。

为了完成投资品生产中利润决定的故事，需要一些必要的条件。我们再次以某种必要的方式将银行与金融部门引入分析过程。公司利用对银行与金融机构的债务和公开市场筹集头寸，以满足其资本资产需要。凯恩斯的流动性偏好被解释为一种对于以债务融通头寸的合适负债结构的市场观点。以过去的经历和目前的预期而论，要以拥有固定资产为目的所需融资的条件，决定固定资产的市场价格。在凯恩斯理论中，相对一定的金融结构，资产的流动性偏好对工商业产生了一种财务结构，这种工商企业的财务结构就近似地决定了固定资产的价格（明确的或隐含的），固定资产产生准租金。也就是说，凯恩斯理论是一种两重价格水平理论：一种是固定资产价格，另一种是目前产出的价格。两者的联系是资本资产价格转变成为对投资的需求价格的方式。金融市场条件以两种方式进入投资的决定：它们决定投资产出的价格，因为它们是必须补偿的成本；它们决定需求价格，因为固定资产价格取决于固定资产头寸（即为其所备资产）被融通的方式。

在现代资本主义经济中，公司借助市场力量有一个出售价格，这种价格涉及基于成本亏损的预先的涨价，正如前所述，尽管这种加成定价是银行或金融管理层对经济过程看法的一个自然结果。没有市场力量的公司能赢得一个价格增量以弥补成本亏损仅当需求旺盛时才有可能（如实现的增量依赖于总投资）。只要需求价格等于或超过亏空的成本价格接受者就按不变产出生产。

在简化的 Kalecki 情况下，产出是由全部利润加总等于形成的投资的条件决定的。在投资产出分析中，形成的投资产生工资账户，在消费品价格上这种工资账户转而必须反映在超过工资成本的实现加价中。实现利润如何在各种固定的和可变的提价的产出中分配，取决于工资挣得者和其他消费品购买者的偏好。

在资本主义经济中，价格、产出和就业由利润等于投资（考虑在利润产生的方程中所列举的商品）的条件决定。投资取决于融资状况，后者转而依赖于对投资的需求价格超过投资产出的供给价格的余额。投资的需求价格源于资本资产的市场价格。资本资产的市场价格取决于凯恩斯在流动性偏好规则下所界定的一些关系，关系之一是资本资产头寸的融资"可以接受的"负债结构。所有其他的情况也一样，体现在平衡表中的现金流约束越宽松，资本资产的价格越高。投资产出的供给价格包括酝酿期的融资成本和银行向这样的产出融资时的安全保证金。

在资本主义体系中，银行家向资本资产和投资产出生产融通资金的条件是系统行为的关键决定因素。这种融资状况影响着利润，所以也影响现期收入是否能使先前的债务结构有效。

七、转折点：上部和下部

在经济周期分析中常要考虑两种累积过程（扩大与收缩）和两种转折点（上部和下部）。在对金融危机的研究中，对上部的转折点特别感兴趣，因为金融危机常常在深度萧条周期的上部转折点附近发生。在引致资产负债表关系失衡（这一失衡促发金融危机）的发展过程与触发金融危机的事件间做出区分是方便的。

银行的利润等式和持有以收益与增值为目的的举债性资本资产的利润机会一起揭示出，即使由稳健金融支配的一个初始条件也是不稳定的。在一个由稳健金融所支配的经济中，转而参与大量的投机活动具有好的利润机会。之所以如此，是因为短期融资的供给条件降低了能取得信贷资格的那些人的融资成本。在总体上对投机性金融活动参与的增加引起对资本资产的需求增加，因而也提高了资本资产的价格。这又引起投资需求增加，从而使融通资金的投资项目的利润也增加。在转向投机金融期间，总利润也增加，这使那些为投机放款和借款的决策显得有效。

银行与其他金融中介充当了放款人与借款人。他们不断诱使投机金融。作为借款人，闲置的窖藏现金是他们扩张贷款的原材料。它们刺激了负债的扩展，结果使没有现金的人能掌握现金。结果，银行准备供给现金给两种客户：他们的借款人和存款人。银行为了获得它最初的现金需要有可靠的工具。在银行理论中，使银行能获得现金的资产被称作二级准备。在一个存在管理它们的负债并成为活跃的盈利机构的世界上，若必要往往用以获得现金的工具是调剂头寸的工具。现代公司或银行的现金管理者具有各种各样调剂头寸的工具，并灵敏地在它们之间安排短期债务和资产。

作为一种被证实为有效的调剂头寸的工具，它的相当大的的交易的进行必须不会产生大的价格变化。这种工具的交易必须具有广度且比较活跃，有许多买者和卖者，而且在许多情况下有做市商，做市商往往是中央银行（但并非必然）。

有些资产和负债在货币头寸管理的初期不能很好地产生现金。如果财务头寸变化使得公司或银行的现金管理者不得不试图出售这样的资产或发行这样的负债以增加现金，通过这样的出售或负债可能降低预期水平（售价或筹得资金）。尤其当大家都试图为了调剂头寸而出售一种原来不想出售的资产，可能导致这种资产市场价格急剧下降。这发生在 1966 年，当多家银行试图出售市政债券调剂头寸的时候。这种试图通过出售（证券）余额以调剂头寸是 1929 年股票市场急剧暴跌的特征，在大萧条的年份里人们抢先售出不动产。在 1974～1975 年，不动产信托的困境也大致如此。

一种金融体系由对于金融危机不敏感的结构转变为对金融危机敏感的结构有两个特征：一是投机性金融的增加；二是对银行、金融工具和普通商行的过分依赖，基于银行等方面的能力通过出售负债调剂头寸，而不是通过使用货币或流动性和担保资产。

由美联储提供的资金流动数据说明，在美国非金融公司的总体财务结构中短期的比重因而很可能也是投机性金融自1946年增加了。同样的数据组揭示出货币（活期存款与现金）资产（非金融企业的）相对于销售、利润、债务而增加。银行与金融业发展的全部记载均表明，调剂头寸的技术变得更为复杂，尤其银行的头寸调剂已经由依赖高度保护的市场（国库券）的资产交易转变为对于各种负债的操作。进而，积极负债的技巧由商业银行扩展到金融公司、其他金融机构和非金融企业，这些机构安排负债的需求愈强烈，系统对金融失调愈敏感。一种健全的和稳健金融单位，由支配地位的金融机构向一种易发生金融危机的金融结构的转折是和源自管理负债结构的盈利机会一致的，这已经被大量事实和编年史所证实。

一项投资计划就如一份遵循一个或多或少是具体限定的时间表定期支付的合同一样，虽然并非所有的投资都像核发电计划那样规模庞大和复杂，核电计划的构造却能被当作一个模型。一项大的甚至是人类普遍意义规模的投资计划牵涉到选址建筑和相对被很好限定的序列中，将各种元素集结在一起的问题。这需要进入工厂的各元素能协调地生产。所以，由承包人和制造商向工人和要素供给者的支付日程表是这项投资进程的一个必不可少的组成部分。持续的投资涉及一个融资关系的迷宫。投资的繁荣和兴旺伴随着财务关系的容量和复杂性的增加。

一项投资计划的财务安排很密切地与我们已经定义的彭兹金融的特征保持一致。在建设期承诺的支付超过了由计划得到的收益，而且，在一个时期的终了，购买方要支付一大笔金额，其中可能包括了在建期由建筑方预付的资金。美国建筑业的融资安排，建设性融资与外卖性融资有明显的区别，和已经被特征化的彭兹金融的联系是一致的。

投资进展中的现金流关系使彭兹金融成为资本主义金融结构中的本质的而非表面特征。投资的产品被生产出来并必须通过作为资本性资产的投资商品的销售价格予以回收的成本与短期利率正相关，而资本性资产的市场价格恰恰和长期利率负相关。如果对投资品的融资符合彭兹金融模式，如果一场投资的高涨导致短期和长期利率增加，如果这样的投资高涨发生在一种投机和彭兹金融占有大量比重的金融结构中，上部的转折点就完全是内生的。在这些环境下利率的上升将引起现值的反转，某些正在进行的彭兹金融投资的现值将由正转为负。类似的反转，对于一些因投机而融资但不是为投资融资的单位也会发生。而且，利率的上升将导致进行稳健融资的公司的价值下降：这减少了安全底限，降低了偿债能力。具体的融资条件相对于时间序列典型记载的利率上升一同增加。

投资成本的上升超越了完成资本资产的预期值，导致两种结果：新增投资企业减少，在建投资计划无法获得完成投资所需的现金。那些参与投机和彭兹金融活动的单位不能成功地再筹集到它们的头寸，这意味着银行和其他金融机构的现金收入低于合同净值。这样一些单位现在不得不通过发行新债务或出售资产而获得现金。受再融资问题困扰的单位试图出售资产维持流动性。在这些环境下用以弥补头寸的资产价格下降，而市场上供给债务的条件增加。

融资的困难和现金短缺减少了投资．从而投资利润减少。实现的准租金低于预期的准租金。利润下降导致公司现值进一步下降。那些稳健的金融单位成为令人棘手的投机单位。

一旦在投资繁荣期上升的利率被接受和经济的成功运行诱使寻求利润的银行和它们的顾客卷入投机性融资安排和减持货币和保护性金融资产，上部的转折点就完全是内生的。如果利率在一场投资繁荣期上升的话，融资的供给就必须是具有无限弹性的，这意味着、要么发生持续的金融创新浪潮，要么由中央银行无限供给准备金。但这又意味着投资对产出的比例持续增加和加速的通货膨胀可以容忍。

尽管内生的市场过程导致初期的金融危机和上部的转折点，金融危机的程度和债务—通货紧缩过程是否发生取决于中央银行作为最后贷款人的干预行为如何迅速和恰如其分，以及政府赤字能否稳定生产利润。1974～1975 年美联储和大银行作为最后贷款人积极干预，并同时使 1975 年的大规模的政府赤字的获得效果得以实现。这导致一种早期的和高的下部的转折点。反观 1929～1933 年，美联储束手无策，政府则试图平衡预算。这导致一个延迟的深度的下部的转折点。1975 年下部的转折点紧接着的是快速的，虽然或许还不完全的恢复，伴随着持续的通货膨胀。接着 1933 年下部的转折点的是长期和深度的低谷。

八、最后贷款人

在一种伴随着有复杂、高度发展和敏感的金融体系的资本主义经济中，由于银行、金融机构、商业组织寻求资产负债结构中的利润所产生的动态化过程，使得一连串的好机会是由拆借活动重要性的增加伴随而来的，同时伴随着所使用金融工具和金融市场的改变。由稳健金融所支配的具有高流动性的金融机构的保守的负债结构管理只是昙花一现，这往往接着债务紧缩或由于一场战争使得政府债务大量增加之后产生深度和长期萧条。积极的负债管理意味着，由于经营或基于准租金的索偿权的增加所产生的现金短缺将导致现金需求上升，这种现金需求的交易是通过货币市场工具实现的。

在第二次世界大战后的头 10 年里，货币市场活动主要是通过国库券实现的。银行和其他机构为了增加现金而出售国债券的需要一旦增加就导致美联储信贷的注入，或直接通过公开市场操作，或在贴现窗口支持债券经纪商，美联储要确保国债市场秩序井然，并和货币市场保持紧密和经常的联系。头寸调剂的发生依靠受美联储保护的市场运行，由于美联储在国库券市场的操作，无论是作为政府的财政代理，还在它本身控制经济的努力，美联储都是头寸调剂市场的经常参与者。

由于头寸调剂对负债管理日益重要，美联储逐渐丧失了和头寸调剂市场的经常性联系，头寸调剂工具也不再受美联储保护。结果，价格、信用条件甚至现金可得性均可能可发生剧烈波动和变化。而且，利率或准备金可得性限制条件的任何上升都会导致需要现金的单位寻求新的或国外的现金资源。复杂、迂回的程序被采取。新工具的市场成长迅速。因为这些市场对迅速的波动是裸露的和缺乏中央银行保护，"局部性倒闭"会导致银行业现金可得性条件（和期限）急剧上升。

由于横向上紧密结合的现金管理的发展、对中央银行的需要限于控制和限制增加了的投机性金融。美联储没有保持和新兴金融市场的联系，它似乎没有意识到正在发生的这场革命性变化的意义。在发达的横向紧密结合的现金管理体系中，一些寻常事件就可引起严重的金融市场失调，如 1966 年，1969～1970 年和 1974～1975 年。在每一个事件中美联储都面临着采取干预以保护金融系统的生存，通过最后贷款人行动保持现金的可得性或许诺供给现金。

可以区分三种最后贷款人的显著职能。一种是当头寸调剂活动引起调剂工具价格严重下降（或大幅上升）时作为货币市场资金的供给者。第二种是在危机的余波中对各种机构组织的财务进行重组，以便减少彭兹和投机金融。第三种是指导金融系统的改革，以使得中央银行保持与头寸调剂市场的联系和限制彭兹与投机金融的比重。第一种或对突发事件的干预是传统的最后贷款人的干预活动。

当通常用于调剂头寸的资产价格下降以致所需现金不能通过出售该资产筹措到时，现金短缺的银行将转而出售或抵押其他资产。资产价格可能急剧下降且涉及大范围的资产种类，因为各种机构试图出售资产减少资产余额以弥补头寸。一旦这种情况扩散，许多机构的借入能力甚至偿付能力势必被削弱。中央银行有责任通过向以常规资产弥补头寸的市场提供资金，或通过扩张对那些出现再融资问题的机构的贷款阻止资产价格的普遍下降。中央银行的主要责任是确保资产价格足够高，以使得资不抵债总是局部症状，而不会成为普遍情况。尤其是，最后贷款人职能的目的是，当资本资产被机构组织当需要现金以弥补头寸时拿出来出售，其价格的普遍下降不会发生。

在金融相关结构中彭兹和投机金融的比重越大，中央银行作为最后贷款人的职能愈显重要。一旦一场和投机与彭兹金融的增加相联系的投资繁荣中断，预期利润可以支持以正常利率形成的长期债务结构的工商机构就不能通过现金流在繁荣或危机期间的融资条件下再融资，应付短期融资比重大量增加了的债务结构。作为最后贷款人的责任是对债务重组提供便利，以便在危机的余波中稳健金融在总体金融结构中比重增加。

总之，资本主义经济的内在动力导致金融系统易感染金融危机和金融不稳定。最后贷款人的责任是，防止因某些机构弥补头寸出现困难而导致资产价格的普遍下降，和通过援救并帮助债务重组，以使金融系统中的投机与彭兹金融比重减少，从而促进衰退的恢复。

指导金融系统的改造也是中央银行的责任，或通过法律手段或通过它的业务运作以限制实际的和潜在的投机和彭兹金融的比重。罗斯福时代的改革改变了标准的美国式抵押的性质，削减投资人以低保证金的普通股筹集头寸（应指卖空普通股一译者）的能力，这些改革通过竖立起对投机和彭兹金融的屏障减少和缩小了潜在的不稳定。

在过去十年，美联储对于它指导美国金融改革的责任疏忽职守，未能使金融环境的发展易受金融危机感染的情况即使不能逆转也会放慢。特别值得提及的是，1974～1975 年富兰克林州的危机说明，对离岸银行业团体采取积极的监控和限制措施是必要的。1975 年以后的一些年份，美联储和其他中央银行疏于职守，在限制离岸投机性金融事务方面做得很少，甚至什么也没有做。

九、结论

金融不稳定假说是一种强调资本主义金融关系的经济理论。正因为如此，它有别于今天的标准理论，标准理论试图从一些推测出发得到有关资本主义的真理，但基本的推测却忽视了资本主义经济的一些重要方面。

金融不稳定假说导致了关于系统行为的一些重要观点，在此仅强调：资本主义经济的内部运行产生的金融关系容易导致不稳定，而价格和资产价值的关系在脆弱的金融结构中将触发金融危机是通常起作用的事件。由金融不稳定假说还可以得到一个进一步的看法是：如果导致深度萧条的债务收缩的交互作用过程，被大政府的赤字和最后贷款人的干预迅速打断，那么一次通货膨胀式的衰退将会发生。金融不稳定假说导致了这样一种观点：货币价格反映经济体系基本的运行特征，它们并非附加在预先决定的一套相对价格上。

金融不稳定假说的主要含义是，制定资本主义的经济政策必须认识到资本主义的局限与缺陷，如果要使政策取得成功的话，尤其，只要经济是资本主义的，它在金融上就是不稳定的，不过，把19世纪20年代中期和60年代中期至今的不稳定作一比较，结果表明，经济的总体行为是很不相同的。也就是所有资本主义都是不稳定的，某些资本主义时期比其他资本主义时期更不稳定。进而，由基本的不稳定导致的系统特征可能是大不相同的。

附录二　中国货币与经济数据

附表 2-1　中国各层次货币数据（1978～2002 年）

年份	m_0/亿元	m_1/亿元	m_2/亿元	m_1/m_2	Z_{m_0}	Z_{m_1}	Z_{m_2}
1978	212	948.5	1 179.63	0.80			
1979	267.7	1 177.1	1 480.61	0.80	26.27	24.1	25.51
1980	346.2	1 443.4	1 889.92	0.76	29.32	22.62	27.64
1981	396.3	1 710.8	2 299.92	0.74	14.47	18.53	21.69
1982	439.1	1 914.4	2 666.92	0.72	10.8	11.9	15.96
1983	529.8	2 182.5	3 193.59	0.68	20.66	14	19.75
1984	792.1	2 931.6	4 442.87	0.66	49.51	34.32	39.12
1985	987.8	3 340.9	5 198.83	0.64	24.71	13.96	17.02
1986	1 218.4	4 232.2	6 720.96	0.63	23.34	26.68	29.28
1987	1 454.5	4 948.6	8 330.9	0.59	19.38	16.93	23.95
1988	2 134	5 985.9	10 099.8	0.59	46.72	20.96	21.23
1989	2 344	6 382.2	12 692.2	0.50	9.84	6.62	25.67
1990	2 644.4	6 950.7	16 276.6	0.43	12.82	8.91	28.24
1991	3 177.8	9 633.3	20 771	0.46	20.17	38.59	27.61
1992	4 321.8	11 317.5	27 573.3	0.41	36	17.48	32.75
1993	5 864.7	16 280.4	34 879.8	0.47	35.7	43.85	26.5
1994	7 288.6	20 540.7	46 923.5	0.44	24.28	26.17	34.53
1995	7 885.3	23 987.1	60 750.5	0.39	8.19	16.78	29.47
1996	8 802	28 514.8	76 094.9	0.37	11.63	18.88	25.26
1997	10 177.6	34 826.3	90 995.3	0.38	15.63	22.13	19.58
1998	11 204.2	38 953.7	104 498.5	0.37	10.09	11.85	14.84
1999	13 455.5	45 837.3	119 897.9	0.38	20.09	17.67	14.74
2000	14 652.7	53 147.2	134 610.4	0.39	8.9	15.95	12.27
2001	15 688.8	59 871.6	158 301.3	0.38	7.07	12.65	17.6
2002	17 278	70 881.8	185 007	0.38	10.53	10.13	18.39

资料来源：《中国金融年鉴》，1992 年和 2002 年；《中国统计摘要》，1992 年；《中国统计年鉴 2003》；Z_{m_0}，Z_{m_1}，Z_{m_2} 分别为各层次货币增长率的百分比数字

附表 2-2 中国经济增长、投资增长与通货膨胀率（1979～2003 年） 单位：%

年份	GDP 增长率	名义投资增长率	实际投资增长率	消费品物价上涨率	零售商品物价上涨率	工业品物价上涨率
1979	7.6			1.9	2	
1980	7.8			7.5	5.98	0.5
1981	5.2	5.5	5.82	2.5	2.41	0.2
1982	9.1	28.03	28.54	2	1.9	−0.2
1983	10.9	16.23	16.11	2	1.51	−0.1
1984	15.2	30.26	28.33	2.7	2.79	1.4
1985	13.5	36.52	27.35	9.3	8.84	8.7
1986	8.8	22.7	28.5	6.5	6.01	3.8
1987	11.6	21.51	16.89	7.3	7.29	7.9
1988	11.3	25.37	17.63	18.8	18.53	15
1989	4.1	−7.22	−10.04	18	17.78	18.6
1990	3.8	2.42	16.68	3.1	2.11	4.1
1991	9.2	23.85	21.41	3.4	2.89	6.2
1992	14.2	44.43	43.62	6.4	5.38	6.8
1993	13.5	61.78	39.34	14.7	13.19	24
1994	12.6	30.37	35.28	24.1	21.69	19.5
1995	10.2	17.47	22.17	17.1	14.8	14.9
1996	9.6	14.46	27.8	8.3	6.09	2.9
1997	8.8	8.85	12.34	2.8	0.79	−0.3
1998	7.8	13.89	18.4	−0.8	−2.6	−4.1
1999	7.1	5.1	3.27	−1.4	−2.99	−2.4
2000	8	10.26	4.68	0.4	−1.5	2.8
2001	7.3	13.05	17.75	0.7	−0.79	−1.3
2002	8	16.89	17.97	−0.8	−1.3	−2.2
2003	9.1			1.2	0.86	

注：投资指固定资产投资，实际投资增长率＝名义投资增长率—工业品物价上涨率
资料来源：《中国统计年鉴 2003》；中国国家统计局网站，《统计报告》，2004 年

附表 2-3 中国人民银行基准利率数据（1980～2003 年） 单位：%

年份	一年名义存款利率	三年名义存款利率	五年名义存款利率	一年实际存款利率	一年名义贷款利率	1～3 年名义贷款利率	3～5 年名义贷款利率	5～10 年名义贷款利率	一年实际贷款利率
1980	5.04	6.12	6.84	−0.94					
1981	5.4	6.12	6.84	2.995	5.04	5.04	5.04		2.63
1982	5.67	6.66	7.65	3.77	5.04	5.76	6.48		3.14

续表

年份	一年名义存款利率	三年名义存款利率	五年名义存款利率	一年实际存款利率	一年名义贷款利率	1~3年名义贷款利率	3~5年名义贷款利率	5~10年名义贷款利率	一年实际贷款利率
1983	5.76	6.84	7.92	4.25	5.04	5.76	6.48		3.53
1984	5.76	6.84	7.92	2.97	5.04	5.76	6.48		2.25
1985	6.72	7.8	8.64	−2.12	6.24	6.96	7.68	10.08	−2.6
1986	7.2	8.28	9.36	1.19	7.92	8.64	9.36	10.08	1.91
1987	7.2	8.28	9.36	0.2	7.92	8.64	9.36	10.08	0.63
1988	7.68	8.76	9.84	−10.83	8.28	9.06	9.84	11.64	−10.25
1989	11.12	12.855	14.595	−6.715	11.145	12.54	14.1	18.765	−6.635
1990	9.93	11.6025	13.2735	7.81	10.19	10.8675	11.844	13.7745	8.08
1991	7.89	8.835	9.777	4.99	8.7375	9.333	9.7065	10.164	5.8475
1992	7.56	8.28	9	2.17	8.46	9	9.54	9.72	3.08
1993	9.41	9.507	10.5975	−3.81	8.835	9.663	10.8	10.965	−4.355
1994	10.98	12.24	13.86	−10.72	10.98	12.24	13.86	14.04	−10.71
1995	10.98	12.24	13.86	−3.81	10.98	12.24	13.86	14.04	−3.82
1996	9.177	10.377	11.5635	3.067	10.824	12.066	13.419	13.7925	4.734
1997	7.135	7.8833	8.5515	6.335	9.804	10.6695	11.355	12.05775	9.014
1998	5.04	5.526	5.892	7.64	7.38	8.025	8.655	9.15	9.98
1999	2.93	3.336	3.5955	5.93	5.9535	6.258	6.5468	6.8063	8.9435
2000	2.25	2.7	2.88	3.75	5.85	5.94	6.03	6.21	7.35
2001	2.25	2.7	2.88	3.04	5.85	5.94	6.03	6.21	6.64
2002	2.018	2.545	2.803	3.318	5.385	5.553	5.643	5.823	6.685
2003	1.98	2.52	2.79		5.31	5.49	5.58	5.76	4.45

注：实际利率＝名义利率—零售商品物价上涨率。各年度利率＝本年度内各次调整利率按存续时间加权平均
资料来源：《中国金融年鉴》，1990 年及以后各年；《中国统计年鉴》，1989 年，1991~2003 年；《中国物价年鉴》，1988 年

附表 2-4　中国各层次货币流通速度（1978~2002 年）

年份	$Vy0$	$Vy1$	$Vy2$	$ZVy0$	$ZVy1$	$ZVy2$	零售通货膨胀率/%	GDP 增长率/%	GDP/亿元
1978	17.094 8	3.820 9	3.072 2				0	11.7	3 624.1
1979	15.084 8	3.430 6	2.727 4	−11.76	−10.21	−11.23	10.05	7.6	4 038.2
1980	13.049 7	3.130 0	2.390 5	−13.49	−8.76	−12.35	5.98	7.8	4 517.8
1981	12.269 5	2.842 2	1.068 6	−5.98	−9.20	−55.30	2.41	5.2	4 862.4
1982	12.058 1	2.765 7	1.985 3	−1.72	−2.69	85.78	1.9	9.1	5 294.7

续表

年份	V_y0	V_y1	V_y2	ZV_y0	ZV_y1	ZV_y2	零售通货膨胀率/%	GDP 增长率/%	GDP/亿元
1983	11.201 4	2.719 1	1.858 3	−7.11	−1.69	−6.4	1.51	10.9	5 934.5
1984	9.053 2	2.446 1	1.614 0	−19.18	−10.04	−13.14	2.79	15.2	7 171
1985	9.075 1	2.683 2	1.724 3	0.24	9.69	6.83	8.84	13.5	8 964.4
1986	8.373 4	2.410 6	1.518 0	−7.73	−10.16	−11.97	6.01	8.8	10 202.2
1987	8.224 5	2.417 4	1.435 9	−1.78	0.28	−5.41	7.29	11.6	11 962.5
1988	6.995 5	2.493 9	1.478 1	−14.94	3.17	2.94	18.53	11.3	14 928.3
1989	7.213 8	2.649 4	1.332 3	3.12	6.24	−9.87	17.78	4.1	16 909.2
1990	7.014 0	2.668 5	1.139 5	−2.77	0.72	−14.47	2.11	3.8	18 547.9
1991	6.802 8	2.244 1	1.040 8	−3.01	−15.91	−8.67	2.89	9.2	21 617.8
1992	6.163 7	2.353 7	0.966 1	−9.40	4.89	−7.18	5.38	14.2	26 638.1
1993	5.905 6	2.127 4	0.993 0	−4.19	−9.62	2.78	13.19	13.5	34 634.4
1994	6.415 4	2.276 4	0.996 5	8.63	7.01	0.36	21.69	12.6	46 759.4
1995	7.416 1	2.437 9	0.962 6	15.60	7.09	−3.40	14.8	10.2	58 478.1
1996	7.712 4	2.380 7	0.892 1	4.00	−2.35	−7.32	6.09	9.6	67 884.6
1997	7.316 3	2.138 1	0.818 3	−5.14	−10.19	−8.27	0.79	8.8	74 462.6
1998	6.992 5	2.011 2	0.749 7	−4.43	−5.93	−8.38	−2.6	7.8	78 345.2
1999	6.099 2	1.790 4	0.684 5	−12.78	−10.98	−8.70	−2.99	7.1	82 067.5
2000	6.104 1	1.682 9	0.664 5	0.08	−6.00	−2.93	−1.5	8	89 442.2
2001	6.114 8	1.602 3	0.606 0	0.17	−4.79	−8.80	−0.79	7.3	95 933.3
2002	5.926 5	1.444 6	0.553 5	−3.08	−9.84	8.67	−1.3	8	102 397.9

注：V_y0，V_y1，V_y2 分别为 m_0，m_1，m_2 的收入流通速度，计算式为 $V_y=m/GDP$。ZV_y0，ZV_y1，ZV_y2 为各层次货币收入流通速度变化率。GDP 为按当年价格计算的名义 GDP

资料来源：《中国物价年鉴》，1988 年；《中国统计年鉴》，1990～2003 年各年度

后 记

儿时常聆听父亲讲述坊间流传说唱文字及乡野小史，或许造就了我的文化启蒙。大学期间读理工，然自幼至中学时代对人文学科心向往之，小学时即惯常孤自一人于旷野之外、高坡之巅诵读弗·梅林著《马克思传》、笛卡儿的《第一哲学沉思录》、泰戈尔的《飞鸟集》，懵懂之中竟至流连忘返。"文化大革命"期间家庭遭遇大火，房屋大半被毁，从废墟中发现长兄收藏的已经残缺不全的《词源》三卷，相约年少同好将同韵字分类集为手抄本以时习之。也曾经用道林纸、竹板与线绳自制"线装"笔记本，抄录《唐宋诗选》和《与元九书》，记录下自己随性而至写的"快板"和"对口词"。过而立之年转攻经济与金融，颇有些性情之复归。素来仰慕经济学是经世致用之学，尤其当社会转型之时，学科变革一日千里，自感学养未固，不敢有所懈怠，以"学海无涯，须臾求真"自勉。

在本书撰写过程中，研究生刘霞、李江平、宋翠玲协助做了许多文字、公式和图表处理工作，宋翠玲还承担了前期的数据资料收集整理。张爱婷、郑璋鑫和张红先期毕业，在读期间均做了一些有益的研究助理工作。黄政参与了对中国农产品市场的研究。我对他们表示衷心的感谢！也借此对全体已经毕业和目前尚在读诸学子的学习、事业、生活寄予真挚的祝福！

衷心感谢科学出版社徐倩女士为本书顺利出版付出的辛勤劳作。

值此付梓之际，我似乎重新回到步入经济学殿堂"初出茅庐"的那些既充满温馨而又有几分苦涩苍凉的岁月。借此机会我要感谢我的亲人、师长和朋友。

感谢父母亲，20 世纪 50～70 年代我的家乡仍很贫穷落后，他们含辛茹苦养育了我。感谢我的岳父母，感谢他们在 20 世纪八九十年代对我们这个小家的关怀备至和无私呵护。

感谢在我实现人生转折的历程中帮助过我的许多师长。感谢成一丰教授、宋忠泰教授、付养元教授、文占申教授、夏维扬教授、许精德教授、朱德厚教授、王子义教授、周学通教授、李梅村教授。感谢高安民教授、强天雷教授，当我义无反顾决意从教学行政管理岗位转向经济金融教学工作时，他们最先知悉我对人生轨迹的选择，并热诚地予以支持、帮助。感谢李钟善教授和刘俊杰老师，他们作为学校及人事部门主管对我所提出的实属"例外"的个人诉求未存犹疑而坚持放行。著名数学家王国俊教授时任校长，在我进退维谷甚而绝望之际，王老师访日归来，使事态完全翻转，我等到柳暗花明一刻。终于释然，我心铭感之！

由此，我有缘在中国科学技术大学系统科学与管理系重塑自我，重新定位并改变人生，尽管没有兑现过一种"山林书斋"的隐逸生活的愿望，却也名副其实成为一介"布衣书生"。

感谢何炼成教授对收入书稿中有关马克思所有制理论研究的最初文稿的认真细心批阅，他逐字逐句修改文中的错别字、标点符号及几处注释。何老师建议我给《中国社会科学》投稿，特别在文稿首页加了标签并批阅"很好，印发全体教师学习"。我未敢"僭越"，但对历时十余年的对马克思所有制理论的研读结论或许更加抱有自信。我也感谢中国人民大学经济学院顾学荣教授，陈答才教授时在中国人民大学攻读博士，托请曹新博士引介我拜访顾学荣教授和卫兴华教授。顾学荣教授提出自己对马克思"重新建立个人所有制"命题的解读，但也并未直接否定我的观点，并善意地建议最好不必与卫兴华教授讨论马克思"个人所有制"问题，我访问卫兴华教授时听取了他的规劝。感谢南京大学商学院沈坤荣教授，其时他在中国人民大学学习，在冬日料峭中我们在他下榻的中国人民大学博士宿舍讨论利率与利润率关系问题，他建议我找到平均利率与一般利润率序列数据即可说明所持观点。

感谢在我人生旅途及每一个驿站鞭策和帮助我的每一位师长、朋友、同事和亲人们。

最后要感谢我的夫人姚云英女士，我们相濡以沫走过了大半人生，我的书生意气与人生重要抉择幸得她的理解支持，我的人生积淀无疑包含着她无怨无悔的付出。

刘　明

2017 年 6 月 16 日